本书是国家自然科学基金面上项目“绿色发展理念指导下区域绿
与政策仿真研究”（71774074）、国家社会科学基金一般项目“
合共生路径研究”（16BGL212）、江西省社会科学规划项目“江
型升级的技术创新路径研究”（16GL06）、江西省教育厅科技研究项目“绿色科技为
工业园区服务的效应与路径研究”（GJJ170202）的研究成果



# 区域绿色竞争力的动态监测与政策仿真研究

陈运平　黄小勇　刘　燕 ◎ 著

**图书在版编目（CIP）数据**

区域绿色竞争力的动态监测与政策仿真研究/陈运平，黄小勇，刘燕著．—北京：经济管理出版社，2022.7

ISBN 978-7-5096-8621-8

Ⅰ.①区…　Ⅱ.①陈…②黄…③刘…　Ⅲ.①区域经济—绿色经济—竞争力—动态监测—研究②区域经济—绿色经济—竞争力—经济政策—仿真—研究　Ⅳ.①F061.5

中国版本图书馆CIP数据核字(2022)第129735号

组稿编辑：杜　菲
责任编辑：杜　菲
责任印制：黄章平
责任校对：陈　颖

出版发行：经济管理出版社
（北京市海淀区北蜂窝8号中雅大厦A座11层　100038）
网　　址：www.E-mp.com.cn
电　　话：（010）51915602
印　　刷：唐山昊达印刷有限公司
经　　销：新华书店
开　　本：787mm×1092mm/16
印　　张：16.75
字　　数：388千字
版　　次：2022年9月第1版　　2022年9月第1次印刷
书　　号：ISBN 978-7-5096-8621-8
定　　价：98.00元

# 前言

在中国经济从高速增长向高质量发展转变的关键时期，如何提高区域竞争力以实现经济绿色、协调、高质量发展成为题中应有之义。特别是在绿色发展理念指导下，需要加强对各区域绿色竞争力的动态监测，提出有针对性的政策机制，以解决经济增长与资源、环境和生态之间的矛盾。因此，本书基于区域绿色竞争力相关理论，首先从宏观层面实证探究区域绿色竞争力对经济增长的影响，接着以长江经济带为例进行区域绿色竞争力的测算及分析时空分异特征，而后基于系统动力学模型探讨区域绿色竞争力提升的政策优化路径，最后运用演化博弈方法构建区域绿色竞争力行为主体的合作机制。本书的主要边际贡献包括：第一，更新并完善了区域绿色竞争力的测评体系；第二，利用系统动力学模型设计区域绿色竞争力提升的政策优化模式；第三，基于博弈论视角构建区域绿色竞争力提升的动力机制。本书具体分为以下五篇：

第一篇：区域绿色竞争力理论追踪与概念界定。首先对区域竞争力、绿色竞争力以及区域绿色竞争力相关概念进行辨析，并重新界定区域绿色竞争力的概念和内涵。其次在文献研究的基础上探讨区域绿色竞争力与区域经济增长的关系。接着对区域绿色竞争力动力主体展开研究，将区域绿色竞争力的行为主体界定为企业、政府、社会公众、绿色组织和新闻媒体。本篇为下文研究的顺利展开奠定了基础。

第二篇：区域绿色竞争力对经济增长的影响研究。综观国内外研究现状，鲜有文献对区域绿色竞争力与经济增长的关系进行实证探索。故本篇创新性地集中探讨区域绿色竞争力对经济增长的影响，希望为该方面研究贡献绵薄之力。首先从宏观层面构建区域绿色竞争力指数，并以柯布—道格拉斯生产函数为基础构建计量经济模型。其次实证考察中国 30 个省份 2001~2015 年区域绿色竞争力对经济增长的滞后影响，结果表明区域绿色竞争力指数滞后六期对经济增长具有正向贡献度。最后对区域绿色竞争力六大因子进行差异性分析，探究六大因子与实际收入水平之间的空间滞后效应，结果表明区域绿色竞争力对经济增长的积极效应会随着时间推移而日渐明显。基于以上研究可初步得出，我国仍需不断调整经济增长结构，不断引进和开发低碳技术，深化环境制度改革，完善社会保障设施，提高社会总体福利水平。

第三篇：区域绿色竞争力的测算、时空分异特征及优化路径：以长江经济带为例。随着我国经济进入“新常态”，经济增长与生态破坏的矛盾日益突出，如何突破我国在新时期经济发展的瓶颈，实现生态、经济、社会的绿色和谐发展，是我国迫切需要解决的问题。在已明晰区域绿色竞争力对经济增长有显著的滞后效应的基础上，本篇以长江经济带为例测算区域绿色竞争力，探究其时空分异特征及优化路径。首先，介绍了包含六大因子、16 个二级指标和 95 个三级指标的评价体系设计及测算过程。其次，基于层次分析法和熵值法综合赋权构建区域绿色竞争力综合评价模型，并测算出长江经济带 11 个省份 2011~2015 年绿色竞争力指数。再次，从动态性、收敛性、空间相关性角度分析长江经济带中上游三大区域的绿色竞争力指数在“十二五”规划时期的时空分异特征。最后，从横向上中下游三大区域、纵向宏中微观三大主体的视角分别提出优化长江经济带绿色竞争力的路径。

第四篇：基于系统动力学的区域绿色竞争力提升政策设计研究：以江西省为例。为细化研究，本篇以江西省为例着重分析提升区域绿色竞争力的政策设计。由于将系统动力学的方法应用于区域绿色竞争力的文献很少，因此首先以系统动力学理论为基础，构建包含绿色发展指数和绿色经济增加值在内的系统动力学模型进行政策设计分析。该系统包含人口子系统、经济子系统、科技子系统、生态子系统在内的四个子系统。其次以系统动力学模型对江西省区域绿色竞争力进行政策仿真，具体为以 2005~2030 年系统仿真区间，从不同污染物治理等多角度设计了 5 种政策仿真模式，以工业污水处理率等作为 22 个政策干预点设计了城镇化率提速模式、产业结构优化模式等 5 种提高区域绿色竞争力的政策仿真模式。最后从产业结构优化、提高城镇化率两方面提出提升江西省区域绿色竞争力的政策建议。

第五篇：区域绿色竞争力行为主体的演化博弈分析及策略研究。尽管关于区域绿色竞争力的概念、评价指标体系和空间特征等已有不少研究，但其影响因素以及众多因素是如何影响行为主体决策以实现区域绿色竞争力提升鲜有学者涉及。本篇主要包括以下几个核心内容：一是探究政府、企业、社会公众、绿色组织、新闻媒体五大行为主体的主要影响因素并分析行为主体对区域绿色竞争力的作用机理，为正确构建演化博弈模型提供理论基础。二是基于社会监督角色的多样化分别构建（政府，企业，社会公众）、（政府，企业，绿色组织）、（政府，企业，新闻媒体）三个三方演化博弈模型，并求解系统的演化均衡策略及进行模拟仿真试验。三是基于博弈均衡策略结果提出提升区域绿色竞争力的七大政策建议。

本书是在国家自然科学基金面上项目“绿色发展理念指导下区域绿色竞争力的动态监测与政策仿真研究”（71774074）、国家社会科学基金一般项目“泛县域视角下产城融合共生路径研究”（16BGL212）、江西省社会科学规划项目“江西省传统优势产业转型升级的技术创新路径研究”（16GL06）、江西省教育厅科技研究项目“绿色科技为工业园区服务的效应与路径研究”（GJJ170202）的阶段性成果研究基础上完成的，由江西师范大学陈运平教授、黄小勇教授负责，博士生刘燕、何珏，硕士生黄玲丽、邵猷根、周培培、李鸿莉、童晰、周波信、胡冰丽、张文建等协助完成，凝聚了相关课题组成员的巨大心血。本书在研究和写作过程中参阅了大量区域绿色竞争力方面的文献，在此对文献作者和相关课题组表示深深的谢意。由于水平有限，书中不妥之处，敬请读者批评指正。

陈运平

2022 年 3 月于洪城

# 目 录

## 第二篇　区域绿色竞争力对经济增长的影响研究



## 第三篇　区域绿色竞争力的测算、时空分异特征及优化路径：以长江经济带为例

## 第四篇 基于系统动力学的区域绿色竞争力提升政策设计研究：以江西省为例



## 第五篇 区域绿色竞争力行为主体的演化博弈分析及策略研究

# 绪　论

## 一、研究意义

我国经济创造了令世界瞩目的30多年持续高速增长的奇迹，但也面临着经济与资源、环境、生态之间越来越深刻的矛盾。为此，我们必须按照科学发展观的要求，坚持以人和生态融合为基础，加快转变我国经济发展方式，把增强区域绿色竞争力的研究作为省域经济发展的重点，积极推进区域绿色竞争力动态监测和政策模拟研究，这既具有重大的理论意义，对构建美丽中国也具有极强的现实意义，更有利于充分落实国家“创新、协调、绿色、开放、共享”的五大发展理念。

### （一）理论意义

首先，可以丰富和完善区域绿色发展理论。绿色发展理论已经成为理论界最热门的研究主题，也是契合未来经济发展的重要主题，深入推进研究区域绿色竞争力理论，特别是为在动态监测和政策模拟等方面的区域绿色发展的实证研究做出相应的贡献，通过实证研究以丰富和完善区域绿色发展的理论体系。其次，可以拓展和延伸公共管理和服务理论。区域绿色竞争力的动态监测和政策模拟的研究，通过把绿色竞争力因子嵌入公共管理和服务领域，可以增强公共管理和服务理论中的绿色政策和绿色规制的研究。

### （二）现实意义

首先，为中央和各地方政府提供持续的区域绿色竞争力定量评估指数。通过对区域绿色竞争力指数的动态监测，可以为中央和各地方政府提供区域绿色竞争力综合指数，帮助中央政府了解各区域绿色竞争力的发展状况，为各地方政府在区域绿色竞争力方面找到差距，从而为其找到努力的方向和解决办法。其次，为中央和各地方政府制定公共管理和服务政策提供支持。通过区域绿色竞争力指数的动态监测，分析存在的问题，从而进行相关政策的动态仿真，为各区域绿色竞争力的提升提供政策支持，特别是政策变量的调整，有益于政府正确行使公共管理和服务职能，以促进区域绿色竞争力的大力提升。最后，为中央和各地方政府在区域经济发展领域厘清思路。通过对区域绿色竞争力指数进行持续排名和动态监测，引导各地方政府更加关注生态、环境、绿色，从而转变经济发展思路和发展方式。这不仅可以改变和影响各级政府和政府官员的政绩考核制度和办法，而且能够提高全民绿色发展理念和增强绿色竞争力的自觉。

## 二、国内外研究现状及动态

区域竞争力的研究已经比较成熟，而区域绿色经济、绿色 GDP、生态环境的研究正成为研究新趋势，本书特别针对区域绿色竞争力指数进行研究，并对指数进行开发利用。

### （一）国外研究现状及发展动态分析

随着绿色经济在国际社会越发引起重视，国外对绿色竞争力的相关研究逐渐增多。其研究主要集中在绿色指数的测度和综合评价方面。

*1. 绿色国民经济研究得到发展*

例如，Christian（1987）提出在度量经济进步时，应该进行绿色国民经济核算，考虑引起环境污染的经济活动所带来的负面影响，并主张从净投资的核算中减去消耗掉的自然资源储备价值。Repetto 等（1989）提出国内净生产指标 NDP，并重点考虑了自然资源的耗损与经济增长之间的关系。理论探索虽然为各国开展绿色国民经济提供了指导，但是从各国开展绿色核算的情况来看，还没有形成一个能够客观、真实、全面反映绿色国民经济的核算体系。

*2. 绿色指数研究方法更加指标化和模型化*

随着绿色指数研究的深入，对绿色 GDP 或者绿色国民经济的测度更加倾向于指标化和模型化。例如，Hall（1991）将绿色指数评价指标体系分为一级、二级、三级指标 3 个层次，一级指标包括绿色状态和绿色政策 2 个指标；二级指标包括空气污染、水污染、能源消费和交通等 9 个指标；三级指标包括 256 个指标。Clifford 等（1995）提出了具可持续发展性的真实发展指标 CPI，该指标体系包括社会、经济和环境 3 个账户。Lawn（2005）在可持续经济福利指标和真实发展指标的基础上，提出需要其他替代指标才能获得广泛的接受。

3. 各国政府部门或相关机构也开始发布相应的绿色指数测量体系

在绿色指数理论和实证研究的基础上，各国政府部门或相关机构研究制定了相应的绿色发展指标体系。例如，2009 年 5 月，新西兰经济发展部发布了《新西兰能源发展指数报告 2009》，将指标分为安全、环境影响、能源强度、承受能力、定价 5 大类。2009 年 9 月，由澳大利亚气候研究所和欧洲第三代环保公司赞助，VividEconomics 发布了低碳竞争力指数，该指数以碳生产率的相关性为依据，分为产业细分、早期准备、未来繁荣 3 个一级指标，交通部门的人均能源消费量等 19 个二级指标。2009 年 12 月，普华永道会计师事务所发布了低碳经济指数，该指数仅以碳强度为指标。2000 年，美国耶鲁大学和哥伦比亚大学合作开发了环境可持续性指标 ESI，以对不同国家的环境状况进行系统化、定量化比较，该指标具体包含 5 个组成部分、21 个指标和 64 个变量，其测试结果于当年 1 月在瑞士达沃斯举办的世界经济论坛（WEF）上公布。2010 年，美国著名研究机构 Clean Edge 在其报告 *Clean Edge Stock Indices Stumble* 中发布了纳斯达克清洁绿色能源指数 CELS（The NASDAQ Clean Edge Green Energy Index），用以追踪那些致力于绿色能源技术领域的制造商、开发商、经销商企业的行为，并衡量其运营情况。

## （二）国内研究现状及发展动态分析

国外绿色指数理论与实践探索为我国国内区域绿色方面的研究提供了较好的理论支持，国内对区域绿色发展方面的文献资料较多，研究主要集中在绿色指数方面，并有向绿色竞争力研究拓展和延伸的趋势。国内学者对区域绿色竞争力理论的研究主要集中在循环经济、低碳经济等为研究重点的微观经济学上，对区域绿色竞争力动态监测和政策模拟的文献较少。

1. 基于循环经济理论的绿色竞争力研究

近年来，由于经济发展中出现的环境和生态问题，发展的可持续性受到了极大的关注。循环经济作为一种新的发展模式，可以更好地解决生态与经济的矛盾。例如，孙虎等（2006）运用因子分析法，从静态、动态的角度分析，认为一个区域的生态和经济水平以及技术水平直接影响着该区域的竞争力大小和竞争战略的选取，并充分论证了区域生态因子与区域竞争力的关联性。诸大建和陈静（2011）将城市低碳竞争力评价指标体系分为三大类，即低碳环境竞争力、低碳生产竞争力和低碳社会竞争力，并引入灰色理论建立灰熵分析评价模型，采用上海市 2002~2007 年的相关数据进行实证研究，其结论突出了生态环境的重要性。陈国生和陆利军（2011）以湖南省为例，采用因子分析方法论证生态环境对城市经济发展、城市竞争力的重要性。以上学者的研究，更进一步说明生态水平对绿色竞争力的影响。

但是绿色竞争力的多数研究集中在微观层面上，即企业绿色竞争力。例如，陈红喜（2008）认为，企业绿色竞争力是基于环境保护、绿色经济、企业可持续发展的现实，为了提升企业的绿色竞争力，作者以农业类上市公司为例，采用层次分析法（AHP）与模糊评判法组合评价方法进行研究，并提出了改善对策。康娟和薛丽丽（2011）运用 AHP 模型确定绿色竞争力指标评价体系，在此基础上结合 DEA 数据包络分析法（DEA）对中国农业上市公司 2009 年的绿色竞争力进行了综合评价。余建等（2010）认为，在经济范畴内，循环经济与企业绿色竞争力在本质上是相通的，并以江苏省上市公司为例构建数据包络分析（DEA）模型以评估企业绿色竞争力。赵领娣和徐新（2005）给出了企业绿色竞争力模型，提出了提升绿色竞争力的相应措施。王继红（2016）认为，2015 年我国提出“新五化”战略，绿色化成为经济发展的方向和目标，铜陵市作为一个结构调整压力特别大的城市，如何以“绿色化”为引领，把绿色的理念、价值观内化为人的绿色素养，外化为经济、社会的绿色发展方式值得研究。

2. 基于低碳经济理论的绿色竞争力研究

从低碳经济理论视角，绿色竞争力可以理解为低排放、低污染、低能耗的竞争力，即低碳竞争力。澳大利亚气候研究机构与英国第三代环境主义组织（E3G）联合发布的研究报告将低碳竞争力定义为“未来低碳发展方式下，各国及人民创造物质繁荣的能力”，具体表现为企业进行生产过程中节能减排，获得竞争优势的综合能力。低碳经济背景下的绿色竞争力研究，主要集中在从不同角度评价实践理论，如王皓（2010）在低碳经济发展模式下评价企业竞争力，并构建低碳竞争力的评价模型，涵盖经济效益、避险能力、发展潜力、能源利用、环保能力、碳排放效率。熊焰（2010）从社会责任观念的视角出发，阐述了发展低碳经济的重要性，并辩证分析低碳竞争力与企业责任的相互关系。陈晓春和陈思果（2010）认为，低碳竞争力体现了区域内低碳产业、固碳技术、生活方式，它是实现经济绿色增长的能力，并从能源结构、消费需求、产业结构、竞争战略规划、政策导向、参与机会 6 个方面对低碳竞争力进行了综合评价。李晓燕和邓玲（2010）认为，低碳经济是由经济、科技、社会和环境共同构成的有机系统，并以直辖市为例，构建低碳经济发展综合评价模型，运用模糊层次分析法和主成分分析法对低碳经济水平进行了综合评价。付允等（2010）将低碳城市的特征概括为经济性、安全性、系统性、动态性和区域性 5 个方面，并从经济、社会和环境 3 个方面构建了低碳城市评价指标体系，运用主要指标法和复合指标法对低碳城市发展进行评价。胡大立和丁帅（2010）则从低碳经济的内涵以及产业链路径的角度出发，构建了低碳经济的评价指标体系。郭红卫（2010）运用模糊综合层次分析法（F-AHP）对低碳经济的发展水平进行分析，力求通过对低碳经济的定量测度，探寻低碳经济的综合评价体系。肖宏伟等（2013）对中国绿色转型发展展开研究，构建了以环境保护、资源利用、竞争力提升为维度的绿色转型发展指标体系，对我国 30 个省份进行了绿色转型发展综合评价。

北京师范大学科学发展观与经济可持续发展研究基地编著的《2012 中国绿色指数年度报告——区域比较研究》中的中国绿色指数是比较有代表性的区域绿色发展指数，其中的指标体系由经济增长绿化度、资源环境承载潜力和政府政策支持度 3

个部分组成，分别反映经济增长中的生产效率和资源使用效率、资源与生态保护及污染排放情况、政府在绿色发展方面的投资和治理情况等。在此基础上，本书课题组在国家自然科学基金（编号：71161014）中研究开发了区域绿色竞争力的指标体系，并对中部地区区域绿色竞争力指数进行了测算和评价。区域绿色竞争力是区域在发展过程中以绿色为核心，以环保、生态、循环、低碳、健康和持续为主线，以人与自然包容性增长为模式，以实现人类发展与自然和谐共生效应为目标，通过区域内资源的合理有效配置与创造，为区域发展提供一个更具竞争力的绿色平台，形成具有独特绿色竞争优势的环境友好和绿色生态型区域。本书课题组还运用探索性因子法对影响区域绿色竞争力的主要影响因子进行了研究，认为影响区域绿色竞争力的核心因子是环保因子、持续因子、低碳因子、生态因子、循环因子、健康因子，并在此基础上进行了指标体系的构建（陈运平和黄小勇，2012）。

3. 动态监测应用于经济研究领域已有相关文献，能够为区域绿色竞争力的研究提供借鉴

于静等（2010）在对义乌市城乡动态监测集成数据库特点分析的基础上，介绍了基于 ArcSDE 和 SQL Server 2015 的城乡动态监测集成数据库设计及构建流程，涉及多源遥感数据、矢量数据、数字高程模型 DEM 数据、统计数据等多种数据类型，并对城乡动态监测数据分类与编码、数据库逻辑设计及数据库存储设计进行了详细阐述。《中国宏观经济动态监测分析系统——系统说明书》中介绍道，本系统将数理统计、计量经济学、计算机数据库技术、网络技术等多学科知识紧密融为一体，系统地占有、优化整合各类宏观经济信息资源，以先进的科学方法对海量经济数据进行整理、归类、处理加工和深度挖掘分析，并提供良好的用户界面，将枯燥的数字图形化，直观清晰地实现宏观经济运行状况的监测、分析和预测。据金碚和李钢（2009）介绍，中国社会科学院产业与企业竞争力研究中心研究领域主要是竞争力研究的中观与微观层面，其关于竞争力理论与实践研究已经形成了一支高水平的研究团队和一个数据监测的常设机构，还将理论成果开发为一个持续性的应用性项目——中国企业竞争力监测，并成功开发了企业竞争力评价指标体系及相应的应用软件。竞争力研究中心在中国经营报社成立了专职研究机构，负责对企业和产业竞争力进行常年监测的研究组织工作。中国经营报企业竞争力监测体系（CBCM）从多个角度测评企业的竞争力水平，具有良好的操作性，为企业了解自身的竞争力状态提供了有力的工具。依托这一体系的应用，从 2002 年起，每年发布企业和产业竞争力监测结果，并举办一次大型的企业竞争力研讨会，并从 2003 年起，每年推出年度报告《中国企业竞争力报告》，该竞争力研究中心的研究成果产生了很大的社会反响。谢蓉（2011）在确定动态监测指标体系评价模型后，从空间布局和监测类型两方面开展农业经济运行动态监测网络设计研究，提出空间上以公里网格为基础，适当缩放网格大小，结合类型设计在网格内适当灵活设置监测点，监测类型选择上按照产业、农产品种类、生产单元类型、生产规模和经营方式等进行分层抽样，确立

动态监测数据库的内容构成与组织层次，提出按照数据格式，分别建立业务数据库、空间数据库和元数据库。

### （三）文献述评

国内外区域绿色指数的理论与实证研究为本书研究提供了理论基础和实证依据。本书正是在国家自然科学课题（编号：71774074，2021 年已结题）的研究成果基础上，充分认识到持续研究区域绿色竞争力的重要性，不应该也不可能只是停留在区域绿色竞争力影响因子探索和系统分析模型构建上，需要在实践中不断修改其指标体系，以寻求完善和发展，并能够在实践中持续得到应用。同时，在现有文献中，只有绿色指数或者绿色竞争力的综合评价方面的研究，对区域绿色竞争力在动态监测的研究方面比较缺乏，而且政策优化方面的研究不深入，以至于许多地方政府在发展经济和治理生态环境方面束手无策。为此，本书将延续区域绿色竞争力这一研究主题，在动态监测和政策模拟方面进行深入研究，意在区域绿色竞争力动态监测模型和政策优化策略方面实现突破，形成可探索性的监测模型、数据库和政策咨询案例。

## 三、研究内容

### （一）区域绿色竞争力理论追踪与概念界定

通过文献综述，对关于区域绿色竞争力的研究成果进行理论追踪和实践探究，以更好地解决区域绿色竞争力的理论体系问题，以深入界定好区域绿色竞争力的基本概念体系。为此，要做好以下子模块：①区域绿色竞争力概念相关的理论追踪。通过文献和前期研究成果，深入研究区域竞争力、绿色竞争力和区域绿色竞争力的区别与联系，更好地界定区域绿色竞争力的内涵和外延，进一步为指标体系的完善提供理论依据。②区域绿色竞争力与区域经济增长的关系研究。先界定区域经济增长新内涵，由于经济增长更加重视生态、循环和绿色，而区域绿色竞争力正好符合区域经济增长新需求。同时，进一步研究区域绿色竞争力与区域经济增长之间的逻辑关系，找到理论契合点和机理关系，为后续子课题研究提供理论基础。③区域绿色竞争力行为主体的理论追踪。基于可持续发展、经济外部性、演化博弈等相关理论基础，围绕“区域绿色竞争力”这个核心概念，将其行为主体界定为政府、企业、社会公众、绿色组织和新闻媒体，研究动力主体行为对区域绿色竞争力提升的影响，为后续政策机制设计和仿真模拟奠定基础。

### （二）区域绿色竞争力与区域经济增长的相互关系模型与实证分析

区域绿色竞争力概念模型的提出，为各区域绿色竞争力指标体系的构建提供了合理有效的思路，可以通过数据挖掘和深入分析，进一步研究区域绿色竞争力的影响机理。研究主要包括以下子模块：①区域绿色竞争力指数对区域经济增长影响的理论基础及其假设。从文献角度论述区域绿色竞争力对区域经济增长的影响（包括长期、短期影响），形成理论基础，并提出“区域绿色竞争力指数对区域经济增长具有滞后的正效应”的理论假设，即从长远来看，提升区域绿色竞争力指数是可以通过牺牲短期经济增长利益来获得经济的可持续发展。②区域绿色竞争力指数对区域经济增长影响模型构建与数据收集。把区域绿色竞争力指数作为区域经济增长的内生变量，根据柯布—道格拉斯生产函数构建区域经济增长计量模型，设置时间权重，剔除指数体系与经济增长之间的自相关，并根据计量模型需要，收集和整理相关数据。③区域绿色竞争力指数对区域经济增长影响的回归结果与分析。对绿色竞争力指数与经济增长的关系进行实证分析，利用SPSS统计软件进行回归分析，以论证区域绿色竞争力对区域经济增长正效应的理论假设，同时对环保、生态、循环、低碳、健康和持续六大因子对区域经济增长影响进行实证分析，并评价其影响大小。

### （三）区域绿色竞争力的动态监测模型构建与实证分析

在论证了区域绿色竞争力对区域经济增长具有无可争议的长远正效应后，可以进一步证明区域绿色竞争力指数的重要性，为此，必须对区域绿色竞争力指数进行长期监测，为区域经济决策提供动态监测数据。研究主要包括以下子模块：①区域绿色竞争力数据库建设与数据挖掘分析。根据前期研究成果中构建并论证的区域绿色竞争力指标体系，设置和开发基于DPS的数据采集和处理的计算机软件系统，对区域绿色竞争力的专题因子数据进行标准化处理和有序数值阵列管理，从而构建区域绿色竞争力指数的数据库，并对这些数据按照区域绿色竞争力的六大因子进行数据挖掘分析，为动态监测提供直接有效的数据支持。②区域绿色竞争力的动态监测模型构建。区域绿色竞争力动态监测主要表现其综合状况的时间序列和空间演化特点，主要针对环保、生态、循环、低碳、健康和持续六大因子的数据和不同时期的数据进行对比，构建基于时间序列的空间叠加计量经济模型，运用统计分析方法论证其区域绿色竞争力分布规律和动态演化规律特性。③区域绿色竞争力的动态监测的实证分析与综合评价。通过把区域绿色竞争力指数输入基于计量模型的计算机动态监测模型，测算出动态监测数据，对区域绿色竞争力时间和空间演化规律进行综合评价，使评价结果作为政策研究的基础数据。

### （四）区域绿色竞争力的政策模拟系统构建与反馈仿真分析

区域绿色竞争力动态监测的结果对区域经济发展的最大效用就是政策支持，能够为各地方政府充分认识到自身区域绿色竞争力在全国所处的位置，而且能够了解各自的动态演化规律，从而制定区域绿色竞争力优化政策。研究主要包括以下子模块：①区域绿色竞争力的政策因子分析。即按照环保、生态、循环、低碳、健康和持续六大因子来开发出区域绿色竞争力的政策因子，包括环保投资和监控政策、生态补偿和调节政策、循环技术投入和干预政策、低碳激励和约束政策、健康计划与鼓励政策、可持续发展政策等。②政策因子对区域绿色竞争力的影响机理。通过构建政策因子与区域绿色竞争力之间的影响基础、影响方式和影响过程的系统模式，并运用系统动力学反馈模式来充分论证其影响机理。③区域绿色竞争力政策模拟系统的构建与反馈仿真分析。提出基于松散耦合的政策模拟仿真体系结构，在提供对数据基础支持和分析工具支持整合的基础上，将不同的模型方法过程进行重构与抽象，构建区域绿色竞争力政策分析过程支持模型，在自由设定某一政策因子为扰动因子的前提下，对政策模拟结果进行反馈仿真分析，以论证区域绿色竞争力政策因子的最优组合。

### （五）区域绿色竞争力动力主体与机制构建研究

通过文献整理对区域绿色竞争力行为主体进行界定，打破政府“一元化”监管的固有思维，丰富第三方监管理论，同时探寻区域绿色竞争力的主要影响因素，探究行为主体间的作用关系及其对区域绿色竞争力的作用机理，而后运用演化博弈模型分析行为主体对区域绿色竞争力系统的影响，从而构建提升区域绿色竞争力的对策机制。研究主要包括以下子模块：①区域绿色竞争力概念及其相关行为主体界定。即企业、政府、社会公众、绿色组织和新闻媒体 5 个行为主体。②区域绿色竞争力行为主体作用机理分析。识别分析区域绿色竞争力的影响因素，分别探究企业、政府、社会公众、绿色组织和新闻媒体这五大主体的行为对区域绿色竞争力的作用机理并将五大行为主体对区域绿色竞争力的影响归入政府监管作用、市场调控作用和社会监督作用，为下一步研究行为主体演化博弈分析奠定基础。③区域绿色竞争力行为主体演化博弈分析。运用演化博弈理论构建三主体间演化博弈模型，分别对政府、企业和社会公众，企业、政府和绿色组织，企业、政府和新闻媒体的三方演化博弈分析并采用 Matlab 进行仿真模拟，从各主体的影响因素出发分别分析博弈方的行为演化过程和稳定策略，从而进一步进行构建区域绿色竞争力提升对策机制研究。

## 四、研究目标

通过数量经济分析方法，构建区域绿色竞争力与区域经济增长相互关系的生产函数模型，论证区域绿色竞争力对区域经济增长具有长远持续的正向效应，区域绿色竞争力代表着区域竞争力提升的方向，是未来区域经济发展的趋势。

利用空间计量经济分析方法，构建基于时间序列的空间叠加计量经济模型，运用统计分析方法论证其区域绿色竞争力分布规律和动态演化规律特性，对区域绿色竞争力的时间和空间动态演化规律进行合理化分析。利用系统动力学理论和方法，构建区域绿色竞争力政策模拟系统，并进行系统反馈仿真分析，为区域绿色竞争力的提升找到优化的政策组合，促进区域绿色竞争力的持续增强。

运用系统动力学方法确定构建了主要子系统和变量的区域绿色竞争力系统动力学模型，利用 Vensim 软件分析模型确定变量之间的定量关系。在构建区域绿色竞争力系统动力学模型的基础上进行区域绿色竞争力提升政策仿真，并对模型进行仿真模拟分析，为提升区域绿色竞争力进行政策仿真方案设计，以期发现提升区域绿色竞争力的优化的组合政策，找到一条相对最优的路径。

基于行为主体视角进行区域绿色竞争力行为主体的演化博弈分析，构建行为主体之间的演化博弈模型，通过演化稳定策略求解以及模拟仿真实验，识别影响绿色竞争力发展的关键变量因素，探索政府、企业和社会监督三者行为对区域绿色竞争力形成和提升的影响，而后采用模拟仿真实验法对区域绿色竞争力行为主体理想均衡状态进行仿真模拟，从而构建相应政策机制，促进区域绿色竞争力的提升。

## 五、拟解决的关键问题

### （一）构建可靠的区域绿色竞争力指数对区域经济增长的影响模型

根据柯布—道格拉斯生产函数构建区域经济增长计量模型，解决这一模型的可适性和可靠性，使模型能够有效地分析这一问题，充分论证区域绿色竞争力与区域经济增长的关系。

### （二）构建实用的区域绿色竞争力数据库

为了对区域绿色竞争力做长期持续的、动态的研究，需要有一个长期持续的区域绿色竞争力指数的数据库，这是动态监测的需要，为此，需要利用计算机软件解决数据库问题。

### （三）构建可行的和能够软件化的区域绿色竞争力动态监测模型

要充分考虑到区域绿色竞争力的动态性规律，构建合适的动态监测模型，同时能够构建计算机软件，以减少原始操作的成本，提升动态监测数据的计算效率。

### （四）构建相应的区域绿色竞争力研究模型

对模型进行检验以确保区域绿色竞争力政策模拟和反馈仿真的真实、合理和有效。在运用软件进行模拟仿真时，要明确相应数值参数确保模拟环境的真实性和合理性，同时能够使其将收集的相应数据运用到模型中，所得的模拟结果真实有效。

## 六、研究方法与技术路线

### （一）研究方法

1. 利用计量分析法构建区域绿色竞争力指数对经济增长的影响模型

主要运用数理计量分析方法，依托柯布—道格拉斯生产函数，构建区域绿色竞争力对区域经济增长的影响模型。在经济增长的实证文献中，柯布—道格拉斯生产函数仍然是最常用的生产函数形式。在 $Y=A(t)K^{\alpha}L^{\beta}\mu$ 这一函数中加入时空观念，可以得到以下模型：$Y_{it}=A_{it}(t)K_{it}^{\alpha}L_{it}^{\beta}$，其中，$Y_{it}$、$K_{it}^{\alpha}$、$L_{it}^{\beta}$ 分别代表第 i 省第 t 年的产出、物质资本投入、劳动力数量，而 $A_{it}$ 代表全要素生产率（TFP），它是扣除了物质资本和人力资本对经济增长的贡献之后的其他因素，如果物质资本和人力资本是保证了经济增长的量的方面，那么经济增长的质主要体现在全要素生产率中，而其中主要是绿色竞争力指数，这一指数决定了经济增长的本质。为此，根据目前的研究，可以把全要素生产率定义为：

$$A_{it}=Ae(\rho GR_{it}+\delta \ln Teh_{it}+\theta Tran_{it}+\lambda_i+\mu_{it}) \quad (0-1)$$

式中，$GR_{it}$ 代表第 i 省第 t 年的区域绿色竞争力指数；$\ln Teh_{it}$ 是各省份科技资本存量，它是知识和技术积累所产生的生产率的进步，而 $Tran_{it}$ 代表各省份的固定资产投入；$\lambda_i$ 代表各省份固定效应，表示各省份不会因时间的推移而影响生产率；$\mu_{it}$ 表示随机扰动项。将式（0-1）代入 $Y_{it}=A_{it}K_{it}^{\alpha}L_{it}^{\beta}$ 中，可以得到如下计量回归模型：

$$\ln Y_{it}=\ln A+\alpha \ln K_{it}+\beta \ln L_{it}+\rho GR_{it}+\delta \ln Tech_{it}+\theta Tran_{it}+\lambda_{it}+\mu_{it} \quad (0-2)$$

将区域绿色竞争力指数代入其中，利用 SPSS 统计软件就可以分析区域绿色竞争力指数对区域经济增长的影响情况。

2. 利用空间叠加与统计分析方法构建区域绿色竞争力动态监测模型，并利用编制的计算机软件形成动态监测数据

区域绿色竞争力动态监测主要表现其综合指数的时间序列特点，针对核心因子的数据和不同时期的数据进行对比，从空间上和数量上分析动态变化特征和规律及

其未来发展趋势。实际上，动态监测研究是立足于区域绿色竞争力的现状，对其过去直到现在这一时期内所产生的变化，包括变化的区域分布与数量特征，所开展的时间序列分析工作，这样做便于掌握其演变速率和演变规律特征，为更好地了解其现状和展望其未来提供帮助。动态监测模型的建立主要是以基本分析单元为对象，以各个核心因子指标和区域经济发展状况为监测内容，用数学比较运算得出不同时期研究目标的变化量。通过空间叠加分析与统计分析方法结合用于了解区域绿色竞争力的分布规律和动态演化规律特性。图 0-1 所示为区域绿色竞争力动态监测过程。

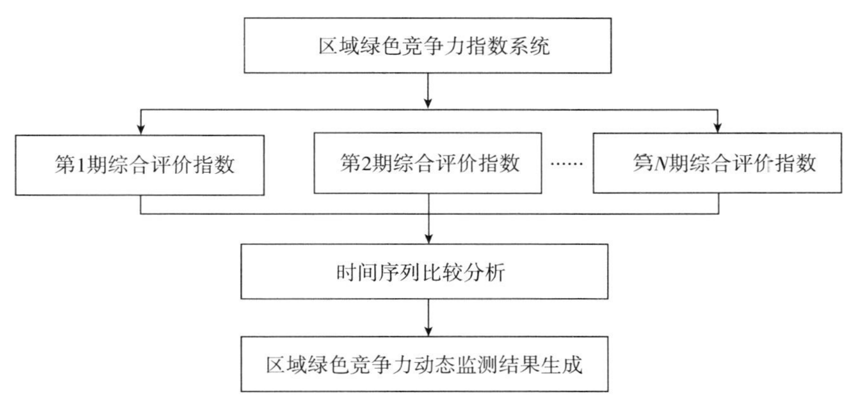


**图 0-1　区域绿色竞争力动态监测过程**

据此过程，利用计算机软件构建区域绿色竞争力动态监测模型，并形成动态监测数据。根据动态综合评价的基本原理，总结省域绿色竞争力动态综合评价的基本步骤如下：

步骤 1：对原始数据 $b_{ik}$ 进行标准化处理，得到标准化数据 $C_{ik}$。$b_{ik}$ 表示某个省份第 i 个指标在第 k 年的原始数据。

步骤 2：计算综合评价值。$P_k = \sum_{i=1}^{n} c_{lk} w_i$，其中，$P_k$ 为某省份在第 k 年的综合评价值，$w_i$ 为第 i 个指标相应的指标权重，n = 95 为绿色竞争力评价指标体系中的指标个数。同理，各指标标准值与指标权重相乘后可以直接相加，从而得出准则层（二级指标）或约束层（一级指标）的标准值，约束层（一级指标）的标准值直接相加得到绿色竞争力标准值。

步骤 3：计算动态综合评价值。$F = \sum_{k=1}^{10} pk\lambda_L k$，其中，F 为某省份的动态综合评价值，$\lambda_L$ 为第 k 年的时间权重。

3. 利用系统动力学方法构建区域绿色竞争力政策模拟系统，并进行反馈仿真分析

Vensim 软件是研究复杂自适应系统的多智能体仿真工具，本书基于 Vensim 软件平台对政府、企业与消费者之间关于提升区域绿色竞争力的博弈进行仿真分析。同

时，通过构建区域绿色竞争力政策模拟系统，针对不同环境条件设定相应的仿真参数，模拟多个政策对企业和消费者在不同环境中的区域绿色竞争力指数的变化情形。同时，通过对原有区域绿色竞争力政策模型进行改进，创立了重复博弈下的惩罚政策。根据此政策，政府可以依企业和消费者的行为恶劣程度采取相应的惩罚力度，尽可能地提升区域绿色竞争力指数，促进经济与生态的融合发展。

## （二）技术路线

本书按照研究内容的分解和研究方法的对应，构建了相应的技术路线，如图0-2所示。

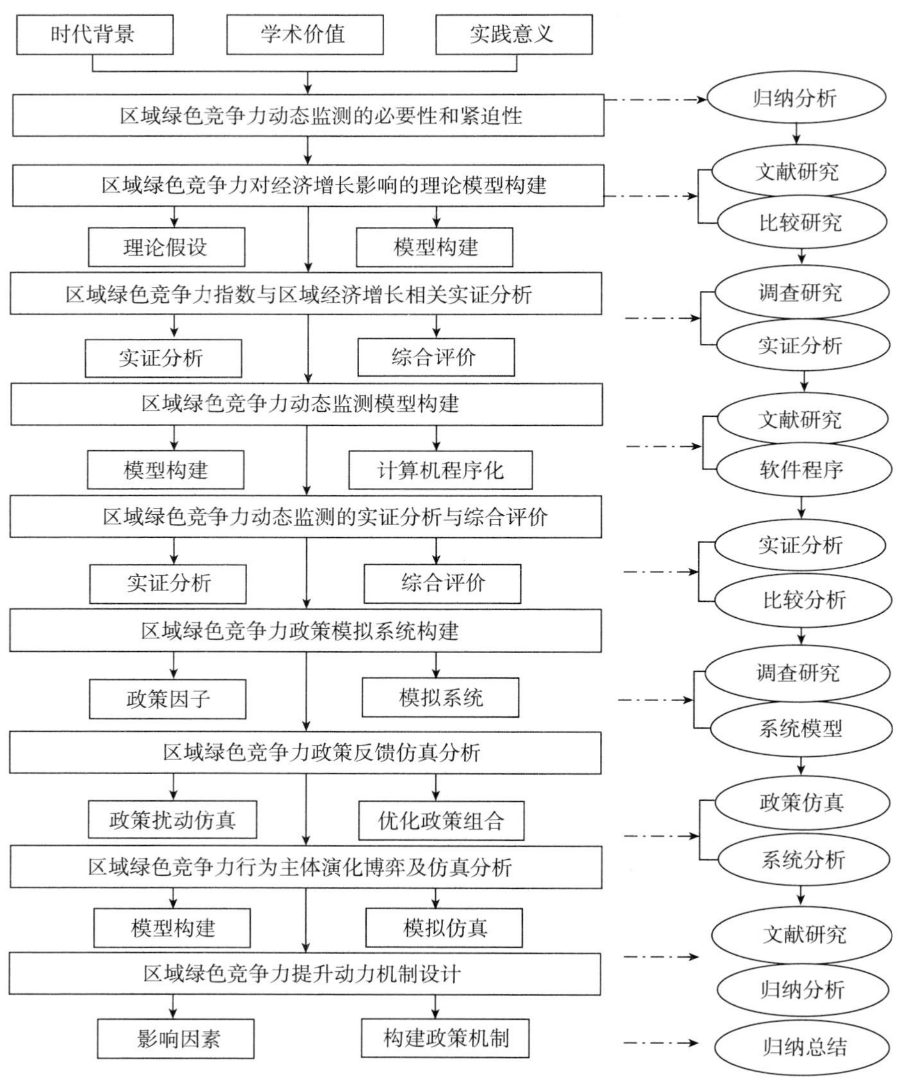


**图0-2　技术线路**

## 七、特色与创新之处

### （一）特色

区域绿色竞争力的动态监测模型的构建和测度，契合了当前经济发展中的生态环境问题，绿色是经济社会发展永恒的主题，提升区域绿色竞争力是一个常抓不懈的关键问题，需要对区域绿色竞争力指数进行常态化动态监测。

区域绿色竞争力的政策模拟和系统反馈仿真，需要制定长效政策和机制来保障区域绿色竞争力的持续提升，为此，在政策研究方面要加大力度制定符合区域绿色竞争力提升的组合政策。

### （二）创新之处

通过区域绿色竞争力指数对区域经济增长的影响模型，在经济增长模型中加入区域绿色竞争力指数，可以拓展经济增长的传统模型，使经济增长模型不仅能够体现经济增长的量，还能够体现经济增长的质。同时通过实证研究，可以得出“区域绿色竞争力对经济增长具有长远的正效应”的创新性结论。

通过区域绿色竞争力的动态监测模型，并把其软件化和数据化，形成能够对区域绿色竞争力进行动态监测的数据库，以发现区域绿色竞争力的动态演变规律和发展趋势，使各区域能够认清形势，明确区域绿色竞争力的现状和问题，把握努力的方向。

通过区域绿色竞争力的政策模拟系统，进行系统反馈仿真分析，可以发现提升区域绿色竞争力的优化组合政策，为中央和各级地方政府制定区域绿色经济政策提供思路，为中央和各级地方政府、企业和消费者提供区域绿色实践咨询案例。

通过区域绿色竞争力行为主体的动态演化博弈模型，从微观主体视角分析区域绿色竞争力主体的行为，总结出区域绿色竞争力的影响因素，采用动态演化博弈方法研究政府、企业、社会公众、绿色组织和新闻媒体主体之间的博弈演化路径，并进行模拟仿真研究来分析博弈方行为演化过程和稳定策略，对提升区域绿色竞争力相关政策的制定和机制的构建有着很强的指导意义。

# 第一篇
# 区域绿色竞争力理论追踪与概念界定

通过相关文献整理，对现有关于区域绿色竞争力的研究成果进行理论追踪和实践探究，以深入界定区域绿色竞争力的基本概念体系。为更好地解决区域绿色竞争力的理论体系问题，本篇研究的主要工作包括：①区域竞争力、绿色竞争力与区域绿色竞争力的概念辨析。通过文献和前期研究成果，深入研究区域竞争力、绿色竞争力与区域绿色竞争力的区别与联系，以便更好地界定区域绿色竞争力的内涵和外延，进一步为指标体系的完善提供理论依据。②区域绿色竞争力与区域经济增长的关系。首先界定区域经济增长新内涵，由于经济增长更加重视生态、循环和绿色，而区域绿色竞争力正好符合区域经济增长新需求。其次进一步研究区域绿色竞争力与区域经济增长之间的逻辑关系，进行区域绿色竞争力六大因子与经济增长关系研究，找到理论契合点和机理关系，为后续子课题研究提供理论基础。③区域绿色竞争力动力主体相关研究。通过对已有相关文献综述进行总结，对区域绿色竞争力动力主体进行界定，研究动力主体行为对区域绿色竞争力提升的影响，为后续政策机制设计和仿真模拟奠定基础。

## 第一章

# 区域绿色竞争力概念相关的理论追踪

## 一、区域竞争力的相关研究

国外对于竞争力的研究，最早是由 Smith 在其著作《国富论》中提出了“绝对成本理论”（也称“绝对优势理论”），他认为每个国家或地区都有对自己有利的自然资源和气候条件，如果各国、各地区都按照各自有利的生产条件进行生产，然后将产品相互交换，互通有无，会使各国、各地区的资源、劳动力和资本得到最有效的利用，将会大大提高劳动生产率和增加物质财富。Richardo 在其著作中提出“相对优势理论”，他认为一个国家即使生产不出绝对成本低的产品，按照“两利相权取其重”的原则，其相对成本低的商品也可以与他国进行国际贸易，以保证贸易的相互性。Porter 在《国家竞争优势》中指出，国家竞争优势是指一国产业和企业持续地以较低价格向国际市场提供高质量产品、占有较高市场份额并取得利润，国家竞争优势的关键在于国家的创新机制和充分的竞争能力。Vietor 认为，国家竞争力（National Competitiveness，NC）就是国家能更多、更快、更好、更省、可持续地创造财富的能力。瑞士国际管理发展学院（IMD）认为，国际竞争力是一个国家能使企业持续产出更多价值和人民拥有更多财富的环境的能力，同时它将区域绿色竞争力定义为，一个区域在市场上较其他竞争区域获得更多财富的能力，包括经济实力、科学技术、政府效率、国民素质、金融环境等因素。

高洪深（2002）认为，区域是按一定标准划分的连续的有限空间范围，是在自然、经济或社会特征的某一方面或某几个方面具有同质性的地域单位，如地理位置、经济特色、行政区域等。张辉（2001）认为，区域竞争力由区域网络、区域内部流和区域外部流三大要素构成，三大要素有机统一于区域之中，密不可分。王秉安等（1999）从新古典经济学角度出发，认为区域竞争力是综合体现区域经济与社会客观现状及发展的潜在能力，是大区域内对资源的吸引与配置以及市场占有能力。陈玉娟（2013）认为，区域竞争力是一个地区在竞争和发展过程中，通过内部要素之间的协同作用形成的具有吸引、争夺和转化资源，为民谋福利的综合竞争优势，包括基础设施竞争力、经济实力竞争力、市场吸引竞争力和持续发展竞争力。

学术界普遍认同将“竞争力”作为一种能力，卢岩和陈柳钦（2006）认为，它不仅表现在相对于竞争者更具有竞争优势，更重要的是在动态发展过程中将潜在能力转化为竞争实力，并能不断保持竞争优势的能力，即财富创造是竞争力的直接表现，经济持续增长是提高竞争力的根本意图，资源吸引和有效配置是提高竞争力的基本途径。

国外对影响区域竞争力因素的研究较为成熟，国内关于绿色竞争力要素模型的建立主要是在借鉴国外相关竞争力模型的基础上结合经济、区域、产业的差异性构建综合评价模型。哈米德·阿拉维提出了反映国家竞争力的双层要素模型，他将影响国家竞争力的因素分为宏观环境因素及反映企业生产经营的微观企业层次因素两大类，前者为后者提供宏观环境支持和保障，后者利用市场经济提高资源的配置效率。被称为“竞争战略之父”的迈克尔·波特，在《国家竞争优势》中提出了波特钻石模型（又称波特菱形理论），这是分析国际竞争优势的工具，该模型由生产要素、需求状况、相关产业支持、企业战略结构和同业竞争四个关键因素，以及政府和机会两个辅助因素共同构成。钻石模型分析了一个国家、产业如何形成整体竞争优势，但是该模型侧重外在环境分析，对企业内部资源协调能力、跨国公司和国际市场不够重视。英国学者 Dunning（1993）提出了国际化钻石模型，主张在钻石模型中添加第三辅助因素，即跨国经济活动因素。Alan 和 Joseph（1993）改进了波特钻石模型，提出广义双钻模型，使之适用于经济规模较小的国家，并以韩国、新加坡为例进行实证分析，验证模型的有效性。Mayes 等（1994）构建了适用于韩国产业竞争力的三类九要素模型，进一步扩大了波特钻石模型的适用性。陈红喜（2008）根据对相关理论的分析，将内因与外因相结合，认为影响企业绿色竞争力的三个维度分别是外部环境、绿色资源和绿色能力，外部环境、绿色资源具有“同质性”，而绿色能力具有差异性，三者相结合共同构成绿色竞争力的相对大小。

## 二、绿色竞争力的相关研究

竞争主体一般分为企业竞争力、产业竞争力和国家竞争力三个层次。在企业竞争力层面，20 世纪 80 年代，迈克尔·波特提出了五力模型。波特的五力模型认为，企业的竞争优势是相对于其他企业而言的，但也有不同的观点，认为，企业的竞争优势在于企业自身的独特能力，Prahalad 和 Hamel（1990）认为，企业的竞争优势是企业的自身能力足够强大，他们把这种能力定义为企业核心竞争力。Bansal（2005）

认为，企业技术的改进会推进企业产品的绿色创新，进而实现企业的可持续发展。在其他方面，世界经济论坛（World Economic Forum）和瑞士洛桑国际管理发展学院（International Institute for Management Development）在国际竞争力评价体系中发展出了企业竞争力指数评价。在产业竞争力层面，研究主要集中在金融业竞争力、农业竞争力、旅游业竞争力、服务与贸易业竞争力。关于金融业竞争力的研究，主要是世界经济论坛和瑞士洛桑国际管理发展学院提出的资本成本竞争力、资本市场的效率和竞争力、证券市场的活力、中央银行和银行部门的效率。在农业竞争力研究领域，分析农业竞争力分别有 CMS（Constant Market Share Analysis）、GTAP（Global Trade Analysis Project）、NPC（Nominal Protection Coefficient）方法。CMS 认为，一国的产品市场份额的变化是由它的竞争力发生了变化所导致的；而 GTAP、NPC 则基于一个国家的国内商品价格与世界参考价格之比来表明竞争力的大小，大于 1 表明缺乏竞争力，小于 1 表明具有竞争力。关于旅游业竞争力的研究，国外主要集中于旅游业国际竞争力影响因素的研究和旅游业国际竞争力的实证研究两个方面。在服务与贸易业竞争力的研究领域具有代表性的三种方式分别是贸易竞争优势指数（Trade Competitive Index，TC）、显示性比较优势指数（Revealed Comparative Advantage Index，RCA）及出口优势变差指数（Export Advantage Variation Index，EAV）。贸易竞争优势指数是用以论证产品周期理论的一种方法，系数的变化反映了产品在周期中由进口阶段、进口替代阶段、出口扩张阶段、成熟阶段到逆进口阶段的进程。显示性比较优势指数又称 Balassa 指数，是美国经济学家贝拉·巴拉萨（Bela Balassa）于 1965 年测算部分国际贸易比较优势时采用的一种方法，可以反映一个国家（地区）某一产业贸易的比较优势。出口优势变差指数常用于分析工业品国际竞争力，其将每种产品的出口增长率与外贸总出口增长率进行比较，从而可以确定在一段时间内哪些产品的出口竞争力强或弱。

在 1980 年瑞士达沃斯举行的欧洲经济论坛（世界经济论坛的前身）年会上，最早明确提出了国际竞争力概念，区域国家竞争力以国家作为研究对象，从国家的宏观角度来建立竞争力的评价模型。国外对于国家竞争力的研究主要有国际贸易理论、区域经济理论、制度经济理论等。国际贸易理论中具有代表性的包括 David Ricardo 的相对优势理论和比较优势理论以及 Heckscher 和 Ohlin 的要素禀赋论。绝对优势理论是指一国相比于另一国的劳动成本更低，此后，在此基础上提出了比较优势理论，MacDougal（1951）、Kravis（1956）、Charney 和 Stern（1962）、Balassa（1963）等学者用数据验证了比较优势论。但是比较优势理论只考虑了劳动成本对生产成本的影响，而且它假定了机会成本是静态的、不变的。区域国家竞争力是以国家作为研究对象，从国家的宏观角度来建立竞争力评价模型，不同国家的地理环境、人口的数量和质量以及经济发展水平各不相同，从一个国家的宏观角度评估一个国家的竞争力还不够全面。

随着绿色经济和可持续概念的发展（Cruz，2006；Gasparatos et al.，2017；Yang

et al.，2017），世界经济转向于绿色的经济增长，国外对绿色竞争力的相关研究逐渐增多。Fankhauser 等（2013）将专利数据与国际贸易和产出数据相结合确定了行业层面绿色竞争力的三个成功因素，分别是行业转换为绿色产品和过程的速度（以绿色创新衡量），获得和保持市场份额的能力（以现有比较优势衡量）及有利的起点（以现有的产出衡量）。Morteza 等（2018）建立了具有绿色竞争力的闭环供应链的模糊两目标两层模型来优化绿色竞争力的提升策略。总体来说，绿色竞争力和绿色创新能力的提升有助于推动绿色经济的发展。

长期以来，我国的经济增长方式都是粗放型的，然而对于经济增长质量的要求却越来越高。国内对于绿色竞争力的研究逐渐增多，目前，国内对绿色竞争力的研究主要集中在企业绿色竞争力和区域绿色竞争力两个方面。在企业绿色竞争力的层面上，吴小玲（2004）从环境保护、绿色贸易体系和企业可持续发展三个方面总结了企业绿色竞争力的内涵。陈红喜等（2013）从价值链的角度对企业绿色竞争力的构成要素进行了分析，并构建了企业绿色竞争力的评价体系。曾凡银（2004）从技术创新的角度提出我国应改进环境资源产权制度、知识产权制度和环境政策，以充分促进绿色的技术创新，提升企业的竞争能力，进而提升我国的竞争力。王军和耿建（2012）建立了 PCA 评估模型定量评估企业绿色竞争力，进而寻求最优的方法来提高企业的绿色竞争力。郭海清等（2015）比较了低碳发展模式与传统发展模式的企业竞争力，分析了阻碍企业绿色竞争力提高的影响因素，并据此提出了相应的对策。刘秋玲等（2018）以钢铁企业为例，结合已有的研究和钢铁企业的特点，探寻其评价指标体系与方法，并构建和实证分析了钢铁企业绿色竞争力的评价指标。李晓虎（2018）从我国企业低碳新能源经济发展现状出发，从微观和宏观两个角度对企业的绿色竞争力提升提出了相应的实施策略。

## 三、区域绿色竞争力的相关研究

从 1776 年 Adam Smith 提出的绝对优势理论到 1990 年 Porter 的竞争优势理论，竞争力理论在不断演变。Porter（1991）认为，绿色竞争力是一种基于环保、健康和可持续发展目标的绿色经济模式而取得市场竞争优势的能力。这一将生态与经济融合理念的提出即刻掀起了国内外关于企业绿色竞争力、区域绿色竞争力等研究的热潮。Hart（1997）在其开创性论文《超越绿色：世界可持续发展战略》中指出，制定环保战略有助于企业挖掘潜在的巨大商机，并提出应由非绿色的污染末端治理转变为生产全程控制，以更好地提升企业的绿色竞争力；García-Ruiz 等（1996）、赵领娣等（2001）、Pujari 等（2003）从绿色科技、绿色 GDP、绿色营销等微观角度对绿色竞争力概念进行了研究。华逢梅等（2008）认为城市绿色竞争力是某个城市较其他城市所具备的一种绿色竞争优势，如通过技术创新或管理创新使自身的资源配置能力更强、可持续发展潜力更高。

国内外对区域竞争力的研究主要集中在三个方面：一是区域绿色竞争力的概念研究。例如，陈运平等（2012）认为，区域绿色竞争力是区域在发展过程中以绿色为核心，以环保、生态、循环、低碳、健康和持续为主线，以人与自然包容性增长为模式，以实现人类发展与自然和谐共生效应为目标，通过区域内资源的合理有效配置与创造形成的一种绿色竞争优势。随后王晓峰（2015）、孙潇慧和张晓青（2017）也对该概念进行了扩充和发展。二是区域绿色竞争力评价指标体系研究。钻石模型、国家竞争力模型和国际竞争力模型是目前国内外最具代表性的三种区域竞争力评价模型。严于龙（1998）基于IMD模型总结了构建区域竞争力评价体系的基本指标，分别是管理水平、技术水平、区域经济实力、人力资本、政府角色、开放程度、基础设施和金融体系。王秉安（2003）从资源配置角度出发，认为区域竞争力是产业竞争力、企业竞争力、外部竞争力、综合经济竞争力、基础设施竞争力、国民素质竞争力和科技发展竞争力的有机组合体。三是区域绿色竞争力评价方法研究。绿色竞争力的评价方法主要有AHP、ANP、PCA、DEA、聚类分析、熵模糊数学等。诸大建和陈静（2011）建立灰色熵分析与评价模型，利用上海2002~2007年相关数据，重点突出生态环境重要性对城市低碳竞争力进行了相关实证研究。康娟和薛丽丽（2011）利用AHP模型确定了绿色竞争力评价指标体系，并结合DEA数据包络分析法对2009年我国农业上市公司绿色竞争力进行了综合评价。刘司梦（2012）采用PCA分析法导出综合指标，通过选取具有代表性的样本城市做量化比较和排名，以得出长沙市城市绿色竞争力的影响因素。李琳和王足（2017）构建了区域制造业绿色竞争力评价指标体系，并基于遗传算法的投影寻踪模型对我国31个省份2000~2014年的制造业绿色竞争力进行了评价和动态比较。伍鹏和景思江（2018）建立了县域经济绿色竞争力评估指标体系，并运用因子分析法定性和定量地测算了湖北县域经济的绿色竞争力。

## 四、区域竞争力、绿色竞争力、区域绿色竞争力的概念界定与关系辨析

### （一）概念界定

相对于竞争结果如经济收益、绩效而言，竞争力是一个综合性很强的概念，至

今难以形成一个广泛使用的定义。本书认为：区域竞争力是指区域内竞争主体在争夺资源或市场的过程中表现出来的一种综合能力，与其他地区相比更具备的吸引、争夺、拥有、控制和转化资源，以及争夺、占领和控制市场的资源优化配置能力。区域竞争力主要表现在产业竞争力、企业竞争力、科技竞争力、国民素质竞争力、人力资本竞争力等多方面。绿色竞争力是一种综合能力，以竞争力为核心，以绿色要素为主体，以技术创新为手段，吸引并优化配置绿色经济要素，不断提高配置效率，来实现绿色增长与国民福祉提高，“绿色”这一概念如今渗透在各行各业中，伴随着时代的发展，人们的环保意识、人与自然和谐包容意识更强，低碳和节能已越来越成为区域竞争力中不可或缺的一部分。区域绿色竞争力是区域在发展过程中形成的绿色竞争优势，它的核心是“绿色”，这意味着区域在获得经济效益的同时，以实现经济、社会和生态的和谐统一为最终目标。区域的范围大到可以指整个世界、一个国家，小到可以指代一个县域或地方；绿色意味着环保、生态、循环、低碳、健康和持续。区域绿色竞争力强调绿色作为核心要素的作用，要把绿色理念嵌入区域发展的每个方面，从而使区域社会、政治、经济、文化和生态都能够朝绿色的方向发展。

### （二）区域竞争力、绿色竞争力、区域绿色竞争力关系辨析

区域竞争力发展的指导理念主要是基于追求区域企业利润的增长，区域绿色竞争力的基本指导思想是人与自然包容性增长，区域在获得经济效益的同时，实现经济、社会和生态的和谐统一；绿色竞争力更突出经济发展过程中以科学技术为手段，经济“绿色”增长为目标；区域绿色竞争力的发展是绿色竞争力发展的方面之一，国内学者对绿色竞争力的研究主要集中在企业绿色竞争力和区域绿色竞争力两个方面。区域竞争力形成的基本假设是经济人和社会人，而区域绿色竞争力强调区域是一个集经济人、社会人和生态人于一体的复合系统。传统区域竞争力的发展目标是企业实现利润最大化；绿色竞争力的发展追求低碳、节能；而区域绿色竞争力的发展目标是实现人类发展与自然和谐共生。传统区域竞争力的核心竞争力主要是基于所有的人力、物力资源创造出最佳的产品或服务价值；绿色竞争力是基于科技手段、以绿色经济要素为主体、吸引并优化配置绿色经济要素，不断提高配置效率促进国民经济提速提质发展；而区域绿色竞争力主要是突出以绿色为核心，注重产品或服务的低碳和生态特征，在环保意识、环保法律体系的完善和执行程度、环保技术水平等方面都要落实到位，区域绿色竞争力更多体现的是包容、共生。区域绿色竞争力的提升不仅是一个观念、概念，也还是在人与环境、自然协调前提下实现包容性增长。在人类追求自身发展的同时，能够更多地考虑自然环境问题，实现人与自然环境的和谐共生，在经济发展过程中将自然因素转化成竞争优势，以此来推动区域经济的绿色转型。

第二章

# 区域绿色竞争力与区域经济增长的关系研究

## 一、区域经济增长的相关研究

### （一）经济可持续增长的内涵界定

自1962年《寂静的春天》问世以来，人与自然协调可持续发展引起国内外学者深入思考。对于经济增长可持续性的理解，Kuznets（1966）全面阐述了经济增长持续性理论，认为一个国家的经济增长可以被定义为基于技术的改进和意识形态的调整，向人们提供日益增加的经济商品能力的长期提高。Samuelson（1987）认为，经济增长代表一个国家的潜在GDP或国民产出的增加，是一个国家的生产可能性曲线的向外推移，经济增长的可持续性不仅是生产能力的增长，而且表现在技术改进、制度改进及意识形态上的改善。苏联经济学家卡马耶夫（1983）认为，经济可持续增长不仅包括产量的提升、生产资源的增多，而且包含消费效率的提高、产品质量的升级以及生产效率的提高。Thomas（2001）在其著作《增长的质量》中提及增长的可持续性是作为发展速度的一个补充，这是增长过程中的关键内容，如机会的平等、优良的环境、风险管理和治理结构。Meadows等（1972）在《增长的极限》中认为，自然资源消耗和环境污染将呈指数函数的形式增长，按照这个速度，人类将很快耗尽地球上的资源，导致整个世界的崩溃。这是经济增长中较为悲观的结论，引起了学术界和科学界对资源利用和环境限制对经济增长的可持续影响的广泛关注。

早在20世纪90年代，国内学者对于可持续发展就进行了深度的理论思考。李涌平（1995）认为，社会可持续发展有两个基本要求：一是人类不要以局部利益牺牲社会整体利益，不要以区域的利益牺牲全球的利益；二是人类不要以今天的利益牺牲明天的利益，即以子孙后代的不满足换取现在的满足。袁嘉新（1996）认为，可持续经济增长表现在生态上是合理的、协调的，在速度上是中庸的，它注重人类生活质量的提高。张为付和吴进红（2002）认为，可持续发展能力的本质特征是对区域内全社会生产要素的整合和利用，实现产业的合理分工与协作，创造区域经济发展的最佳环境。马建新和申世军（2007）提出，经济增长的可持续性可以从经济效益、环境质量成本、国家经济发展水平、增长的潜力、竞争力和人们的生活等多个维度进行反映。牛文元等（2015）认为，可持续发展理论包括处理好人与自然之间的关系和人与人之间的关系，这是可持续能力的“硬支撑”和“软支撑”。吕永龙等（2018）认为，持续发展必须遵循发展的公平性、区域分异规律、物质循环利用原则、资源再生与共生原则。

### （二）经济增长可持续性测度

在可持续经济增长测度方面，Daly（2001）认为，可持续发展不同于传统的经济增长，要将关键自然资本纳入生产函数，可持续发展追求的是地球生物物理极限内的稳态发展和繁荣。Heilman 等（2004）认为，在长期的经济增长中，若仅仅依靠要素投入则该种增长是不可持续的，只有依靠科学的进步与提升，才能从根本上获得可持续的资源配置效率。Ranis 和 Stewart（2012）通过研究多个国家和地区的数据提出了经济增长离不开人的发展的观点，这不仅是经济发展的目的或是结果，更是为经济的再增长以及新的量变提供了必要条件。Birol（2005）认为，目前中国人均国内生产总值达到中等收入水平和劳动力成本迅速上升，经济增长难以保持可持续性，中国将面临更大的挑战，即所谓的“中等收入陷阱”。Lin（2011）认为，经济增长的可持续性主要是产品和服务的增长速度及更宽泛的发展，发展不仅是财富的增长，更包括人类社会的发展进步。Silber 和 Son（2010）认为，工业生产的快速扩张和实际效率的提高，收入的增加使得投资份额不断增加，同时投资份额日益增加也促进了经济增长。

国内学者王如松和欧阳志云（1996）认为，可持续发展是人类社会的必由之路，建议从社会—经济—自然复合生态系统的角度认识人与自然的关系，并且指出生态整合是人类可持续发展的科学方法。吕永龙（1996）认为，“持续发展”的最终目标是调节好生命系统及其支持环境之间的相互关系，使有限的环境在现在和未来都能支撑起生命系统良好运行。杨长友（2000）提出，把评价增长可持续性的质量指标归纳为激励机制、稳定性、技术创新、供求结构、经济福利和利润率增长率及生产效率六大方面。梁亚民（2002）构造了经济健康状况、潜能增强情况、方式转变、产出结果四个方面的可持续性统计指标体系。贾名清和汪阔朋（2009）采用信息熵工具构建了区域经济增长的可持续性评价指标体系。吕捷等（2013）指出，若想打破未来中国对 GDP 增长速度的盲目崇拜，需要在评定政府的绩效考核中加入生态环境、经济效益等多种指标，转变经济发展方式。

## 二、区域绿色竞争力与经济增长的关系研究

自 Kuhns 和 Solow（1957）对全要素生产率开创性研究以来，全要素生产率被广泛应用于各种经济增长核算框架中，被认为是除资本和劳动力对经济增长贡献外的其他要素组合。全要素生产率对经济增长贡献一直是经济学界广泛关注和研究的对象，很多经济学家在不断尝试解释存在像日本、韩国等生产要素稀缺的国家但人均收入水平远高于一般国家的原因。而在中国现实的条件下，全要素生产率主要来源于两个方面：一是企业生产技术的进步；二是资源配置效率的改善。在今天看来，虽然技术进步和资源配置有效促进了经济增长，但是伴随着能源消耗增大、环境质量持续下降，经济增长速度逐渐下滑，开始约束中国经济增长的持续性。

国内研究区域绿色竞争力对经济增长影响的文献并不多见，但很多学者均认为区域竞争力是经济可持续增长的重要指示器。丁力和杨茹（2003）认为，区域竞争力是经济增长的能力，它不同于经济实力和经济增长能力，体现为经济增长的加速度。左继宏和胡树华（2005）认为，区域竞争力应该定义为参与竞争的区域依据区位特点，通过实现产业的合理分工、协作而表现出吸引利用资源并促进经济社会可持续发展的能力。张斌和梁山（2005）认为，区域竞争力是指一个区域综合利用并不断改善本区域的自然环境、经济和社会结构、文化、价值观、制度体系等而获得的与其他区域相比所具有的能够促进本区域环境、经济和社会全面可持续发展的能力。芦岩和陈柳钦（2006）曾将区域竞争力定义为，区域通过在全球范围内吸引和有效配置资源，均衡地生产出比其竞争对手（其他同类区域）更多的财富、占领更大份额的国内外市场，以实现区域经济持续发展的能力。程玉鸿（2008）认为，一定意义上，区域竞争力可看作在特定时段内，由区域的居民、企业和政府在其特定环境中通过对发展资源的吸引、争夺、利用、控制和转化而共同创造的。

虽然区域绿色竞争力与经济增长相关实证研究罕见，但是有不少文献对中国经济增长与绿色全要素生产率的关系做过一定程度的研究。例如，陈诗一（2009）是国内较早对中国工业绿色全要素生产率进行核算的，他提出只有实现节能减排才能实现中国工业的完全可持续发展。此后，陈诗一（2010）还发现，自改革开放以来，中国实行的一系列节能减排政策有效推动了工业绿色生产率的持续改善。郭辉和董晔（2012）通过对索洛模型进行扩展，构造出包含能源消费和二氧化碳排放约束下的绿色全要素生产率，研究发现，绿色全要素生产率加快了经济增长，但是其代价是二氧化碳的高排放。王兵和刘光天（2015）采用修正的索洛模型研究节能减排能否实现环境和中国绿色经济的“双赢”，结果发现，节能减排通过技术进步实现了

“双赢”，验证了“波特假说”。谌莹和张捷（2016）在研究绿色全要素生产率与经济增长关系时，发现绿色全要素生产率比传统全要素生产率对经济增长促进作用更大。尹传斌和蒋奇杰（2017）通过测算西部地区绿色全要素生产率，提出西部地区绿色全要素生产率是进步的，而且是西部经济增长结构的重要组成部分。刘华军等（2018）提出不断缩小绿色全要素生产率的地区差距是我国经济高质量发展阶段的重要任务。

然而，国内也有不少学者在研究绿色全要素生产率与经济增长关系时提出了相反的意见。例如，李俊和徐晋涛（2009）在全要素生产率基本模型上引入环境污染变量测算出绿色全要素生产率，但实证发现绿色全要素生产率与 GDP 没有显著的相关关系。杨万平（2011）研究得出要素投入是经济增长的主要驱动因素，绿色全要素生产率对经济增长的推动作用不明显，且呈现逐年下降的趋势。匡远凤和彭代彦（2012）对考虑环境因素下的全要素生产率与我国 1995~2009 年的增长变动状况进行了研究，发现环境全要素生产率对我国经济增长的贡献率不高。刘国平和朱远（2014）从碳排放空间角度对全要素生产率进行深化研究，发现大部分省份的全要素福利绩效逐渐下降，区域差距较大。

## 三、区域绿色竞争力六大因子与经济增长关系研究

在分析区域绿色竞争力对经济增长的影响文献中，很难寻找到有关区域绿色竞争力与经济增长的实证研究结论。区域绿色竞争力是区域在发展过程中以绿色为核心，以环保、生态、循环、低碳、健康和持续为主线，以人与自然包容性增长为模式，以实现人类发展与自然和谐共生效应为目标，通过区域内资源的合理有效配置与创造，为区域发展提供一个更具竞争力的绿色平台，形成具有独特绿色竞争优势的环境友好和绿色生态型区域。因此，可以尝试从环保因子、生态因子、循环因子、低碳因子、健康因子、持续因子角度出发，分别研究六大因子对经济增长的影响，进而为提高区域绿色竞争力对经济增长的促进作用提供针对性思考。

基于环保因子与经济增长的研究，国内学者大多从环保投资和环保消费两个角度研究与经济增长的关系。例如，徐辉等（2012）将环保投资作为对经济增长的影响要素纳入生产函数，建立 VAR 模型和 VECM 模型，并运用 JJ 协整检验和格兰杰因果关系检验，确定了环保投资与 GDP 之间存在双向长期格兰杰因果关系，通过线性回归分析发现环保投资对我国经济增长有正向影响。李志青（2014）通过构建基于经济增长模型的理论框架发现，当环保公共开支资本化程度高于其他部门时，环保公共开支便会有利于经济的增长，这验证了环境库兹涅茨曲线的有关结论，即在经

过顶部后，经济与环境出现同步改善的情况。朱建华等（2014）通过协整、误差修正模型以及格兰杰因果检验研究方法，深入分析了环保投资与 GDP 之间存在长期均衡关系，发现环保投资每增加 1%，GDP 将增长 0.13%，环保投资对 GDP 的拉动效应显著，环保投资在长期是引起 GDP 增长的原因。李新春和张雷（2011）在索洛模型下研究环保消费对经济发展的影响，结果发现消费对环境影响的增加与人口的增加都会提高环保性消费的比例及增长速度，贴现率、利率和技术进步率的增加会降低环保性消费的比例及增长速度，而且这些因素的增加还会使经济系统的均衡点向着较低水平移动。

生态环境是指一切生物与环境之间环环相扣的关系，它是社会经济发展的物质基础，是区域绿色竞争力的外在表现。国内对生态研究开始于 20 世纪 80 年代，随着理论的不断演化，当前研究更多建立在生态与经济增长的实证分析上，重点把握生态资本促进经济增长的内在作用机理。王学定等（2012）从生态足迹的角度出发，实证分析我国资源环境随着人均 GDP 的增长呈现倒 U 形。魏强等（2014）在经典柯布—道格拉斯生产函数的基础上，运用协整与误差修正模型对 1986~2010 年黑龙江省生态系统服务对区域经济增长的影响进行了分析，提出通过增加生态资本，提供更多的生态系统服务有利于区域经济增长。陈艳（2013）以长沙市为例，实证研究生态旅游与国民生产总值的协整关系，发现二者之间存在长期的均衡关系，生态旅游对经济增长促进作用明显。李国平和石涵予（2017）在拉姆塞—卡斯—库普曼模型的基础上，纳入生态补偿提供资金和生态效益的过程，从理论上分析生态补偿资金投入对经济增长的影响，表明生态补偿资金通过提高资本的增长率进而推动经济增长。马兆良和田淑英（2017）通过构建多维度生态资本指标体系，运用中国 2004~2013 年面板数据对生态资本的经济增长效应进行静态和动态分析，发现生态资本能够促进长期经济增长，生态资本的经济增长效应主要通过生态资本的外部性特征得以实现。

“循环经济”一词最早由美国经济学家波尔丁提出，是指在人、自然资源和科学技术的大系统内，在资源投入、企业生产、产品消费及废弃的全过程中，把传统的依赖资源消耗增长的经济转变为依靠生态型资源循环来发展的经济。长期以来，经济发展大多以耗费资源为支撑，过度消费资源和破坏环境不仅使生产活动无法持续进行，而且破坏人类生存的基本条件。吴祥钧（2005）指出，依靠发展循环经济来转变经济增长方式，是落实科学发展观、实现人与自然和谐发展和可持续发展的重要途径和方式。刘炜等（2006）在国家循环经济理论发展和实践过程的前提下，对集约型经济增长方式进行研究，提出以发展循环经济促进我国经济增长方式转变的对策。杨永华等（2005）将自然资源外生变量内生化作为生产函数中的内生变量来对生产函数进行重新研究，结论表明，随着自然资源成为经济发展中最为稀缺的因素，在生态系统的承载力变得越来越脆弱的现实下，提高资源生产率对于经济增长来说显得更加重要。黄建中（2009）提出，大力发展循环经济对于能源约束、环境污染与经济发展之间的矛盾能够起到重要作用。刘有章等（2011）实证分析发现，在循环经济发展理念下，我国经济增长质量总体朝着健康的方向发展。王传美等（2017）采集1990~2012年数据进行循环过程中的中介效应检验和有中介的调节效应检验，实证表明能源消耗和经济增长之间存在循环效应，技术进步在能源消耗和经济增长之间起循环的中介作用。

低碳就是最低二氧化碳排放，是保持人类生存环境和健康安全的重要因素。Linnenluecke和Griffiths（2010）称低碳经济是一种低能耗、低排放、低污染的生态经济发展模式，是低碳发展、低碳产业、低碳技术、低碳生活等一类经济形态的总称。刘智群和金起文（2011）表示，低碳经济是以低能耗、低污染、低排放为基础的经济模式，它要求企业必须把自身发展和环境保护有机结合，彻底摒弃传统粗放型的生产方式，着力推进以能源节约、新型能源运用和二氧化碳排放强度降低为主要标志的低碳发展模式。闫顺利等（2010）认为，低碳经济已经成为我国各城市产业结构调整与转型的一种必然选择与趋势。刘丹鹤等（2010）从投资、有效劳动投入量及生产率三方面剖析了低碳技术与IT技术对经济增长的不同影响机制，分析了在保持当前技术发展速度的前提下，低碳技术将成为新一轮经济增长点的原因。许进杰（2011）认为，低碳消费增长有利于实现全社会的资源节约和环境保护，促进居民消费水平和生活质量进一步提高。尚勇敏等（2014）认为，碳排放控制与经济增长的双重目标倒逼中国经济增长方式转型升级。徐承红等（2013）对我国累积的二氧化碳排放绩效与高能耗行业、中低能耗行业的就业以及总就业的关系进行了实证研究，表明随着经济发展程度的提高，发展低碳经济有助于促进就业结构的完善和就业总量的提高，但目前我国应该实施有区别的低碳经济发展战略。李爱华等（2017）提出未来经济增长将更多地依靠制度改进、科技创新和技术进步，因此，调整经济的增长方式和产业结构可以在保证经济稳定发展的同时实现碳排放总量下降。蒋萍等（2008）对中国健康水平与长期经济增长关系进行了实证分析，结果显示，在过去50多年里，健康水平的改善不仅是经济增长的副产品，更是长期经济增长的促进因素。王弟海等（2008）分析了健康投资和健康人力资本积累对物质资本积累和经济增长的影响，结果发现健康人力资本增长率总是同经济增长正相关，但健康投资量是否同经济增长正相关则取决于它如何影响物质资本的积累。王煜等（2009）认为，健康投资能够减少疾病带来的损失，通过健康投资可以增加劳动者的健康资本存量以及疾病预防措施带来的经济收益等。张芬和邹薇（2010）提出，健康不仅可以通过多种渠道影响经济增长，还与贫困、收入分配有着紧密联系。健康既是经济发展的目标之一，也是实现其他减贫目标的手段之一。王弟海（2012）探讨了健康人力资本、物质资本和消费之间的关系，并研究了健康对长期经济增长的影响，结果揭示了富国具有高资本、高健康和高消费水平，而穷国正好相反。付波航和方齐云（2013）研究，健康投资对经济增长的作用和贡献以及该经济增长效应在东、中、西部三大地区间的差异，结果表明健康投资对经济增长具有显著的促进作用，但存在明显的地区差异，呈现东、中、西部依次递减的趋势。祁毓等（2015）考察了环境污染如何通过健康影响经济增长，认为平衡增长路径中的最优增长率受到环境污染的负向影响，环境因素对长期最优增长的影响可以由污染对预期寿命的影响来解释，教育和医疗卫生可以在一定程度上缓解环境健康风险。王弟海等（2015）提出，健康同经济增长和经济发展之间相互影响的各种机制，健康通过各种直接或间接途径会对生产函数产生影响，并以健康消费和健康投资形式影响物质资本投资和教育人力资本投资，经济增长和经济发展会通过食物以及营养消费水平和结构对健康产生影响。何凌霄等（2015）考察了老龄化、健康支出与经济增长的关系，发现政府健康支出和居民健康支出均对经济增长呈显著的正向作用，且这一正向作用会随着老龄化水平的提高而得到强化，健康支出的扩大对我国积极应对人口老龄化和实现经济持续稳定增长至关重要。张辉（2017）发现，健康水平的提高能显著提升家庭物质产品的生产效率，通过提高教育人力资本的累积效率、降低教育人力资本折旧率和健康人力资本折旧率，对于经济的持续稳定增长能够产生促进作用。

持续因子体现的是满足现代人的需求以不损害后代人满足需求的能力，它涉及人口、资源、经济、社会、环境等多方面。李辉（2004）在研究城市可持续发展问题时，认为加快城市体制与技术创新将推进城市可持续发展能力建设。李斌和赵新华（2010）实证研究发现，在我国科技进步过程中出现了不平衡的发展，效率进步只对环保型经济具有促进作用，纯效率技术进步对能源节约产生明显负作用，而对环境保护不产生影响。文丰安（2018）认为，可持续发展是科技创新的必然结果，科技创新是可持续发展的核心要素。林江鹏和莫堃（2002）在研究西部地区如何走可持续发展道路时发现，西部地区的发展应走人力资本积累型的可持续发展之路，大力发展教育事业、吸引外地人才、完善人力资源的市场化配置机制。李瑞娥（2005）通过对可持续发展资本支撑与资本逻辑的哲理性思考，试图在两者的背后发现其兼蓄、互融作用，并从制度设计上构建“四大资本”协调发展与“短线资本补齐”的社会机制。刘鹏（2011）提出，大力进行人力资本、社会资本的投资与积累，使其分布在空间、结构上实现均衡与协调，这是矫正当代中国经济社会发展失衡的有效途径。

# 第三章

# 区域绿色竞争力行为主体相关的理论追踪

## 一、区域绿色竞争力行为主体的相关研究

动力即行动的力量、原因、动机、目标，是指刺激、推动、保持物质运动、人类活动的因素和力量。现今我国致力于实现经济与社会协调发展，搞清楚区域绿色竞争力发展的动力因素显得尤为重要。对于区域绿色竞争力的行为主体，国内外都尚未明确提出，但对于绿色竞争力、循环经济和低碳经济等的行为主体有很多学者进行了探究。

在绿色经济发展研究中，洪小瑛（2002）总结出，可以通过加速制定绿色政策、进一步完善绿色法令、大力培育绿色意识、发展民间绿色组织和加强绿色理论指导五种途径以提高我国绿色竞争力。即绿色竞争力的发展离不开政府绿色政策的监督指导，民间绿色组织的大力提倡和社会公众绿色消费观念的培养。陈琪和金康伟（2007）认为，发展绿色经济必须注重环境保护和资源的有效利用，所以需要观念、制度、市场、技术和人才等方面的动力，应通过观念更新拉动力、政府行政引导力、法律法规的约束力、绿色消费市场牵引力、绿色科技的支持力以及绿色人才支撑力来发展绿色经济。在区域循环经济研究中，学者一致认同的是其发展动力主要来自政府和企业。但王朝全和杨霞（2008）认为，发展循环经济的动力机制除企业利益驱动机制和政府支持促进机制外，还应该考虑社会需求拉动机制和技术进步推动机制，即不能忽视社会公众需求和科技进步的影响。张其春和郗永勤（2011）从利益相关者角度分析，认为企业发展循环经济的动力主要包括经济利益拉动、科学技术推动以及制度迫动。经济动力主要产生于企业家、投资者、政府和社会公众；技术动力主要产生于各类科研机构；制度动力主要产生于企业家、政府、社会公众、员工、非政府组织等。张艳萍（2014）从生态角度出发认为，发展区域循环经济现存的最大弊端是生态动力不足，生态动力是推动社会经济系统不断生态化，最终形成

符合生态规律的“自然—经济—社会”复合生态系统的基本动力，其行为发出者是政府、企业和社会公众，其行为都将对区域进行生态型循环经济产生重要影响。王欢芳和胡振华（2011）指出，低碳产业集群的发展不仅依靠内部力量，如绿色竞争力的建设、企业集群合作与创新等，也受到国际贸易碳壁垒、政府政策刺激、公众低碳消费意识提升等外部压力的推动。黄小勇和陈运平（2015）则从配置资源角度出发，认为推动低碳产业发展主要是市场和政府，企业是构成市场的主要主体，政府根据其管辖范围分为中央和地方政府。在生态与经济融合共生研究中，钟子倩（2016）界定政府、区域组织、企业和社会公众为生态与经济融合共生的四大行为主体，并通过主体间的关系网络建立起相互牵制和激励的动力机制。

通过上述文献研究可以总结出，学者对绿色竞争力、绿色经济发展、循环经济发展、低碳经济发展等的行为主体及动力机制研究基本从政府政策引导、企业技术创新推动和消费者需求拉动的角度展开，这对本书区域绿色竞争力行为主体研究有一定的借鉴意义。

但现有文献基本认为其主体主要是政府、企业和社会公众，极大地忽略了社会第三方的监督作用。随着互联网技术的高速发展，新闻媒体作为社会事件的第三方监督者及舆论导向作用越发凸显；而且随着国际对生态环境的大力宣传，以环境保护为目的的绿色组织也发挥着区域绿色竞争力发展的主体作用。所以区域绿色竞争力的发展不能单单依靠政府、企业和社会公众，也要充分调动新闻媒体和绿色组织的能动作用，任何一方的行为策略做出改变，区域绿色竞争力的发展进程都会受到影响。

## 二、区域绿色竞争力行为主体界定

通过上述文献研究可以总结出，当前学者对绿色竞争力、绿色经济发展、循环经济发展、低碳经济发展等的行为主体及动力机制研究基本从政府攻策引导、企业技术创新推动和消费者需求拉动的角度展开，这对本书区域绿色竞争力行为主体研究有一定的借鉴意义。并且追溯到经济学原理：新古典经济学认为市场是生产和交易行为的场所，而企业又是市场利益的体现者，所以经济的形成离不开企业作用。熊彼特（1990）指出，在没有创新的情况下，经济只是处在一种“循环流通”的均衡状态，只有企业家实现创新从而推动经济结构从内部进行革命性的破坏，才能有经济发展。制度经济学研究者诺斯（1992）则认为，制度是一种社会博弈的规则，只有实施有效制度、实现执政者约束和产权保护、刺激私人投资和技术进步，经济才可能实现持续增长。消费经济学的奠基人马克思和恩格斯从消费需求角度展开研究，认为社会公众的消费需求是经济增长的重要动力，没有消费便不能形成经济。2015 年诺贝尔经济学奖获得者迪顿（2005）也探讨了消费者行为的经济理论及其在经济分析中的作用。综上，说明企业、政府和社会公众是区域绿色竞争力的行为主体毋庸置疑。

然而，随着对经济学的不断深入研究，政府在履行职能时会因决策失误和执行不力而“失灵”。政府失灵的现象表明，政府对经济活动的协调和社会公平的维护能力是有限的，应通过其他主体行为来补充其缺陷和不足。Burton（1974）最早提出了“第三部门”的概念，后来学者更多把“第三部门”称为“第三方力量”，是指不以营利为目的的自发性非政府组织。“第三方力量”带有转变灵活、运作高效和贴近公众的优势，可以较好地解决政府失灵引发的各种社会问题。改革开放以来，我国政府管理体制改革和国家对绿色经济的提倡和推崇带来的社会治理方式的转变，使中国第三方力量的出现成为可能，特别是绿色组织作为人类社会与自然环境相互作用的最大载体，其对环境保护的影响是显而易见的。绿色组织以生态可持续发展作为战略目标，在组织运作中体现低消耗和低排放等特点，进而有效限制反环境行为。值得注意的是，21 世纪互联网的高速发展改变了人与人的沟通交流方式，网络信息公开化使新媒体的舆论监督成为社会绿色治理的中坚力量。新媒体不仅指报纸、广播、电视等非绿色工具，更多体现的是数字化新媒体，通过互联网、局域网、无线网、卫星等渠道，以及借助电脑、手机等终端向社会提供信息和舆论监督的传播形态，在区域绿色竞争力发展过程中起着不可替代的舆论导向和宣传作用。上述说明绿色组织和新媒体在区域绿色治理中也充分体现出主体作用，王积龙（2013）通过分析也得出“环保非政府组织（ENGO）借助媒体舆论可以更有效促进环境问题的解决”的相似结论。

根据上述分析，本书把区域绿色竞争力的行为主体界定为企业、政府、社会公众、绿色组织和新闻媒体，区域绿色竞争力在企业、政府、社会公众、绿色组织和新闻媒体五方主体的合作影响下得以发展。这五个行为主体是通过对前人的相关研究加以归纳，运用古典经济学、制度经济学和消费经济学理论深入分析，以及考虑时代发展特征做出修正才得以确定，这样严谨的分析过程将提高下文对区域绿色竞争力主体合作研究的准确性和实用性。

# 第二篇

# 区域绿色竞争力对经济增长的影响研究

本篇内容主要采用国内外通用的实证分析范式和方法，以经济可持续增长为背景，在对区域绿色竞争力进行清晰界定与准确度量的基础上，构建区域绿色竞争力与经济增长的实证分析框架，并对回归结果进行解释和分析。具体包括：首先，在构建区域绿色竞争力与经济增长计量模型的基础上，详细介绍了区域绿色竞争力指数的构造，区域绿色竞争力指数是一个相对的而不是绝对的代表各地区区域绿色竞争力水平的指标，可以用于考察中国 30 个省份 2001~2015 年区域绿色竞争力对经济增长的影响，发现当区域绿色竞争力指数滞后五期时，区域绿色竞争力指数与经济增长之间的弹性系数由负转正，并且随着滞后期数的不断延长，区域绿色竞争力指数与经济增长的正弹性系数越来越大，区域绿色竞争力对经济增长的促进效果会越来越明显。其次，测度了区域绿色竞争力指数滞后六期时对经济增长的贡献水平为 0.039。最后，对区域绿色竞争力六大因子指数进行差异性分析，发现除生态因子指数，其余五大因子指数与实际收入水平之间均存在空间滞后效应，其中环保因子、循环因子以及低碳因子与经济增长水平的滞后期分别为一期、四期和七期，而持续因子、健康因子的滞后效应不显著。

因此，在中国经济发展进入新阶段的背景下，在维持经济增长数量不断扩张的同时，需要不断调整经济增长结构，保持经济增长的长期稳定性，摆脱“牧童经济”的束缚，告别“黑色增长”和“棕色增长”理念，不断引进和开发低碳技术，深化环境制度改革，完善社会保障设施，提高社会总体福利水平。

# 第一章

# 模型设定与数据来源

本章将进行具体的实证分析，首先基于柯布—道格拉斯生产函数构建计量模型，其次对模型中所涉及的相关变量进行解释说明，再次利用 Eviews 8.0 软件进行面板回归分析，最后测算各变量对经济增长的贡献度。

## 一、计量模型的设定

在经济增长的实证文献中，柯布—道格拉斯生产函数仍然是最常用的生产函数形式。柯布—道格拉斯生产函数表达式为：

$$Y = AK^{\alpha}L^{\beta} \tag{2-1}$$

式中，A 为全要素生产率；K 为固定资本投入；L 为人力资本投入。当对柯布—道格拉斯生产函数加入时空概念，可以得到 $Y_{it} = A_{it}K_{it}^{\alpha}L_{it}^{\beta}$，其中，$Y_{it}$、$K_{it}$、$L_{it}$ 分别表示第 i 省第 t 年的产出、物质资本投入、劳动力投入；而 $A_{it}$ 代表全要素生产率，它是扣除物质资本、人力资本对经济增长贡献之后的其他因素，如果物质资本和人力资本保证了经济增长的量，那么经济增长的质主要体现在全要素生产率中。在关于中国区域经济增长的已有文献中，学者分别考察了科技进步（吴延兵，2008）、对外开放水平（潘凤，2018）、市场化程度（刘昶，2017）、城镇化（兀晶和高辉，2017）、人力资本（姚先国和张海峰，2008）等因素对经济增长的贡献。因此，鉴于学者对全要素的定义，本书新加入区域绿色竞争力指数作为全要素生产率的一部分，并将全要素生产率定义为：

$$A_{it} = Ae^{(\rho GR_{it}+\sigma lnRD_{it}+\gamma Mar_{it}+\psi Per_{it}+\theta Open_{it}+\eta Urban_{it}+\lambda_i+\mu_{it})} \tag{2-2}$$

式中，$GR_{it}$、$lnRD_{it}$、$Mar_{it}$、$Open_{it}$、$Per_{it}$、$Urban_{it}$ 分别表示第 i 省第 t 年的绿色竞争力指数、科技资本存量（取对数）、市场化程度、对外开放程度、人力资本的溢出效应及城镇化水平；$\lambda_i$ 是各省的固定效应，表示所有地区固定因素对经济增长的影响；$\mu_{it}$ 是随机扰动项，表示其他随机因素对被解释变量的影响，且满足

$\mu_{it} \sim iid(0, e^2)$。

将式（2-2）代入式（2-1），并对等式两边同时取对数，可以得到如下计量回归模型：

$$\ln Y_{it} = \ln A + \alpha \ln K_{it} + \beta \ln L_{it} + \rho GR_{it} + \sigma \ln RD_{it} + \gamma Mar_{it} + \psi Per_{it} + \theta Open_{it} + \eta Urban_{it} + \mu_{it} + \lambda_i \tag{2-3}$$

## 二、变量描述与数据来源

考虑到2001年之前存在大量数据缺失，并且部分统计年鉴数据还未更新到2016年及以后年份。此外，西藏自治区存在大面积数据缺失。因此，本书剔除西藏自治区，只对30个省份进行研究，时间跨度为2001~2015年。

### （一）区域绿色竞争力指数构造

为了对我国各省份的区域绿色竞争力进行度量，我们在2012年编制并发表了我国各省份2001~2010年的区域绿色竞争力指数。本书在此基础上，对区域绿色竞争力指数不断往后延伸，到目前为止，我国各省的区域绿色竞争力指数的时间跨度已经涵盖了2001~2015年共15年。利用15年的时间周期，不仅可以考察区域绿色竞争力指数的整个变化过程，而且为科学研究区域绿色竞争力与经济增长关系提供了可能。

区域绿色竞争力是区域社会、政治、经济、文化和生态的综合反映，涉及方方面面。因此，区域绿色竞争力应由多个方面所支撑和构成。我们从环保因子、生态因子、循环因子、低碳因子、健康因子和持续因子六个方面去反映区域绿色竞争力水平，并且每一个因子都代表区域绿色竞争力的一个特定方面。此外，每个因子是由多项二级指标构成，每项二级指标还包含多项三级指标。最终区域绿色竞争力指标体系包含的二级指标有16个，三级指标有95个，三级指标数据客观存在并均来自统计数据库，具体见附录。

关于区域绿色竞争力指数的计算，首先，基于区域绿色竞争力指标体系的建立，采用层次分析法和德尔菲法相结合对各级指标进行权重赋值。其次对这95个三级指标每年的所有数据进行标准化处理，采用标准差法，该方法是使用最为广泛的数据处理方法，适用于多指标综合评价体系的数据处理，能更好地体现原始数据的数学特征，便于准确分析。考虑到这95个三级指标中存在正向指标和逆向指标，为了使得出的数据更加科学，对逆向指标值取倒数，转化为包含正向指标的意义，再进行无量纲化处理。最后将95个三级指标标准化处理后的数据与权重的乘积进行累加，就可以得到每个省份每一年的区域绿色竞争力指数。具体的计算过程和方法参见《区域绿色竞争力研究——以中部地区为例》（陈运平和黄小勇，2015），具体的计算结果见附录。

区域绿色竞争力指数是相对的而不是绝对的，它虽不代表每个省份每一年区域绿色竞争力指数具体的数值，但它却可以成为各地区域绿色竞争力水平的衡量标准。通过这种指数体系的设计，不仅可以对各地区域绿色竞争力指数大小进行比较，而且能观察各地区域绿色竞争力指数沿着时间如何变化，从而可以对各地的变化水平做出客观评价。正因为本书的区域绿色竞争力指数是可以同时进行纵向和横向比较，所以研究区域绿色竞争力对经济增长的影响是可行的。

## （二）其他变量描述

1. L 表示劳动力投入

用年终总就业人数来表示。

2. K 表示固定资产投入

这里用固定资本存量衡量，选定 2000 年作为基期，利用永续盘存法对资本存量进行计算，假定折旧率与重置率相等，则公式为：$K_{it}=I_{it}+(1-\delta_t)\times K_{i,t-1}$，其中，$K_{it}$、$I_{it}$ 分别表示 i 地区在第 t 年的资本存量和新增固定资产投资；$\delta_t$ 为折旧率，通过查阅相关文献均取值为 0.11。

3. Tech 表示研发资本存量

按照新古典经济学的观点，技术进步是经济增长的源泉，技术进步快的国家和地区，其经济增长速度也将更高，对一个国家或地区而言，研发活动是技术进步的重要实现途径。在研发活动中，研发资本又是最基本的生产资料，故本书直接用研发投资作为研发活动强度的一个量度，可以预计，随着研发资本存量的不断增多，一个地区的技术进步速度也将越快，对经济增长的促进作用将越强。与固定资本存量类似，《中国科技统计年鉴》中给出的仅仅是历年新增的研发资本投资数据，而不是研发资本存量，因此借鉴固定资本存量的估计方法，首先假定研发资本存量服从如下累积迭代模式：$RD_t=rd_t+(1-\delta^{RD})RD_{t-1}$，其中，$RD_t$ 和 $RD_{t-1}$ 分别表示第 t 期和第 t-1 期的研发资本存量；$rd_t$ 为第 t 期的研发资本投资；$\delta^{RD}$ 为研发资本的折旧率。考虑到技术进步对原有技术进步的冲击较大，此处将研发资本存量的折旧率设定为 15%。其次假定在较长的时期内，研发资本存量的增长率与研发资本投资的增长率相等，即 $\sqrt[t-1]{\frac{RD_t}{RD_1}}=\sqrt[t-1]{\frac{rd_t}{rd_1}}=1+g$。其后，当 t=1 时将 $RD_t=(1+g)RD_{t-1}$ 代入可得基期固定资本存量：$RD_0=\frac{rd_1}{g^{RD}+\delta^{RD}}$。最后将 $RD_0$ 代入研发资本投资模型进行迭代便可得到历年的科技资本存量数据。

4. Mar 表示市场化程度

考虑到工业仍是我国的主导产业，工业行业的市场化水平在很大程度上决定了我国经济系统的市场化发育水平，因此借鉴袁伟彦（2018）的衡量方法，用私营工业企业主营业务收入占全部工业企业主营业务收入的比重来表示，该比重越高说明经济的市场化程度越高，通过市场机制进行配置的资源所占比重越高，从而引致资源的利用效率的提高，对经济增长的促进作用越强，因此预计市场化程度对经济增长具有正向促进作用。

5. Urban 表示城镇化水平

城镇化过程中人口不断向城市流动，实现了劳动力资源从生产率较低的第一产业向生产率更高的第二、第三产业转移，因此，城镇化对中国的全要素生产率的影响不可忽视。本书借鉴郭家堂和骆品亮（2016）的做法，用各省非农业人口占该地区总人口比重来衡量该地区的城镇化水平。

6. Open 为对外开放水平

用进出口总额占 GDP 的比重来量度，进出口总额数据与 FDI 不同，进口产品主要用于消费，而出口产品则主要受原材料价格的影响，故进口采用消费价格指数（CPI）进行平减处理，出口采用工业产品出厂价格指数（PPP）进行平减处理，二者均统一调整至以 2000 年为基准的可比价格水平。

7. Per 表示人力资本溢出效应

借鉴刘生龙（2014）的做法，用平均受教育年限来表示，它既包含简单的劳动力数量，也包含劳动力所受到的教育和培训，同时还包含劳动力的年龄结构等。具体计算公式参照胡鞍钢（2002）的方法，计算公式为：平均受教育年限=（小学毕业人口数×6+初中毕业人口数×9+高中毕业人口数×12+专科及以上毕业人口数×16）/6 岁以上总人口。

8. Y 表示区域实际 GDP

这是本书的核心被解释变量，计算公式为：$\text{GDP 平减指数}=\frac{\text{名义 GDP}}{\text{实际 GDP}}$，而 GDP 平减指数需要根据国内生产总值来进行计算，国内生产总值指数（上年=100）的定义为：$GDPI_t=\frac{GDP_t}{GDPD_t}\times\frac{1}{GDP_{t-1}}$，其中，$GDPI_t$ 为第 t 年的国内生产总值指数，$GDPD_t$ 为第 t 年的 GDP 平减指数，因此将公式变型可求得 GDP 平减指数的环比指数公式。在此基础上通过将各个时期的环比指数连乘之积可以得到以 2001 年为基期的 GDP 平减指数，通过将名义 GDP 除以 GDP 平减指数就可得到每个时期的实际 GDP。

## （三）数据来源

各省份历年的实际 GDP 数据、固定资产投资数据、对外开放水平数据、城镇化水平数据、人力资本溢出效应数据均来自《中国统计年鉴》；劳动力投入数据来自

《中国劳动统计年鉴》；研发投资数据来自《中国科技统计年鉴》；市场化程度包括私营工业企业主营业务收入和国有工业企业主营业务收入，数据来源于 EPS 系统《区域经济数据库》；关于区域绿色竞争力包含的 95 个指标数据分别来自历年《中国统计年鉴》、《中国环境统计年鉴》、《中国科技统计年鉴》、《中国人口和就业统计年鉴》、《中国劳动统计年鉴》、《中国能源统计年鉴》。

第二章

# 区域绿色竞争力与我国经济增长关系的实证检验

## 一、样本数据的平稳性检验

考虑到本书使用的是时间序列模型，为防止出现伪回归，在进行实证检验之前，需要对面板数据作平稳性检验，本书采用 LLC 单位根检验，结果如表 2-1 所示。通过对变量进行的平稳性考察，所有变量都通过了平稳性检验，这保障了后文估计结果的可靠性。

**表 2-1　LLC 单位根检验结果**

| 变量 | LLC 统计值 |
|---|---|
| 实际收入（GDP） | -13.12*** |
| 物质资本存量（K） | -4.43*** |
| 劳动力投入（L） | -7.37*** |
| 市场化进程（Mar） | -4.58*** |
| 对外开放水平（Open） | -4.33*** |
| 人力资本溢出效应（Per） | -3.686*** |
| 城镇化水平（Urban） | -13.32*** |
| 区域绿色竞争力指数（RG） | -2.52*** |
| 科技资本存量（RD） | -8.38*** |

注：***代表在1%水平下显著。

## 二、回归结果分析

为深入研究区域绿色竞争力指数对经济增长的影响，本书不仅对时间跨度为2001~2015年30个省份的（除去西藏自治区）面板数据进行回归分析，而且对区域绿色竞争力指数对经济增长的空间时滞效应做进一步研究。通过运用Eviews 8.0软件对数据进行回归分析，具体结果如表2-2所示。

**表2-2　中国省际的区域绿色竞争力指数与经济增长**

| 解释变量 | 被解释变量：lnY（各省GDP的对数） | | | | | |
|---|---|---|---|---|---|---|
| | 1 | 2 | 3 | 4 | 5 | 6 |
| 时间周期 | 2001~2015年 | RG滞后一期 | RG滞后二期 | RG滞后五期 | RG滞后六期 | RG滞后八期 |
| LnK | 0.52***<br>(44.76) | 0.553***<br>(49.34) | 0.522***<br>(48.9) | 0.486***<br>(44.63) | 0.475***<br>(41.99) | 0.471***<br>(33.32) |
| LnL | 0.51***<br>(26) | 0.454***<br>(24.5) | 0.45***<br>(24.15) | 0.435***<br>(21.54) | 0.416***<br>(19.69) | 0.376***<br>(15.77) |
| LnRD | 0.01**<br>(1.82) | 0.015***<br>(2.92) | 0.014***<br>(2.88) | 0.0977**<br>(2.06) | 0.089**<br>(1.84) | 0.03<br>(0.366) |
| RG | -0.22***<br>(-5.8) | -0.197***<br>(5.58) | -0.147***<br>(-3.96) | 0.02*<br>(0.498) | 0.112***<br>(2.587) | 0.187***<br>(4.269) |
| Open | 0.153***<br>(6.05) | 0.141***<br>(5.766) | 0.092***<br>(3.44) | 0.036***<br>(1.37) | 0.025***<br>(0.934) | 0.085***<br>(2.79) |
| Per | 0.57<br>(0.25) | 0.2<br>(1.094) | 0.25<br>(1.25) | 0.98<br>(0.67) | 0.75*<br>(0.58) | 0.74*<br>(0.59) |
| LnUrban | 0.011*<br>(0.589) | 0.05<br>(0.29) | 0.019<br>(1.168) | 0.0143<br>(0.74) | 0.082**<br>(0.64) | 0.074<br>(0.473) |
| Mar | 0.061***<br>(1.266) | 0.03***<br>(0.68) | 0.031***<br>(0.674) | 0.149***<br>(2.79) | 0.14***<br>(2.61) | 0.178***<br>(2.76) |
| 常数项 | 0.586***<br>(5.5) | 0.759***<br>(7.77) | 0.834***<br>(8.606) | 1.42***<br>(13.36) | 1.637***<br>(15.79) | 1.92***<br>(17.1) |
| $R^2$ | 0.96 | 0.98 | 0.97 | 0.95 | 0.97 | 0.97 |

注：*、**、***分别代表在10%、5%和1%水平下显著，括号内是t统计值，下同。

表2-2是基于全部样本的固定效应回归结果，由第1列估计系数可知，当时间

跨度在2001~2015年时，物质资本存量、劳动力投入、科技资本存量、对外开放水平、人力资本溢出效应、城镇化水平、市场化程度与区域绿色竞争力指数的平均弹性系数分别为0.52、0.51、0.01、0.153、0.57、0.011、0.061和-0.22。从本书的回归结果来看，科技资本存量和人力资本的溢出效应对经济增长的积极影响较弱，可能是本书控制变量较多，使二者对经济增长促进效果不明显。而区域绿色竞争力指数与经济增长的弹性系数是-0.22，并且在1%显著性水平下高度显著，意味着当其他变量保持一定时，区域绿色竞争力指数每提高1个单位，经济增长会降低0.22个单位。相较于其他因素，在2001~2015年区域绿色竞争力指数对经济增长抑制效果明显。

为了进一步探究区域绿色竞争力指数对经济增长是否存在滞后效应，表2-2第2~6列分别对区域绿色竞争力指数进行滞后一期、二期、五期、六期和八期的回归分析。结果显示，当区域绿色竞争力指数分别滞后一期、二期、五期、六期和八期时，区域绿色竞争力指数与经济增长之间的平均弹性系数分别为-0.197、-0.147、0.02、0.112和0.187，并且当区域绿色竞争力指数滞后五期时，回归结果在10%显著性水平下显著，而其他时期回归结果均在1%显著性水平下高度显著。因此，可以发现随着滞后期数的延长，区域绿色竞争力与经济增长的相关弹性系数不仅实现由负到正的转变，而且当其他条件一定时，随着滞后期数的不断延长，区域绿色竞争力指数与经济增长的正弹性系数越来越大，说明区域绿色竞争力对经济增长的促进效果会越来越明显。

## 三、各要素对经济增长的贡献分解

表2-2详细说明了我国包含区域绿色竞争力指数的全要素生产率对经济增长的影响程度。但是为了更加深入分析我国经济增长的内在结构，需要进一步分析各要素对经济增长的贡献水平。各要素的原始数据见附录。借鉴李强等（2013）研究资源对经济增长贡献度的做法，本书对各要素对经济增长进行贡献分解，具体公式如下：

$$P_k = \frac{e_k\left(\frac{\Delta k_t}{k_t}\right)}{\left(\frac{\Delta gdp_t}{gdp_t}\right)},\ P_l = \frac{e_l\left(\frac{\Delta l_t}{l_t}\right)}{\left(\frac{\Delta gdp_t}{gdp_t}\right)},\ P_{RD} = \frac{e_{RD}\left(\frac{\Delta RD_t}{RD_t}\right)}{\left(\frac{\Delta gdp_t}{gdp_t}\right)},\ P_{rg} = \frac{e_{rg}\left(\frac{\Delta rg_t}{rg_t}\right)}{\left(\frac{\Delta gdp_t}{gdp_t}\right)},$$

$$P_{mar} = \frac{e_{mar}\left(\frac{\Delta mar_t}{mar_t}\right)}{\left(\frac{\Delta gdp_t}{gdp_t}\right)},\ P_{urben} = \frac{e_{urben}\left(\frac{\Delta urben_t}{urben_t}\right)}{\left(\frac{\Delta gdp_t}{gdp_t}\right)},\ P_{per} = \frac{e_{per}\left(\frac{\Delta per_t}{per_t}\right)}{\left(\frac{\Delta gdp_t}{gdp_t}\right)},\ P_{open} = \frac{e_{open}\left(\frac{\Delta open_t}{open_t}\right)}{\left(\frac{\Delta gdp_t}{gdp_t}\right)}$$

式中，$P_k$、$P_l$、$P_{RD}$、$P_{rg}$、$P_{mar}$、$P_{urben}$、$P_{per}$、$P_{open}$ 分别表示各要素对经济增长的贡献率，$e_k$、$e_l$、$e_{RD}$、$e_{rg}$、$e_{mar}$、$e_{urben}$、$e_{per}$、$e_{open}$ 为表 2-2 中区域绿色竞争力与经济增长之间的弹性系数。由表 2-2 可知，区域绿色竞争力指数对经济增长的促进作用存在滞后效应，为了研究区域绿色竞争力指数对经济增长的贡献度，我们须对整体回归结果进行综合考虑，其中不仅包含区域绿色竞争力对经济增长具有显著促进作用，而且所有变量对经济增长的相关弹性系数均显著。因此，综合考虑，采用表 2-2 第 5 列回归结果，并用经济增长核算方法对所有变量进行贡献分解，结果如表 2-3 所示。

**表 2-3 基于区域绿色竞争力指数滞后六期省际经济增长核算**

| 因素 | | 贡献水平 | 贡献度（%） |
|---|---|---|---|
| GDP 增长率 | | 12.17 | 100 |
| 基础要素贡献 | | 7.1179272 | 58.48748727 |
| 全要素贡献 | | 5.0520728 | 41.51251273 |
| 全部要素分解 | 物质资本存量 | 6.908979905 | 56.77058262 |
| | 劳动力投入 | 0.208947296 | 1.716904648 |
| | 科技资本存量 | 3.59614226 | 29.54923796 |
| | 区域绿色竞争力指数 | 0.039178706 | 0.32192856 |
| | 市场化程度 | 1.205016965 | 9.901536279 |
| | 城镇化水平 | 0.084453614 | 0.693949173 |
| | 人力资本溢出效应 | 0.10565525 | 1.290756671 |
| | 对外开放程度 | 0.021626004 | 0.177699296 |

由表 2-3 可知，当 GDP 增长率为 12.17 时，物质资本存量、科技资本存量、市场化程度对经济增长的贡献水平分别为 6.908979905、3.59614226 和 1.205016965，说明这些要素在经济增长中扮演着最重要的角色。同时，劳动力投入、人力资本溢出效应、城镇化水平和对外开放程度的贡献水平分别达到 0.208947296、0.10565525、0.084453614 和 0.021626004，说明这 4 个变量对经济增长的促进作用不可或缺。核心解释变量区域绿色竞争力指数对经济增长的贡献水平为 0.039178706，相较于物质资本存量等其他变量，区域绿色竞争力对经济增长的贡献水平不高，但是考虑到区域绿色竞争力指数对经济增长存在较为明显的滞后效应，并且随着滞后期数的延长，区域绿色竞争力指数与经济增长的正弹性系数越来越大。因此，从长期来看，区域绿色竞争力指数对经济增长的贡献会慢慢凸显，甚至超过其他某些变量对经济增长的贡献。

基于本章的研究，相较于其他变量，对外开放水平和城镇化水平对经济增长的促进效果明显较弱，但不可否认，对外开放水平和城镇化水平是促进经济增长的重要因素。在表 2-3 的要素贡献分解中存在与樊纲等（2011）在研究市场化进程对经济增长贡献时相同的变量，并且相同变量对经济增长均起到促进作用，但促进效果略有差异，原因可能包括：①引入的总体变量存在较大差异，本书新加入了区域绿色竞争力指数、城镇化水平、对外开放水平，这些要素的引入可能会弱化相同变量对经济增长的贡献率；②变量衡量标准略有差异，导致数据本身存在不一致；③选择的时间周期不同，本书所研究的时间跨度为 2001~2015 年，而樊纲等研究时间跨度为 1997~2007 年。由于以上三个原因，本书的研究结果仍然具备一定的科学性。

## 第三章

# 区域绿色竞争力指数六大因子与经济增长的关系研究

为了全方位研究区域绿色竞争力对经济增长的影响，本章着重分析六大因子对经济增长影响的差异性，参照本篇第二章的做法，控制变量均保持不变，然后引入六大因子指数作为核心解释变量分别进行面板滞后回归分析，观察六大因子与经济增长之间的数理关系，并结合数理关系进一步解释该现象存在的原因，相关数据见附录。

## 一、环保因子指数与经济增长关系分析

近年来，随着我国经济的快速增长，环境污染问题越来越严重，成为影响甚至制约经济增长的重要因素，环境污染已日益成为制约我国经济发展的“瓶颈”。传统观念认为，经济发展与环境保护是相悖的，高速的经济发展必然会带来环境的破坏，而环保投资的增加，生产投资会减少，在总投资保持不变的前提下，势必会减缓国民经济发展速度，从而降低人民物质生活水平。但也有观念认为，环保投资的加大只会使国民经济出现短暂的下滑，长期来看环保投资对经济增长的积极影响会不断放大，这也是目前我国经济发展对环境问题逐渐重视的原因所在。

为了进一步分析环保因子指数与经济增长之间存在的关系，本节引入环保因子指数（HB）作为核心解释变量，其他变量保持不变，采用 Eviews 8.0 进行面板回归分析，回归结果如表 2-4 所示。

**表 2-4　中国省际环保因子指数与经济增长**

| 解释变量 | 被解释变量：lnY（各省 GDP 的对数） | | | | | |
|---|---|---|---|---|---|---|
| | 1 | 2 | 3 | 4 | 5 | 6 |
| 时间周期 | 2001～2015 年 | HB 滞后一期 | HB 滞后二期 | HB 滞后三期 | HB 滞后五期 | HB 滞后七期 |
| LnK | 0.504***<br>(35.52) | 0.495***<br>(37.54) | 0.44***<br>(32.33) | 0.386***<br>(23.47) | 0.385***<br>(15.83) | 0.466***<br>(19.66) |

续表

| 解释变量 | 被解释变量：lnY（各省 GDP 的对数） | | | | | |
|---|---|---|---|---|---|---|
| | 1 | 2 | 3 | 4 | 5 | 6 |
| 时间周期 | 2001~2015 年 | HB 滞后一期 | HB 滞后二期 | HB 滞后三期 | HB 滞后五期 | HB 滞后七期 |
| LnL | 0.488***<br>(22.08) | 0.45***<br>(21.21) | 0.462***<br>(19.92) | 0.487***<br>(16.87) | 0.394***<br>(15.14) | 0.562***<br>(16.03) |
| LnRD | 0.03<br>(0.45) | 0.04<br>(0.685) | 0.03<br>(0.507) | -0.011*<br>(-1.52) | 0.04***<br>(4.25) | 0.023*<br>(1.46) |
| Open | 0.21***<br>(6.84) | 0.17***<br>(5.91) | 0.161***<br>(4.98) | 0.164***<br>(4.296) | 0.02<br>(0.527) | 0.046<br>(0.183) |
| Per | 0.01<br>(0.503) | 0.004<br>(0.202) | 0.0055<br>(0.272) | 0.0277<br>(1.52) | 0.0265**<br>(0.53) | 0.02**<br>(2.27) |
| LnUrben | 0.06***<br>(2.58) | 0.067***<br>(3.166) | 0.024<br>(0.852) | 0.03<br>(0.139) | 0.479***<br>(3.91) | 0.379***<br>(2.898) |
| Mar | 0.03*<br>(0.49) | 0.11**<br>(1.94) | 0.299***<br>(4.52) | 0.227***<br>(2.93) | 0.36***<br>(4.84) | -0.055<br>(1.067) |
| HB<br>（环保因子） | -0.05*<br>(-0.29) | 0.1**<br>(0.67) | 0.13***<br>(0.313) | 0.18***<br>(1.126) | 0.22***<br>(1.01) | 0.35***<br>(3.12) |
| ST<br>（生态因子） | 0.0104*<br>(1.65) | 0.014***<br>(2.64) | 0.034<br>(0.202) | 0.497***<br>(2.4) | 0.49***<br>(2.91) | 0.197**<br>(1.93) |
| XH<br>（循环因子） | -0.011<br>(-0.069) | 0.031<br>(0.22) | 0.582***<br>(4.09) | -0.07<br>(-0.597) | -0.16**<br>(2.91) | -0.05<br>(-0.655) |
| DT<br>（低碳因子） | -0.75***<br>(-3.78) | -0.88***<br>(-4.66) | -0.865***<br>(-4.07) | 0.52***<br>(2.45) | 2.894***<br>(5.55) | -0.402<br>(-0.91) |
| JK<br>（健康因子） | -0.27*<br>(-1.31) | -0.16<br>(-0.776) | -0.28*<br>(-1.42) | -0.49***<br>(-2.37) | 0.35***<br>(2.43) | -0.4***<br>(-3.686) |
| CX<br>（持续因子） | -0.16**<br>(-1.76) | 0.008<br>(0.093) | 0.131*<br>(1.52) | 0.127<br>(1.39) | 0.159**<br>(2.27) | 0.228***<br>(6.476) |
| 常数项 | 0.658***<br>(5.25) | 0.938***<br>(8.12) | 1.51***<br>(10.97) | 2.09***<br>(14.67) | 4.78***<br>(12.21) | -0.94***<br>(-1.979) |
| $R^2$ | 0.96 | 0.97 | 0.96 | 0.94 | 0.9 | 0.97 |

从表 2-4 的面板回归结果可以得出，环保因子指数与经济增长之间并非保持一定的正相关关系，并且弹性系数随时间变化而发生变化。对环保因子指数进行滞后回归分析，回归结果表明，当时间跨度在 2001~2015 年时，环保因子指数与经济增长呈负相关，相关系数为-0.05，负相关系数较小，当环保因子指数每增加 1 个单位，会使经济增长水平降低 0.05 个单位，并且二者之间这种负相关关系在 10%显著性水平下显著；当对环保因子进行滞后效应分析时发现，二者之间的关系开始发生质变，由负转为正，当环保因子指数滞后一期时，环保因子指数与经济增长之间弹

性系数达到0.1，即当环保因子指数每增长1个单位，经济增长水平会增加0.1个单位，并且在5%显著性水平下高度显著；同时，当环保因子滞后二期、三期、五期和七期时，发现环保因子指数与经济增长之间弹性系数分别为0.13、0.18、0.22和0.35，并且均在1%显著性水平下高度显著，说明随着滞后期限的不断延长，环保因子指数与经济增长之间的弹性系数不断放大，意味着环保因子指数对经济增长的促进效果会慢慢凸显。

环保因子指数与经济增长之间为什么随着时间的延迟滞后效果越来越明显？原因可能在于：其一，本书指标中的环保因子是由环保投资和环保治理两个体系构成的，而环保投资是社会总投资的一部分，社会总投资是国民经济增长的重要部分，因此加大环保投资会刺激经济增长，但是当社会总投资一定时，环保投资会挤占其他投资，导致前期环保投资带来的经济增长效果不明显；其二，环保治理既是一种投资又是一种消费，早期以投资为主，并且这种投资回报时间滞后性很强，所以在投入的早期对整个社会积极效应不明显。但是不可否认，当环境问题得到妥善解决，社会总投资开始转移，才会出现显性的经济繁荣。因此，不能从当期分析环保投资对经济增长积极与否，而是要从长远角度去看，基于本书的研究，环保因子指数随着时间的推移对经济增长效应越来越强，因此，可以牺牲短期经济增长来提高环保质量以换取长期经济可持续发展。

## 二、生态因子指数与经济增长关系分析

生态与经济增长之间是否可以协调发展，类似“绿水青山”与“金山银山”是否可以兼并的问题，马兆良和田淑英（2017）在对生态资本与经济增长关系进行实证分析时发现，生态资本能够促进长期经济增长，并且生态资本的经济增长效应主要通过生态资本的外部性特征得以实现。本节对生态因子指数与经济增长之间关系进行再检验，从附录的指标体系可知，生态因子主要包括两大方面：一是自然生态，二是生态产业，前者是对生态水平的衡量，后者是生态质量的表现，基于附录数据，将生态因子指数（EF）纳入为核心解释变量，进行面板回归分析，得到如表2-5所示的结果。

从表2-5的回归结果可以发现，生态因子指数与经济增长之间始终保持一定的正相关关系，但弹性系数随时间变化而发生变化。当时间跨度为2001~2015年时，生态因子指数与经济增长的弹性系数为0.0104，并且在1%显著性水平下高度显著，意味着生态因子指数每提高1个单位，经济增长水平提高0.01个单位，生态因子能在较小程度上促进经济增长。但是通过对生态因子指数与经济增长的滞后结果来看，

随着滞后期限的不断延迟，生态因子指数与经济增长之间弹性系数始终为正，并且随着滞后阶数的变大而变大。生态因子与经济增长之间处于正相关关系与马兆良和田淑英（2017）的实证结果保持一致。

**表 2-5　中国省际生态因子指数与经济增长**

| 解释变量 | 被解释变量：lnY（各省 GDP 的对数） | | | | | |
|---|---|---|---|---|---|---|
| | 1 | 2 | 3 | 4 | 5 | 6 |
| 时间周期 | 2001~2015 年 | EF 滞后一期 | EF 滞后二期 | EF 滞后三期 | EF 滞后五期 | EF 滞后七期 |
| LnK | 0.504***<br>(35.52) | 0.495***<br>(37.54) | 0.44***<br>(32.33) | 0.386***<br>(23.47) | 0.385***<br>(15.83) | 0.466***<br>(19.66) |
| LnL | 0.488***<br>(22.08) | 0.45***<br>(21.21) | 0.462***<br>(19.92) | 0.487***<br>(16.87) | 0.394***<br>(15.14) | 0.562***<br>(16.03) |
| LnRD | 0.03<br>(0.45) | 0.04<br>(0.685) | 0.03<br>(0.507) | -0.011*<br>(-1.52) | 0.04***<br>(4.25) | 0.023*<br>(1.46) |
| Open | 0.21***<br>(6.84) | 0.17***<br>(5.91) | 0.161***<br>(4.98) | 0.164***<br>(4.296) | 0.02<br>(0.527) | 0.046<br>(0.183) |
| Per | 0.01<br>(0.503) | 0.004<br>(0.202) | 0.0055<br>(0.272) | 0.0277<br>(1.52) | 0.0265**<br>(0.53) | 0.02**<br>(2.27) |
| LnUrben | 0.06***<br>(2.58) | 0.067***<br>(3.166) | 0.024<br>(0.852) | 0.03<br>(0.139) | 0.479***<br>(3.91) | 0.379***<br>(2.898) |
| Mar | 0.03*<br>(0.49) | 0.11**<br>(1.94) | 0.299***<br>(4.52) | 0.227***<br>(2.93) | 0.36***<br>(4.84) | -0.055<br>(1.067) |
| HB<br>（环保因子） | -0.05<br>(-0.29) | 0.1**<br>(0.67) | 0.047<br>(0.313) | 0.183<br>(1.126) | -0.158<br>(-1.01) | -0.35***<br>(-3.12) |
| ST<br>（生态因子） | 0.0104*<br>(1.65) | 0.014***<br>(2.64) | 0.034<br>(0.202) | 0.127***<br>(2.4) | 0.49***<br>(2.91) | 0.67**<br>(1.93) |
| XH<br>（循环因子） | -0.011<br>(-0.069) | 0.031<br>(0.22) | 0.582***<br>(4.09) | -0.07<br>(-0.597) | -0.16**<br>(2.91) | -0.05<br>(-0.655) |
| DT<br>（低碳因子） | -0.75***<br>(-3.78) | -0.88***<br>(-4.66) | -0.865***<br>(-4.07) | 0.52***<br>(2.45) | 2.894***<br>(5.55) | -0.402<br>(-0.91) |
| JK<br>（健康因子） | -0.27*<br>(-1.31) | -0.16<br>(-0.776) | -0.28*<br>(-1.42) | -0.49***<br>(-2.37) | 0.35***<br>(2.43) | -0.4***<br>(-3.686) |
| CX<br>（持续因子） | -0.16**<br>(-1.76) | 0.008<br>(0.093) | 0.131*<br>(1.52) | 0.127<br>(1.39) | 0.159**<br>(2.27) | 0.228***<br>(6.476) |
| 常数项 | 0.658***<br>(5.25) | 0.938***<br>(8.12) | 1.51***<br>(10.97) | 2.09***<br>(14.67) | 4.78***<br>(12.21) | -0.94***<br>(-1.979) |
| $R^2$ | 0.96 | 0.97 | 0.96 | 0.94 | 0.9 | 0.97 |

生态因子指数为何与经济增长保持正相关关系，二者之间的内在作用机理又是什么？从本书所构建的三级指标体系可以发现，生态因子指数的提高更多体现在对自然生态的投资上，包括湿地面积、森林覆盖率、高新技术企业数等，因此短期为了提高生态水平，会实施重大生态修复工程，加大退耕还林、退牧还草力度，并大力投资高新技术产业，摒弃落后、低效率、重污染企业，这在一定程度上影响物质资本形成。但从长期来看，由于生态资本的外部性，会吸引较多人力资本的流入，高尖端人才的流入会带动技术创新，提高生产效率，人力资本的溢出效应最终将提高长期总产出。

## 三、循环因子指数与经济增长关系分析

探索循环因子指数与经济增长的内在关系，其实是对循环经济的深度研究。循环经济代表的是一种新兴发展方式，它不仅会影响经济增长质量，还会对区域经济系统的持续发展能力产生显著影响。前者直接影响经济运行效率，促进经济增长，后者改善区域经济的长期发展环境，推动区域经济长期增长。本书基于附录数据，将循环因子指数（XH）纳入为核心解释变量，再次进行面板回归分析，得到如表2-6所示的结果。

**表2-6　中国省际循环因子指数与经济增长**

| 解释变量 | 被解释变量：lnY（各省GDP的对数） | | | | | |
|---|---|---|---|---|---|---|
| | 1 | 2 | 3 | 4 | 5 | 6 |
| 时间周期 | 2001～2015年 | XH滞后一期 | XH滞后二期 | XH滞后四期 | XH滞后五期 | XH滞后七期 |
| LnK | 0.504*** (35.52) | 0.495*** (37.54) | 0.48*** (36.33) | 0.44*** (32.33) | 0.385*** (15.83) | 0.466*** (19.66) |
| LnL | 0.488*** (22.08) | 0.45*** (21.21) | 0.466*** (19.55) | 0.462*** (19.92) | 0.394*** (15.14) | 0.562*** (16.03) |
| LnRD | 0.03 (0.45) | 0.04 (0.685) | 0.02 (0.507) | 0.03 (0.507) | 0.04*** (4.25) | 0.023* (1.46) |
| Open | 0.21*** (6.84) | 0.17*** (5.91) | 0.168*** (4.58) | 0.161*** (4.98) | 0.02 (0.527) | 0.046 (0.183) |
| Per | 0.01 (0.503) | 0.004 (0.202) | 0.0044 (0.242) | 0.0055 (0.272) | 0.0265** (0.53) | 0.02** (2.27) |

续表

| 解释变量 | 被解释变量：lnY（各省 GDP 的对数） | | | | | |
|---|---|---|---|---|---|---|
| | 1 | 2 | 3 | 4 | 5 | 6 |
| 时间周期 | 2001~2015 年 | XH 滞后一期 | XH 滞后二期 | XH 滞后四期 | XH 滞后五期 | XH 滞后七期 |
| LnUrben | 0.06***<br>(2.58) | 0.067***<br>(3.166) | 0.021<br>(0.695) | 0.024<br>(0.852) | 0.479***<br>(3.91) | 0.379***<br>(2.898) |
| Mar | 0.03*<br>(0.49) | 0.11**<br>(1.94) | 0.188***<br>(4.42) | 0.299***<br>(4.52) | 0.36***<br>(4.84) | -0.055<br>(1.067) |
| HB<br>（环保因子） | -0.05<br>(-0.29) | 0.1**<br>(0.67) | 0.037<br>(0.233) | 0.047<br>(0.313) | -0.158<br>(-1.01) | -0.35***<br>(-3.12) |
| ST<br>（生态因子） | 0.0104*<br>(1.65) | 0.014***<br>(2.64) | 0.021<br>(1.332) | 0.034<br>(0.202) | 0.49***<br>(2.91) | 0.197**<br>(1.93) |
| XH<br>（循环因子） | -0.011<br>(-0.069) | -0.01<br>(-0.22) | -0.008***<br>(-4.09) | 0.582***<br>(4.09) | 0.76**<br>(2.91) | 0.88**<br>(6.55) |
| DT<br>（低碳因子） | -0.75***<br>(-3.78) | -0.88***<br>(-4.66) | -0.865***<br>(-4.07) | -0.865***<br>(-4.07) | 2.894***<br>(5.55) | -0.402<br>(-0.91) |
| JK<br>（健康因子） | -0.27*<br>(-1.31) | -0.16<br>(-0.776) | -0.28*<br>(-1.42) | -0.28*<br>(-1.42) | 0.35***<br>(2.43) | -0.4***<br>(-3.686) |
| CX<br>（持续因子） | -0.16**<br>(-1.76) | 0.008<br>(0.093) | 0.131*<br>(1.52) | 0.131*<br>(1.52) | 0.159**<br>(2.27) | 0.228***<br>(6.476) |
| 常数项 | 0.658***<br>(5.25) | 0.938***<br>(8.12) | 1.51***<br>(10.97) | 1.51***<br>(10.97) | 4.78***<br>(12.21) | -0.94***<br>(-1.979) |
| $R^2$ | 0.96 | 0.97 | 0.96 | 0.96 | 0.9 | 0.97 |

从表 2-6 的面板回归结果可以得出，循环因子指数（XH）与经济增长之间并非保持一定的正相关关系，并且弹性系数随时间变化而发生变化。当时间跨度在 2001~2015 年时，循环因子指数与经济增长呈负相关，相关系数为-0.011，负相关系数较小，当循环因子指数每增加 1 个单位，会使经济增长水平降低 0.01 个单位；对循环因子指数进行滞后回归分析，回归结果表明，二者之间的关系开始发生质变，由负转为正，当循环因子指数滞后四期时，循环因子指数与经济增长之间弹性系数达到 0.582，即当循环因子指数每增加 1 个单位，经济增长水平会增加 0.582 个单位，并且在 1%显著性水平下高度显著；同时，当循环因子滞后一期、二期、五期和七期时，发现循环因子指数与经济增长之间弹性系数分别为-0.01、-0.008、0.76 和 0.88，并且均在 5%以上的显著性水平下高度显著，说明随着滞后期限的不断延长，循环因子指数与经济增长之间的弹性系数不断放大，意味着循环因子指数对经济增长的促进效果会慢慢凸显出来。

循环因子指数与经济增长之间呈现这种变化关系的可能原因在于：一是代表新兴经济增长模式，改变线性经济的模式为循环经济模式，使资源消耗和废弃物产生规模性的减少，实现经济增长与资源消耗和废弃物产生的“脱钩”；二是保持线性经济的物质流不变，废弃物仍然大量产生，但是在末端处理环节加大回收利用对于焚烧和填埋的替代，提高区域经济持续发展能力，改善区域长期经济发展环境，促进区域长期经济增长。只有当可耗竭性资源的投入增长率保持在一定范围内，并呈递减之势，经济增长才不会陷入“无米之炊”的陷阱，实现持续繁荣；与此相反，若可耗竭性资源的开发利用方式不当，利用强度过高，开发进程过快，以致在没有找到替代资源之前，可耗竭性资源就已提前消耗殆尽，彼时经济系统的发展将面临严重威胁，经济系统将因缺乏必要的资源要素而陷入停滞甚至崩塌的境地。

## 四、低碳因子指数与经济增长关系分析

改革开放以来，中国经济迎来高速发展，但是也呈现出较多的发展“后遗症”，主要是对环境造成了恶劣的影响。Boulding（1966）提出了消耗型的“牧童经济”和生态型的“宇宙飞船经济”概念，中国经济亟须从传统高消耗、高排放的“牧童经济”向未来的资源节约型、环境友好型的“宇宙飞船经济”转换跃升，从而实现中国经济持续健康发展。低碳发展正式开启中国经济转型升级的倒逼机制和长效机制创新，中国经济发展不仅追求高速度发展，而且还要追求经济高质量发展。本书基于附录数据，低碳因子主要包括低碳生产、低碳消费、低碳生活三个方面，将低碳因子指数（DT）纳入为核心解释变量，探究低碳因子指数对经济增长的滞后效应，得到如表 2-7 所示的结果。

**表 2-7　中国省际低碳因子指数与经济增长**

| 解释变量 | 被解释变量：lnY（各省 GDP 的对数） | | | | | |
|---|---|---|---|---|---|---|
| | 1 | 2 | 3 | 4 | 5 | 6 |
| 时间周期 | 2001~2015 年 | DT 滞后三期 | DT 滞后六期 | DT 滞后七期 | DT 滞后八期 | DT 滞后九期 |
| LnK | 0.504***<br>(35.52) | 0.495***<br>(37.54) | 0.44***<br>(32.33) | 0.386***<br>(23.47) | 0.385***<br>(15.83) | 0.466***<br>(19.66) |
| LnL | 0.488***<br>(22.08) | 0.45***<br>(21.21) | 0.462***<br>(19.92) | 0.487***<br>(16.87) | 0.394***<br>(15.14) | 0.562***<br>(16.03) |
| LnRD | 0.03<br>(0.45) | 0.04<br>(0.685) | 0.03<br>(0.507) | -0.011*<br>(-1.52) | 0.04***<br>(4.25) | 0.023*<br>(1.46) |
| Open | 0.21***<br>(6.84) | 0.17***<br>(5.91) | 0.161***<br>(4.98) | 0.164***<br>(4.296) | 0.02<br>(0.527) | 0.046<br>(0.183) |

续表

| 解释变量 | 被解释变量：lnY（各省 GDP 的对数） | | | | | |
|---|---|---|---|---|---|---|
| | 1 | 2 | 3 | 4 | 5 | 6 |
| 时间周期 | 2001～2015 年 | DT 滞后三期 | DT 滞后六期 | DT 滞后七期 | DT 滞后八期 | DT 滞后九期 |
| Per | 0.01<br>(0.503) | 0.004<br>(0.202) | 0.0055<br>(0.272) | 0.0277<br>(1.52) | 0.0265**<br>(0.53) | 0.02**<br>(2.27) |
| LnUrben | 0.06***<br>(2.58) | 0.067***<br>(3.166) | 0.024<br>(0.852) | 0.03<br>(0.139) | 0.479***<br>(3.91) | 0.379***<br>(2.898) |
| Mar | 0.03*<br>(0.49) | 0.11**<br>(1.94) | 0.299***<br>(4.52) | 0.227***<br>(2.93) | 0.36***<br>(4.84) | -0.055<br>(1.067) |
| HB<br>（环保因子） | -0.05<br>(-0.29) | 0.1**<br>(0.67) | 0.047<br>(0.313) | 0.183<br>(1.126) | -0.158<br>(-1.01) | -0.35***<br>(-3.12) |
| ST<br>（生态因子） | 0.0104*<br>(1.65) | 0.014***<br>(2.64) | 0.034<br>(0.202) | 0.497***<br>(2.4) | 0.49***<br>(2.91) | 0.197**<br>(1.93) |
| XH<br>（循环因子） | -0.011<br>(-0.069) | 0.031<br>(0.22) | 0.582***<br>(4.09) | -0.07<br>(-0.597) | -0.16**<br>(2.91) | -0.05<br>(-0.655) |
| DT<br>（低碳因子） | -0.75***<br>(-3.78) | -0.88***<br>(-4.66) | -0.21***<br>(-4.07) | 0.52***<br>(2.45) | 0.78***<br>(1.33) | 1.22**<br>(1.88) |
| JK<br>（健康因子） | -0.27*<br>(-1.31) | -0.16<br>(-0.776) | -0.28*<br>(-1.42) | -0.49***<br>(-2.37) | 0.35***<br>(2.43) | -0.4***<br>(-3.686) |
| CX<br>（持续因子） | -0.16**<br>(-1.76) | 0.008<br>(0.093) | 0.131*<br>(1.52) | 0.127<br>(1.39) | 0.159**<br>(2.27) | 0.228***<br>(6.476) |
| 常数项 | 0.658***<br>(5.25) | 0.938***<br>(8.12) | 1.51***<br>(10.97) | 2.09***<br>(14.67) | 4.78***<br>(12.21) | -0.94***<br>(-1.979) |
| $R^2$ | 0.96 | 0.97 | 0.96 | 0.94 | 0.9 | 0.97 |

从表 2-7 第一列回归结果可以得出，以 2001～2015 年为时间跨度的低碳因子指数与经济增长之间呈负相关，二者之间的弹性系数为-0.75，并在 1%显著性水平下高度显著，说明从当期来看，低碳因子指数抑制经济增长。但是当对低碳因子指数与经济增长之间进行滞后回归分析时发现，低碳因子指数对经济增长并非一直保持负相关关系，当滞后七期时，低碳因子指数与经济增长之间的弹性系数由负转正，低碳因子指数每提高 1 个单位，经济增长水平将提高 0.52 个单位。尚勇敏等（2014）对碳排放影响经济增长的类型进行划分，从经济增长与碳排放量的关系来看，经济增长方式呈现出绿色增长、棕色增长和黑色增长三种类型。中国在 2001～2015 年的经济增长可能经历了从黑色增长到棕色增长再到不完全绿色增长这一过程。在黑色增长阶段，以牺牲环境为代价加快经济增长；在棕色增长阶段，中国经济发展逐渐意识到环境保护的重要性，开始倒逼企业转型，引进高端技术，逐步脱离以

破坏环境为代价来进行生产的方式；在绿色发展阶段，经济发展水平绝大部分已经脱离低效率、高污染生产方式，而是以科技创新，通过技术变革实现经济增长。

低碳因子指数随着滞后期的不断延长，能在很大程度上促进经济增长的原因可能包括：一是不断引进和开发低碳技术，在政府强力推动低碳发展环境背景下，倒逼企业通过技术创新、要素创新来实现超额利润；二是加大力度调整产业结构，在低碳条件的约束下，产业结构不断拓宽，产业重心慢慢由第二产业转移到第一产业和第三产业，着重发展农业和服务业，有效提高收入来源渠道；三是提高能源转化效率和利用率，按照减量化、再利用、资源化的原则，从能源开采、生产消耗、废物产生和社会消费 4 个环节逐步建立全社会的整体能源转化和利用体系，不断提高能源综合利用率，实现资源优化配置。总而言之，为了尽快摆脱传统“牧童经济”的束缚，告别黑色增长和棕色增长理念，中国经济发展模式面临重大转型，坚持以低碳为发展核心，才能实现经济可持续发展。

## 五、健康因子指数与经济增长关系分析

随着居民生活水平的日益提高和社会保障机制的不断健全，个人的健康问题越来越受到重视，全社会对健康方面的投资呈现出不断增加的态势。张芬和李晓妍（2017）将健康投资分为公共健康投资和私人健康投资。从本书附录可知，健康因子指标体系主要包括生活质量和民生保障两个方面，前者更多反映的是私人健康水平，主要从食品、住房、收入水平等角度进行衡量；后者代表的是公共健康投资水平，泛指政府、社会公共部门等对医疗卫生事业等方面的投入和对就业水平的关注，对促进和谐社会具有积极作用。本节利用面板回归模型，将健康因子指数（HF）纳入核心解释变量，探究健康因子指数对经济增长的滞后效应，回归结果如表 2-8 所示。

**表 2-8 中国省际健康因子指数与经济增长**

| 解释变量 | 被解释变量：lnY（各省 GDP 的对数） | | | | | |
|---|---|---|---|---|---|---|
| | 1 | 2 | 3 | 4 | 5 | 6 |
| 时间周期 | 2001~2015 年 | JK 滞后一期 | JK 滞后五期 | JK 滞后九期 | JK 滞后十期 | JK 滞后十一期 |
| LnK | 0.504***<br>(35.52) | 0.495***<br>(37.54) | 0.44***<br>(32.33) | 0.386***<br>(23.47) | 0.385***<br>(15.83) | 0.466***<br>(19.66) |
| LnL | 0.488***<br>(22.08) | 0.45***<br>(21.21) | 0.462***<br>(19.92) | 0.487***<br>(16.87) | 0.394***<br>(15.14) | 0.562***<br>(16.03) |

续表

| 解释变量 | 被解释变量：lnY（各省 GDP 的对数） | | | | | |
|---|---|---|---|---|---|---|
| | 1 | 2 | 3 | 4 | 5 | 6 |
| 时间周期 | 2001~2015 年 | JK 滞后一期 | JK 滞后五期 | JK 滞后九期 | JK 滞后十期 | JK 滞后十一期 |
| LnRD | 0.03<br>(0.45) | 0.04<br>(0.685) | 0.03<br>(0.507) | -0.011*<br>(-1.52) | 0.04***<br>(4.25) | 0.023*<br>(1.46) |
| Open | 0.21***<br>(6.84) | 0.17***<br>(5.91) | 0.161***<br>(4.98) | 0.164***<br>(4.296) | 0.02<br>(0.527) | 0.046<br>(0.183) |
| Per | 0.01<br>(0.503) | 0.004<br>(0.202) | 0.0055<br>(0.272) | 0.0277<br>(1.52) | 0.0265**<br>(0.53) | 0.02**<br>(2.27) |
| LnUrben | 0.06***<br>(2.58) | 0.067***<br>(3.166) | 0.024<br>(0.852) | 0.03<br>(0.139) | 0.479***<br>(3.91) | 0.379***<br>(2.898) |
| Mar | 0.03*<br>(0.49) | 0.11**<br>(1.94) | 0.299***<br>(4.52) | 0.227***<br>(2.93) | 0.36***<br>(4.84) | -0.055<br>(1.067) |
| HB<br>（环保因子） | -0.05<br>(-0.29) | 0.1**<br>(0.67) | 0.047<br>(0.313) | 0.183<br>(1.126) | -0.158<br>(-1.01) | -0.35***<br>(-3.12) |
| ST<br>（生态因子） | 0.0104*<br>(1.65) | 0.014***<br>(2.64) | 0.034<br>(0.202) | 0.497***<br>(2.4) | 0.49***<br>(2.91) | 0.197**<br>(1.93) |
| XH<br>（循环因子） | -0.011<br>(-0.069) | 0.031<br>(0.22) | 0.582***<br>(4.09) | -0.07<br>(-0.597) | -0.16**<br>(2.91) | -0.05<br>(-0.655) |
| DT<br>（低碳因子） | -0.75***<br>(-3.78) | -0.88***<br>(-4.66) | -0.865***<br>(-4.07) | 0.52***<br>(2.45) | 2.894***<br>(5.55) | -0.402<br>(-0.91) |
| JK<br>（健康因子） | -0.27*<br>(-1.31) | -0.57*<br>(-0.776) | -0.28*<br>(-1.42) | -0.08***<br>(-2.37) | 0.35***<br>(2.43) | 0.4***<br>(3.686) |
| CX<br>（持续因子） | -0.16**<br>(-1.76) | 0.008<br>(0.093) | 0.131*<br>(1.52) | 0.127<br>(1.39) | 0.159**<br>(2.27) | 0.228***<br>(6.476) |
| 常数项 | 0.658***<br>(5.25) | 0.938***<br>(8.12) | 1.51***<br>(10.97) | 2.09***<br>(14.67) | 4.78***<br>(12.21) | -0.94***<br>(-1.979) |
| $R^2$ | 0.96 | 0.97 | 0.96 | 0.94 | 0.9 | 0.97 |

从表 2-8 的面板回归结果可以得出，健康因子指数与经济增长之间并非保持一定的负相关关系，并且弹性系数大小随时间变化而发生变化。当时间跨度在 2001~2015 年时，健康因子指数与经济增长呈负相关，相关系数为-0.27，当健康因子指数每增加 1 个单位，会使经济增长水平降低 0.27 个单位。对健康因子指数进行滞后回归分析，回归结果表明，健康因子指数与经济增长的滞后期较长，当健康因子指数滞后十期时，二者之间的关系开始发生质变，由负转为正，健康因子指数与经济增长之间弹性系数达到 0.35，并在 1%显著性水平下高度显著，当健康因子指数每增

长 1 个单位，经济增长水平会增加 0.35 个单位。同时，由于本书所研究的时间周期为 15 年，而健康因子指数与经济增长的滞后期达到十期，可以说明健康因子指数对经济增长的滞后效应并不显著，健康因子指数对经济的促进作用需要经历一段相当漫长的时间才会凸显。

健康因子指数对经济增长具体有相当长期的滞后效应，可能在于一是通过生活质量影响经济增长，其内在逻辑包括生活质量提高→消费质量提升→消费结构升级→产业结构优化→经济系统整体运行绩效改善→区域经济增长，消费质量是生活质量的重要表现形式，生活质量对经济增长的影响主要通过影响消费质量变迁的方式得以发挥。在生活质量的低级发展阶段，消费质量发展水平也较低，居民的消费以生存型消费为主（如食品消费），随着收入水平的增加和生活质量的改善，消费质量将不断提升，消费结构随之变迁，由此前的以生存型消费为主导的基本消费转变为发展型和享受型消费等为代表的超额消费发展阶段（如教育、通信、文化娱乐类产品等消费）。随着消费结构日益高级，引致产业结构升级，这将改善区域产业结构，提高经济系统的整体运行效率，促进经济增长。二是通过民生保障水平的提高影响经济增长，政府等进行公共健康投资，提高区域卫生医疗水平，使受益劳动人口拥有更健康的体魄和更好的状态进行劳动生产；同时，公共健康投资产业链更加丰富，链条环环相扣更加紧密，如公立医院的建立可以同时带动医药、仪器、建筑、教育、金融、餐饮和运输等领域的活跃，通过链条间的紧密相连和快速传导，极大地提高了当地的就业率，促进了经济繁荣发展。

## 六、持续因子指数与经济增长关系分析

可持续发展是全人类面临的涉及人口、资源、经济、社会、环境等多方面的实践问题，它是区域绿色竞争力的重要方面。基于附录区域绿色竞争力指标体系划分，持续因子指数主要包括三个方面：一是发展后劲，也是当前经济增长核算体系重要组成部分；二是科教发展，通过增大人才储备，提高科学技术贡献率；三是资源承载，考虑在有限资源条件下如何促进经济持续发展。将持续因子指数（CX）纳入核心解释变量，进行面板滞后回归分析，得到结果如表 2-9 所示。

从表 2-9 的面板回归结果可以得出，持续因子指数（CX）与经济增长之间并非保持一定的负相关关系，并且弹性系数大小随时间变化而发生变化。当时间跨度在 2001~2015 年时，持续因子指数与经济增长呈负相关，相关系数为-0.16，当持续因子指数每增加 1 个单位，会使经济增长水平降低 0.16 个单位。对持续因子指数进行滞后回归分析，回归结果表明，持续因子指数对经济增长的滞后期相当长，当持续

因子指数滞后十三期时，二者之间的关系开始发生质变，由负转为正，持续因子指数与经济增长之间弹性系数达到0.228，并在1%显著性水平下高度显著，当持续因子指数每增加1个单位，经济增长水平会增加0.228个单位。同时，由于本书所研究的时间周期为15年，而持续因子指数与经济增长的滞后期达到十三期，可以说明持续因子指数对经济增长的滞后效应在该时间段并不显著，持续因子指数对经济的促进作用需要经历一段相当漫长的时间才会凸显。

**表2-9　中国省际持续因子指数与经济增长**

| 解释变量 | 被解释变量：lnY（各省GDP的对数） | | | | | |
|---|---|---|---|---|---|---|
| | 1 | 2 | 3 | 4 | 5 | 6 |
| 时间周期 | 2001~2015年 | CX滞后一期 | CX滞后四期 | CX滞后七期 | CX滞后十期 | CX滞后十三期 |
| LnK | 0.504***<br>(35.52) | 0.495***<br>(37.54) | 0.44***<br>(32.33) | 0.386***<br>(23.47) | 0.385***<br>(15.83) | 0.466***<br>(19.66) |
| LnL | 0.488***<br>(22.08) | 0.45***<br>(21.21) | 0.462***<br>(19.92) | 0.487***<br>(16.87) | 0.394***<br>(15.14) | 0.562***<br>(16.03) |
| LnRD | 0.03<br>(0.45) | 0.04<br>(0.685) | 0.03<br>(0.507) | -0.011*<br>(-1.52) | 0.04***<br>(4.25) | 0.023*<br>(1.46) |
| Open | 0.21***<br>(6.84) | 0.17***<br>(5.91) | 0.161***<br>(4.98) | 0.164***<br>(4.296) | 0.02<br>(0.527) | 0.046<br>(0.183) |
| Per | 0.01<br>(0.503) | 0.004<br>(0.202) | 0.0055<br>(0.272) | 0.0277<br>(1.52) | 0.0265**<br>(0.53) | 0.02**<br>(2.27) |
| LnUrben | 0.06***<br>(2.58) | 0.067***<br>(3.166) | 0.024<br>(0.852) | 0.03<br>(0.139) | 0.479***<br>(3.91) | 0.379***<br>(2.898) |
| Mar | 0.03*<br>(0.49) | 0.11**<br>(1.94) | 0.299***<br>(4.52) | 0.227***<br>(2.93) | 0.36***<br>(4.84) | -0.055<br>(1.067) |
| HB<br>（环保因子） | -0.05<br>(-0.29) | 0.1**<br>(0.67) | 0.047<br>(0.313) | 0.183<br>(1.126) | -0.158<br>(-1.01) | -0.35***<br>(-3.12) |
| ST<br>（生态因子） | 0.0104*<br>(1.65) | 0.014***<br>(2.64) | 0.034<br>(0.202) | 0.497***<br>(2.4) | 0.49***<br>(2.91) | 0.197**<br>(1.93) |
| XH<br>（循环因子） | -0.011<br>(-0.069) | 0.031<br>(0.22) | 0.582***<br>(4.09) | -0.07<br>(-0.597) | -0.16**<br>(2.91) | -0.05<br>(-0.655) |
| DT<br>（低碳因子） | -0.75***<br>(-3.78) | -0.88***<br>(-4.66) | -0.865***<br>(-4.07) | 0.52***<br>(2.45) | 2.894***<br>(5.55) | -0.402<br>(-0.91) |
| JK<br>（健康因子） | -0.27*<br>(-1.31) | -0.16<br>(-0.776) | -0.28*<br>(-1.42) | -0.49***<br>(-2.37) | 0.35***<br>(2.43) | -0.4***<br>(-3.686) |
| CX<br>（持续因子） | -0.16**<br>(-1.76) | -0.79<br>(-3.93) | -0.356*<br>(-2.52) | -0.172*<br>(-1.39) | -0.12*<br>(-1.27) | 0.228***<br>(6.476) |

续表

| 解释变量 | 被解释变量：lnY（各省 GDP 的对数） | | | | | |
|---|---|---|---|---|---|---|
| | 1 | 2 | 3 | 4 | 5 | 6 |
| 时间周期 | 2001~2015 年 | CX 滞后一期 | CX 滞后四期 | CX 滞后七期 | CX 滞后一期 | CX 滞后十三期 |
| 常数项 | 0.658***<br>(5.25) | 0.938***<br>(8.12) | 1.51***<br>(10.97) | 2.09***<br>(14.67) | 4.78***<br>(12.21) | -0.94***<br>(-1.979) |
| $R^2$ | 0.96 | 0.97 | 0.96 | 0.94 | 0.9 | 0.97 |

持续因子指数需要经历相当长的时间周期才能促进经济增长的原因可能在于：持续因子对经济增长的严重长期滞后效应最可能加大科教资本投入而导致人力资本面临转移，因为当教育经费投入增加时，会激励更多的人力资本接受更好的教育而替代工作，同时因教育投资过大挤占其他方面的投资。但加大科教资本投入终将提高劳动生产效率，更多的高层次人才会流向制造业和高新技术产业，从而摆脱传统落后的生产方式。因此，持续因子最终会带来实际收入水平大幅度提高。

## 七、六大因子指数对经济增长差异性总结

通过对区域绿色竞争力六大因子指数分别与经济增长做面板回归分析，得出当时间跨度为2001~2015年时，区域绿色竞争力五大因子指数（除生态因子指数）与经济增长之间存在负相关。通过对六大因子做面板滞后效应分析，环保因子、生态因子、循环因子、低碳因子、健康因子和持续因子滞后 n 期与经济增长水平之间弹性系数由负转正并高度显著。可以发现，当环保因子滞后一期，环保因子与实际收入正相关，其他变量一定时，环保因子指数每提高 1 个单位，实际收入水平将提高 0.11 个单位，并在5%显著性水平下高度显著；当循环因子指数滞后四期，其他变量保持一定时，循环因子指数每提高 1 个单位，实际收入将提高 0.582 个单位，并在1%显著性水平下高度显著；当低碳因子指数滞后七期，其他变量保持一定时，低碳因子指数每提高 1 个单位，实际收入将提高 0.52 个单位，并在 1%显著性水平下高度显著；而健康因子和持续因子分别滞后十期和十三期，基于本书 15 年的时间周期来看，该两大因子指数对实际收入水平的滞后效应并不显著。

# 第四章

# 促进区域绿色竞争力与经济增长协同的政策建议

## 一、研究相关结论

本篇通过收集中国2001~2015年30个省份的样本数据，采用面板空间滞后模型对我国区域绿色竞争力与经济增长的内在联系进行了研究，得出如下结论：

第一，基于构造包含区域绿色竞争力的全要素生产率分析框架，研究发现当时间跨度为2001~2015年时，区域绿色竞争力对经济增长具有抑制作用，相关弹性系数为-0.22，并在1%显著性水平下高度显著。在此基础上，对区域绿色竞争力与经济增长水平进行空间滞后效应检验，发现当区域绿色竞争力指数滞后五期时，区域绿色竞争力对区域经济增长的边际影响为0.02，区域绿色竞争力与实际收入之间的弹性系数由负转正，随着滞后期数的不断延长，区域绿色竞争力与经济增长水平的正弹性系数越来越大，在滞后八期时区域绿色竞争力对经济增长的边际影响已高达0.187。

第二，当区域绿色竞争力指数滞后六期时，区域绿色竞争力指数对经济增长的贡献水平为0.039，区域绿色竞争力在全要素生产率中起到不可或缺的作用，相较于其他要素，区域绿色竞争力对经济增长贡献度达到32%，有效地提高了经济增长水平。随着绿色发展观念的不断深入，区域绿色竞争力的实际贡献可能会更大，这告诉我们，摆脱以破坏环境为代价来追求高速发展的思维观念是正确的，只有坚持走可持续发展道路，不断提高全要素生产率，更为核心的是不断提高区域绿色竞争力，才能实现经济健康增长。

第三，当对区域绿色竞争力六大因子指数与实际收入水平进行差异性分析时，发现在六大因子指数中，除生态因子指数，其余五大因子指数与实际收入水平之间均存在空间滞后效应，其中环保因子、循环因子以及低碳因子的滞后效应高度显著，滞后期分别为一期、四期和七期，在跨越临界滞后期后，三者对经济增长的边际影响分别为0.1、0.58和0.52。与此相反的是，在考察期内，持续因子、健康因子的滞后效应并不显著。因此，从长远来看，区域绿色竞争力对经济增长的积极效应会随时间推移而慢慢凸显。

## 二、相关政策建议

虽然区域绿色竞争力对经济增长的影响已经取得了不小的成就，但是中国的经济发展道路还有很长一段路要走。区域绿色竞争力在地区之间仍然存在巨大的不平衡，在一些沿海等发达城市，区域绿色竞争力已取得了决定性发展，但不可否认的是，在一些经济水平落后省份仍然依赖量的增长而不追求质的发展。因此，为了追求一种健康的经济增长模式，不仅要保持经济持续快速发展，还要实现“黑色经济”向“绿色经济”的转变。若想尽早发挥区域绿色竞争力对经济增长的显著促进作用，可以从以下几个方面实施：

其一，深化政府官员任期制度改革，建立与区域绿色竞争力周期相适应的弹性任期制度。区域绿色竞争力对经济增长的影响具有滞后效应，且滞后期超过了地方政府官员的一届任期，这意味着地方政府官员将无法在一个任期内“收获”区域绿色竞争建设的“果实”，这严重抑制了地方政府官员培育区域绿色竞争力的积极性。因此，应深化地方政府官员任期制度改革，建立与区域绿色竞争力培育相适应的弹性化地方政府官员任期制度，在基准任期制度的基础上，允许各地结合本地区域绿色竞争力的建设实际，适当延长地方政府官员任期，实现区域绿色竞争力的建设和收益周期与地方政府官员的任期同频共振，有效激发地方政府官员加快区域绿色竞争力建设的积极性，从而促进区域绿色竞争力的有效提升，推动区域经济的持续增长。

其二，完善地方政府官员政绩考评体系，将可持续发展和公民健康等因子纳入地方政府官员考评体系。地方政府是可持续发展水平及公民健康建设的重要推动者，但可持续发展和公民健康建设是一项长期性工作，其对经济增长的促进作用在短时间内难以彰显，这使地方政府推动持续发展及公民健康因子建设的积极性严重不足，且很难通过任期调整的方式加以解决。因此，应深化地方政府官员政绩考评体系改革，在科学测度可持续发展水平和公民健康的基础上，将可持续发展及健康因子纳入地方政府官员政绩考评体系，逐步提高其在地方政府官员政绩考评体系中的权重，促进可持续发展及公民健康水平的有效提升，推动区域经济的持续快速发展。

其三，健全绿色低碳技术研发投入政策支持体系，加快绿色低碳技术进步。企业是绿色低碳技术创新的主体，但绿色低碳技术创新不仅投资大，而且风险高，大多数企业无法承受，严重制约着绿色低碳技术进步，抑制了绿色低碳技术对经济增长“滞后效应”的有效发挥。因此，应健全与绿色低碳技术相适应的研发投入支持体系，完善绿色低碳技术创新风险及成本分担机制，综合运用财政、税收和金融等手段，持续降低企业绿色低碳技术的研发成本和研发风险，如政府部门可直接为企业进行绿色技术创新提供财政补贴，允许企业的绿色低碳技术研发投入按照一定的比例在税前加计扣除，抑或是为企业的绿色低碳技术创新提供贴息贷款，如争取世界银行、国际绿色环保组织等国际贷款提供便利等。

其四，建立与行业性质和环境状况相关的绿色治理质量评估体系，提高绿色治理水平。地方政府在开展环境治理工作时应秉承透明性、公开性、公平性的原则对环境绩效进行审计。为避免企业环境治理工作趋于表面化、社会“寻租”活动的发生，地方政府还需不定期对审计工作进行调查和检测。这一方面有利于找到环保治理成效不明显的原因，进而提高规制环境治理政策的方向性；另一方面有效监督企业严守环保红线，针对负外部性企业采取罚款、停产等措施，严格把治理工作纳入生产的各个环节，逐步实现“末端处理”向“源头处理”以及“全过程处理”的转移。

其五，出台与区域需求相吻合的生态恢复标准，避免生态恢复产业乱象。生态恢复标准制定是实现生态恢复工作的前提。具体而言，各地域要对地方生态情况进行科学的评估与测定，并对标准进行规范的分类和定位，避免标准定得过高或过低。同时，所制定的标准要具备可操作性，不仅要满足视觉和结构上的生态恢复，而且更为重要的是实现生态功能的恢复，以达到资源后续利用的需要。

此外，还需逐步完善生态恢复义务和权力体系。应对生态开发、利用者导致生态的破坏赋予全权生态恢复义务，一方面要承担一定的生态恢复保证金，另一方面要完全承担生态恢复工作，以此督促开发者合理使用生态资源。

其六，加大对传统产业进行升级改造，着力发展循环产业和生态工业。政府应加强对企业进行资源循环利用的整体规划和战略引领，制定循环产业总体发展路线，优化产业布局。一方面加强资源循环与企业的相关性，刺激成本敏感的企业生产者提高资源利用率和重复率，实现资源消耗和废弃物产生规模性减少，以更小的成本实现环境质量的改善；另一方面开展资源节约、环境保护、绿色生活等方面的教育，加大风能、太阳能等清洁能源及新能源的推广应用，引导全社会成员积极参与并发挥作用，提高区域发展的集约化水平，进而形成资源循环利用的良好社会风气。

# 第三篇

# 区域绿色竞争力的测算、时空分异特征及优化路径：以长江经济带为例

后金融危机时代，各国纷纷响应联合国“绿色新政”的号召，加强对本国绿色产业的引导与扶持，推动投资转向清洁能源、节能建筑业，转变经济增长方式，培育新的产业热点，以抢占新一轮全球竞争的“制高点”。随着我国经济发展进入“新常态”，经济增长与生态破坏的矛盾日益突出，如何突破我国在新时期经济发展的瓶颈，实现生态、经济、社会的绿色和谐发展，是当今我国迫切需要解决的问题。区域经济介于国际经济与地区经济之间，区域经济的发展对区域内部资源的优化配置和地区间交流合作能力的提升具有重要意义，既能使地方发挥比较优势，共同分享发展的红利，也能从整体上提升国家的国际竞争力。以“共抓大保护，不搞大开发”为导向的长江经济带区域发展战略的提出，顺应了这一时期绿色发展与区域发展的需要。

本篇研究主要是通过构建区域绿色竞争力综合评价模型，测算出长江经济带绿色竞争力指数，分析其在“十二五”规划期间的时空分异特征。在充分利用前期课题组研究成果的基础上，采用科学的研究方法构造出长江经济带绿色竞争力多指标综合评价模型，包括评价指标体系的确立和权重值的赋予。从动态性、收敛性、空间相关性对“生态优先、绿色发展”的长江经济带绿色竞争力进行动态比较分析，根据分析结果提出优化长江经济带绿色竞争力路径。

# 第一章
# 区域绿色竞争力多指标综合评价模型构建

长江经济带是一个区域概念，而不是地域概念，对区域绿色竞争力的研究同样适用于长江经济带绿色竞争力的研究。如何根据评价目的，通过一定的数学模型，将多指标“合成”为一个整体性的综合指标，并进行评价对象间可比较的测算，是本章拟解决的重要问题。评价指标的构建、评价指标权重系数的确定共同构成多指标综合评价模型。

## 一、区域绿色竞争力综合评价指标体系

本章关于长江经济带绿色竞争力指标体系的建立，是基于国家自然科学基金项目“区域绿色竞争力的影响因子探索与系统分析模型构建研究：以中部地区为例”（编号：71161014）的研究成果。陈运平和黄小勇（2012）采用文献法和专家打分的方式，对影响区域绿色竞争力的13个因素进行探索性因子分析，最终确立的六大主因子为环保因子、持续因子、低碳因子、生态因子、循环因子、健康因子①。张坤（2013）在对区域绿色竞争力相关理论进行研究的基础上，结合头脑风暴和反复咨询专家，对六大因子进行层次分解，确立了16个二级指标、95个三级指标。方小祥（2013）将中部6省作为研究对象，对其绿色竞争力进行测算、分析，并单独对六大因子进行不同省份间的比较分析，找出区域间绿色竞争力差距的原因。同时，根据数据的易得性及指标的相近可替换性，国家自然科学基金项目“绿色发展理念指导

① 区域绿色竞争力的评价指标体系的提出，是国家自然科学基金项目“区域绿色竞争力的影响因子探索与系统分析模型构建研究：以中部地区为例”的研究成果。根据区域绿色竞争力相关文献，课题组初步把影响区域绿色竞争力的主要因素归纳为环保、持续、低碳、生态、循环、制度、增长、健康、民生、政策、文化、协调和资源13个因素，并对高校及研究机构中研究区域竞争力的专家和学者进行调查问卷，检验其信度和效度。结果表明，区域绿色竞争力影响较大的因子主要有6个，分别是生态、健康、环保、持续、低碳、循环。

下区域绿色竞争力的动态监测与政策仿真研究”① （编号：71774074）课题组对95个指标部分进行调整，形成了本书长江经济带绿色竞争力综合评价指标体系。

## （一）评价体系构建原则

1. 理论性与实践性相统一

本书综合评价指标体系的建立，从六大因子的确定到最终形成95个综合评价指标，都建立在对区域竞争力、绿色竞争力及区域绿色竞争力的相关理论进行分析的基础上。同时，采用了专家打分的德尔菲法，充分运用专家渊博的知识和丰富的实践经验将理论与实践相结合，更加具有可信度。

2. 整体性与层次性相统一

各级评价指标的选取都紧紧围绕着一个评价目的展开，即测量区域绿色竞争力指数。课题组分两个阶段，第一阶段：结合专家打分和因子分析法，对影响区域绿色竞争力的13个相关因素进行筛选，最终确定6个主因素；第二阶段：对第一阶段的六大主因子进行层次上的延伸和扩展，通过头脑风暴法和反复咨询专家对指标体系进行了修改和完善。

3. 针对性与适用性相统一

区域绿色竞争力评价指标体系的设计是围绕测算区域绿色竞争力指数展开的，通过对文献和初始资料的收集和整理来确定影响因子。虽然国家自然科学基金项目是以中部地区为例进行分析的，但是指标体系并没有明确针对某一固定区域专门设计，问卷根据“就近”原则，主要在江西省发放，江西省既为中部地区也为长江经济带的组成部分，因此具有使用范围上的适用性。

4. 动态性和静态性相统一

指标体系的设计过程具有科学性和可适用性，随着研究的深入和考虑到统计数据的易得性，可以对指标体系调整。但是在一定时期内不宜频繁、大范围变动指标体系内容，使之保持相对的稳定性。前期课题组研究中对于区域绿色竞争力完整评价指标体系的建立是在2013年。考虑到稳定的数据来源，本书对部分评价指标进行了适当性的调整，如将C42“可再生能源消费比重”换成“农村可再生能源利用”，充分地将科学性的静态评价指标与动态的时代变化相结合。

## （二）多指标评价体系设计

区域绿色竞争力评价指标体系的建立，需要对区域绿色竞争力的影响因素进行系统性、层次性、科学性的分析。陈运平等（2011）首先参考区域绿色竞争力的文

① 国家自然科学基金面上项目“绿色发展理念指导下区域绿色竞争力的动态监测与政策仿真研究”（编号：71774074）项目执行年限为2018年1月至2021年12月，旨在构建区域绿色竞争力动态监测模型，并对相关政策进行模拟仿真。课题组前期工作主要是对2011~2015年的数据进行收集和整理，根据数据的易得性和指标的相近可替换性，对课题组建立的评价指标体系进行调整。

献，选择了影响区域绿色竞争力的13个因素，其次采用专家问卷的形式，根据《2010中国绿色发展指数年度报告——省级比较》选择“就近”的全国绿色发展指数较高地区的高等院校、省政府政策研究室、省科学院等作为评价者，统计数据采用探索性因子分析法，最终确立了六大影响因子（见表3-1）：环保因子、生态因子、循环因子、低碳因子、健康因子、持续因子。张坤（2013）在综合对区域绿色竞争力的内涵和影响因素分析的基础上，通过反复咨询专家和头脑风暴，设计出一套完整的区域绿色竞争力综合评价指标体系。区域绿色竞争力综合指标体系分为四层，分别是目标层，区域绿色竞争力；约束层A（一级指标），含有6个因子，即六大因子；准则层B（二级指标），含有16个因子；指标层C（三级指标），含有95个指标。国家自然科学基金项目“绿色发展理念指导下区域绿色竞争力的动态监测与政策仿真研究”（编号：71774074）课题组根据数据的易得性、指标的可替代性、指标的优化性，对指标C42、C75～C79、C81、C82进行了替换，最终形成了本书关于长江经济带绿色竞争力的综合评价指标体系。需要说明的是，本书建立的评价指标体系并非仅针对长江经济带，即不以长江经济带的水资源、水环境、水生态等区域特征为识别，使指标体系具有区域上的广泛适用性。

**表3-1　区域绿色竞争力多指标评价体系**

| 目标层 | 一级指标A | 二级指标B | 三级指标C |
|---|---|---|---|
| 区域绿色竞争力 | 环保因子A1 | 环保投资B1 | C1 环保治理投资总额 |
| | | | C2 环保污染治理投资占GDP比重 |
| | | | C3 本年竣工项目数量（污染治理） |
| | | | C4 农村人均改水、改厕的政府投资 |
| | | | C5 环境保护支出占财政支出比重 |
| | | | C6 单位耕地面积退耕还林投资完成额 |
| | | | C7 造林面积 |
| | | 环保治理B2 | C8 建成区绿化覆盖率 |
| | | | C9 人均公园绿地面积 |
| | | | C10 工业废水排放总量 |
| | | | C11 工业废水集中式污染治理设施 |
| | | | C12 工业$SO_2$集中式污染治理设施 |
| | | | C13 工业粉尘集中式污染治理设施 |
| | | | C14 工业烟尘集中式污染治理设施 |
| | | | C15 生活垃圾无害化处理率 |
| | | | C16 生活垃圾清运量 |
| | | | C17 城市污水排放量 |
| | | | C18 城市污水处理率 |

续表

| 目标层 | 一级指标 A | 二级指标 B | 三级指标 C |
|---|---|---|---|
| 区域绿色竞争力 | 环保因子 A1 | 环保治理 B2 | C19 交通噪声等效声级 |
| | | | C20 工业噪声等效声级 |
| | | | C21 矿区生态环境恢复治理面积 |
| | 生态因子 A2 | 自然生态 B3 | C22 人均水资源量 |
| | | | C23 万元 GDP 用水量 |
| | | | C24 工业废气总量 |
| | | | C25 空气质量达到二级以上天数及占全年比重 |
| | | | C26 自然保护区面积 |
| | | | C27 湿地面积 |
| | | | C28 减少耕地面积 |
| | | | C29 森林覆盖率、森林面积 |
| | | 生态产业 B4 | C30 高技术产业企业数 |
| | | | C31 高技术产业总产值 |
| | 循环因子 A3 | 综合利用 B5 | C32 工业固体废物综合利用率 |
| | | | C33 土地资源利用率 |
| | | | C34 工业污染治理完成投资 |
| | | 回收利用 B6 | C35 工业废水处理量 |
| | | | C36 农村沼气池产气总量 |
| | | 循环产业 B7 | C37 高技术产业增加值占工业增加值比重 |
| | | | C38 废弃资源和废旧材料回收加工业增加值占工业增加值的比重 |
| | | | C39 能源生产弹性系数 |
| | | | C40 万元 GDP 能耗 |
| | 低碳因子 A4 | 低碳生产 B8 | C41 非煤炭能源消费比重 |
| | | | C42 农村可再生能源利用 |
| | | | C43 平均碳排放系数 |
| | | | C44 单位地区二氧化碳排放的产出 |
| | | | C45 单位地区二氧化硫排放的产出 |
| | | | C46 单位地区氨氮排放的产出 |
| | | | C47 单位化学需氧量排放的产出 |
| | | 低碳消费 B9 | C48 人均二氧化碳排放量 |
| | | | C49 人均二氧化硫排放量 |
| | | | C50 人均化学需氧量排放量 |
| | | | C51 人均氨氮排放量 |
| | | | C52 人均主要生活能源消费量 |
| | | | C53 单位能源消费的碳排放因子 |

续表

| 目标层 | 一级指标 A | 二级指标 B | 三级指标 C |
|---|---|---|---|
| 区域绿色竞争力 | 低碳因子 A4 | 低碳生活 B10 | C54 公共交通客运量（不含出租车） |
| | | | C55 轨道交通客运量比重 |
| | | | C56 每万人拥有公共汽车 |
| | 健康因子 A5 | 人群健康 B11 | C57 人均预期寿命 |
| | | | C58 人口自然增长率 |
| | | | C59 甲乙类法定报告传染病病死率 |
| | | | C60 劳动争议案件受理数 |
| | | 生活质量 B12 | C61 城镇居民人均可支配收入 |
| | | | C62 农村家庭住房面积 |
| | | | C63 人均生活用电量 |
| | | | C64 人均生活用水量 |
| | | | C65 住宅占商品房销售面积的比例 |
| | | | C66 城镇居民家庭恩格尔系数 |
| | | | C67 农村居民人均纯收入 |
| | | | C68 城乡居民收入比 |
| | | | C69 居民消费价格指数 |
| | | 民生保障 B13 | C70 居民储蓄存款 |
| | | | C71 城镇基本医疗保险覆盖率 |
| | | | C72 万人拥有病床数 |
| | | | C73 城镇新增就业人数 |
| | | | C74 就业率 |
| | 持续因子 A6 | 发展后劲 B14 | C75 第一产业劳动生产率 |
| | | | C76 土地产出率 |
| | | | C77 第二产业劳动生产率 |
| | | | C78 第三产业劳动生产率 |
| | | | C79 第三产业增加值比重 |
| | | | C80 进出口总额增长率 |
| | | | C81 固定资产投资增长率 |
| | | | C82 社会消费品零售总额增长率 |
| | | | C83 城镇化率 |
| | | 科教发展 B15 | C84 每万人拥有研究与实验发（R%D）人员数 |
| | | | C85 R&D 活动人员全时当量 |
| | | | C86 R&D 内部经费支出占 GDP 比重 |
| | | | C87 高新技术产业利润总额 |
| | | | C88 每十万人拥有的大专及以上受教育程度人口数 |

续表

| 目标层 | 一级指标 A | 二级指标 B | 三级指标 C |
| --- | --- | --- | --- |
| 区域绿色竞争力 | 持续因子 A6 | 科教发展 B15 | C89 每万人接受中等职业教育在校学生数 |
| | | | C90 公共财政预算教育经费占公共财政支出比例 |
| | | 资源承载 B16 | C91 劳动力数量占总人口比重 |
| | | | C92 人均耕地面积 |
| | | | C93 人均矿产占有量 |
| | | | C94 人均能源占有量 |
| | | | C95 年末实有道路长度 |

## 二、区域绿色竞争力评价模型构建

### （一）几种评价方法的比较与选择

评价方法的选择主要取决于评价目的和被评价事物的特征，不同的选择会产生不同的结论，就同一评价方法，在一些具体问题的处理上也不同。评价方法可以分为四大类：一是专家打分评价法，如德尔菲法；二是运筹学与其他数学方法，如层次分析法、数据包络分析法、模糊综合评判法；三是新型评价方法，如人工神经网络法、投影寻踪法；四是混合方法，如熵值法与模糊综合评价法构成的熵值模糊综合评价法、熵值法与层次分析法、人工神经网络法与层次分析法。为更加直观地看到各评价方法的优缺点，表 3-2 对常用的评价方法做出比较。

**表 3-2　不同评价方法的对比**

| 方法名称 | 方法描述 | 方法优点 | 方法缺点 | 适用性 |
| --- | --- | --- | --- | --- |
| 层次分析法（AHP） | 把问题分解成多层次分析结构模型，引入 1~9 标度法，写成判断矩阵形式，自下而上计算出层次总排序权值 | 简化了系统分析和计算，操作中使用了线性代数方法，数学原理严密 | 主观判断、偏好对决策的影响较大，带有柔和色彩。评价对象的因素不能太多，一般不多于 9 个 | 决策选择、资源分配、能力评价 |
| 数据包络分析法（DEA） | 根据多指标输入、输出对评价单元的相对效率做出评价 | 完全基于指标数据的客观信息进行评价，剔除了人为因素带来的误差 | 只表明评价单元的相对效率指标，无法表示出实际发展水平，结果可能与实际情况相反 | 相对效率评价 |

续表

| 方法名称 | 方法描述 | 方法优点 | 方法缺点 | 适用性 |
|---|---|---|---|---|
| 熵值法 | 对不确定信息的度量，指标的指标值差异性越大，提供的信息量越大，熵越小，指标的权重越大 | 能深刻反映指标间的区分度；是一种客观赋权，相对主观赋权具有较高的可信度和精度 | 不考虑指标间的横向指导；若无经验指导，权重可能失真 | 决策选择、资源分配 |
| 模糊综合评判法 | 将边界不清不易定量的因素定量化，给每个对象赋予一个非负实数，据此排序择优 | 数学模型简单，容易掌握。评判逐对进行，对评价对象有唯一评价值 | 不能解决评价指标间相关造成的评价信息重复问题，隶属函数的确定没有系统的方法 | 质量评级、成果鉴定 |
| 因子分析法 | 对各变量的相关矩阵或协方差之间的内在关系进行研究，找出隐藏在原始变量中的共同因子 | 智能程度较高具有客观合理性、全面性 | 因子负荷符号交替使用使得函数不明确，需要大量样本数据；与其他客观赋权法一样，存在评价结果失真 | 反映评价对象相互依赖关系，用于分类 |
| 人工神经网络法 | 交互式评价方法，可根据用户期望输出不断修改指标权重 | 自适应及容错能力强，能够处理非线性、非局域性的大型复杂系统。对于弱化权重确定中的人为因素有利 | 不能提供解析表达式，权重不能解释一种回归系数，不能用来分析因果关系 | 企业竞争力评价，项目投资风险评价 |

主观赋权往往依靠专家打分和定性分析，专家评价的精确度主要取决于专家阅历的丰富程度及知识的深度和广度，尽管在评价过程中将决策的思维过程数学化，进行一致性检验，但本质上仍强调人的判断对决策的影响。客观赋权法一般采用数理统计的方法和技术，由于过于依赖对数据的分析，结果可能与真实的情况相反，单一评价方法难免具有局限性。因此，通过对各种评价方法的比较，本书最终选择了层次分析法和熵值法综合赋权值。本书是在课题“区域绿色竞争力的影响因子探索与系统分析模型构建研究：以中部地区为例”（编号：71161014）研究的基础上进行的，与前期课题组的相关研究应该具有衔接性、连贯性。我们决定选择层次分析法和熵值法综合赋权，既将专家渊博的知识和丰富的经验转化为对决策有用的信息，又充分考虑到样本的数据特征，具有较高的可信度与精度。熵值法的权重在面板数据中随着时间的变化而变化，层次分析法和熵值法综合赋权的权重也会有一定的波动，符合动态变化的需要。

## （二）基于层次分析法分析

层次分析法（Analysis Hierarchy Process，AHP）是美国运筹学家萨蒂等在 20 世纪 70 年代提出的将定性与定量分析相结合的多指标综合评价方法。它将决策的影响因素分解为目标层、准则层、方案层等，并按照因素间的隶属关系进行层次间聚类组合，形成一个多指标评价体系。操作过程如下：

1. 造层次分析结构

根据评价目的，将拟解决问题的目标层次化、条理化，构建出一个多指标综合评价模型，同一层元素之间相互独立，对下一层元素起着支配作用，同时又受上一层元素的支配。最高层为目标层，最低层为方案层，中间为准则层、子准则层，层次数与拟解决问题的复杂程度相关。为避免同一层中包含的因素过多而给两两判断带来困难，规定同一层中的元素不多于 9 个。

2. 建比较判断矩阵

构造层次分析后，对同一层元素之间的相对重要性做判断，引入标度用数值表示，构成判断矩阵，如表 3-3 所示。赋值的来源一般由熟悉问题的专家、学者独立给出，通过对相同层次因素的两两对比，转化为对决策有用的信息。

**表 3-3 判断矩阵标度**

| 序号 | 重要性等级 | $C_{ij}$ 赋值 |
|---|---|---|
| 1 | i 与 j 元素同等重要 | 1 |
| 2 | i 比 j 元素稍重要 | 3 |
| 3 | i 比 j 元素明显重要 | 5 |
| 4 | i 比 j 元素强烈重要 | 7 |
| 5 | i 比 j 元素极端重要 | 9 |
| 6 | i 比 j 元素稍不重要 | 1/3 |
| 7 | i 比 j 元素明显不重要 | 1/5 |
| 8 | i 比 j 元素强烈不重要 | 1/7 |
| 9 | i 比 j 元素极端不重要 | 1/9 |

注：赋值 {2，4，6，8} 表示重要等级介于二者之间。

假定上一层元素 BK 作为准则层，对下一层元素 $C_1$，$C_2$，…，$C_n$ 有支配关系，通过对 n 个因素重要性的两两比较，构造判断矩阵 $C=(C_{ij})_{n\times n}$，其中 $C_{ij}$ 表示因素 i 和因素 j 相对于目标的重要程度，形式如表 3-4 所示。

**表 3-4 判断矩阵**

| $B_k$ | $C_1$ | $C_2$ | … | $C_n$ |
|---|---|---|---|---|
| $C_1$ | $C_{11}$ | $C_{12}$ | … | $C_{1n}$ |
| $C_2$ | $C_{21}$ | $C_{22}$ | … | $C_{2n}$ |
| ⋮ | ⋮ | ⋮ | ⋮ | ⋮ |
| $C_n$ | $C_{n1}$ | $C_{n2}$ | … | $C_{nn}$ |

矩阵 C 性质如下：

①$C_{ij}>0$；

②$C_{ii}=1$；

③$C_{ij}=1/C_{ji}$。

若对于任意 i、j、k 均有 $C_{ij}C_{jk}=C_{ik}$，称其为一致性矩阵。一致性指专家在对各指标重要程度进行判断时，各判断之间协调一致，不至于出现相互矛盾的结果。一致性有助于评价者检查思维上的一致性。

3. 次单排序并做一致性检验

（1）计算同一层每行元素的乘积。

$$M_i=\prod_{j=1}^{n}a_{ij},\ i=1,\ 2,\ \cdots,\ n$$

（2）计算 $M_i$ 的 n 次方根并正规化。

$$\overline{W}_i=\sqrt[n]{M_i}$$

对向量 $\overline{W}=[\overline{W}_1,\ \overline{W}_2,\ \cdots,\ \overline{W}_n]^T$ 正规化。

$$W_i=\frac{\overline{W}_i}{\sum_{j=1}^{n}W_j}$$

则 $W_i$ 为同层元素间的相对权重。$W=[W_1,\ W_2,\ \cdots,\ W_n]^T$ 为所求特征向量。

（3）计算判断矩阵的最大特征根。

$$\lambda_{max}=\sum_{i=1}^{n}\frac{(AW)_i}{nW_i}$$

其中，$(AW)_i$ 是向量 AW 的第 i 个元素。

（4）一致性检验。

当矩阵具有完全一致性时，对于 $Ax=\lambda x$，

$$\sum_{i=1}^{n}\lambda_i=n$$

当矩阵 A 具有完全一致性时，$\lambda_1=\lambda_{max}=n$，当矩阵不具有完全一致性时，$\lambda_1=\lambda_{max}>n$。引入判断矩阵最大特征根以外的负平均值，作为对判断矩阵一致性的检验：

$$CI=\frac{\lambda_{max}-n}{n-1}$$

当矩阵具有完全一致性时，CI=0。

判断矩阵一致性的指标 CI 与同阶平均一致性指标 RI 之比为随机一致性比率，记为 CR，当 $CR=CI/RI<0.1$ 时，认为矩阵具有满意的一致性，否则需要对矩阵进行调整，直到具有满意的一致性 CR 的值（见表 3-5）。

**表 3-5　同阶平均一致性指标的值**

| 1 | 2 | 3 | 4 | 5 | 6 | 7 | 8 | 9 |
|---|---|---|---|---|---|---|---|---|
| 0.00 | 0.00 | 0.58 | 0.90 | 1.12 | 1.24 | 1.32 | 1.41 | 1.45 |

4. 次总排序并做一致性检验

对每一层做层次单排序后，依次按层次结构由目标层到决策层，自上而下计算出低层因素对于高层因素相对重要性的排序值。对层次总排序的一致性检验也是从高层到低层，有最新研究表明，在实际操作中，层次总排序的一致性可以省略。将层次分析法的指标权值记为 $w_j$。

## （三）基于熵值法分析

熵（Entropie）最初由德国物理学家鲁道夫·克劳修斯在 1854 年提出，用符号 S 表示，用于度量热力学系统的无序程度。1948 年，香农提出信息熵，它是对不确定信息的一种度量，信息量越大，不确定性越小，熵越小，权重越大；反之则越相反。熵也可以用来判断指标的离散程度，指标的离散度越大，熵越小，权重越大，即差异越大，该指标对综合评价的影响越大，权重越大。即“大赋大值，小赋小值”。因此，可以根据指标差异性的大小计算出各指标的权重，为多指标综合评价提供参考。

假设有 m 个评价对象，n 个评价指标，构造原始数据矩阵 $X=(x_{ij})_{m\times n}$，其中 $x_{ij}$ 表示第 i 个样本的第 j 个指标，操作步骤如下：

1. $x_{ij}$ 进行标准化处理

对原始数据进行标准化处理是为了消除指标间的量纲，使不同指标之间具有可比性，常见的有极差变化法（临界值法）、Z-Score 法、线性比例变化法等。本书采用极差变化法对原始数据进行标准化处理，将所有原始数据归为［0，1］。评价指标按其属性可分为成本型（其值越小越好）、效益型（其值越大越好）和适度型（最优值为某一适度值 mid）三种类型。操作过程如下：

成本型标准化函数 $y_{ij}=(max_j-x_{ij})/(max_j-min_j)$；

效益型标准化函数 $y_{ij}=(x_{ij}-min_j)/(max_j-min_j)$；

适度型标准化函数（适度值 mid）$y_{ij}=mid_j/(|x_{ij}-mid_j|+mid_j)$。

其中，$y_{ij}$ 为 $x_{ij}$ 的标准化，标准化后的矩阵 $Y=(y_{ij})_{m\times n}$，i=1，2，…，m；j=i=1，2，…，n。

2. 计算第 j 项指标的熵值 e 及信息效用 d

$$e=-k\sum_{i=1}^{m}y_{ij}\ln y_{ij}，i-1，2，\cdots，m；j=1，2，\cdots，n，0\leqslant e\leqslant 1$$

其中，$k=(\ln m)^{-1}$

信息熵 e 可以用来衡量 j 项指标的信息效用的大小 $d_j=1-e_j$。

3. 确定第 j 项指标的权重

$$w_j=\frac{d_j}{\sum_{i=1}^{m}d_j}，j=1，2，\cdots，n$$

满足 $0\leqslant w_j\leqslant 1$。指标权重越大，意味着信息效用越大，熵越小，且熵具有可加性原则。

4. 层次分析法与熵值法综合赋权

$$w_j^* = \frac{w_j \times W_j}{\sum_{j=1}^{n} w_j \times W_j}，j=1，2，\cdots，95$$

其中，$w_j^*$ 为综合权值，$W_j$ 为层次分析法权值，$w_j$ 为熵值法权值。

主观评价方法与客观评价方法综合度量评价值，将专家丰富的知识经验与原始数据固有的特征综合考虑，相比单一的评价方法更具有科学性。

## 三、区域绿色竞争力综合权重结果

### （一）层次分析法权重结果

张坤（2013）采用德尔菲法，依据“就近”原则，通过对专家、学者发放问卷，汇总反馈信息，并用 SPSS 软件分析得出区域绿色竞争力各级指标权重系数（见表 3-6）。

表 3-6　区域绿色竞争力权重结果

| 指标 | 权重 | 指标 | 权重 | 指标 | 权重 | 指标 | 权重 | 指标 | 权重 |
|---|---|---|---|---|---|---|---|---|---|
| C1 | 0.0093 | C16 | 0.0045 | C31 | 0.0270 | C46 | 0.0109 | C61 | 0.0066 |
| C2 | 0.0101 | C17 | 0.0043 | C32 | 0.0172 | C47 | 0.0104 | C62 | 0.0063 |
| C3 | 0.0098 | C18 | 0.0041 | C33 | 0.0130 | C48 | 0.0059 | C63 | 0.0040 |
| C4 | 0.0074 | C19 | 0.0033 | C34 | 0.0234 | C49 | 0.0050 | C64 | 0.0038 |
| C5 | 0.0067 | C20 | 0.0032 | C35 | 0.0211 | C50 | 0.0048 | C65 | 0.0051 |
| C6 | 0.0107 | C21 | 0.0049 | C36 | 0.0133 | C51 | 0.0045 | C66 | 0.0058 |
| C7 | 0.0084 | C22 | 0.0109 | C37 | 0.0091 | C52 | 0.0083 | C67 | 0.0055 |
| C8 | 0.0053 | C23 | 0.0112 | C38 | 0.0090 | C53 | 0.0080 | C68 | 0.0055 |
| C9 | 0.0048 | C24 | 0.0100 | C39 | 0.0068 | C54 | 0.0066 | C69 | 0.0061 |
| C10 | 0.0038 | C25 | 0.0133 | C40 | 0.0075 | C55 | 0.0081 | C70 | 0.0085 |
| C11 | 0.0050 | C26 | 0.0163 | C41 | 0.0096 | C56 | 0.0096 | C71 | 0.0170 |
| C12 | 0.0050 | C27 | 0.0137 | C42 | 0.0124 | C57 | 0.0102 | C72 | 0.0073 |
| C13 | 0.0049 | C28 | 0.0137 | C43 | 0.0149 | C58 | 0.0067 | C73 | 0.0099 |
| C14 | 0.0047 | C29 | 0.0207 | C44 | 0.0092 | C59 | 0.0069 | C74 | 0.0115 |
| C15 | 0.0054 | C30 | 0.0245 | C45 | 0.0084 | C60 | 0.0094 | C75 | 0.0166 |

续表

| 指标 | 权重 | 指标 | 权重 | 指标 | 权重 | 指标 | 权重 | 指标 | 权重 |
|---|---|---|---|---|---|---|---|---|---|
| C76 | 0.0149 | C80 | 0.0126 | C84 | 0.0085 | C88 | 0.0141 | C92 | 0.0155 |
| C77 | 0.0135 | C81 | 0.0231 | C85 | 0.0092 | C89 | 0.0129 | C93 | 0.0143 |
| C78 | 0.0152 | C82 | 0.0212 | C86 | 0.0123 | C90 | 0.0137 | C94 | 0.0200 |
| C79 | 0.0151 | C83 | 0.0201 | C87 | 0.0092 | C91 | 0.0196 | C95 | 0.0182 |

### （二）熵值法权重结果

熵值法主要是用来判断不同样本同一指标值之间的差异性，差异越大，离散度越高，则权重越大；反之则相反。本书采用的是面板数据，数据每年都会有变化，熵也在逐年变动，因此权重值也不同。2011~2015年熵值法确定的权重值见附录。

### （三）层次分析法与熵值法综合权重结果

绿色竞争力最终权值的确定结合了主、客观评价法，鉴于熵值法确定的权重在逐年变化，综合赋权的结果也会随着时间的推移处于一个动态的变化过程。2011~2015年95个指标的权重见附录。

## 第二章

# 长江经济带绿色竞争力实证分析

## 一、样本选择与数据处理

### （一）样本选择

长江经济带是我国第一个以“生态文明，绿色发展”为首要原则的区域经济发展战略的经济带，将长江经济带作为研究样本，符合新时期我国对绿色经济发展的要求。长江经济带 11 省市从地域上可以划分为三大板块，分别是上游地区、中游地区、下游地区，其中，上游地区包括云南省、贵州省、四川省、重庆市，中游地区包括湖北省、湖南省、江西省、安徽省，下游地区包括浙江省、江苏省、上海市。本书采用整体与部分相结合的形式，在分析整个长江经济带时空分异特征的同时，将长江经济带分为三大板块分别进行研究。需要注意的是，长江经济带是一个区域概念，并不是一个流域概念，不是靠近长江就属于长江经济带。

本书研究的时间跨度是 2011 ~ 2015 年，主要考虑到两点，一是数据的易得性，由于部分指标的数据仍停留在几年前，数据更新具有滞后性；二是 2011 ~ 2015 年作为“十二五”规划的五年，具有一个完整的时间跨度，更能体现长江经济带各省份区域绿色竞争力动态的变化过程。2014 年，在国务院发布的《关于依托黄金水道推动长江经济带发展的指导意见》中首次明确了安徽省作为长江三角洲城市群的一部分，参与到长江三角洲一体化发展中，但是鉴于本书研究的时间跨度是 2011 ~ 2015 年，为了保持空间比较的一致性，在对长江经济带区域绿色竞争力进行三大区域分析时，将安徽省归为中游地区。

长江经济带绿色竞争力 95 个评价指标的原始数据主要来源于国家统计局、中国经济与社会发展统计数据库中《中国能源统计年鉴》、《中国气象年鉴》、《中国教育统计年鉴》等。对于指标中缺失的数据，首先查找权威发布的数据，若无，则用年均增长率进行推算。

### （二）数据处理

多指标综合评价的一个显著特点是各指标间的不可公度性，若直接使用指标的原始值，则不便于指标间的分析和比较，满足评价目标的要求。因此在评价前要对各指标变量进行标准化处理，即归一化到某一无量纲区间。本书采用极差变化法①对原始数据进行标准化处理，将所有原始数据归为［0，1］。本书共有 95 个指标，其中成本型指标有 20 个，效益型指标有 75 个，分别对长江经济带 2011~2015 年的 11 个省市的 95 个指标的面板数据进行标准化处理，见附录②。

## 二、长江经济带绿色竞争力测算

区域绿色竞争力指数通过 95 个指标与其权重的加权求和所得。为便于统一比较，指标通过极差变化法进行了标准化处理。权重是结合层次分析法与熵值法综合赋权，具有科学性。测算方式如下：

$P=w_j^* \times C_j \quad j=1, 2, \cdots, 95$

式中，$w_j^*$ 是层次分析法与熵值法综合赋权的权重系数，$w_j^*$ 介于［0，1］，且每一年 95 个指标的权重系数之和为 1；$C_j$ 是经标准化处理后的原始数据，其值介于［0，1］。测算结果如表 3-7 所示。

**表 3-7　2011~2015 年长江经济带绿色竞争力测算值**

| 地区＼年份 | 2011 | 2012 | 2013 | 2014 | 2015 |
|---|---|---|---|---|---|
| 云南 | 0.063 | 0.056 | 0.056 | 0.055 | 0.051 |
| 四川 | 0.093 | 0.097 | 0.102 | 0.099 | 0.089 |
| 重庆 | 0.076 | 0.071 | 0.098 | 0.104 | 0.095 |
| 贵州 | 0.051 | 0.042 | 0.046 | 0.048 | 0.044 |
| 湖北 | 0.071 | 0.073 | 0.078 | 0.077 | 0.074 |
| 湖南 | 0.060 | 0.064 | 0.063 | 0.066 | 0.077 |

① 极差变化法的具体操作步骤见前文对熵值法的介绍。

② 附录仅给出标准化数据，如需原始数据可向笔者索要。

续表

| 地区＼年份 | 2011 | 2012 | 2013 | 2014 | 2015 |
|---|---|---|---|---|---|
| 江西 | 0. 063 | 0. 058 | 0. 056 | 0. 059 | 0. 057 |
| 安徽 | 0. 053 | 0. 061 | 0. 066 | 0. 070 | 0. 063 |
| 浙江 | 0. 113 | 0. 125 | 0. 110 | 0. 114 | 0. 146 |
| 江苏 | 0. 178 | 0. 177 | 0. 172 | 0. 161 | 0. 161 |
| 上海 | 0. 178 | 0. 176 | 0. 153 | 0. 149 | 0. 142 |

对表 3-7 进行简单说明：本书对样本数据采用极差变化法进行标准化处理，将所有原始数据归为［0，1］，通过赋权的方式测算区域绿色竞争力指数。其中，每一年长江经济带 11 省市绿色竞争力和都为 1，则长江经济带各省份绿色竞争力的均值为 0. 0833，测算值高于 0. 0833 表示该省份绿色竞争力高于长江经济带 11 省市平均水平，每一年各省份测算值的差异即为绿色竞争力的差异。2011 ~ 2015 年长江经济带 11 省市绿色竞争力测算的值，也可以看成各省份对整个长江经济带绿色竞争力的贡献率，测算值越接近 1，绿色竞争力越大；反之则越小。长江经济带各省份排名如表 3-8 所示。

**表 3-8　2011 ~ 2015 年长江经济带区域绿色竞争力排名**

| 地区＼年份 | 2011 | 2012 | 2013 | 2014 | 2015 |
|---|---|---|---|---|---|
| 云南 | 7 | 10 | 9 | 10 | 10 |
| 四川 | 4 | 4 | 4 | 5 | 5 |
| 重庆 | 5 | 6 | 5 | 4 | 4 |
| 贵州 | 11 | 11 | 11 | 11 | 11 |
| 湖北 | 6 | 5 | 6 | 6 | 7 |
| 湖南 | 9 | 7 | 8 | 8 | 6 |
| 江西 | 8 | 9 | 10 | 9 | 9 |
| 安徽 | 10 | 8 | 7 | 7 | 8 |
| 浙江 | 3 | 3 | 3 | 3 | 2 |
| 江苏 | 1 | 1 | 1 | 1 | 1 |
| 上海 | 2 | 2 | 2 | 2 | 3 |

## 三、长江经济带绿色竞争力的时空分异特征

### （一）基于动态性分析

1. 长江经济带绿色竞争力整体动态变化趋势

绿色竞争力是一个综合概念，对它进行测算称为绿色竞争力指数，绿色竞争力指数越高说明绿色竞争力越大；反之则越低。从三大区域算术平均值来看（见图 3-1），2011~2015 年三大区域绿色竞争力指数排名稳定，由高到低分别是长江经济带下游、上游、中游地区。其中，上游地区与中游地区的绿色竞争力指数年平均值相差不大，相差最大的是 2013 年，差值为 0.0097，占中游地区当年绿色竞争力指数的 14.75%，差值最小的是 2015 年，占中游地区当年绿色竞争力指数的 3.19%，说明 2013~2015 年两大区域差值逐渐减小，并呈现出一体化趋势。

值得注意的是，尽管长江经济带上游地区和中游地区绿色竞争力指数年平均值相差不大，但是其与下游地区差值明显，差值最大的是 2012 年，差值为 0.0929，是上游地区当年绿色竞争力指数的 1.4 倍，差值最小的是 2014 年，差值为 0.0647，占上游地区当年绿色竞争力指数的 84.68%。可见，2012~2014 年下游与上游地区绿色竞争力的算术平均值差额是逐渐缩小的，2015 年略有上升。总体而言，2011~2015 年长江经济带绿色竞争力的算术平均值三大区域排名稳定，其中上游、中游地区差值不大，从长期变化趋势来看具有趋同性，与下游地区相比仍具有较大差距，差距呈现出不规则的 N 形。

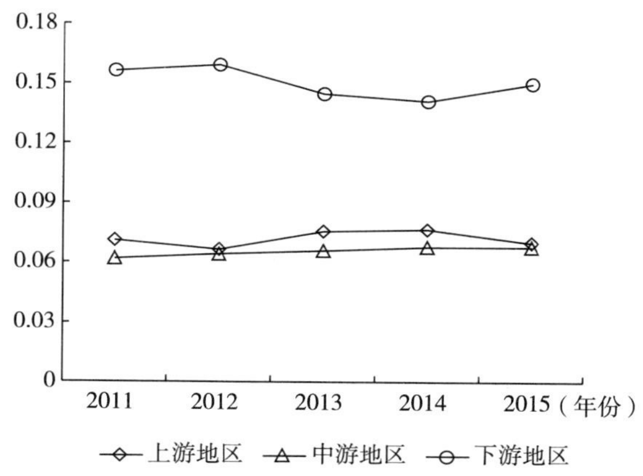


**图 3-1　长江经济带三大区域绿色竞争力的动态变化**

2. 长江经济带绿色竞争力上游地区动态变化趋势

长江经济带上游地区绿色竞争力的年算术平均数在长江经济带三大区域中排第二，略高于中游地区，低于下游地区（见图 3-2）。2011~2015 年，其整体变化趋势呈现倒 N 形，即先下降后上升再下降的无规则变化趋势。上游地区绿色竞争力指数与 2011 年相比，2015 年略有下降，最高点为 2014 年，最低点为 2012 年，最高点与最低点的差额为 1.3989，占最低点绿色竞争力年算术平均数的 15.06%。2015 年与 2011 年的绿色竞争力算术平均数相比略有下降，其差值为 0.0158，占 2011 年绿色竞争力指数的 1.58%。总体而言，尽管上游地区的绿色竞争力指数变化趋势为倒 N 形，但是从高低点的差值来看波动不大，且 2015 年与 2011 年的绿色竞争力相比略有下降，但幅度不大，仅为 1.58%。

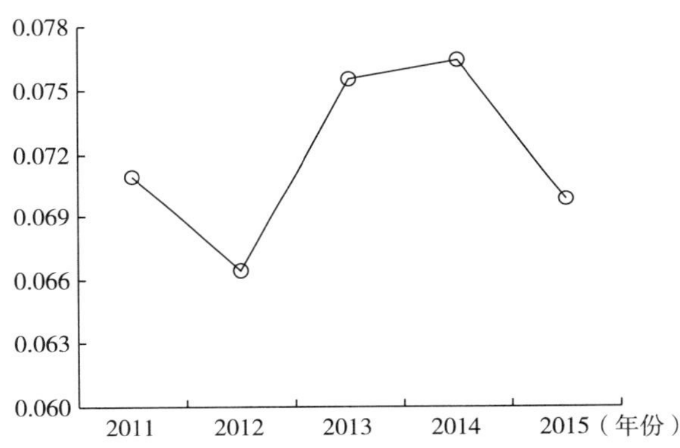


**图 3-2 长江经济带上游地区绿色竞争力的动态变化**

3. 长江经济带绿色竞争力中游地区动态变化趋势

长江经济带中游地区绿色竞争力的年算术平均数在长江经济带三大区域中排名最后，略低于上游地区，总体与上游地区趋向一致（见图 3-3）。2011~2015 年，中游地区在上升中保持稳定，2011~2014 年呈直线上升，2014 年与 2011 年相比增加了 0.006，占 2011 年绿色竞争力指数的 9.66%，较上游地区变化较小，波动不大。2014~2015 年中游地区绿色竞争力指数基本保持稳定，其下降的差额占 2014 年中游地区绿色竞争力的 0.04%，可以忽略不计。总体而言，中部地区绿色竞争力指数在上升中保持稳定，与上游地区相比，时间的动态变化波动小。

4. 长江经济带绿色竞争力下游地区动态变化趋势

长江经济带下游地区绿色竞争力的年算术平均数在长江经济带三大区域中排名第一，且与上游、中游区域的差值较大（见图 3-4）。2011~2015 年，整体变化趋势呈现 N 形，即先上升后下降再上升的无规则变化趋势。上游地区绿色竞争力指数与 2011 年相比，2015 年略有下降，最高点为 2012 年，最低点为 2014 年，值得注意的是，这与上游地区的高低点出现的时间点正好相反，最高点与最低点的差额为

0.0182，占最低点绿色竞争力年算术平均数的12.9%。2015年与2011年的绿色竞争力算术平均数相比略有下降，与上游地区相同，其差值为0.0064，占2011年绿色竞争力指数的4.1%。总体而言，下游地区的绿色竞争力指数变化趋势呈N形，从高低点的差值来看波动不大，较长江经济带上游地区低，较中游地区高，2015年与2011年的绿色竞争力相比略有下降，与上游一致，且幅度不大，仅为1.58%。

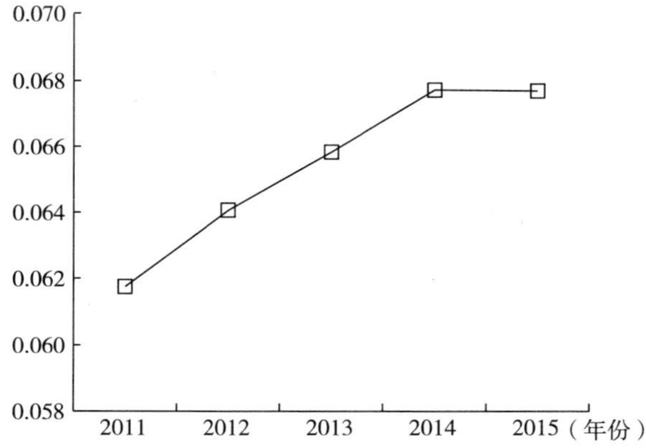


**图3-3 长江经济带中游地区绿色竞争力的动态变化**

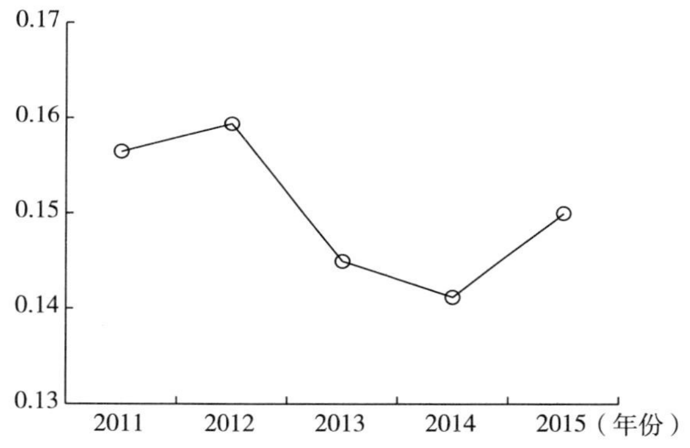


**图3-4 长江经济带下游地区绿色竞争力的动态变化**

## （二）基于收敛性分析

1. 长江经济带绿色竞争力整体收敛变化趋势

绿色竞争力收敛性分析就是通过计算长江经济带各省份绿色竞争力的方差，以从直观上展现各省份绿色竞争力的离散程度。方差越大，离散程度越高，各地区间的差异就越大，区域间协同合作的难度就越大；反之则越小。

从长江经济带11省市绿色竞争力整体的收敛性来看（见图3-5），其总体变化呈N形，即先略升高后降低再略升高的无规则变化趋势。2015年的绿色竞争力的方差与2011年相比下降，差额占2011年的23.08%，整体呈收敛之势。其中，高值出现在2012年，低值出现在2014年，高值与低值的差额占2012年的36.84%，下降幅度明显，值得注意的是，高值与低值出现的年份与下游地区绿色竞争力指数出现的年份一致，与上游地区高低值出现的年份相反，高低、低高的分布特征说明2011~2014年长江经济带11省市的绿色竞争力的收敛之势进一步加强，差异逐渐减少，为区域间协同可持续发展创造了良好条件。尽管与2014年相比，2015年各省份间的方差有所上升，差异提高，但是其差额占2014年方差的比为16.78%，与高低值36.84%的差额相比，上升幅度较小。总体而言，尽管方差在2014~2015年有所上升，但是从整体上看，长江经济带11省市的绿色竞争力呈收敛之势，为区域一体化发展提供了可能。

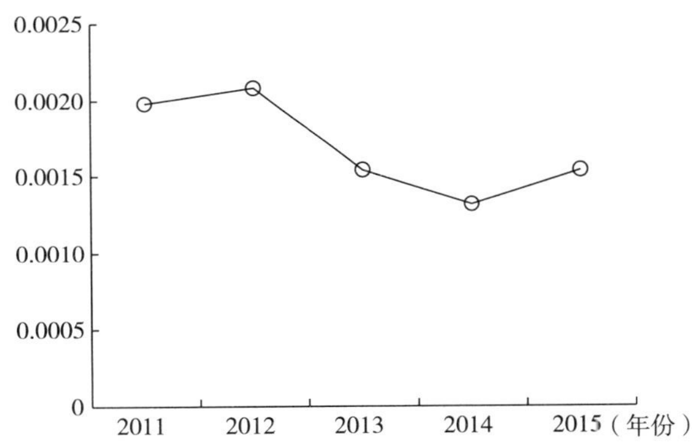


**图3-5 长江经济带11省市绿色竞争力的收敛性**

从长江经济带上游、中游、下游三大区域绿色竞争力指数的收敛性来看（见图3-6），上游地区与下游地区收敛性变化趋势大且相反，下游地区变化幅度较上游地区变化幅度更大。上游地区内部贵州省、云南省、四川省、重庆市绿色竞争力的差异逐年增大，总体呈发散之势，不利于以地理位置划分的区域间一体化发展。下游地区江苏省、上海市、浙江省绿色竞争力的差异逐年减少，总体呈收敛之势，且收敛之势强劲，推动了长三角地区区域一体化发展。长江经济带中游地区与上游和下游地区相比，方差波动最小且在5年间较为稳定，在2015年与下游地区方差重合，中游湖北省、湖南省、安徽省、江西省的绿色竞争力高值与低值间的差异小，总体变动不大，其实现经济绿色可持续发展的基础条件好。

2. 长江经济带绿色竞争力上游地区收敛变化趋势

从长江经济带上游地区绿色竞争力的收敛性来看，其变化呈倒U形（见图3-7），即先上升后下降，与长江经济带整体相反，其上升趋势显著，略有降落。与2011年绿色竞争力的方差相比，2015 年方差上升，其差值是 2011 年的 1.18 倍。其中，高值出现在 2014 年，低值出现在 2011 年，2011~2013 年方差直线上升，高值与低值的差额是 2011 年的 1.68 倍，与总体的 36.84%相比，差额明显，说明 2011~2014 年长江经济带上游地区绿色竞争力的差异明显扩大，发散之势进一步加强。2014~2015 年，上游地区绿色竞争力下降，其差值占 2014 年方差的 18.75%，其差值与总体竞争力指数在 2014~2015 波动幅度 16.78%相比，波动幅度更大。总体而言，尽管在 2014~2015 年长江经济带上游地区 4 省市的绿色竞争力的方差下降，但是其整体差异在扩大，呈分散之势，不利于地理区域内部的整体性、协调性、可持续性的发展。

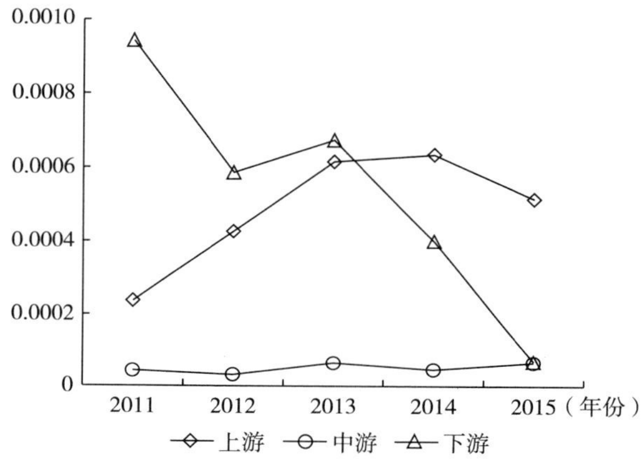


图 3-6　长江经济带三大区域绿色竞争力的收敛性

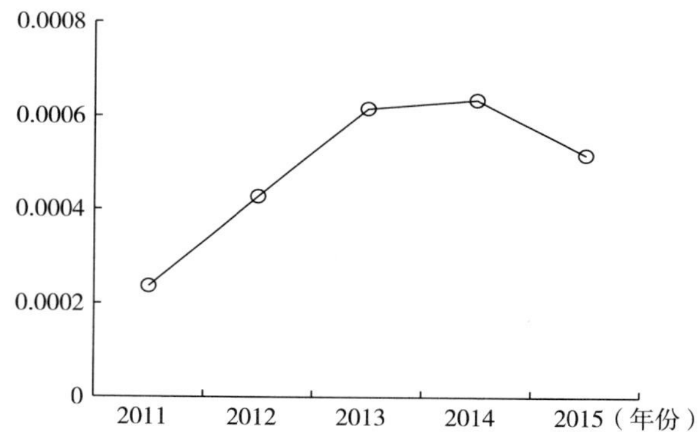


图 3-7　长江经济带上游地区绿色竞争力的收敛性

3. 长江经济带绿色竞争力中游地区收敛变化趋势

从长江经济带中游地区绿色竞争力的收敛性来看，其总体呈 W 形的无规则变化

（见图 3-8），且变化趋势小。2015 年绿色竞争力的方差较 2011 年相比有所上升，差额占 2011 年的 52.61%。其中，高值出现在 2013 年，低值出现在 2012 年，高值与低值的差额是 2012 年的 1.06 倍，其高低值的差额波动幅度介于整体与上游地区之间，较整体的 36.84%相比波动大，较上游地区的 1.68 倍相比波动小。2013～2014 年中游地区绿色竞争力方差下降，差额占 2013 年的 29.3%，2014～2015 年方差上升，差值占 2014 年的 42.68%，波动有所上升。总体而言，尽管长江经济带中游地区绿色竞争力收敛性的波动呈现出不规则的变化，但是从整体上看稳定中略有上升，呈分散之势，但不明显。

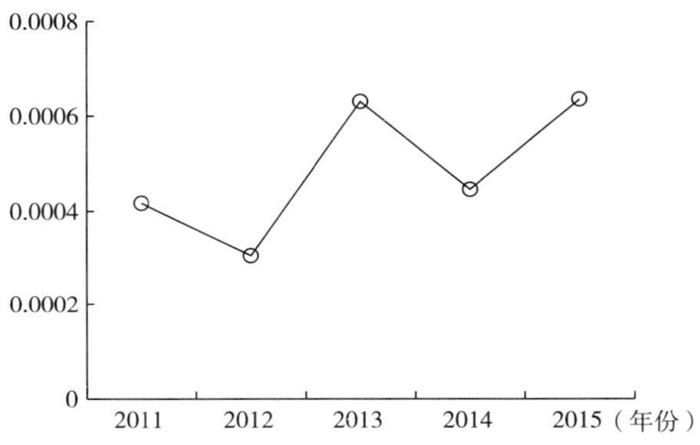


图 3-8 长江经济带中游地区绿色竞争力的收敛性

4. 长江经济带绿色竞争力下游地区收敛变化趋势

从长江经济带下游地区绿色竞争力的收敛性来看，尽管中间略有波动，但整体呈收敛之势，且收敛的幅度大（见图 3-9）。2015 年与 2011 年绿色竞争力的方差相比下降之势明显，差额占高年 2011 年的 92.94%。其中，最高值出现在 2011 年，最低值出现在 2015 年，与整体变化相一致，与长江经济带整体、上游地区、中游地区

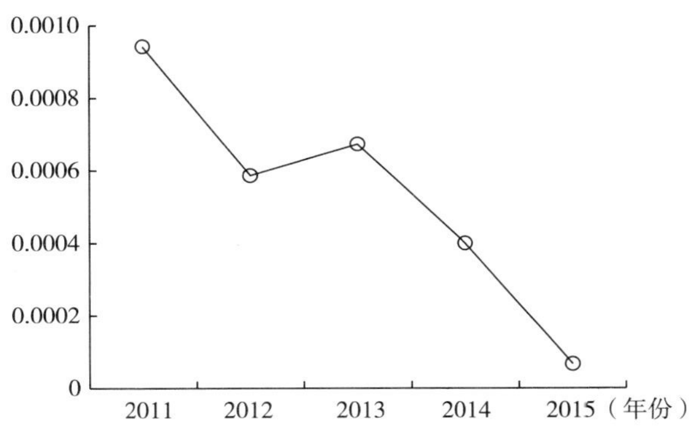


图 3-9 长江经济带下游地区绿色竞争力的收敛性

相比，下游收敛之势最为明显。2011~2012 年是第一个下降高峰，差额占 2012 年的 37.77%，2013~2015 年是第二个下降高峰，差值占高年 2013 年的 90.12%，2012~2013 年略有波动上升，差额占 2012 年的 14.82%。总体而言，尽管长江经济带下游地区绿色竞争力收敛性略有波动，但是从整体上看下游地区是长江经济带三大区域中收敛之势最强的地区，与上游地区的明显分散之势形成鲜明对比，长江经济带下游地区江苏省、上海市、浙江省绿色竞争力差异小，区域间协同发展之势强劲，为三地区区域一体化发展创造了条件。

## （三）基于空间相关性分析

1. 莫兰指数

对于空间现象、事物一般有两个属性：一是空间属性，即它们的空间位置和几何形态；二是特征属性，即描述特征的定性和定量指标，这两大属性构成了空间数据。空间数据可以研究在不同的局域地带其属性空间相关性的变化，莫兰指数（Moran's Ⅰ）就是用来度量空间相关性的重要指标。莫兰指数分为全局莫兰指数（Glabal Moran's Ⅰ）和局部莫兰指数（Local Moran's Ⅰ），全局莫兰指数用来观察和检验整个测量空间是否出现了相关性集聚，局部莫兰指数用来观察空间内各主体的集聚分布。经过方差归一化后，莫兰指数分布在［-1，1］，当 Moran's Ⅰ>0 表示空间正相关性，值越接近 1，空间同质性越高；当 Moran's Ⅰ<0 表示空间负相关性，值越小，空间异质性越大。

2. 数据处理

空间权重矩阵表达了空间相邻区域的关系，是一个二维矩阵，根据相邻标准，W 中的元素 $W_{ij}$ 为：

$$W_{ij}=\begin{cases}1 & \text{当区域 } i \text{ 与区域 } j \text{ 相邻}\\0 & \text{当区域 } i \text{ 与区域 } j \text{ 不相邻}\end{cases}$$

长江经济带相邻空间权重矩阵如表 3-9 所示。

**表 3-9 长江经济带相邻空间权重矩阵**

| 地区 | 云南 | 四川 | 重庆 | 贵州 | 湖北 | 湖南 | 江西 | 安徽 | 浙江 | 江苏 | 上海 |
|---|---|---|---|---|---|---|---|---|---|---|---|
| 云南 | 0 | 1 | 0 | 1 | 0 | 0 | 0 | 0 | 0 | 0 | 0 |
| 四川 | 1 | 0 | 1 | 1 | 0 | 0 | 0 | 0 | 0 | 0 | 0 |
| 重庆 | 0 | 1 | 0 | 1 | 1 | 1 | 0 | 0 | 0 | 0 | 0 |
| 贵州 | 1 | 1 | 1 | 0 | 0 | 1 | 0 | 0 | 0 | 0 | 0 |
| 湖北 | 0 | 0 | 1 | 0 | 0 | 1 | 1 | 1 | 0 | 0 | 0 |
| 湖南 | 0 | 0 | 1 | 1 | 1 | 0 | 1 | 0 | 0 | 0 | 0 |
| 江西 | 0 | 0 | 0 | 0 | 1 | 1 | 0 | 1 | 1 | 0 | 0 |
| 安徽 | 0 | 0 | 0 | 0 | 1 | 0 | 1 | 0 | 1 | 1 | 0 |

续表

| 地区 | 云南 | 四川 | 重庆 | 贵州 | 湖北 | 湖南 | 江西 | 安徽 | 浙江 | 江苏 | 上海 |
|---|---|---|---|---|---|---|---|---|---|---|---|
| 浙江 | 0 | 0 | 0 | 0 | 0 | 0 | 1 | 1 | 0 | 1 | 1 |
| 江苏 | 0 | 0 | 0 | 0 | 0 | 0 | 0 | 1 | 1 | 0 | 1 |
| 上海 | 0 | 0 | 0 | 0 | 0 | 0 | 0 | 0 | 1 | 1 | 0 |

长江经济带相邻空间权重矩阵标准化如表 3-10 所示。

**表 3-10　长江经济带相邻空间权重矩阵标准化**

| 地区 | 云南 | 四川 | 重庆 | 贵州 | 湖北 | 湖南 | 江西 | 安徽 | 浙江 | 江苏 | 上海 |
|---|---|---|---|---|---|---|---|---|---|---|---|
| 云南 | 0 | 0. 5 | 0 | 0. 5 | 0 | 0 | 0 | 0 | 0 | 0 | 0 |
| 四川 | 0. 33 | 0 | 0. 33 | 0. 33 | 0 | 0 | 0 | 0 | 0 | 0 | 0 |
| 重庆 | 0 | 0. 25 | 0 | 0. 25 | 0. 25 | 0. 25 | 0 | 0 | 0 | 0 | 0 |
| 贵州 | 0. 25 | 0. 25 | 0. 25 | 0 | 0 | 0. 25 | 0 | 0 | 0 | 0 | 0 |
| 湖北 | 0 | 0 | 0. 25 | 0 | 0 | 0. 25 | 0. 25 | 0. 25 | 0 | 0 | 0 |
| 湖南 | 0 | 0 | 0. 25 | 0. 25 | 0. 25 | 0 | 0. 25 | 0 | 0 | 0 | 0 |
| 江西 | 0 | 0 | 0 | 0 | 0. 25 | 0. 25 | 0 | 0. 25 | 0. 25 | 0 | 0 |
| 安徽 | 0 | 0 | 0 | 0 | 0. 25 | 0 | 0. 25 | 0 | 0. 25 | 0. 25 | 0 |
| 浙江 | 0 | 0 | 0 | 0 | 0 | 0 | 0. 25 | 0. 25 | 0 | 0. 25 | 0. 25 |
| 江苏 | 0 | 0 | 0 | 0 | 0 | 0 | 0 | 0. 33 | 0. 33 | 0 | 0. 33 |
| 上海 | 0 | 0 | 0 | 0 | 0 | 0 | 0 | 0 | 0. 5 | 0. 5 | 0 |

3. 全局莫兰指数

将处理过的长江经济带 11 省市的空间权重矩阵与 2011~2015 年的区域绿色竞争力指数代入 Stata 软件中运行，得到表 3-11 所示的结果。其中 I 为莫兰指数（Moran's I），p 为显著性水平，可知 p 在 0. 005 的高显著性水平下，空间系数大于零则存在正相关，说明长江经济带绿色竞争力的地域分布具有同质性、集聚性、周边绿色竞争力高的自身也高，周边绿色竞争力低的自身也低，出现“高高集聚，低低集聚”的两极分化特征。从 2011~2015 年空间相关性系数的变化趋势来看，整体呈现出不规则的 N 形，即先上升后下降再上升，尽管 2013 年略有波动，但是整体相关性系数保持在 0. 4 水平上。2013~2015 年长江经济带的区域绿色竞争力相关系数不断上升，其差额占 2013 年相关系数的 15. 13%。从全局莫兰指数来看，长江经济带 11 省市在 2011~2015 年绿色竞争力的空间相关性较高，具有集聚效应。

**表 3-11　长江经济带绿色竞争力全局莫兰指数**

| 变量 | I | E（I） | sd（I） | z | p-value * |
|---|---|---|---|---|---|
| lsjzl2011 | 0. 465 | -0. 1 | 0. 186 | 3. 040 | 0. 001 |

续表

| 变量 | I | E (I) | sd (I) | z | p-value * |
|---|---|---|---|---|---|
| lsjzl2012 | 0. 504 | -0. 1 | 0. 191 | 3. 163 | 0. 001 |
| lsjzl2013 | 0. 390 | -0. 1 | 0. 191 | 2. 573 | 0. 005 |
| lsjzl2014 | 0. 407 | -0. 1 | 0. 195 | 2. 606 | 0. 005 |
| lsjzl2015 | 0. 449 | -0. 1 | 0. 199 | 2. 762 | 0. 003 |

4. *局部莫兰指数*

通过对长江经济带绿色竞争力全局莫兰指数的分析，了解到从整体上看长江经济带 11 省市的区域绿色竞争力在 2011~2015 年具有同质性，具有“高高集聚，低低集聚”的特征。为了对具体绿色竞争力的空间分布有一个直观了解，本书对长江经济带 11 省市 2011~2015 年绿色竞争力的空间分布进行局部莫兰指数分析，结果如下：

（1）2011 年长江经济带绿色竞争力的局部自相关分析。2011 年，长江经济带 11 省市绿色竞争力 Moran's Ⅰ的空间相关系数中（见表 3-12），安徽省和四川省的空间相关系数为负，说明四川省和安徽省的绿色竞争力具有空间异质性，可能是自身绿色竞争力高而周边省市的绿色竞争力低，也可能是自身绿色竞争力低而周边省市的绿色竞争力高，其中安徽省的绿色竞争力的空间相关系数较四川省更大，说明安徽省的绿色竞争力与周边省市差异较大，空间相关性弱。除四川省和安徽省外，其他 9 省市的 Moran's Ⅰ空间相关系数为正，说明这 9 省市绿色竞争力具有空间同质性。其中，上海市和江苏省的空间相关系数最高，空间相关性强，重庆市的空间正相关系数最低，空间相关性弱，有望发展成为空间异质性区域。

**表 3-12　2011 年长江经济带绿色竞争力 Moran's I 局部自相关**

| 地区 | Moran | E (Ii) | sd (Ii) | z |
|---|---|---|---|---|
| 云南 | 0. 259 | -0. 1 | 0. 607 | 0. 592 |
| 四川 | -0. 028 | -0. 1 | 0. 472 | 0. 153 |
| 重庆 | 0. 165 | -0. 1 | 0. 387 | 0. 685 |
| 贵州 | 0. 354 | -0. 1 | 0. 387 | 1. 173 |
| 湖北 | 0. 278 | -0. 1 | 0. 387 | 0. 978 |
| 湖南 | 0. 397 | -0. 1 | 0. 387 | 1. 285 |
| 江西 | 0. 237 | -0. 1 | 0. 387 | 0. 871 |
| 安徽 | -0. 293 | -0. 1 | 0. 387 | -0. 499 |
| 浙江 | 0. 301 | -0. 1 | 0. 387 | 1. 037 |
| 江苏 | 1. 047 | -0. 1 | 0. 472 | 2. 431 |
| 上海 | 2. 402 | -0. 1 | 0. 607 | 4. 122 |

长江经济带绿色竞争力 Moran's Ⅰ的空间相关图（见图 3-10）是为了从空间上看出绿色竞争力的集聚分布，为优化路径提供参考。横轴表示通过标准化正态处理后，本省市（自身）的绿色竞争力水平，大于 0 则处于平均水平之上，小于零则处于平均水平之下，纵轴表示区域绿色竞争力的空间加权①，纵轴坐标系数越大，表明空间绿色竞争力越大，即相邻地区绿色竞争力水平越高，区位优势好。

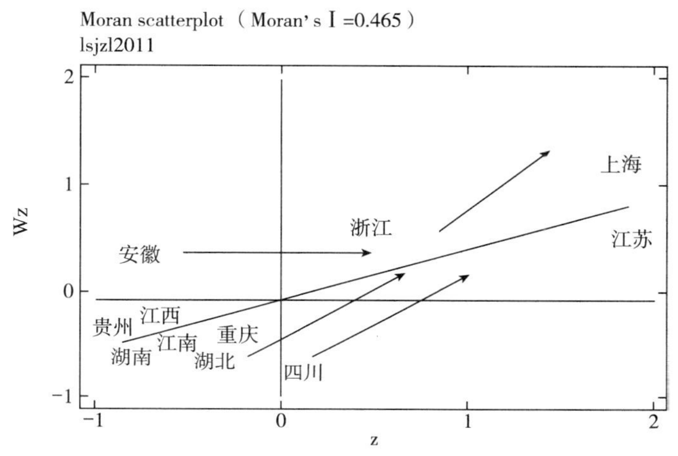


**图 3-10　2011 年长江经济带绿色竞争力 Moran's Ⅰ的空间相关**

第一象限是自身绿色竞争力高，周边地区绿色竞争力也高的"双高"区域，即"富人区"，包括上海市、江苏省、浙江省，属于长江经济带下游的长三角地区。其中上海市的毗邻区域是浙江省和江苏省，自身绿色竞争力与空间绿色竞争力最高，结合绿色竞争力 Moran's Ⅰ局部自相关的表来看，其空间相关系数最高，发展潜力与区位优势好。与上海市相比，江苏省自身绿色竞争力高，空间绿色竞争力略低于上海，浙江省与二者相比略低。这一区域应形成资源共享、优势互补的区域间的协同发展趋势，为绿色经济的持续发展提供原动力。

第二象限是自身绿色竞争力低，但周边地区绿色竞争力高的空间负相关区域，包括安徽省。安徽省自身绿色竞争力水平低，但其毗邻绿色竞争力高于平均水平的浙江省、江苏省。安徽省的发展路径是由空间负相关的"低高"区域发展成为"高高"区域，应与周边省市加强技术、人才交流合作，充分利用其区位优势，提高自身绿色竞争力水平。

第三象限是自身绿色竞争力低，周边地区绿色竞争力也低的"双低"区域，包括重庆市、湖北省、湖南省、江西省、云南省、贵州省。这一区域在长江经济带中涵盖的省市最多，包括上游、中游的大多数区域，且绿色竞争力的空间分布较为集

① 区域绿色竞争力的空间加权 = $\sum$ 空间权重系数×相邻每个省的绿色竞争力水平。

聚。对于横轴而言，自身绿色竞争力水平最高的是重庆市，最低的是贵州省，对于纵轴而言差别不大。总体来看，这是区域绿色竞争力的“贫民窟”。这一区域提高绿色竞争力的发展路径是向“双高”区域发展，即同时提高自身与整个周边区域的绿色竞争力，在内因与外因的共同作用下，提高绿色经济发展水平。

第四象限是自身绿色竞争力高，但周边地区绿色竞争力低的空间负相关区域，包括四川省。四川省自身绿色竞争力水平较高，但其毗邻绿色竞争力低于平均水平的重庆市、云南省、贵州省，其中云南省、贵州省是整个长江经济带绿色竞争力水平最低的两个地区。四川省的发展路径是由空间负相关的“高低”区域发展成为“高高”区域，充分发挥其空间区域的龙头带动效益，在提高自身绿色竞争力的同时也要注意整个区域间的协同发展。

（2）2012 年长江经济带绿色竞争力的局部自相关分析。2012 年，长江经济带 11 省市绿色竞争力的 Moran’s Ⅰ的空间相关性与 2011 年大体一致（见表 3-13），空间相关系数为负的区域仍是安徽省和四川省，不同的是，安徽省位于“低高”区域，自身绿色竞争力水平低但周边高，与 2011 年相比，安徽省自身的绿色竞争力提高，向纵轴接近，四川省是“高低”区域，自身绿色竞争力水平高但周边低。其中，四川省的空间异质性较 2011 年更为明显，由-0.028 到-0.109。各个区域的优化路径与 2011 年相同（见图 3-11）。

**表 3-13　2012 年长江经济带绿色竞争力 Moran’s Ⅰ局部自相关**

| 地区 | Moran | E（Ii） | sd（Ii） | z |
|---|---|---|---|---|
| 云南 | 0.359 | -0.1 | 0.618 | 0.743 |
| 四川 | -0.109 | -0.1 | 0.479 | -0.018 |
| 重庆 | 0.211 | -0.1 | 0.391 | 0.796 |
| 贵州 | 0.445 | -0.1 | 0.391 | 1.395 |
| 湖北 | 0.236 | -0.1 | 0.391 | 0.861 |
| 湖南 | 0.382 | -0.1 | 0.391 | 1.235 |
| 江西 | 0.159 | -0.1 | 0.391 | 0.662 |
| 安徽 | -0.255 | -0.1 | 0.391 | -0.397 |
| 浙江 | 0.444 | -0.1 | 0.391 | 1.393 |
| 江苏 | 1.224 | -0.1 | 0.479 | 2.767 |
| 上海 | 2.451 | -0.1 | 0.618 | 4.126 |

（3）2013 年长江经济带绿色竞争力的局部自相关分析。2013 年，长江经济带 11 省市绿色竞争力 Moran’s Ⅰ的空间相关系数中，安徽省、四川省、重庆市的空间相关系数为负（见表 3-14），说明这 3 个地区的绿色竞争力具有空间异质性，其中安徽省的空间负相关系数最高，说明其空间异质性最大。从 Moran’s Ⅰ的空间分布来

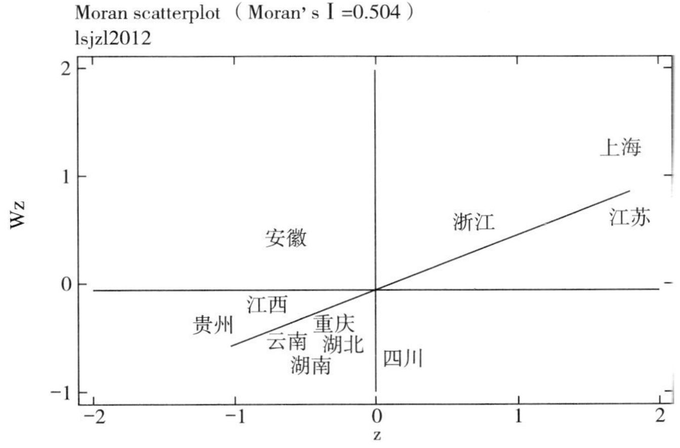


**图 3-11　2012 年长江经济带绿色竞争力 Moran's I 的空间相关**

**表 3-14　2013 年长江经济带绿色竞争力 Moran's I 局部自相关**

| 地区 | Moran | E（Ii） | sd（Ii） | z |
|---|---|---|---|---|
| 云南 | 0.380 | -0.1 | 0.617 | 0.778 |
| 四川 | -0.179 | -0.1 | 0.478 | -0.165 |
| 重庆 | -0.083 | -0.1 | 0.390 | 0.043 |
| 贵州 | 0.321 | -0.1 | 0.390 | 1.079 |
| 湖北 | 0.168 | -0.1 | 0.390 | 0.688 |
| 湖南 | 0.384 | -0.1 | 0.390 | 1.239 |
| 江西 | 0.264 | -0.1 | 0.390 | 0.934 |
| 安徽 | -0.210 | -0.1 | 0.390 | -0.283 |
| 浙江 | 0.254 | -0.1 | 0.390 | 0.906 |
| 江苏 | 0.980 | -0.1 | 0.478 | 2.26 |
| 上海 | 2.015 | -0.1 | 0.617 | 3.427 |

看，第一象限的“富人区”仍是长江经济带下游地区，在长江经济带绿色竞争力中稳居榜首，上海市的高集聚效应仍十分明显，但其自身的绿色竞争力水平与2011年、2012年相比略微有所下降。第三象限“低低”集聚的“贫民区”与前两年相比，分布更为分散，差异性开始显现。从横轴看，自身绿色竞争力水平最高的是湖北省，最低的是贵州省，各区域间的绿色竞争力水平差异进一步扩大；从纵轴看，毗邻区域的空间绿色竞争力差异不大，略高的是江西省、贵州省，略低的是湖北省、湖南省；从总体上看，贵州省出现“低高”特征，与第二象限的安徽省类似，湖北省出现“高低”特征，与第四象限的四川省类似。与2011年、2012年有所不同，第四象限不仅有四川省还增加了重庆市，重庆市与四川省在地域上都属于长江经

济带上游地区，与贵州省、云南省低绿色竞争力不同，这两大地区自身绿色竞争力高，远超长江经济带上游地区的其他两大主体。第四象限的优化路径与2011年相同（见图3-12）。

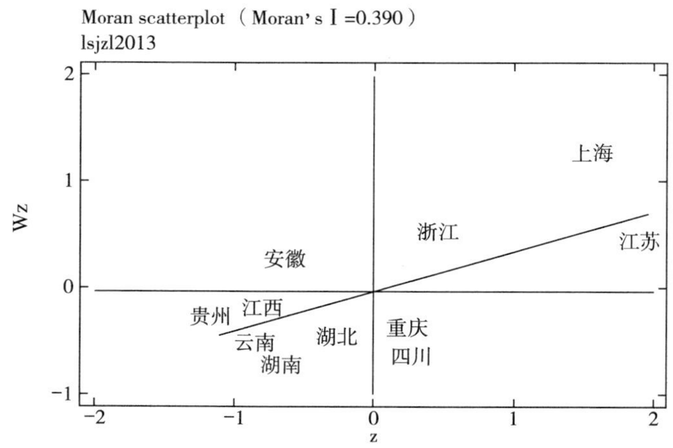


**图3-12　2013年长江经济带绿色竞争力Moran's I的空间相关**

（4）2014年长江经济带绿色竞争力的局部自相关分析。2014年，长江经济带11省市绿色竞争力的Moran's I的空间相关性与2013年大体一致（见表3-15），空间相关系数为负的仍是安徽省、四川省、重庆市，其中安徽省仍位于“低高”区域，四川省、重庆市位于“高低”区域，与四川省相比，重庆市绿色竞争力的异质性更为明显。安徽省的优化路径是充分利用其所处的区位优势，提高自身绿色竞争力，四川省、重庆市则是在提高自身绿色竞争力的同时，发挥地区间的龙头带动作用（见图3-13）。

**表3-15　2014年长江经济带绿色竞争力Moran's I局部自相关**

| 地区 | Moran | E（Ii） | sd（Ii） | z |
|---|---|---|---|---|
| 云南 | 0.480 | -0.1 | 0.626 | 0.926 |
| 四川 | -0.131 | -0.1 | 0.484 | -0.064 |
| 重庆 | -0.185 | -0.1 | 0.393 | -0.217 |
| 贵州 | 0.328 | -0.1 | 0.393 | 1.088 |
| 湖北 | 0.173 | -0.1 | 0.393 | 0.694 |
| 湖南 | 0.365 | -0.1 | 0.393 | 1.181 |
| 江西 | 0.231 | -0.1 | 0.393 | 0.841 |
| 安徽 | -0.190 | -0.1 | 0.393 | -0.228 |
| 浙江 | 0.322 | -0.1 | 0.393 | 1.072 |

续表

| 地区 | Moran | E（Ii） | sd（Ii） | z |
|---|---|---|---|---|
| 江苏 | 1.052 | -0.1 | 0.484 | 2.381 |
| 上海 | 2.039 | -0.1 | 0.626 | 3.415 |

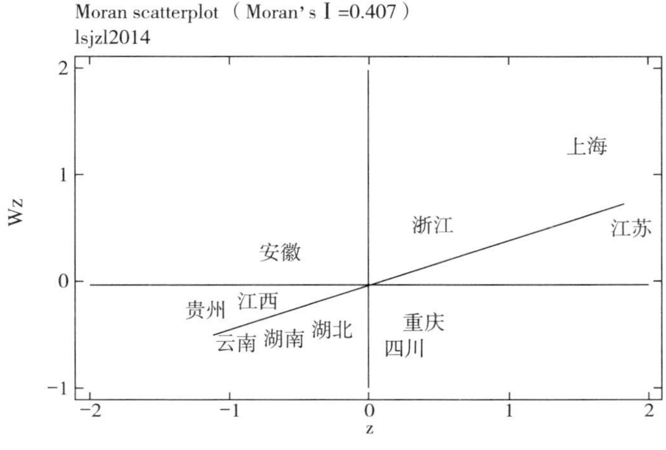


**图 3-13　2014 年长江经济带绿色竞争力 Moran's Ⅰ的空间相关**

（5）2015 年长江经济带绿色竞争力的局部自相关分析。2015 年，长江经济带 11 省市绿色竞争力 Moran's Ⅰ的空间相关系数中（见表 3-16），安徽省和重庆市的空间相关系数为负，区域绿色竞争力具有空间异质性，其中 2015 年安徽省绿色竞争力的空间相关系数在 2011~2015 年最高，表明其与毗邻地区的绿色竞争力差异进一步扩大。值得注意的是，江西省在坐标轴上接近横轴，表明其纵坐标接近于 0，为 0.019，特征接近第二象限的安徽省，即自身绿色竞争力低，但是毗邻区域绿色竞争力的总体水平在提升，未充分利用区位优势（见图 3-14）。

**表 3-16　2015 年长江经济带绿色竞争力 Moran's Ⅰ局部自相关**

| 地区 | Moran | E（Ii） | sd（Ii） | z |
|---|---|---|---|---|
| 云南 | 0.636 | -0.1 | 0.535 | 1.158 |
| 四川 | 0.031 | -0.1 | 0.489 | 0.268 |
| 重庆 | -0.059 | -0.1 | 0.396 | 0.103 |
| 贵州 | 0.394 | -0.1 | 0.396 | 1.246 |
| 湖北 | 0.196 | -0.1 | 0.396 | 0.747 |
| 湖南 | 0.216 | -0.1 | 0.396 | 0.798 |
| 江西 | 0.019 | -0.1 | 0.396 | 0.3 |
| 安徽 | -0.341 | -0.1 | 0.396 | -0.607 |

续表

| 地区 | Moran | E（Ii） | sd（Ii） | z |
|---|---|---|---|---|
| 浙江 | 0.541 | -0.1 | 0.396 | 1.617 |
| 江苏 | 1.204 | -0.1 | 0.489 | 2.666 |
| 上海 | 2.099 | -0.1 | 0.635 | 3.462 |

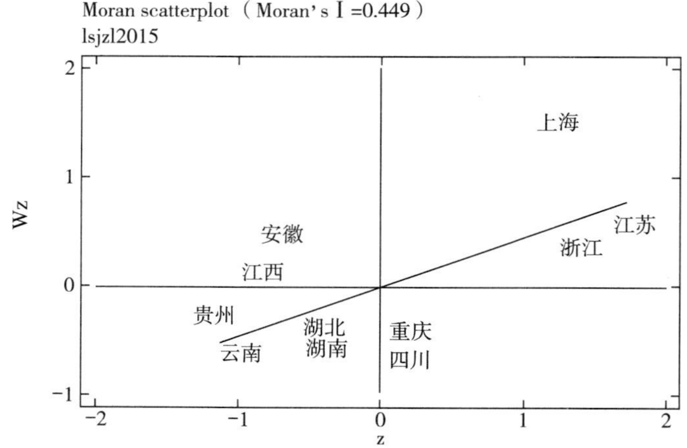


**图 3-14　2015 年长江经济带绿色竞争力 Moran's I 的空间相关**

## 第三章

# 长江经济带绿色竞争力的路径优化

从长江经济带11省市绿色竞争力在“十二五”规划期间的收敛性来看，整体呈收敛之势，表明长江经济带各省份间绿色竞争力的差异性在不断减小，这既是区域间协同合作的结果，也为推动区域间绿色、循环、可持续、高质量发展，落实长江经济带发展战略创造了良好条件。根据本篇第二章对长江经济带动态性、收敛性、空间相关性的分析，本章从横向三大区域，纵向三大主体的视角，分别提出长江经济带绿色竞争力的路径优化。

## 一、横向层面——上中下游路径优化

### （一）长江经济带上游区域——发挥成渝优势

尽管上游地区经济发展相对落后，但其绿色竞争力在整个长江经济带中排名第二，优于中游地区。同时应该注意到，5年间中游地区绿色竞争力在上升中有所回落，2014~2015年下降明显。上游地区应充分利用其多样化的自然资源培育新的经济增长点，如发展优质旅游业。上游地区经济的发展应以生态环境承载力为依据，不能以生态破坏、环境污染为代价，对东部、中部地区高污染、高排放产业转移保持警觉，避免成为“污染者天堂”①。此外，要充分发挥其区域内部的比较优势，完善基础配套设施建设，必须提高政府部门的环保意识，健全环境保护体制机制，如提高人员配备和管理，健全环保制度，加大对生态文明、环境保护的宣传等。同时，地方政府应贯彻国家实施的“天然林资源保护工程”、“长江中上游防护林体系”，使国家指导与地方执行相统一，提高地方绿色竞争力。

① “污染者天堂”假说也称“污染避难所假说”或“产业区位重置假说”，主要指污染密集产业的企业倾向于建立在环境标准相对较低的国家或地区。

从收敛性和空间相关性看，长江经济带上游地区的绿色竞争力发展呈分散之势，其中四川省、重庆市的绿色竞争力远优于贵州省、云南省。四川省和重庆市在发展自身绿色竞争力的同时，要发挥其产业集聚带动优势，扩大重庆、成都两大城市的核心辐射作用，由“高低”区域向“高高”区域发展。云南省、贵州省要不断加强与毗邻地区的金融、科技的合作与发展，充分利用知识溢出，加快地方产业的转型升级。

### （二）长江经济带中游区域——推进产业绿色转型

中游地区绿色竞争力在整个长江经济带中排名最后，次于上游、下游区域，从5年间的绿色竞争力发展趋势来看，绿色竞争力在上升中保持平稳。长久以来，中游地区装备制造、冶金、石油化工业等重工业较为发达，带动了地区经济的持续发展，尤其是以武汉市为核心的“工业重镇”，为“中部崛起”提供了持续动力，但是“高污染、高耗能、高排放”的产业使生态环境与经济发展的矛盾进一步凸显。中游地区应加快对生态环境的修复治理工作，加快对新型产业科学技术的投入，引进人才，使产学研相结合，推进传统“三高”产业的绿色转型，实施污染的源头治理，淘汰落后产能，培育战略性新兴产业。中游地区有其贯穿东西、南北的立体化交通网络，中游地区提高绿色竞争力可充分利用这一区位优势，搭载“互联网+”这一“顺风车”，努力发展运输服务业，将上游的资源优势与下游的技术优势整合，打造内陆地区全方位、多层次的示范区。

从收敛性和空间相关性看，长江经济带中游地区的绿色竞争力发展总体比较平稳，呈略微分散之势，其中湖北省的绿色竞争力略高于其他地区，安徽省发展迅猛。中游地区绿色竞争力的发展，要发挥以武汉市为中心的引领带动作用，利用湖南省的文化产业优势，完善基础配套设施，大力发展服务业和新型化工业。作为在2014年纳入长三角城市群发展的安徽省，应该充分利用其区位优势，通过与下游地区的经济交流与合作，承接下游地区产业专业，提升自身的绿色竞争力，牢牢把握新一轮产业革命——绿色产业的发展机遇。作为中游地区绿色竞争力相对较为落后的江西省，应该与安徽省一样，利用自身相对较好的区位优势与资源优势，发展劳动密集型产业，加快传统产业的转型升级，跟上中游地区发展的整体步伐。

### （三）长江经济带下游区域——发挥区域导向优势

下游地区绿色竞争力在整个长江经济带中一直名列榜首，与上游、中游地区的差异性大。下游地区绿色竞争力的发展趋势在下降中略有上升。长江经济带下游地区沿江邻海，水陆空交通便利，是我国对外开放的前沿阵地。作为发展长江经济带绿色竞争力的领头区域，下游地区应不断加强港口基础设施建设，完善自由贸易试验区的配套功能，助力对外贸易的发展。充分发挥上海作为全国最大商业中心、重要的科技教育中心、金融中心的作用，发挥绿色金融对区域经济发展的推动作用，形成区域性创新创业高地和金融商务服务集聚区。

从收敛性和空间相关性看，长江经济带中游地区的绿色竞争力发展呈收敛之势，且收敛之势发展迅猛，空间区域绿色竞争力集聚在“富人区”，其中江苏省的自身绿色竞争力最高，上海市有所降低，但是上海市空间绿色竞争力一直维持最高。长江经济带下游地区各主体间绿色竞争力的差异小，上海市作为我国经济发展最快的城市之一，为下游地区区域一体化发展创造了良好条件。

## 二、纵向层面——宏中微观对策建议

### （一）宏观层面——加强宏观调控

政府作为宏观调控的主体，不仅是区域绿色竞争力的引导者和监管者，而且是我国绿色开放竞争力的保护者，其作用主要体现在法律和制度的建立与实施上。为使绿色经济由理论到实践的转化有法可依、有章可循，各级政府要建立起一系列完善的社会制度。从绿色发展考虑，主要体现在三个方面：一是建立完善的符合绿色发展要求的法律法规，从法律法规的制定与实施上真正做到“有法可依”。二是健全正向激励与反向惩罚机制，对于具有正外部性的企业，给予税收减免、环保补贴、贷款倾斜等方面的优惠政策；对于具有负外部性的企业，加征污染税、进行行政处罚或直接要求停业整顿，将外部污染内化为企业成本，迫使企业转变粗放型生产方式。三是摒弃政府政绩考核的“唯 GDP”论，将考核重点从单纯的生产经济领域向社会生态领域延伸，从短期单纯的经济绩效到长期绿色绩效考核，为地方绿色经济发展指明前进方向。

绿色经济的健康、有序发展离不开良好的外部环境。由于公共物品和信息不对称而出现的市场失灵，应该用政府这只“看不见的手”进行调节。为此，一是建立与绿色经济相匹配的金融支持、产业政策，加大对绿色科研产业的资金投入，引导市场资金、技术向绿色产业流动。二是在互联网的大背景下，政府要大力推行信息公开，构建绿色经济参与主体间的大数据、云计算的平台，为银行绿色信贷，企业绿色合作、证券融资等提供参考。三是重视创新型人才的培养，采用多种激励措施留住人才，传播绿色发展文化。

环境污染具有外溢性，这必然要求各地区政府联合打破“吉登斯悖论”。一方面，各地区政府间要积极加强合作，发挥地方技术、资金，资源优势，促进资源在区域间的优化配置，建立跨区域、跨流域的综合治理与协调机制，加强向经济发达地区学习。另一方面，必须警惕部分企业为了自身利益，借着“招商引资”的幌子，实现高污染、高耗能产业区域“黑色雁行模式”的转移。

### （二）中观层面——优化产业布局

对高污染、高耗能、高排放的“三高”产业如石化、钢铁、煤炭等，不能选择“一刀切”迫使其直接退出市场，这不符合我国现阶段国情。应进一步推进“三高”产业兼并融合，扩大市场占有率，实现生产的规模经济，是产业实现绿色发展的有效途径。产业在实现经济红利的同时，必须加强对产业绿色化的研发设计投入，采用环保设备，从源头上预防污染，推进产业绿色化步伐。地方产业要立足地方比较优势与环境承载能力，科学引导绿色产业的合理布局，在“绿色产业链”的指导下，实现由单一产业组成的产业园区，向相关上下游产业、研发产业、现代物流业等组成的综合性产业园区转型升级，实现科技成果向生产的转化和推广及技术的外溢性，提高资源的循环利用，加强产业园区基础设施建设与服务功能的完善，形成产业布局合理、优势互补的新型产业发展格局。

### （三）微观层面——强化主体地位

企业是商品与服务的主要供应者，也是推动市场经济持续发展，保持市场活力的原动力。在没有环境约束的条件下，企业会以牺牲环境为代价获得超额利润，在提升区域绿色竞争力的大背景下，由于外部环境施压，要求企业必须将绿色化加入企业战略的制定和实施中，从长远发展来看，违背绿色化的高污染、高耗能、高投入的企业注定被淘汰出局。企业进行绿色转型，就外部约束而言，应按照国家规定的环境制度、法律法规进行生产和销售，将绿色化落实到原料采购、生产、销售等各个环节，从“末端治理”到“源头防控”，避免因违反相关要求而给企业带来损失，对于出口主导型企业更是如此。就内部动力而言，一是企业应加大技术投入，以提高产品科技含量，减少资源消耗，提高劳动生产率，使异质性的产品成为企业获利的新增长点，创造市场需求；二是企业应加强管理，提高管理者协调资源利用、落实绿色环保要求的能力，同时，注重绿色技术人才的培养，构筑企业绿色文化；三是提高企业与上下游企业之间的联系，构建企业绿色供应链，以实现信息公开、资源共享。

企业要实现盈利，最终还是要落实到消费者购买上，消费者的选择是企业进行绿色生产、承担环境责任最有力的拉动力，是倒逼产业结构转型，是建设资源节约型和环境友好型社会的重要内容。消费者除了是市场经济的消费主体，同时也是绿色经济的监督主体。尽管政府颁布了严格的环保相关制度法律，但是由于信息的不对称性，往往难以对企业进行直接有效监督，我国于 2019 年 1 月起实施《环境影响评价公众参与办法》，旨在规范环境影响评价公众参与和保障公众环境保护知情权、参与权、表达权和监督权。公民应通过政府提供的法律保障，积极依法行使自身的监督权，下情上达。实现生态、经济与社会的和谐、可持续发展，离不开每个公民的努力，我们应该将绿色消费落实到社会生活的各个方面，共同推进我国社会的绿色可持续发展。

# 第四篇

# 基于系统动力学的区域绿色竞争力提升政策设计研究：以江西省为例

随着我国经济发展进入“新常态”，如何实现经济的可持续发展和绿色发展成为日益重要的话题。已有研究发现，区域绿色竞争力是衡量区域绿色发展的重要指标，区域内各种因素的变动对区域绿色竞争力的提升具有不同的影响。因此，对区域绿色竞争力进行动态仿真，有助于从宏观的角度进行区域绿色竞争力的研究，也有助于对这一包含经济、人口、生态和科技的复杂大系统问题进行定性与定量的研究与决策。

本篇基于对区域绿色竞争力的本质及内涵的分析，明确了区域绿色竞争力的核心是经济生产的绿色化和经济产出的绿色化，构建了区域绿色竞争力系统动力学模型的两个主要变量：绿色发展指数和绿色经济增加值分别用来衡量经济生产的绿色化程度和经济产出的绿色化程度，确定了系统动力学模型的主要子系统及其变量。系统动力学模型主要包含人口子系统、经济子系统、科技子系统和生态子系统四个子系统，以此构建了区域绿色竞争力的系统动力学的结构模型。系统动力学方程模型的建模数据主要采用了江西省的历年数据，利用了部分数据确定了部分变量的参数及拟合了部分方程。以 2005~2030 年为区域绿色竞争力模型的系统仿真区间，从不同污染物的治理、经济结构的改进以及技术进步等角度设计了 5 种政策仿真模式，以工业污水处理率、生活污水处理率、R&D 经费的投入等 22 个政策干预点设计了城镇化率提速模式、产业结构优化模式、污水治理加强模式、固废治理加强模式、废气治理加强模式、技术进步模式 5 种提高区域绿色竞争力的政策仿真模式，对江西省的区域绿色竞争力进行政策仿真。仿真的结果表明：在不同的仿真模式中，技术进步模式对提升绿色发展指数的效果最好，城镇化率提升模式对提升绿色经济增加值的效果最好。

# 第一章
# 系统研究绿色竞争力的现状分析

## 一、系统动力学在绿色经济中的应用现状

在绿色经济中，大部分的研究都是从循环经济或者是可持续发展的角度来研究的，如邓群钊等（2006）使用系统动力学理论从根本上研究了“猪—沼气—谷物”循环经济生态系统，并建立了相应的基模。刘静华等（2011）以德邦牧业为例，运用系统动力学的方法对规模养种循环与节能减排系统进行动态评价，并提出实现可持续发展的对策。李春发和王彩凤（2007）建立了企业生态经济系统的系统动力学模型，并以钢铁联合企业为例进行动态仿真模拟，得出在一定条件下可以实现企业的循环经济以实现其可持续发展。邵晓梅等（2006）、毛德华等（2007）认为，土地集约利用是发展循环经济的重要一环，利用系统动力学方法可以有效促进我国的土地集约利用。刘海涛等（2006）运用系统动力学方法对区域循环经济发展模式和传统的发展模式进行了比较。王波（2007）建立了区域循环经济系统的系统动力学模型，认为通过提升区域系统资源效率和环境效率的方法可以实现产品清洁生产和提升资源的利用效率。马永欢和周立华（2008）以武威市凉州区为例，建立了循环经济的系统动力学模型，通过政策仿真从经济发展与生态保护综合发展的角度提出最优方案。李春发等（2009）依据生态城市的特点和系统动力学方法建立了生态城市的系统动力学模型，并以中新天津生态城为例进行政策模拟，实现区域的经济、社会和环境的和谐发展。贾伟强和谢奉军（2012）建立了资源型产业集群循环经济模式发展的系统仿真分析模型，并进行动态模拟仿真，为管理决策提供定量化的依据。王希希（2018）使用系统动力学方法解决高能耗行业的技术创新以及节能减排，并模拟循环经济协调发展的现状。王灵梅等（2005）以朔州火电厂生态工业园为例，研究实现区域生态工业园的可持续发展方案。胡玥昕等（2014）基于所建立的经济与碳排放的系统动力学模型的分析结果，认为能源实物投入量、科研投入、高碳能

源比重是节能减排型经济的重要影响因素。刘雷雷（2011）认为，水资源的有限性是制约城市发展的重要问题，并利用系统动力学模型提升水资源承载力，进而促进经济的可持续发展。姚平等（2008）构建了煤炭城市的人口、资源、经济与环境系统动力学模型，实证检验结果显示可持续发展模式为政策模拟中的最佳方案。李杰兰等（2009）利用系统动力学方法动态模拟仿真了青海省的“资源—环境—经济系统”，并根据模拟结果对青海省的可持续发展路径提出政策建议。李玮和杨钢（2010）构建了山西省的能源消费系统，并提出了能源消费与经济增长的相对最优方案。陈春明和左盼盼（2013）从循环经济的视角出发，构建了共生企业的组织创新系统的系统动力学模型，以推动企业的绿色发展。姜钰和贺雪涛（2014）构建了林下经济可持续发展的系统动力学模型，并通过了实证检验，用于实现人与自然的和谐发展。王锴（2017）利用系统动力学进行仿真，其结果表明高等教育投入的增长有利于我国经济、教育、生产的良性循环发展。李健和孙康宁（2018）通过对京津冀的经济、资源、环境和人口的分析和研究，构建了京津冀绿色发展的系统动力学模型，探寻京津冀的长期绿色增长路径。李智超（2017）利用系统动力学方法推动水资源的可持续利用和循环使用。穆献中和李国昊（2018）基于对中国天然气影响因素的分析和研究，构建了中国天然气供需系统动力学模型，并基于经济发展和人口增长以及天然气利用技术的不同模式进行动态模拟，以有效降低天然气的使用量。

还有一些研究是从其他的角度出发的，如王延荣和赵文龙（2013）基于对产学研协同创新系统的分析和研究，构建了相应的系统动力学模型，以分析产学研协同创新系统的运行机制。罗公利和冯海涛（2013）认为，可以通过系统动力学模型对创新型企业合理配置人才、技术、资金、创新环境因素，以促进创新型企业的健康成长。王翠霞等（2007）认为，农村规模养殖生态系统可以利用系统动力学的方法，来实现养殖废物的循环有效利用，让系统得以可持续发展。涂国平等（2009）通过建立“猪—沼气—能源工程”的系统动力学模型来寻求提升区域经济社会效益的发展模式。吴威等（2012）构建了环鄱阳湖区域发展的系统动力学模型，通过 4 种发展情景的对比，寻求到其中的推荐发展模式，以实现经济增长与生态环境保护之间的动态平衡。李莎莎等（2010）利用系统动力学对循环农业进行动态评价，以分析循环农业模式的合理性。周宾等（2010）以区域碳足迹测度指标，采用系统动力学的方法来进行仿真分析，并根据结果相应地提出了可持续发展的政策建议。还有一些研究运用系统动力学的方法，针对性地采用生态承载力的方式来衡量区域的可持续发展能力。

## 二、系统动力学在竞争力中的应用现状

系统动力学在竞争力应用领域比较广泛，主要集中在产业竞争力、企业竞争力方面，其他的方面也有一些研究，如可持续发展竞争力、城市竞争力等。在产业竞争力方面，李莎和刘思峰（2006）认为，产业集聚和区域竞争力相互影响、相互促进，运用系统动力学的方法可以更好地研究它们之间的相互影响关系。杨瑾和尤建新（2006）从产业集群的视角分析了企业供应链系统的集成效应，并构建了供应链系统集成效应与人力、技术、资金和市场的相互影响的系统动力学模型，以提升供应链的整合效果，从而增强行业竞争力。周晓晔等（2016）认为，区域经济发展水平对于评估区域竞争力水平特别重要，产业集群和城镇化是区域经济发展水平的两个重要因素，并利用系统动力学的方法构建了区域产业集群和城镇化之间互相影响的系统动力学模型，有助于使产业集群和城镇化协调发展以提升区域竞争力。李雪等（2008）基于对山东半岛城市群旅游竞争力的分析，构建了城市旅游竞争力评价指标体系，并采用系统动力学方法进行了仿真分析，结果表明区域一体化有利于提高旅游业竞争力。

在企业竞争力方面，利用系统动力学的方法探索提升企业竞争力的研究比比皆是，如苏屹和李柏洲（2010）认为，创新对于企业的核心竞争力至关重要，高效的资源再分配有利于企业创新能力的提升，作者利用系统动力学方法建立了企业创新支持系统的模型，并进行了实证仿真研究，结果表明合理的再分配政府投资比例可以有效增强公司的创新能力。于兆吉和王文娟（2011）、吴雷（2012）认为，在装备制造业方面，技术创新是提升企业竞争力的关键，基于系统动力学的方法研究装备制造业技术创新，可以有效地实现装备制造业的技术创新目标。王国红等（2012）在对区域产业集成创新系统进行研究和分析的基础上，构建了区域产业集成创新系统的系统动力学模型，揭示了区域产业集成创新系统演化路径特征。强瑞和廖倩（2010）从节能减排的角度，利用系统动力学的方法以某铸造厂为例构建模型，寻求提升企业竞争力的措施。陈勇（2009）通过对供应链合作伙伴关系的影响因素的分析和归纳，运用系统动力学的方法探索提升供应链的合作伙伴关系，进而提升企业竞争力。谢江林等（2008）针对中小企业供应链资金不足的问题，采用系统动力学方法建立了供应链资本约束增长的基本模型，并从资金的视角揭示了供应链约束，对受制因素进行了改进以提升企业的供应链的竞争力，进而提升企业的竞争力。王秀红等（2008）认为，在企业的核心竞争力影响因素中，隐性知识至关重要，通过建立员工隐性知识传递的系统动力学模型，探索了提高隐性知识传递效率的措施和

方法。李松等（2013）认为，信息化对于企业竞争力的作用越来越大，信息化通过其他因素间接作用于企业竞争力，并运用企业竞争力的指标体系，所构建的企业竞争力系统动力学模型可以揭示企业竞争力的动力机制和提升企业竞争力的有效路径。

还有一些基于系统动力学的其他方面竞争力的研究，如沈琪（2014）基于现有的理论研究基础，利用广西北部湾的经济、社会、生态的实际情况构建了系统动力学的模型，通过政策仿真的方式对广西北部湾经济区生态承载能力模拟，并根据模拟的结果找到最优的方案来提升区域的生态承载力。王翠霞（2015）基于对生态农业规模化经营的研究和分析，以银河杜仲生猪规模养殖生态农业系统为例，构建了相应的系统动力学模型，并采取政策仿真的方式针对性地提出了三项对策，以提升生态农业竞争力。杨春苗等（2016）通过城市低碳竞争力评价指标体系，构建了城市低碳竞争力的系统动力学模型，并进行仿真预测分析，提出应从政府、企业和个人3个层面来提升城市低碳竞争力。吴佳凡（2018）对贫困大学生的就业竞争力动力机制进行分析，并且运用系统动力学的方法寻求其优化建议。高波和董晓龙（2015）通过制造型企业市场可持续竞争力系统动力学模型仿真的结果，认为市场环境的稳定与否决定了企业采取不同的投资策略来提升其竞争力。

还有一些其他方面的研究，如贾鸣镝等（2013）从系统动力学的角度对中国汽车营销渠道的竞争力进行了动态评估；王玉梅和王丽（2008）利用系统动力学的方法为提升中医人才竞争力提供了建议和借鉴。

## 三、文献述评

从对绿色竞争力的文献综述可以看出，大多数对绿色竞争力的研究都是针对企业绿色竞争力和宏观区域绿色竞争力的研究。针对企业层面的绿色竞争力研究，如企业绿色竞争力的内涵、企业绿色竞争力的评价体系、绿色技术创新等，从概念提出到提升不同绿色概念的机制或措施研究和针对不同企业的实证研究相对很成熟。但是绿色竞争力不仅是指企业的绿色生产，还包括政府实施的绿色发展或环保规制政策，各种政策的协调推进才能更好地提升整个区域的绿色竞争力。因此，需要针对绿色竞争力的提升做更多研究。

从对系统动力学运用在绿色经济的文献综述可以看出，大多数对绿色经济的研究都相对比较成熟，无论是从微观层面还是宏观层面，如微观层面的企业创新、生态养殖、循环农业；宏观层面的可持续发展、循环经济、绿色循环发展等，从概念提出到提升机制、措施和实证研究，研究相对很成熟。针对系统动力学运用于竞争力方面的研究，主要集中在产业竞争力、企业竞争力，其他主要集中在区域的生态承载能力和低碳竞争力等，将系统动力学的方法运用于区域绿色竞争力的文献很少。但是区域绿色竞争力不局限于某一部分，不仅要提高区域的环境保护能力和经济发展水平，还要将区域的人口、生态、循环利用等都考虑到，这样才能更好地提升整体的区域绿色竞争力。由此看来，区域绿色竞争力的研究应该得到更多的关注。

# 第二章

# 区域绿色竞争力系统动力学模型的构建

## 一、研究区域和数据来源

本章选取江西省作为研究区域，江西省地处中国中部，位于华东地区，在长江中游，连接了长三角经济区和成渝经济带。全省总面积 16.69 万平方千米，辖 11 个地级市，人口约为 4600 万人，经济总产值虽处于全国中游，但经济增速较快。本章区域绿色竞争力模型中所使用的建模数据来源于《中国统计年鉴》、《江西统计年鉴》等。

## 二、系统动力学方法的理论与特点

### （一）系统动力学的理论

系统动力学（System Dynamics）最早诞生于 1956 年，由麻省理工学院的 Jay W. Forrester 教授创立。在系统动力学的早期，它主要应用于工业企业的管理，因此在早期被称为“工业动力学”。Jay W. Forrester 教授奠定了系统动力学的基本框架。《工业动力学》（*Industrial Dynamics*）介绍了系统动力学的基本原理，《系统原理》（*Principles of Systems*）介绍了系统的基本结构及其结构组件的相互关系，《城市动力学》（*Urban Dynamics*）介绍了系统动力学在复杂的“人口—经济—社会”巨型系统中的应用。随后，系统动力学的发展扩展到宏观社会经济系统中经济变量的交互作用，并建立了用于动态仿真分析的巨变量模型。它可以执行人机交互和政策模拟，因此也称为政策实验室。具有代表性的有世界动力学模型（World Dynamics），国家动力学模型（美国国家系统动力学模型；2000 年的中国国家系统动力学模型）和城市动力学模型（Urban Dynamics）方面的研究。在 20 世纪 80 年代初，系统动力学的理论和方法应用开始引入我国，我国系统动力学的代表性人物主要有王其藩和贾仁安等，王其藩教授开创了中国系统动力学研究的先河，贾仁安教授创建了一种全新的系统动力学建模方法——基本入树建模法。

### （二）系统动力学的特点

系统动力学将复杂系统定义为高阶、多环和非线性反馈结构。一个系统由单元，及它们的运动和信息组成。单元是指系统存在的实际基础，而信息在系统中起着关键作用。依靠信息，系统的各个单元才可以形成一个结构。单元的运动才能形成系统的行为与功能。

因果图和系统流程图可用于表示系统动力学中的系统结构。因果关系主要由反馈回路组成，其中主要包括正反馈回路和负反馈回路。在反馈回路中，一个变量在经过完整的闭合回路后增加或减少就称为正反馈回路或负反馈回路。在因果回路中以正号或负号代表一个变量对另一个变量的促进或削减的影响。如图 4-1 所示，其为典型的正反馈回路和负反馈回路构成的因果关系图。系统动力学中涉及的主要概念包括：因果回路、反馈关系、系统流图及方程式；涉及的主要变量包括源、状态变量（水平变量）、速率变量、常量、辅助变量、阴影变量。

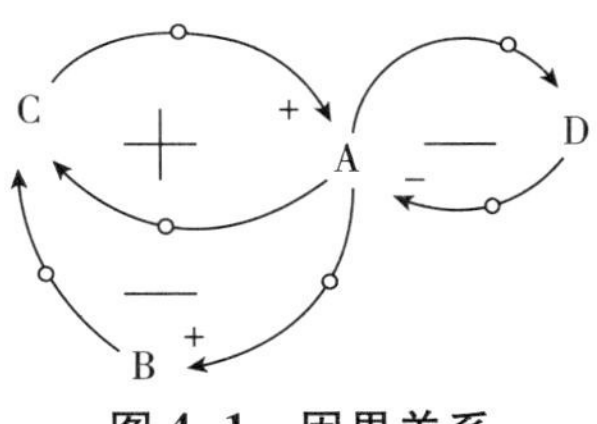


**图 4-1　因果关系**

系统动力学适用于非线性的复杂时变系统，自然生态系统、社会经济系统等都是复杂的时变系统，其所表现的生态破坏与恢复、金融危机等现象都具有一定的周期性，且需要较长的时间观察，研究通过利用系统动力学模型进行仿真模拟，能够对系统内部机制做出一定合理的解释。

## 三、区域绿色竞争力的概念分析

本书是国家自然科学基金项目“绿色发展理念指导下区域绿色竞争力的动态监

测与政策仿真研究”（编号：71774074）的分阶段研究成果之一，是国家自然科学基金项目“省域绿色竞争力的影响因子探索与系统分析模型构建研究：以中部地区为例”（编号：71161014）进行的后续研究。在此前的研究中，陈运平和黄小勇（2012）认为，区域绿色竞争力是区域发展过程的核心，其中绿色发展最为重要。区域绿色竞争力包含环境保护、生态发展、循环利用、低碳经济、健康和持续发展六大影响因素，并以人与自然包容性增长为模式，旨在通过合理有效分配和创造区域内的发展资源，实现人类发展与自然的和谐相处，为区域发展提供更具竞争力的绿色平台，形成环境友好型绿色生态区域。该理论基于环境保护理论，科学发展理论和绿色生态学的理论。

本书基于已有的研究，根据区域绿色竞争力的本质及其内涵，认为区域绿色竞争力的核心是绿色发展，寻求的是社会和经济协调可持续发展，从这个角度出发，需要对区域的绿色发展程度和绿色经济进行衡量，将其作为区域绿色竞争力的间接衡量指标，通过它实现区域的具有独特竞争优势的目标。并以此来确定系统动力学模型中的主要变量，以对江西省的区域绿色竞争力进行动态仿真和政策模拟。围绕如何提升区域绿色竞争力的政策仿真这一研究内容，把与区域绿色竞争力本质及其内涵的重要变量考虑进区域绿色竞争力的系统动力学模型，包含人口、高科技产值、经济总产值和污染物存量这些重要的变量，以此构建一个包含人口子系统、科技子系统、经济子系统和生态子系统的区域绿色竞争力系统动力学模型。而且，本书在构建区域绿色竞争力的模型时，设置了两个监测变量（作为衡量区域绿色竞争力的间接衡量指标），来代表区域绿色竞争力的变化情形。即以绿色发展指数来表示区域经济生产的绿色化程度、以绿色经济增加值来表示区域经济发展结果的绿色化程度，其中，绿色发展指数参照工业绿色发展绩效指数的做法，定义为：某地区经济资源消耗或污染物排放强度与国民经济资源消耗或污染物排放强度之比的加权平均值。

## 四、建模的前提与假设

人口子系统假设人口只受自然增长率和迁移率的影响，由人口普查得出的迁入迁出决定的固定增长率来计算，经济子系统中的经济增加值通过使用就业人口和固定投资线性拟合的方式进行测算，并考虑环境污染物和技术的进步对人口增长的影响，人口子系统是整个系统动力学模型的基础，推动着整个模型的发展。在能源消耗与使用方面，假设能源的短缺会造成整个经济系统的机会成本和时间成本的损失，由能源的使用量和能源的生产量之差来衡量（能源在生产过程中存在一定的损失，通过损失系数来衡量这一比例）。污染经济损失用来表示污染物的未经处理（或技术不足导致的无法处理）的排放而造成的经济损失，主要由废水、废气、二氧化硫（限于数据来源，仅将二氧化硫和氮氧化物造成的污染经济损失纳入模型中）和固体废弃物的排放造成。最后，运用系统动力学的方法构建区域绿色竞争力的模型，假设在模型中模拟时间内，系统整体不会发生大的外生冲击，如自然灾害、突发事故或战争等。

## 五、区域绿色竞争力的系统动力学模型

本章以江西省为研究区域，选取 2005~2015 年江西省的经济、人口、科技和生态方面的历史数据，从这几个方面进行变量选择和系统构建，进行系统动力学模型的仿真预测与情景模拟，模拟的仿真起点是 2005 年，终点是 2030 年，仿真步长 SAVEPER=1 年。此外，还利用江西省的数据确定了模型中的部分参数。模型构建的具体方程见附录。

区域绿色竞争力的系统动力学模型包含了人口、社会、经济和生态各个子系统，它们之间相互影响、相互作用，关系复杂。在人口子系统内部，总人口受出生率和死亡率的共同影响；在系统之间，人口子系统通过就业人口影响经济子系统，通过生活污染影响生态子系统，人口子系统和经济子系统分别通过 R&D 人员和 R&D 经费影响科技子系统。就整体系统而言，人口子系统是其他各子系统的发展基础，人口子系统和经济子系统是造成环境污染的主要原因，此外，经济子系统还可以通过调整 R&D 经费影响科技子系统。

### （一）人口子系统

人口子系统是其他子系统的基础，它推动着经济子系统的发展，区域的经济发展水平反过来也会影响人口的生活质量和生活水平。在人口子系统中，包含着人口的增长和人类的生活方式两部分。其中，人口增长的结果由人口总量来体现，人口总量包含人口的自然增长和迁移人口的净效应（迁入人口和迁出人口的差值）。而人类的生活方式主要是城镇人口和农村人口的生活所排放的污水，还需考虑城镇人口和农村人口的生活方式不同导致的人均污水排放量差异，以及城镇化水平变动对农村人口和城镇人口数量的影响。也就是说，在人口总量没有变化的情况下，城镇人口和农村人口比例的变化改变了区域的污水排放量。因此，在人口子系统中，主要包含了人口总量、死亡率、出生率、生育影响因子、净增长、自然增长、净迁移人口、农村人口比例表函数、城镇化率、城镇人口、农村人口、城镇化率表函数、城镇人口人均生活污水排放量、农村人口人均生活污水排放量、农村人口居住用地面

积、农村人口人均居住面积、城镇化因子。其中人口总量为状态变量，净增长为速率变量，其余的变量为辅助变量或常数；生育影响因子和城镇化因子表示政府通过政策鼓励或推动人口出生率的提升或是城镇化的水平。根据《中国统计年鉴（2018）》，江西省2017年末人口为4622万人，在中国的人口排名第12，处于中上游。此外，江西省的城镇化率较低，城镇人口为2524万人，城镇人口比重仅有54.6%。2017年，江西省的人口出生率、死亡率、自然增长率分别是1.379‰、0.608‰、0.771‰。2005~2015年，人口出生率在2008年达到顶峰之后缓慢回落；人口死亡率经历了一段时间的缓慢下降后趋于稳定。

人类在生产生活过程中，会向环境中排放大量的污染物，根据生态承载力理论，自然环境本身具有一定的自我调节能力。但环境污染物的存在会影响人口的出生率，刘银梅等（2011）通过研究发现，暴露在不同浓度双酚A的环境下，会导致不明原因的复发性流产增加。同样，陈晓等（2012）的研究发现，空气污染物的积累会成为妊娠期的危险因素之一。由此可见，人口的出生率和环境污染物之间存在密切的联系，人口子系统中将人口的出生率利用固体废弃物存量拟合而得。此外，门俐俐（1992）的研究认为，近年来随着经济的发展，在城市和农村之间的死亡水平差异正在缩小或消除。部分地区经济发展水平的落后导致的区域基本医疗卫生的不足也已经基本上得到了解决。因此，本书假设了人口的死亡率在区域绿色竞争力的系统动力学模型中主要受到技术水平的影响，技术水平的提升会降低人口的死亡率，在这里将高科技产业总产值作为技术水平的代理变量，使用高科技产业的总产值来拟合人口的死亡率。

人口子系统包含的变量如表4-1所示。

**表4-1　人口子系统的变量**

| 子系统 | 变量 |
| --- | --- |
| 人口子系统 | 人口、死亡率、出生率、生育影响因子、DB、净增长、自然增长、净迁移人口、农村人口比例表函数、城镇化率、城镇人口、农村人口、城镇化率表函数、城镇人口人均生活污水排放量、农村人口人均生活污水排放量、农村人口居住用地面积、农村人口人均居住面积、城镇化因子 |

### （二）科技子系统

科技子系统内部，高科技的产值增长主要来源于R&D经费和R&D人员构成的要素推动。R&D经费受GDP的影响，R&D人员在此系统中主要受就业人口的影响，因此，将高科技产业的总产值作为高科技产业水平的代理变量，总产值越高意味着经济中的高科技产业的水平越高。因此，在具体的模型中，科技子系统主要是对经济中的高科技产业的水平进行仿真，高科技产业的产值来自每年的高科技产业产值增加值的累积。科技子系统选取的变量主要包括R&D经费、R&D人员、就业率以及高科技产业的总产值。吴延兵（2006）、伏玉林和苏畅（2013）通过研究 R&D 与生产率之间的关系，发现了高技术产业生产率的提高主要依赖 R&D 活动。高科技产业产值的增加值在这里假定只与 R&D 的经费投入和从事 R&D 的人员相关，可通过线性拟合的方式来确定这一部分的方程。自 2005 年起，江西省的 R&D 经费占 GDP 的比重整体上维持上涨的趋势。此外，在江西省总人口的就业人口中，从事 R&D 的人口只占就业人口很小的一部分。隋广军等（2005）认为，技术创新是高科技产业发展的起点，地区的技术创新难以衡量，因此可以采用专利数来衡量地区技术创新的水平。此外，高科技产业产值受 R&D 政策等多方面因素的影响，考虑模型的结构和数据易获得性，此处选取 R&D 经费代表科技和政策的双重作用。总体来说，采用机构经费内部支出、科技活动人员及国内三种专利授权数合计作为高科技产业增加值的主要影响因素来进行线性拟合（见表 4-2）。此外，在系统之间，技术的进步也会影响人口的死亡率。

**表 4-2 高科技产业增加值方程的拟合数据**

| 年份 | 机构经费内部支出（万元） | 科技活动人员（人） | 国内三种专利授权数合计（件） | 高新技术产业增加值（亿元） |
|---|---|---|---|---|
| 2005 | 214457 | 41963 | 258425 | 141.66 |
| 2006 | 274145 | 71484 | 347635 | 331.56 |
| 2007 | 324245 | 72650 | 398901.7 | 445.6 |
| 2008 | 381623 | 72679 | 456310 | 586 |
| 2009 | 626575.05 | 87652.5 | 716236.55 | 755.7 |
| 2010 | 871527.1 | 102626 | 976163.1 | 1037.5 |
| 2011 | 967529.2 | 112165 | 1081705.2 | 1432 |
| 2012 | 1136552 | 112168 | 1250732 | 1856.7 |
| 2013 | 1354972 | 135437 | 1492422 | 2289.6 |
| 2014 | 1531114 | 155820 | 1688948 | 2611.9 |
| 2015 | 1731820 | 155820 | 1889655 | 3318.1 |

注：2009 年机构经费内部支出及科技活动人员数据缺失，采用 2008 年和 2010 年的数据平均值代替，2015 年的科技活动人员数据缺失采用 2014 年的科技活动人员数据代替。国内三种专利分别是指发明专利、实用新型专利、外观设计专利。

科技子系统包含的变量如表 4-3 所示。

**表 4-3 科技子系统的变量**

| 子系统 | 变量 |
|---|---|
| 科技子系统 | R&D 经费、R&D 经费占 GDP 比重、R&D 人员、R&D 人员占就业人口比重、高技术产业产值增加额、高技术产业总产值、zl（专利数） |

## （三）经济子系统

经济子系统以 GDP 为核心，构造了一个由 GDP 为状态变量的子系统。经济子系统的发展和人口以及全社会固定资产投资密切相关，根据柯布—道格拉斯生产函数的一般形式：$GDP=AK^{\alpha}L^{\beta}\mu$，其中，A 代表技术进步的效率，K、L 分别表示资本和劳动要素，α 和 β 分别代表它们对经济增长的贡献。因此，在这里采用全社会固定资产投资和就业人口来拟合经济的增加值，表示就业人口和全社会固定资产投资对经济增加值的影响（见表 4-4）。经济发展的结果也分为 3 个部分，分别是第一产业、第二产业、第三产业，不同产业在国民生产总值中的比重不同，但随着经济发展质量的提升和产业结构优化的不断升级，第二产业和第三产业在经济中的比重还将进一步提升。在第二产业中，以工业为主，工业的发展会直接提高污染物的排放量。当然，经济的增长也会推动技术的进步，并提高污染物的处理或利用率。

**表 4-4　GDP 增加值方程的拟合数据**

| 年份 | GDP 增加值（亿元） | 固定资产投资（亿元） | 就业人口（万人） |
| --- | --- | --- | --- |
| 2005 | 600. 06 | 2168. 9712 | 2276. 71 |
| 2006 | 763. 77 | 2683. 5744 | 2321. 07 |
| 2007 | 979. 72 | 3301. 9427 | 2369. 55 |
| 2008 | 1170. 8 | 4345. 4333 | 2404. 50 |
| 2009 | 684. 13 | 5693. 1422 | 2445. 20 |
| 2010 | 1796. 08 | 7164. 6250 | 2498. 76 |
| 2011 | 2251. 56 | 8737. 5985 | 2532. 63 |
| 2012 | 1246. 06 | 10774. 1579 | 2555. 95 |
| 2013 | 1461. 31 | 12850. 2527 | 2588. 72 |
| 2014 | 1304. 44 | 15079. 2554 | 2603. 30 |
| 2015 | 1009. 15 | 17388. 1278 | 2615. 78 |

根据《中国统计年鉴（2018）》，江西省在中国的 GDP 排名第 16，处于中下游。另外，江西省 2017 年的第一产业比例、第二产业比例以及第三产业比例分别为 9. 17%、48. 12%、42. 7%，经济的发展以第二产业和第三产业为主。根据《江西统计年鉴（2015）》，2001~2014 年，江西省的经济平均经济增长速度为 11. 9%，仍然处于发展赶超的状态。2014 年，江西省的城镇住户人均年可支配收入、农村住户人均年可支配收入分别为 24309. 2 元、10116. 6 元，2001~2014 年，城镇住户人均年可支配收入、农村住户人均年可支配收入的平均增长速度均为 11. 8%，增速较快。

经济子系统具体包含的变量如表 4-5 所示。

表 4-5　经济子系统的变量

| 子系统 | 变量 |
| --- | --- |
| 经济子系统 | GDP、GDPR、固定资产投资表函数、就业人数、第一产业产值、第一产业产值比例、第二产业产值、第二产业产值比例、第三产业产值、第三产业产值比例、财政收入、人均 GDP、GDZCB、就业率表函数、工业产业产值、单位 GDP 财政收入、环保污染治理投资、单个项目投资额、竣工项目数量、环保投资比例、环保污染治理投资占 GDP 比重、环保投资总额 |

## （四）生态子系统

生态子系统主要包含两个部分，第一部分是区域的造林总面积。江西省 2005 年的森林覆盖率为 55.86%，处于全国前列，而福建省的森林覆盖面积持续位居全国第一，2017 年为 65.95%。由于森林面积的覆盖率是存在极限的，为了简化起见，将福建省 2017 年的森林覆盖率作为江西省的森林面积的极限值，人为设置一个极限值，采用逻辑函数将森林面积达到极限值后的造林面积增加值设为 0，根据统计年鉴，江西省的面积总共为 16.69 万平方千米，假设江西省的累计造林面积的极限值为 168 万公顷，区域的造林面积和财政收入以及环保投资额是直接相关的，假设财政收入的增加会推动环保投资的增加，环保投资的增加会推动退耕还林投资额的增加。此外，江西省在 2008 年开始了“一大四小”的绿化工程的建设，作为一个外生的政策冲击变量，很难量化它的影响，其根据每年政策的力度会对江西省的造林面积有不同的影响，因为外生的政策冲击，可能会使仿真值和历史实际值的差异过大。第二部分是区域污染物的排放。区域污染物的排放主要是废水、废气和固体废弃物，在生态子系统内部，废水、废气和固体废弃物造成的污染会导致经济损失，环境污染程度由废水、废气以及固体废弃物的存量来表示，这一存量是排放量和处理量的差值的累积；系统之间，人口生活、经济生产是主要的废水、废气和固体废弃物排放来源，废水、废气和固体废弃物的处理率从侧面反映出环境治理的技术水平，且受技术水平和环保机制的综合影响，废水、废气和固体废弃物存量增加意味着环境污染加剧，环境破坏会影响人口出生率。而且，不同废弃物排放的来源并不同，但总体可以归类为经济生产和人口生活两类。其中，废水的主要来源为城镇人口和农村人口生活所产生的生活废水排放以及工业生产和第三产业生产造成的废水。废气包括二氧化硫和氮氧化物，其主要来源为经济生产推动的废气排放，二氧化硫的排放量采用经济生产总值和单位二氧化硫排放的产出来表示，氮氧化物的排放量根据经济产值和氮氧化物排放量的历史数据的比值的均值计算而得。固体废弃物存量来自经济生产和人群生活排放的固体废弃物和固体废弃物处理量的差值，在经济生产中产生的固体废弃物主要来源于工业生产，生活固体废弃物主要来自自然降解和生活固体废弃物的无害化处理，工业固体废弃物的处理主要来自自然降解和工业固体废弃物的综合利用，二氧化硫的排放主要来自经济增长，二氧化硫的处理主要来自工业二氧化硫的去除。事实上，二氧化硫的排放主要来自工业生产，来自生活的二氧化硫的排放量仅占一小部分。

在生态子系统中，环保投资、造林面积以及总称“三废”污染的废水、废气和固体废弃物，是主要的系统内包含的变量。绿色发展指数和绿色经济增加值分别代表人口生活与环境相适应的水平以及经济增长与环境协调发展的水平。单位 GDP 增加值能耗量表示经济发展的速度与资源环境消耗之间的关系或者是经济结构优化的质量，单位 GDP 增加值排污量表示经济发展的速度与环境污染物排放之间的关系或者是经济结构优化的质量。根据《中国绿色国民经济核算研究报告 2004》中的环境退化成本数据，2004 年水环境、大气环境、固体污染环境退化成本分别为 4.712 元/吨、4939.3 元/吨、7.07 元/吨。环境退化成本会由于通货膨胀等其他因素产生变化，因此本书以 2004 年为基期，采用定基比 GDP 指数来折算每年的单位环境退化成本，不同年份的单位环境退化成本通过表函数的形式来表示。环境退化成本由污染损失法计算而得，其中，水环境退化成本代表水环境的污染造成的经济损失，大气环境退化成本代表大气环境的污染造成的经济损失，固体污染退化成本代表土壤环境的污染所造成的经济损失。绿色经济增加值的数值是由经济增加值以及经济生产过程中的短缺经济损失和污染经济损失的差值计算而得。生态子系统具体包含的变量如表 4-6 所示。

**表 4-6 生态子系统的变量**

| 子系统 | 变量 |
| --- | --- |
| 生态子系统 | 经济绿色增加值、农村污水排放量、城市污水排放量、生活污水排放量、生活污水处理排放量、生活污水处理率、定基比 GDP 指数、定基比表函数、大气环境单位退化成本、固体污染单位退化成本、水环境单位退化成本、污染经济损失、经济绿色增加值、短缺经济损失、能源生产总量、能源生产总量表函数、损失系数、工业污水处理率、工业废水排放达标量、工业污水排放总量、“三废”排放量、单位经济增加值排放量、绿色发展指数、单位经济增加值能耗量、能源消费量、工业单产污水产生量、能源消费量表函数、单位三产污水产生量、单位 $SO_2$ 排放的产出（亿元/万吨）、$SO_2$ 未达标量、工业 $SO_2$ 排放达标率、固废处理水平因子、固体废弃物减少量、生活固废无害化处理率、生活固废减少量、自然降解系数、固体废弃物自然降解量、固体废弃物存量、人均固废排放量、生活固废排放量、固体废弃物增加量、工业固废产生量、万元工业产值固废产生量、工业固废减少量、工业固废综合利用率、单位耕地面积退耕还林投资额、退耕还林面积投资额、造林面积增加额、其他形式、退耕还林投资占环保投资比重 |

## 六、区域绿色竞争力模型的主要参数、方程及SD流图

### （一）区域绿色竞争力模型的主要参数及方程

区域绿色竞争力系统动力学模型中的部分参数是通过直接引用相关文献中的数

据、历年的统计数据计算而得或是标准化的数据。此外，还利用江西省的数据确定了模型中的部分参数，使用江西省的数据拟合了模型中的部分方程。需要特别说明的是，绿色发展指数中资源消耗和污染物排放两个参数的取值借鉴苏利阳等（2013）的研究结果，将其模型中的资源消耗和污染物排放两个变量的权重分别赋值为 0.4 和 0.6。模型中主要参数及方程如表 4-7 所示，主要变量、数值及来源如表 4-8 所示。

**表 4-7　区域绿色竞争力模型的主要参数及方程**

| 变量 | 方程 |
| --- | --- |
| 净增长 | 自然增长-净迁移人口 |
| 城镇人口 | 人口×城镇化率×城镇化因子 |
| 出生率 | （16.1142-0.321517×LN（固体废弃物存量））/1000 ×生育影响因子 |
| 死亡率 | （5.37999+0.102648×LN（高技术产业总产值））/1000 |
| GDPR | （-19244.4-0.155207×固定资产投资表函数+8.78112×就业人数）/10000 |
| 固体废弃物存量 | 固体废弃物增加量-固体废弃物减少量-固体废弃物自然降解量 |
| 生活污水排放量 | 农村污水排放量+城市污水排放量 |
| 工业污水排放总量 | （工业产业产值×工业单产污水产生量+第三产业产值×单位三产污水产生量）×10000 |
| 固体废弃物存量 | 固体废弃物增加量-固体废弃物减少量-固体废弃物自然降解量 |
| “三废”排放量 | （固体废弃物增加量+工业污水排放总量+生活污水处理排放量） |
| 高技术产业产值增加额 | 71.4248+0.00279107×R&D 人员+0.0120012×R&D 经费+0.0139117×专利数 |
| 绿色发展指数 | 1-（0.4×单位经济增加值能耗量+单位经济增加值排放量×0.6） |
| 短缺经济损失 | 0.1906×（能源消费量-能源生产总量） |
| 绿色经济增加值 | GDPR-污染经济损失-短缺经济损失 |
| 污染经济损失 | [水环境单位退化成本×（工业污水排放总量-工业废水排放达标量+生活污水排放量-生活污水处理排放量）+固体污染单位退化成本×（固体废弃物增加量-固体废弃物减少量）+（$SO_2$ 未达标量+氮氧化物排放量）×大气环境单位退化成本]/$10^8$ |
| 高科技产业增加值 | 71.4248046608+0.000279107375008×R&D 科技活动人员+0.000120012063179×R&D 机构内部经费+0.0139116852601×专利数 |

注：污染经济损失的参数由消耗 1 单位万吨标准煤所产生的经济增加值的 2005～2015 年平均值计算得出；高科技产业增加值的方程由 2005～2015 年的数据拟合而成。

**表 4-8　区域绿色竞争力模型主要变量的数值及数据来源**

| 变量 | 数值 | 数据来源 |
| --- | --- | --- |
| 固体废弃物存量（初始值） | 708.1 | 万吨，2005 年生活垃圾未处理量与工业固体废物贮存量之和 |

续表

| 变量 | 数值 | 数据来源 |
| --- | --- | --- |
| 人均固废排放量 | 0.00000648417 | 万吨/人，2005~2013 年均值，2014 年之后无统计 |
| 生活固废无害化处理率 | 0.844 | 2005 年和 2006 年均值为 49.8%，2007~2013 年均值为 84.4% |
| 工业 $SO_2$ 排放达标率 | 0.54185 | 无量纲，2005 年数据，$\frac{\text{工业二氧化硫去除量}}{(\text{生活二氧化硫排放量+工业二氧化硫排放量})}$ |
| 生活污水处理率 | 0.5 | 无量纲，江西省的污水处理率 1997 年为 0，2009 年为 0.7，取 0.5 |
| R&D 人员占就业人口比重 | 0.002557 | 无量纲；2010~2015 年 R&D 人员占就业人口比重均值 |
| R&D 经费占 GDP 比重 | 0.0093 | 无量纲；2010~2015 年 R&D 内部经费占 GDP 比值均值 |
| 城镇化因子 | 1 | 无量纲；表示城镇化速度 |
| 净迁移人口 | 1046570 | 人，2010 年人口普查数据，迁入人口 48834 人，迁出人口 1095401 人，数据来源：中国 2010 年人口普查资料 |
| 自然降解系数 | 0.02 | 无量纲，刘洪波等（2017） |
| 农村人口人均生活污水排放量 | 24.521 | 吨/人，取 2000 年数据 |
| 城镇人口人均生活污水排放量 | 33.6 | 吨/人，取 2000 年数据 |
| 定基比 GDP 指数 |  | 无量纲，《中国统计年鉴》的地区生产总值指数 |
| 损失系数 | 0.02943 | 2005~2015 年能源损失量/能源生产量平均值 |
| 固体污染单位退化成本 | 7.07 | 元/吨，张旭和王纬文（2018） |
| 水环境单位退化成本 | 4.712 | 元/吨，张旭和王纬文（2018） |
| 大气环境单位退化成本 | 4939.3 | 元/吨，张旭和王纬文（2018） |
| 生活固废无害化处理率 | 0.844 | 无量纲，取 2007~2013 年均值 84.4% |
| 单位产值氮氧化物排放量 | 0.00438406 | 万吨/亿元，取 2012 年数据 |
| 排放单位 $CO_2$ 的产出 | 0.5585 | 亿元/万吨，取 2005~2010 年数据均值 |
| 排放单位 $SO_2$ 的产出 | 123.91 | 亿元/万吨，取 2005~2010 年数据均值 |

## （二）区域绿色竞争力模型的系统动力学流图

系统动力学模型中包含有不同的变量，如状态变量（水平变量）、速率变量、辅助变量、常数等。不同的变量具有不同的功能，系统动力学的结构模型能完整地反映这些变量间的相互作用关系，根据对上述不同子系统的分析，建立相应的子系统结构模型，将子系统相互连接就构成了区域绿色竞争力的系统动力学结构模型（见图 4-2）。

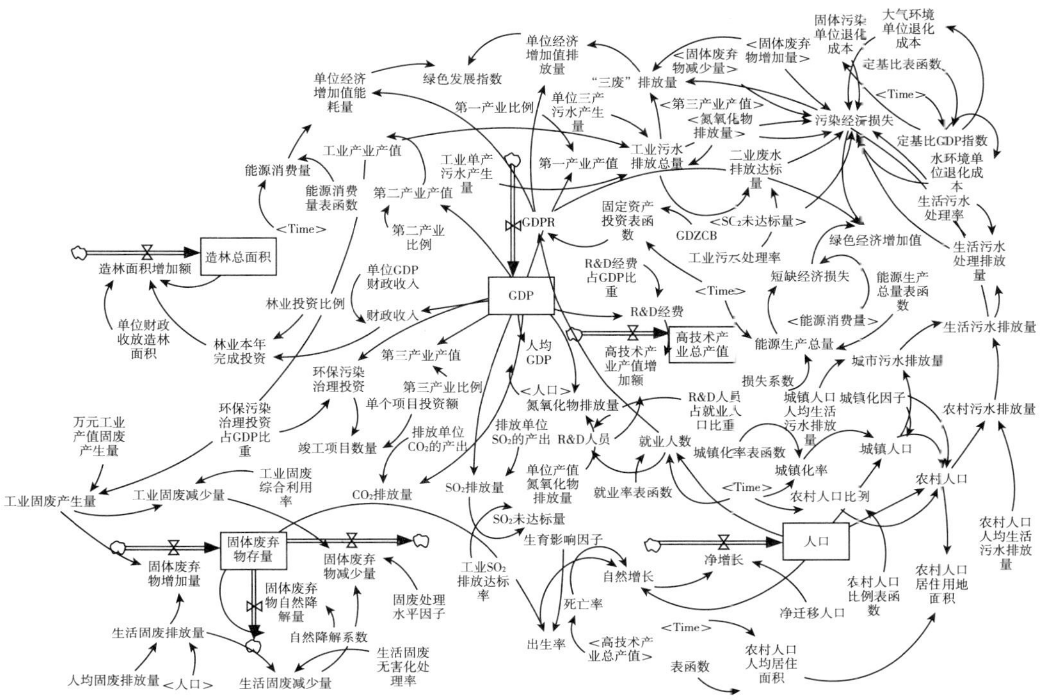


**图 4-2 区域绿色竞争力的系统动力学结构模型**

# 第三章
# 区域绿色竞争力模型的政策仿真

## 一、区域绿色竞争力模型的检验

区域绿色竞争力的系统动力学模型需要进行检验，以确定它的可靠性和有效性。系统动力学模型的检验一般分为直观检验、单位检验、灵敏度检验和历史拟合优度检验，一般常用的对模型的可靠性和有效性检验较好的方法是历史拟合优度检验，将模型的仿真值和实际的历史发生值进行对比，误差较小基本可以确定系统动力学模型的有效性和可靠性（一般而言，系统动力学模型使用更多的是进行趋势预测，误差在30%以内就可接受）。

### （一）直观检验

通过运行Vensim软件，对现状仿真预测值与历史实际数据的图形对比，发现各主要变量的仿真预测值与历史实际数据基本吻合，模型的结果较为可靠，如图4-3至图4-6所示。

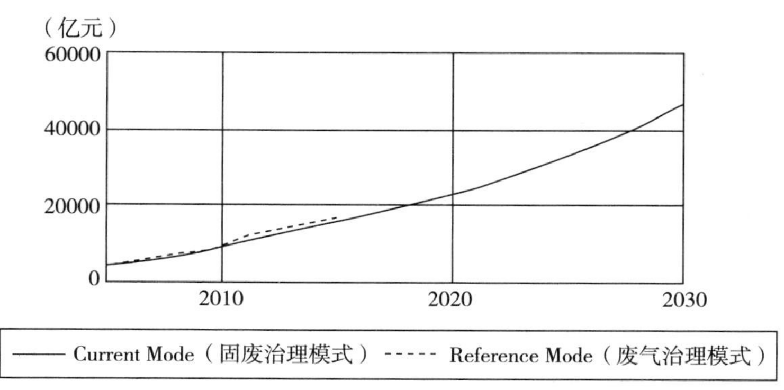


**图4-3　GDP的仿真值与实际值**

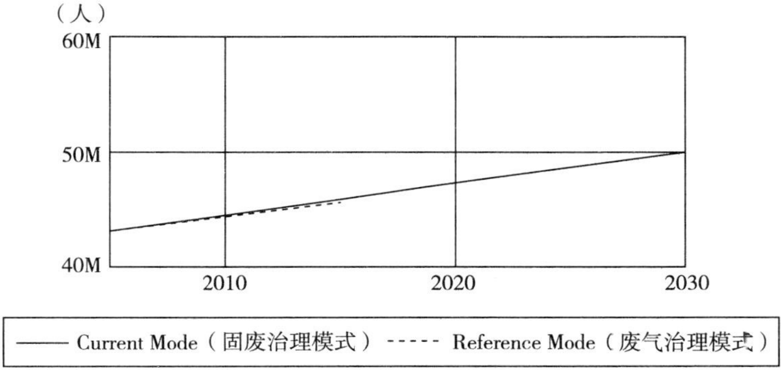


**图 4-4　人口总量的仿真值与实际值**

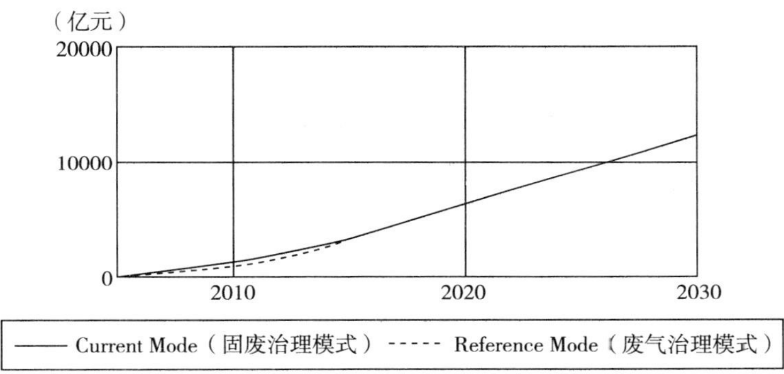


**图 4-5　高科技产业总产值仿真值与实际值**

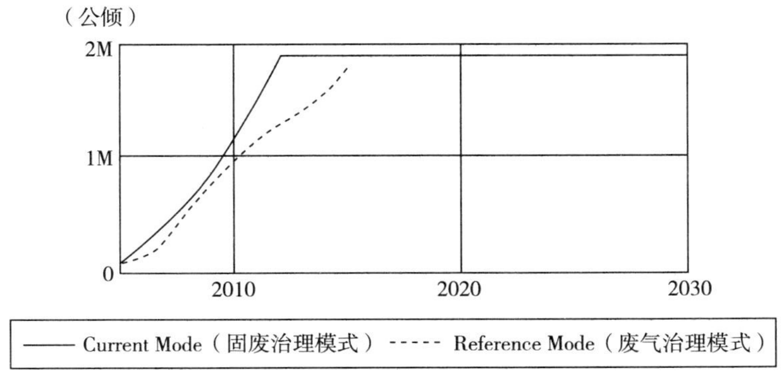


**图 4-6　造林总面积仿真值与实际值**

## （二）历史拟合优度检验

以 GDP、人口总量、高科技产业总产值和造林总面积的实际数据作为历史变量，来比较仿真值和实际值的偏差（Current Mode 为仿真预测数据曲线；Reference Mode 为历史实际数据曲线），两者误差在可接受的范围内，则认为所建立的系统动力学模型比较可靠和准确。以江西省 2005~2030 年为系统动力学模型的仿真预测区间，将 2005~2015 年的仿真预测数据与实际的历史数据进行比较，并计算出每年模拟的误差，据此可以得出系统动力学模型中的每个主要变量的历史拟合优度值（见表 4-9）。

**表 4-9　历史实际值与仿真模拟值**

| 年份 | GDP（亿元） | | 人口总量（人） | | 高科技产业总产值（亿元） | | 造林总面积（公顷） | |
|---|---|---|---|---|---|---|---|---|
| | 历史实际值 | 仿真模拟值 | 历史实际值 | 仿真模拟值 | 历史实际值 | 仿真模拟值 | 历史实际值 | 仿真模拟值 |
| 2005 | 4056.76 | 4056.76 | 42974053 | 42974053 | 141.66 | 141.66 | 47600 | 47600 |
| 2006 | 4820.53 | 4661.35 | 43251863 | 43270500 | 331.56 | 396.528 | 111200 | 208288 |
| 2007 | 5800.25 | 5325.24 | 43537706 | 43560300 | 445.6 | 655.03 | 268600 | 392924 |
| 2008 | 6971.05 | 6315.58 | 43842582 | 43846200 | 586.0 | 924.453 | 535600 | 603857 |
| 2009 | 7655.18 | 7438.1 | 44161310 | 44129600 | 755.7 | 1199.52 | 764200 | 854018 |
| 2010 | 9451.26 | 8688.87 | 44472035 | 44410800 | 1037.5 | 1486.08 | 964980 | 1148640 |
| 2011 | 11702.82 | 10171.1 | 44753428 | 44690300 | 1432.0 | 1796.47 | 1129500 | 1492810 |
| 2012 | 12948.88 | 11715.4 | 44961844 | 44968300 | 1856.7 | 2126.22 | 1268150 | 1895690 |
| 2013 | 14410.19 | 13207.8 | 45130395 | 45244800 | 2289.6 | 2492.16 | 1421520 | 1895690 |
| 2014 | 15714.63 | 14714.4 | 45321538 | 45520200 | 2611.9 | 2888.62 | 1553490 | 1895690 |
| 2015 | 16723.78 | 16037.5 | 45538962 | 45794400 | 3318.1 | 3340.29 | 1787180 | 1895690 |

GDP、人口总量、高科技产业总产值、造林总面积的历史数据和模拟仿真数据的平均误差分别约为 0.09%、6.66%、29.11%、26.04%，误差处于正常范围内，表明所建立的模型是可靠有效的（见表 4-10）。

**表 4-10　历史数据检验误差**　　单位：%

| 年份 | GDP | 人口总量 | 高科技产业总产值 | 造林总面积 |
|---|---|---|---|---|
| 2005 | 0 | 0 | 0 | 0 |
| 2006 | -0.033021265 | 0.000430895 | 0.195946435 | 0.873093525 |
| 2007 | -0.081894746 | 0.000518952 | 0.469995512 | 0.46285927 |
| 2008 | -0.094027442 | 0.0000825225 | 0.577564846 | 0.127440254 |
| 2009 | -0.028357269 | -0.000718049 | 0.587296546 | 0.11753206 |
| 2010 | -0.080665435 | -0.001376933 | 0.432366265 | 0.190325188 |
| 2011 | -0.130884693 | -0.001410574 | 0.254518156 | 0.3216556 |
| 2012 | -0.095257659 | 0.000143588 | 0.145160769 | 0.494846824 |
| 2013 | -0.08344026 | 0.002534988 | 0.088469602 | 0.333565479 |

续表

| 年份 | GDP | 人口总量 | 高科技产业总产值 | 造林总面积 |
| --- | --- | --- | --- | --- |
| 2014 | -0.063649605 | 0.004383391 | 0.105945863 | 0.220278212 |
| 2015 | -0.041036177 | 0.005609219 | 0.006687562 | 0.060715765 |
| 平均误差 | -0.066566777 | 0.000927091 | 0.260359232 | 0.291119289 |

## 二、区域绿色竞争力模型的仿真模拟分析

### （一）基础模拟分析

现状模拟就是在现有的条件下，对区域绿色竞争力模型中的变量的未来发展状况进行预测，现状模拟中的主要观测变量为GDP、人口总量、高科技产业总产值、绿色发展指数和绿色经济增加值（见表4-11）。通过对区域绿色竞争力模型的现状模拟可知，江西省的绿色发展指数和绿色经济增加值虽然在一段时期内有所下降，但长期趋势是稳步增长的。

**表4-11　现状模拟预测的监测变量数值变化**

| 年份 | 绿色发展指数（无量纲） | 绿色经济增加值（亿元） |
| --- | --- | --- |
| 2005 | -41.5129 | 83.335 |
| 2006 | -42.7959 | 93.2562 |
| 2007 | -32.0887 | 359.237 |
| 2008 | -33.0789 | 438.055 |
| 2009 | -34.5551 | 503.59 |
| 2010 | -33.6649 | 565.657 |
| 2011 | -37.5774 | 546.834 |
| 2012 | -44.6311 | 395.908 |
| 2013 | -49.6679 | 310.799 |
| 2014 | -62.9851 | -4.75403 |
| 2015 | -83.0141 | -384.628 |
| 2016 | -78.531 | -248.476 |
| 2017 | -75.5248 | -112.8 |
| 2018 | -73.5817 | 22.5175 |

续表

| 年份 | 绿色发展指数（无量纲） | 绿色经济增加值（亿元） |
|---|---|---|
| 2019 | -72.4299 | 157.57 |
| 2020 | -71.8833 | 292.42 |
| 2021 | -71.8098 | 427.126 |
| 2022 | -72.1133 | 561.73 |
| 2023 | -72.7222 | 696.265 |
| 2024 | -73.5817 | 830.762 |
| 2025 | -74.6496 | 965.244 |
| 2026 | -75.8925 | 1099.73 |
| 2027 | -77.2836 | 1234.25 |
| 2028 | -78.8016 | 1368.8 |
| 2029 | -80.4287 | 1503.41 |
| 2030 | -82.1504 | 1638.09 |

### （二）政策方案的设计

对区域绿色竞争力的系统动力学模型进行政策仿真的目的主要是为提升区域绿色竞争力寻求一条可靠的路径。也就是说，经济的发展应以绿色为核心，以人与自然的包容性增长为模式，在不以牺牲生态环境为代价的前提下实现经济的良性发展。从这方面出发构造系统动力学模型的不同仿真模式，以期发现提升区域绿色竞争力的优化组合政策，找到一条相对最优的路径。

此外，根据生态承载力理论，环境具有承载一定的污染物容量的能力以及通过对污染物的自然降解，使自然生态系统具有一定的弹性，但超过一定承载容量极限后，生态系统将会崩溃并且修复难度极大。因此对于环境污染物的排放主要从两个方面来进行控制，从源头和末端分别进行治理：在源头，提高人群生活和经济生产的绿色化程度；在末端，技术的进步可以提高对污染物的处理效率。

因此，应从污染治理、经济结构的改进和人口生活水平的改变三方面来进行政策仿真方案的设计。①对于污染治理，从控污和治污的角度出发，分别设计了对固废、废气和废水治理加强的模式，对于固废：提高固体废弃物的处理水平和生活固体废弃物的无害化处理率，以降低人均固废的排放量；对于废水：降低城镇人口和农村人口的生活污水排放量和提高工业及生活的污水处理率；对于废气：主要是加强对二氧化硫和氮氧化物排放量的处理，降低单位产值的废气排放量。②对于经济结构的改进，主要是根据江西省“十三五”规划文件要求进行设计和构造，“十三五”规划中明确了江西省在今后经济发展中应以新型工业化为核心，推进农业和服务业的发展，通过改变不同产业产值在经济总值中的比例，实现经济结构的优化。

技术进步模式的设计主要是从提升高科技产业的目标出发进行设计的，在这里表现为改变 R&D 人员的数量和 R&D 的经费支出，改变这两个因素，来监测变量的变化情况。在这里选取10%作为政策干预点的调整区间，是因为10%是一个适中的比例，并同时比较20%调整方式下的政策效果。选取不同的政策干预点作为控制变量，以绿色发展指数和绿色经济增加值作为监测变量不同的政策仿真方案代表不同的政策组合，并将不同政策组合的最后结果进行横向比较，最后，根据政策仿真方案中的最优结果来进行政策建议。不同政策仿真方案的设计干预点及参数的调整方式如表4-12所示。

**表 4-12　10%调整方式下的政策仿真模式**

| 城镇化率提速模式 | | | |
|---|---|---|---|
| 参数 | 初始值 | 10%调整方式 | 调整值 |
| 城镇化因子 | 1 | 1.1 | 1.1 |
| 生育影响因子 | 1 | 1.1 | 1.1 |
| 产业结构优化模式 | | | |
| 参数 | 初始值 | 10%调整方式 | 调整值 |
| 第一产业比例 | 0.1347 | 1.1 | 0.14817 |
| 第二产业比例 | 0.518 | — | 0.48706 |
| 第三产业比例 | 0.3474 | 1.1 | 0.36477 |
| 污水治理加强模式 | | | |
| 参数 | 初始值 | 10%调整方式 | 调整值 |
| 工业单产污水产生量 | 0.0197 | 0.9 | 0.01773 |
| 单位三产污水产生量 | 0.0018 | 0.9 | 0.00162 |
| 工业污水处理率 | 0.687 | 1.1 | 0.7557 |
| 城镇人口人均生活污水排放量 | 33.6 | 0.9 | 30.24 |
| 农村人口人均生活污水排放量 | 24.521 | 0.9 | 22.0689 |
| 生活污水处理率 | 0.5 | 1.1 | 0.55 |
| 固废治理加强模式 | | | |
| 参数 | 初始值 | 10%调整方式 | 调整值 |
| 万元工业产值固废产生量 | 0.26 | 0.9 | 0.234 |
| 工业固废综合利用率 | 0.454 | 1.1 | 0.4994 |
| 人均固废排放量 | 6.48417e-06 | 0.9 | 5.835753e-06 |
| 固废处理水平因子 | 1 | 1.1 | 1.1 |
| 生活固废无害化处理率 | 0.844 | 1.1 | 0.9284 |

续表

| 废气治理加强模式 | | | |
|---|---|---|---|
| 参数 | 初始值 | 10%调整方式 | 调整值 |
| 工业 $SO_2$ 排放达标率 | 0. 54185 | 1. 1 | 0. 596035 |
| 排放单位 $SO_2$ 的产出 | 123. 91 | 1. 1 | 136. 301 |
| 排放单位 $CO_2$ 的产出 | 0. 5585 | 1. 1 | 0. 61435 |
| 单位产值氮氧化物排放量 | 0. 00438406 | 0. 9 | 0. 003945654 |
| 技术进步模式 | | | |
| 参数 | 初始值 | 10%调整方式 | 调整值 |
| R&D 经费占 GDP 比重 | 0. 0093 | 1. 1 | 0. 01023 |
| R&D 人员占就业人口比重 | 0. 002557 | 1. 1 | 0. 0028127 |

根据不同的政策仿真方案的设计得到以下结果：

城镇化率提速模式相对于现状仿真模式而言就是提升城镇化水平和提高人口出生率。在这种模式下，绿色发展指数相对于现状模拟模式总体提升了 8. 23%（取绝对值）；绿色经济增加值相对于现状模拟模式总体提升了 37. 16%（剔除了异常结果后的平均值）（见表 4-13）。

**表 4-13　城镇化率提速模式下的政策仿真结果**

| 年份 | 绿色发展指数（无量纲） | 绿色经济增加值（亿元） |
|---|---|---|
| 2005 | -41. 5653 | 82. 7734 |
| 2006 | -41. 0628 | 120. 761 |
| 2007 | -30. 4614 | 415. 801 |
| 2008 | -31. 0486 | 524. 148 |
| 2009 | -32. 2219 | 620. 097 |
| 2010 | -31. 4848 | 714. 184 |
| 2011 | -34. 9346 | 727. 191 |
| 2012 | -40. 9211 | 608. 354 |
| 2013 | -45. 1348 | 556. 698 |
| 2014 | -55. 5055 | 273. 169 |
| 2015 | -69. 6381 | -74. 8639 |
| 2016 | -66. 9271 | 94. 0035 |
| 2017 | -65. 2857 | 262. 665 |
| 2018 | -64. 424 | 431. 245 |
| 2019 | -64. 1484 | 599. 835 |
| 2020 | -64. 3247 | 768. 504 |

续表

| 年份 | 绿色发展指数（无量纲） | 绿色经济增加值（亿元） |
|---|---|---|
| 2021 | -64.8563 | 937.311 |
| 2022 | -65.6728 | 1106.29 |
| 2023 | -66.7206 | 1275.5 |
| 2024 | -67.959 | 1444.95 |
| 2025 | -69.3562 | 1614.68 |
| 2026 | -70.8869 | 1784.7 |
| 2027 | -72.5308 | 1955.05 |
| 2028 | -74.2715 | 2125.74 |
| 2029 | -76.0955 | 2296.78 |
| 2030 | -77.9916 | 2468.2 |

产业结构优化模式相对于现状仿真模式而言就是调整不同产业在经济结构中的比例。在这种模式下，绿色发展指数相对于现状模拟模式总体提升了197.72%；绿色经济增加值相对于现状模拟模式降低了7.34%（见表4-14）。

**表4-14　产业结构优化模式下的政策仿真结果**

| 年份 | 绿色发展指数（无量纲） | 绿色经济增加值（亿元） |
|---|---|---|
| 2005 | 41.0249 | 83.336 |
| 2006 | 42.2243 | 93.2575 |
| 2007 | 32.138 | 359.338 |
| 2008 | 33.0774 | 438.324 |
| 2009 | 34.4694 | 504.077 |
| 2010 | 33.6343 | 566.407 |
| 2011 | 37.3179 | 547.886 |
| 2012 | 43.9704 | 397.28 |
| 2013 | 48.7148 | 312.528 |
| 2014 | 61.2417 | -2.66406 |
| 2015 | 80.0615 | -382.157 |
| 2016 | 75.8716 | -245.611 |
| 2017 | 73.069 | -109.526 |
| 2018 | 71.2657 | 26.2103 |
| 2019 | 70.2058 | 161.691 |
| 2020 | 69.7144 | 296.982 |
| 2021 | 69.6676 | 432.136 |
| 2022 | 69.975 | 567.197 |

续表

| 年份 | 绿色发展指数（无量纲） | 绿色经济增加值（亿元） |
|---|---|---|
| 2023 | 70.5693 | 702.195 |
| 2024 | 71.3991 | 837.164 |
| 2025 | 72.4246 | 972.126 |
| 2026 | 73.6144 | 1107.1 |
| 2027 | 74.9435 | 1242.11 |
| 2028 | 76.3917 | 1377.17 |
| 2029 | 77.9423 | 1512.29 |
| 2030 | 79.5819 | 1647.48 |

污水治理加强模式相对于现状仿真模式而言，就是提升工业污水的处理率、提高生活污水的处理率以及转变生活模式降低人均用水的水平。在这种模式下，绿色发展指数相对于现状模拟模式总体提升了 193.21%；绿色经济增加值相对于现状模拟模式总体提升了 5.97%（见表 4-15）。

**表 4-15　污水治理加强模式下的政策仿真结果**

| 年份 | 绿色发展指数（无量纲） | 绿色经济增加值（亿元） |
|---|---|---|
| 2005 | 39.2653 | 89.7072 |
| 2006 | 40.3833 | 100.495 |
| 2007 | 30.7315 | 367.521 |
| 2008 | 31.61 | 447.541 |
| 2009 | 32.9226 | 514.454 |
| 2010 | 32.1122 | 578.157 |
| 2011 | 35.6122 | 561.062 |
| 2012 | 41.945 | 411.892 |
| 2013 | 46.4604 | 328.583 |
| 2014 | 58.4028 | 14.9575 |
| 2015 | 76.368 | -362.899 |
| 2016 | 72.3629 | -226.615 |
| 2017 | 69.681 | -90.8087 |
| 2018 | 67.9517 | 44.6395 |
| 2019 | 66.9313 | 179.823 |
| 2020 | 66.453 | 314.804 |
| 2021 | 66.3987 | 449.64 |
| 2022 | 66.6822 | 584.375 |
| 2023 | 67.2392 | 719.041 |

续表

| 年份 | 绿色发展指数（无量纲） | 绿色经济增加值（亿元） |
|---|---|---|
| 2024 | 68. 0208 | 853. 67 |
| 2025 | 68. 9891 | 988. 283 |
| 2026 | 70. 1142 | 1122. 9 |
| 2027 | 71. 372 | 1257. 55 |
| 2028 | 72. 7435 | 1392. 23 |
| 2029 | 74. 2129 | 1526. 98 |
| 2030 | 75. 7669 | 1661. 79 |

固废治理加强模式相对于现状仿真模式而言，就是提升固废的综合利用率和生活固废的无害化率。在这种模式下，绿色发展指数相对于现状模拟模式总体提升了202. 16%；绿色经济增加值相对于现状模拟模式总体提升了 6. 96%（剔除了异常结果后的平均值）（见表 4-16）。

**表 4-16　固废治理加强模式下的政策仿真结果**

| 年份 | 绿色发展指数（无量纲） | 绿色经济增加值（亿元） |
|---|---|---|
| 2005 | 42. 9386 | 83. 335 |
| 2006 | 44. 2271 | 93. 2562 |
| 2007 | 33. 649 | 360. 033 |
| 2008 | 34. 6301 | 440. 185 |
| 2009 | 36. 0826 | 507. 447 |
| 2010 | 35. 2096 | 571. 566 |
| 2011 | 39. 0609 | 554. 994 |
| 2012 | 45. 9992 | 406. 464 |
| 2013 | 50. 9363 | 323. 922 |
| 2014 | 63. 9248 | 10. 9277 |
| 2015 | 83. 3052 | -366. 352 |
| 2016 | 78. 9895 | -227. 543 |
| 2017 | 76. 117 | -89. 1748 |
| 2018 | 74. 2835 | 48. 8665 |
| 2019 | 73. 2228 | 186. 673 |
| 2020 | 72. 7534 | 324. 302 |
| 2021 | 72. 7462 | 461. 806 |
| 2022 | 73. 1071 | 599. 229 |
| 2023 | 73. 7661 | 736. 607 |
| 2024 | 74. 6699 | 873. 963 |

续表

| 年份 | 绿色发展指数（无量纲） | 绿色经济增加值（亿元） |
|---|---|---|
| 2025 | 75.777 | 1011.32 |
| 2026 | 77.0548 | 1148.7 |
| 2027 | 78.4772 | 1286.13 |
| 2028 | 80.0234 | 1423.61 |
| 2029 | 81.676 | 1561.17 |
| 2030 | 83.4207 | 1698.81 |

废气治理加强模式相对于现状仿真模式而言，就是提升二氧化硫排放的达标率以及在单位产出水平下降低氮氧化物的排放量。在这种模式下，绿色发展指数相对于现状模拟模式总体提升了 202.85%；绿色经济增加值相对于现状模拟模式总体提升了 0.0011%（见表 4-17）。

**表 4-17　废气治理加强模式下的政策仿真结果**

| 年份 | 绿色发展指数（无量纲） | 绿色经济增加值（亿元） |
|---|---|---|
| 2005 | 42.9458 | 83.3353 |
| 2006 | 44.2343 | 93.2565 |
| 2007 | 33.6805 | 359.237 |
| 2008 | 34.6952 | 438.056 |
| 2009 | 36.1833 | 503.591 |
| 2010 | 35.3259 | 565.658 |
| 2011 | 39.2227 | 546.836 |
| 2012 | 46.2479 | 395.909 |
| 2013 | 51.2653 | 310.801 |
| 2014 | 64.498 | -4.75134 |
| 2015 | 84.3973 | -384.625 |
| 2016 | 79.983 | -248.473 |
| 2017 | 77.0316 | -112.797 |
| 2018 | 75.1333 | 22.5214 |
| 2019 | 74.0188 | 157.574 |
| 2020 | 73.5036 | 292.425 |
| 2021 | 73.4571 | 427.131 |
| 2022 | 73.784 | 561.736 |
| 2023 | 74.4133 | 696.271 |
| 2024 | 75.2909 | 830.769 |
| 2025 | 76.3749 | 965.251 |

续表

| 年份 | 绿色发展指数（无量纲） | 绿色经济增加值（亿元） |
|---|---|---|
| 2026 | 77. 6321 | 1099. 74 |
| 2027 | 79. 0362 | 1234. 25 |
| 2028 | 80. 5659 | 1368. 81 |
| 2029 | 82. 2037 | 1503. 42 |
| 2030 | 83. 3952 | 1638. 1 |

技术进步模式相对于现状仿真模式而言，就是加大 R&D 的投入，包括教育和科研经费的投入。在这种模式下，绿色发展指数相对于现状模拟模式总体提升了 202. 96%；绿色经济增加值相对于现状模拟模式总体提升了 0. 425%（见表 4-18）。

**表 4-18 技术进步模式下的政策仿真结果**

| 年份 | 绿色发展指数（无量纲） | 绿色经济增加值（亿元） |
|---|---|---|
| 2005 | 42. 9458 | 83. 335 |
| 2006 | 44. 2343 | 93. 2562 |
| 2007 | 33. 6833 | 359. 151 |
| 2008 | 34. 7006 | 437. 863 |
| 2009 | 36. 1908 | 503. 281 |
| 2010 | 35. 3339 | 565. 22 |
| 2011 | 39. 2331 | 546. 268 |
| 2012 | 46. 2634 | 395. 208 |
| 2013 | 51. 2849 | 309. 962 |
| 2014 | 64. 5319 | -5. 72412 |
| 2015 | 84. 4608 | -385. 725 |
| 2016 | 80. 039 | -249. 702 |
| 2017 | 77. 0812 | -114. 149 |
| 2018 | 75. 1774 | 21. 0549 |
| 2019 | 74. 0585 | 155. 989 |
| 2020 | 73. 5394 | 290. 73 |
| 2021 | 74. 4897 | 425. 325 |
| 2022 | 73. 8138 | 559. 817 |
| 2023 | 74. 4407 | 694. 243 |
| 2024 | 75. 3163 | 828. 629 |
| 2025 | 76. 3983 | 963. 002 |
| 2026 | 77. 6539 | 1097. 38 |
| 2027 | 79. 0565 | 1231. 79 |

续表

| 年份 | 绿色发展指数（无量纲） | 绿色经济增加值（亿元） |
| --- | --- | --- |
| 2028 | 80.5848 | 1366.23 |
| 2029 | 82.2214 | 1500.74 |
| 2030 | 83.9517 | 1635.31 |

### （三）政策结论

在不同的仿真模式中，技术进步模式对于提升绿色发展指数的效果最大，城镇化率提升模式对于提升绿色经济增加值的效果最大。因此，采用这两种政策仿真模式的组合政策可以更好地综合提升绿色发展指数和绿色经济增加值，进而提升经济生产和经济发展结果的绿色化程度。综上所述，加速城镇化、提升人口出生率和提高 R&D 的投入，有利于区域经济的绿色发展，提升区域的绿色竞争力。因此，要实现江西省的绿色发展应该从两方面入手：一方面，在城镇化率提速模式下以优先加快城镇化建设速度和鼓励二胎生育为主，加快城镇化的建设速度有利于实现经济的结构转型，鼓励二胎生育有利于缓解我国人口老龄化和人口红利消失的问题，有利于增加经济体系内的绿色产出。另一方面，在技术进步模式下加大对教育经费和科研经费的投入，教育经费投入的增加有利于提升人口的知识水平，提升高素质人才比例，加大科研经费的投入有利于增加科研成果的产出，提升创新能力进而推进经济体系的绿色生产。

# 第五篇

# 区域绿色竞争力行为主体的演化博弈分析及策略研究

改革开放以来，我国经济实现了高速增长，2010 年成为世界第二大经济体。但不可否认的是我国的经济增长是以牺牲生态和环境为代价的。随着我国各个地区生态环境恶化问题的不断涌现，依靠牺牲生态环境来实现地区生产总值的行为已得到社会的普遍关注和重视。党的十八大和十九大报告提出了一系列企业技术转型和创新措施，强调了现阶段绿色发展和生态文明制度建设的重要性。因此，新形势下如何保证区域经济和生态环境协同发展成为摆在政府面前的一个重要的现实难题，绿色竞争力作为一个新兴的概念已逐步显示出它的重要性。

区域绿色竞争力的提升离不开政府、企业、社会公众等主体的共同作用，因此，通过探究区域绿色竞争力主体行为来研究促进区域绿色竞争力提升策略具有较强的必要性。故基于可持续发展、经济外部性、演化博弈等相关理论基础，本篇围绕“区域绿色竞争力”这个核心问题，首先对区域绿色竞争力的概念进行定义，并将其行为主体界定为政府、企业、社会公众、绿色组织和新闻媒体。其次探究五大主体行为的主要影响因素，并分析行为主体对区域绿色竞争力的作用机理。再次构建行为主体间的演化博弈模型求解系统的演化均衡策略，运用 Matlab 软件进行影响因素的仿真模拟，以期通过探究众多因素对行为主体决策的具体影响，进而对区域绿色竞争力提升提供有利的启示价值。最后对促进区域绿色竞争力提升提出对策建议：一要完善政府的奖励和惩罚机制；二要引入上级政府部门考核机制和保障机制；三要激发企业绿色创新生产动力；四要加强宣传教育，提高社会公众的绿色消费意识；五要加大绿色宣传力度，培养和发展绿色组织监督力量；六要完善信息公开制度，充分发挥新闻媒体舆论作用；七要健全监督机制，实现主体合作治理。

# 第一章

# 相关理论基础

## 一、可持续发展理论

可持续发展理论（Sustainable Development Theory）是指既满足当代人的需要，又不对后代人满足其需要的能力构成危害的发展。公平性、持续性和共同性是可持续发展的三大基本原则。公平性包括当代公平和代际公平两方面含义；持续性是指生态系统受到某种干扰时能保持其生产力的能力；共同性是指为了实现可持续发展的总目标，必须努力采取全球协调行动。从可持续发展理论上看，要实现区域可持续发展就要做到资源的最低消耗和循环利用以及注重生态环境的保护，综合考虑区域环保、生态、循环、低碳、健康和持续等因素来发展经济。区域绿色竞争力正是在区域可持续发展理论指导下发展形成的一种竞争力优势，区域绿色竞争力是区域实现可持续发展战略的重要手段和方法。

## 二、经济外部性理论

经济外部性是由著名经济学家马歇尔（1964）提出的，后得到一定程度的发展。经济外部性主要是主体在“理性经济人”的观念引导下，不考虑社会整体效益，只考虑自身的经济效益，导致经济活动缺乏效率以及资源配置无法达到帕累托最优状态。根据影响效果，外部性分为正外部性和负外部性。随着绿色理念不断深入人心，人们对全球性资源短缺和生态环境恶化问题越发关注，区域发展的目标不再局限于经济增长，而是更加注重以社会和谐、环境优美、科技创新和居民生活质量提高为标志的绿色发展。这说明区域绿色发展具有正外部性，这部分正外部性主要体现在减少水源污染、节约土地资源、降低二氧化碳排放等相关措施给社会带来的整体效益。然而，环境资源的公共属性，使其产权确定有很大的难度，加上区域绿色发展过程中的行为主体都是以实现自身利益最大化为目标的“理性人”，这就使在区域绿色发展具体实施过程中会负外部性而导致区域非绿色发展。这部分负外部性主要体现在企业在生产过程中以牺牲环境为代价进行污染生产，政府在行为决策时以“GDP 论英雄”而忽略生态保护，最终导致社会整体的福利减小。因此，要实现区域绿色竞争力提升，就要最大化降低负外部性和实现正外部性，外部性理论是解决这个问题的有效工具。根据经济学相关理论可知，外部不经济性可通过一定的制度设定使其内部化，区域绿色竞争力对整个社会环境都有正面影响，如果只让政府或社会公众等单个主体来买单，这对于政府或社会公众来说显然是不合理的，也是不公平的。因此必须综合考虑各个行为主体的收益与成本权衡，通过主体间的最优生态策略选择实现区域绿色竞争力提升。

## 三、演化博弈理论

演化博弈理论（Evolutionary Game Theory）是基于“有限理性”假设，将经典博弈与生物学进化论融合形成的一种思想理论，主要研究有限理性的参与者在重复博弈过程中如何通过调整自身行为来增加收益（威布尔，2014）。演化博弈理论实现了主体博弈分析与时间动态演化分析的结合，为人们理解各博弈主体之间的动态演化和在这一过程中各主体所做的行为选择，以及为何做出这样的选择提供了一个有益的探究方法。在一个完整的博弈过程中，应该包含博弈主体、策略空间、博弈顺序和博弈信息要素，具备了上述四个基本要素之后，一个经典博弈过程随之产生。

随着演化博弈理论的不断发展，系统论的视角得以应用，以群体作为研究对象，将群体间的博弈行为看作一个整体有序的系统，并且认为系统中的博弈方行为处于动态变化过程中，且不断地调整。这种采用演化博弈理论的“复制动态”分析框架适用于在学习速度较慢的大群体博弈中。区域绿色竞争力发展过程主要有政府、企业、社会公众、绿色组织和新闻媒体五类博弈群体。因为主要利益相关者都是较大群体，所以选用复制动态理论进行分析较为适合。由于客观环境的限制，政府部门、企业、社会公众群体、绿色组织和新闻媒体都具有有限理性的特点，在没有完全掌握信息的情况下，他们会通过不断学习、改变策略来实现目标利益最大化。通过构建主体博弈模型进行演化分析可知，在区域绿色竞争力发展的过程中，政府部门、企业、社会公众、绿色组织和新闻媒体的行为策略会依据参数的变化处于不同状态，这显然给促进区域竞争力的发展提供了另外一种思路。因此，借助演化博弈分析方法以及复制动态理论探讨绿色建筑的发展问题具有较强的可行性和适用性。

## 四、博弈论在绿色竞争力领域的运用

国内外不少学者都对区域绿色提升问题展开了探究。Bonifant 等（1995）、Lovins 等（1999）、黄燕琴（2016）、赵领娣等（2001）、孙潇慧和张晓青（2017）、李琳和王足（2017）等从宏观角度分析了绿色和创新对区域绿色发展的重要性。区域绿色发展作为一个复杂系统，其宏观变化适于从微观主体的行为规律找寻本源，不少学者开始运用博弈论思想从微观主体角度分析如何通过实现行为主体的绿色创新来提升绿色竞争力。Friedman 和 Fung（1996）运用演化博弈理论分析了有无贸易两种条件下对企业组织模式演变的影响。孙利娟等（2010）基于博弈论视角，通过构建政府、企业和个人三方参与主体的博弈模型分析得出，区域竞争力是区域内各个主体通过策略调整形成的一种组合竞争力。胡静锋（2011）用演化博弈分析方法探讨了地方政府和企业在建设低碳经济目标时博弈双方的互动机制，研究表明，要促使企业实施环保监管以及企业采用低碳技术，需要加强建设制度系统。王京安等（2012）通过演化博弈分析发现，政府政策的合理引导、企业自身技术条件的提高可促使企业逐步趋向低碳生产。Barari 等（2012）通过建立生产者和零售商之间的演化博弈模型来寻求环境和商业利益之间的协同联盟，以确定其触发绿色实践的策略。唐剑等（2014）通过构建竞合博弈模型分析指出，我国中小民营企业应该努力克服非绿色模式的路径依赖，通过争取有利的外部环境、合理运作战略联盟、区位优势指向实现合作与竞争等多种途径，自觉遵循集群内部竞争力演化的客观规律，不断提升自身持续生存和发展的能力。徐建中和吕希琛（2014）构建非对称动态演化博弈模型，讨论了低碳经济下政府、制造企业、社会公众三个利益主体的低碳决策行为的演化稳定状态及其对应的稳定条件。罗兴鹏和张向前（2016）构建了地方政府、企业、社会公众的演化博弈模型，通过分析三方主体行为决策的互动机制，得出企业实现绿色低碳转型的最优条件以构建福建生态文明。曹霞和张路蓬（2017）从利益相关者角度出发运用演化博弈理论分析了环境规制下的企业行为策略。

通过对区域绿色竞争力提升的相关研究可知，把博弈当成一种分析工具来研究复杂经济学系统是现今的主流方法。但相关文献主要集中于政府、企业和消费者三者的静态博弈或两者动态博弈，以促进企业结构转型或区域低碳发展，鲜有文献研究三者间的动态博弈或其他行为主体对区域绿色竞争力提升的影响。演化博弈论将演化动态和博弈理论有机融合，基于有限理性假说，认为博弈方在博弈中不断学习、迭代和认知，通过对均衡策略修正，最终达到稳定的最优策略（王京安等，2012）。这与区域绿色竞争力提升过程中行为主体博弈行为的特质相吻合。为此，本书选取演化博弈方法对区域绿色竞争力主体行为展开研究具有理论依据。

第二章

# 行为主体对区域绿色竞争力的作用机理分析

## 一、行为主体对区域绿色竞争力的作用机理

通过前文分析清晰地了解了区域绿色竞争力的主要影响主体及区域绿色竞争力发展的主要影响因素，基于上述基础，本节讨论行为主体对区域绿色竞争力的作用机理。

### （一）企业行为对区域绿色竞争力的作用机理

从企业角度，企业作为市场经济来源的生产者，其绿色生产是区域绿色竞争力的基本动力，只有企业大力发展绿色经济才能使区域整体趋向绿色发展。企业进行绿色生产行为的动因有两类：一是内部驱动力。企业是以获利为目的的营利性组织，追逐利润是其最大的本质特征。二是外部驱动力，即消费者消费需求的牵引和政府及社会监督者的制约和激励。可以看出，影响企业行为决策提升区域绿色竞争力的因素有营业收入、绿色生产的潜在收益（包括财税、土地等政策支持，银行贷款的政策倾斜，社会对企业形象的积极评价等）、绿色生产的额外成本和政府对企业的奖惩机制及社会监督力度等。

### （二）政府行为对区域绿色竞争力的作用机理

从政府角度，政府生态规制是区域绿色竞争发展的主要推力。没有政府的积极干预，资源、环境意识很难在企业的决策思维中占据重要地位。其动力主体作用主要是两方面：一是支持促进作用。政府加大对生态经济的支持与促进生态与经济融合来发展绿色竞争力，通过实施一系列激励政策为区域绿色经济的发展创造良好的外部环境。二是监督作用。政府通过制定绿色政策，颁布绿色法令等来对企业生产和社会公众消费进行监督管理使区域生产绿色 GDP、形成绿色供应链、绿色营销、

绿色消费、绿色科技进而区域绿色竞争力得到发展。

### （三）社会公众行为对区域绿色竞争力的作用机理

从社会公众角度，最广大的公民个体是社会经济活动的基础主体和动力主体。社会公众的绿色生活方式和绿色消费模式是区域绿色竞争力发展的重要拉力。社会公众作为动力主体是因为公众的需求带动消费形成经济，经济的发展离不开每一位社会公众。绿色消费又称生态消费，是一种全社会成员共同参与的消费行为，社会公众的绿色消费需求对市场供给具有导向作用，进而促使企业转向绿色生产。同时，社会公众还具有社会监督作用，社会公众作为广大人民利益的体现者，对政府、企业、绿色组织和新媒体社会行为的支持与否定态度都将影响他们的社会收益（或社会公信力），从而对政府、企业、绿色组织和新媒体的行为决策起到引导约束作用。

### （四）绿色组织行为对区域绿色竞争力的作用机理

从绿色组织角度，绿色组织一般是非营利性组织，包括行业协会、民间绿色组织和国际绿色和平组织等，其职能主要是支持绿色环保事业的发展。它可以进行绿色生态文化传播，进行生态教育和绿色理论的指导等使社会公众形成生态环保意识。同时，绿色组织还利用自己特有的优势与资源给企业提供生产环保绿色产品的知识支持、技术支持，使企业在愿意生产环保产品的同时也有能力生产环保产品。而且，一些非政府绿色环保团体经过市场化、专业化改造，成为绿色市场的主体力量和推进可持续发展的生力军。它们不仅致力于绿色宣传，还直接对市场中的生产经营活动发挥作用，一方面通过对企业和政府实施监督，对破坏环境和不利于持续发展的企业行为和政府行为施加压力；另一方面通过各种渠道募集了大量社会资本，并掌握着这些资金的流向。所以其可以作为区域绿色竞争力的动力主体。

### （五）新闻媒体行为对区域绿色竞争力的作用机理

从新闻媒体角度，新闻媒体在区域绿色发展的功能主要是社会信息整合的重要方式和应对非绿色危机的预警器。新闻报道所提供的大量破坏生态环境的触目惊心的事实，对于政府、企业和人民群众有着强烈的答示作用。所以，新闻媒体作为现代最普遍的信息传播和交流的渠道，新闻媒体在政府的有效监督下能够为区域发展绿色竞争力提供有力的舆论支持。而且新闻媒体在科学引导和培养公众绿色环保意识上肩负责任，它也是提高我国社会公众环保意识和推进我国环境保护工作的一项重要途径。

综上所述，企业、政府、社会公众、绿色组织和新媒体五方主体间相互作用，共同影响着区域绿色竞争力发展。其中政府作为国家利益的体现者，主要行使引导和监管作用；企业作为市场利益的代表者，主要行使市场调控作用；社会公众的消费需求对市场供给具有导向作用，但随着社会的进步和社会公民话语权的提高，社会公众更多地体现出社会监督作用，和绿色组织、新媒体作为社会监督者的三股强大力量共同对政府和企业行为进行监督，促进区域绿色发展。所以，企业、政府、社会公众、绿色组织和新媒体五方对区域绿色竞争力的作用机理又可以归纳为政府、企业和社会监督者对区域绿色竞争力的作用机理（见图 5-1）。

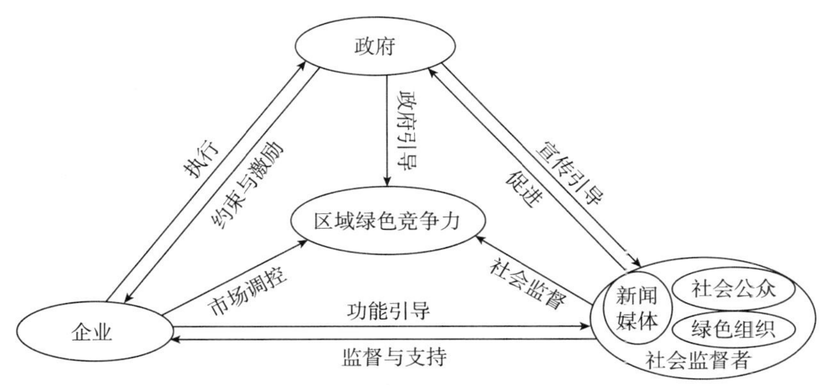


**图 5-1　行为主体对区域绿色竞争力的作用机理**

## 二、区域绿色竞争力影响因素识别

上一节通过对区域绿色竞争力的行为主体的界定，得出区域实现绿色竞争力受到政府、企业、社会公众、绿色组织和新闻媒体的共同作用。由于区域绿色竞争力的形成和发展具有社会属性和经济属性，不能仅从区域绿色竞争力的行为主体因素考虑，本节将考虑和行为主体相互作用的具体社会、经济环境因素，通过文献研究方法归纳分析、总结区域绿色竞争力的关键影响因素。

### （一）影响因素识别

近年来，不少文献对绿色竞争力的影响因素进行了探索。张其春和郗永勤（2011）认为，经济、技术和制度是企业循环经济发展三大动力源，并把经济效益、政府扶持、社会公众需求、投资者青睐、技术支撑和社会大众、政府、媒体的监督和引导作为影响主体行为的动力要素。张孟豪和龙如银（2016）认为，政府规制、市场因素和公众监督是影响企业绿色生产的重要外部因素。赵东方等（2018）从政府、企业、NGO 和公众四大利益相关者层面去探寻国家级新区绿色增长能力建设的影响因素，结果得出财政投入力度、财政补贴力度、法律法规完善性、政府监管执行力、绿色宣传服务力度和对外合作协商服务水平是政府层面影响国家级新区绿色增长能力建设的主要因素；高层领导者的文化水平与绿色意识、员工环境意识与学习能力、企业绿色管理实践、主要竞争者的绿色管理实践、绿色技术进步与创新能力和企业绿色文化是企业层面的主要因素；与政府及企业的合作、监督政府与企业绿色活动的执行情况、为企业绿色管理活动提供指导培训与资金支持、通过宣传增强民众与社会公众的环境意识是 NGO 层面的影响因素；社会公众环境意识、社会公众绿色消费需求、对绿色产品价格与质量的认同、品牌忠诚度、当地居民环境意识、居民参与程度是公众层面的影响因素。仲云云等（2018）从生产端和消费端实证分析行为主体的低碳意愿及其影响因素得出制约工业企业低碳生产的因素主要是企业的市场利润、满足投资者对企业低碳效应和政府对企业低碳生产的技术支持；居民的价值观和责任感、政府的奖励和惩罚政策、媒体的宣传舆论以及低碳产品的质量和价格则直接影响社会公众的行为习惯。王笑丛（2018）从特征因素（农场规模、农场的地理位置、土地类型、农户的性别与年龄、农户教育程度与个人经验）、经济因素（收益与单价、产量、成本）、结构因素（生产与管理技术、政策支持、认证制度、信息获取）和认知因素（环境态度、风险意识、价值理念、社会文化）四方面总结出企业绿色生产决策的影响因素。

### （二）具体因素界定与分析

基于上述文献研究，本书将区域绿色竞争力的主要影响因素归为企业经济收益、企业绿色生产额外成本、政府监管成本/不监管代价、政府对企业/绿色组织经济支持、政府对企业强制措施、社会公众消费成本、社会公众监督成本、社会公众自身效用、绿色组织的生态引导成本、新闻媒体参与报道经济收益/未参与报道损失、社会第三方监督 11 种。

1. 企业经济收益

企业经济收益是指企业的营业利润。是否获利以及获利多少是企业生产决策的最主要依据之一。

2. 企业绿色生产额外成本

一般来说，绿色产品的原材料价格会高于非绿色产品的原材料价格，所以企业在选择进行绿色生产时无疑会产生更高的成本。降低生产成本是企业盈利的重要手段之一，所以绿色生产需要支付的额外成本也是企业生产决策的考虑因素。

3. 政府监管成本/不监管代价

政府作为社会整体利益的维护者，当然希望区域在发展经济的同时也能做到生态保护。但经济发展与资源环境的矛盾一直以来就较难平衡。所以政府选择注重生态保护就要付出监管成本，如果选择经济发展而对生态环境置之不理就可能需要对环境进行补救，两种策略选择下的成本便成为政府决策的重要考量因素。

4. 政府对企业/绿色组织经济支持

由于企业绿色生产和绿色组织生态行为的经济外部性，政府的支持是调动他们积极性的主要因素。政府的长期支持更有助于建立一个长效的良性循环机制，政府的经济支持是普遍认可的影响企业和绿色组织生态行为的重要因素。

5. 政府对企业强制措施

政府对企业强制措施一般是指政府制定强制性法律法规或评价标准来对不符合标准的行为进行一定的处罚。政府作为社会整体效益的维护者，有责任对企业非绿色生产浪费资源污染的行为进行监管并处以一定的罚款，这样不仅可以规范企业的生产行为，而且起到了营造良好生态环境的作用。

6. 社会公众消费成本

由经济学市场供给关系可知：对于一般正常商品，市场价格与需求量呈反比关系。故社会公众进行绿色消费和非绿色消费付出的成本对社会公众的消费决策有直接影响。

7. 社会公众监督成本

21 世纪，互联网的高速发展改变了人与人的沟通交流方式，网络信息公开化使社会公众不再仅是消费的扮演者，同时也给予了其社会舆论监督的职责。其行使监督权力会产生一定的监督成本，监督成本会对社会公众的策略选择产生影响。

8. 社会公众自身效用

社会公众进行消费决策的最终目的是要实现自身效用的最大化，所以社会公众进行绿色消费或非绿色消费给自身带来的效用大小会直接影响社会公众的最终决策。若社会公众的绿色消费观念较重，即绿色消费给自身带来的效用很大时，即使绿色产品的价格较高也依旧会使绿色消费总效用比非绿色消费效用大，而使社会公众进行绿色消费；反之，社会公众在消费成本权衡下会选择较低成本的非绿色消费。

9. 绿色组织的生态引导成本

绿色组织的生态引导成本包括对企业绿色生产的技术支持、对企业非绿色生产的绿色引导和对社会公众非绿色消费的绿色引导成本。

10. 新闻媒体参与报道经济收益/未参与报道损失

新闻媒体和企业一样都属于营利性组织，利润最大化是影响其决策的最重要因素。当新闻媒体对企业或政府行为进行报道时，在产生报道成本时，网民的观看点击会给新闻媒体带来收益；当新闻媒体未参与报道时会带来网民用户的流失，新闻媒体在做出策略选择前会权衡两种行为的收益差。

11. 社会第三方监督

社会公众、绿色组织和新闻媒体作为社会第三方监督的三股中坚力量，它们的舆论导向可以对政府和企业行为带来制约作用。例如，通过对破坏环境和不利于持续发展的企业行为和政府行为施加压力；大力传播政府生态监管行为（企业的绿色生产行为）可以增强政府（企业）的社会公信力。

根据以上分析得出，11 个与行为主体相互作用的因素，通过影响政府、企业、社会公众、绿色组织和新闻媒体的行为，从而对区域绿色竞争力产生影响（见图 5-2）。

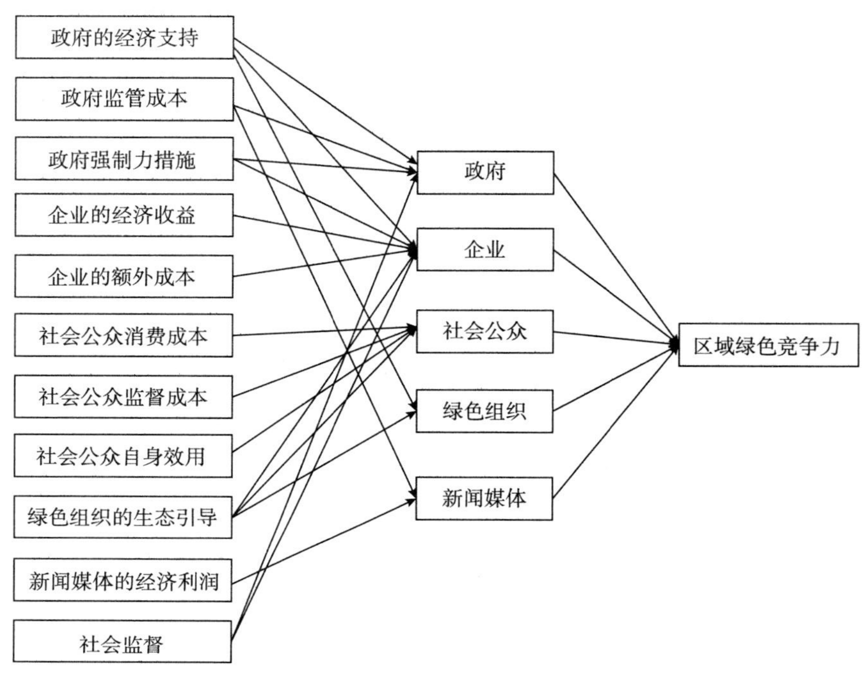


**图 5-2　区域绿色竞争力的影响因素**

从图 5-2 中可以看出政府对企业/绿色组织的经济支持、政府监管成本/不监管代价、政府对企业的强制措施、社会监督因素影响政府的行为；政府对企业/绿色组织的经济支持、政府对企业的强制措施、企业经济收益、企业绿色生产的额外成本、绿色组织的生态引导、社会监督因素影响着企业的策略选择；社会公众消费成本、社会公众监督成本、社会公众自身效用、绿色组织的生态引导因素影响着社会公众的策略选择；政府对企业/绿色组织的经济支持和绿色组织的生态引导成本影响绿色组织的行为；新闻媒体行为受参与报道的经济收益/未参与报道损失的影响。各个因素通过影响行为主体决策进而使区域绿色竞争力发生变化，同时这些影响因素也是下文构建主体间博弈模型的基础。

第三章

# 企业、政府和社会公众三方演化博弈及仿真分析

## 一、基本假设与模型构建

### （一）基本假设

本章基于演化博弈的方法来分析企业、政府和社会公众的利益冲突和最优选择，提出以下假设：

H1：区域绿色竞争力的行为主体——企业、政府和社会公众都是有限理性的，其行为的最终目标都是实现自身利益最大化。

H2：在区域绿色发展中，企业可能会承担自己的社会责任，进行对环境无破坏和无污染的绿色生产；也可能局限于短期利益而选择放任环境被破坏的非绿色生产。即企业的策略空间为｛绿色生产，非绿色生产｝（徐建中等，2017）。政府部门既可能会对企业的生产行为和消费者消费行为进行严格监管，也可能由于监管实施难度大或监管成本高等原因从而选择不监管。即政府的策略空间为｛生态监管，不监管｝。社会公众受到绿色宣传的影响可能形成较强的生态保护意识，故偏好于绿色消费；也可能因绿色观念较弱，在绿色消费成本过高的顾虑下选择保持原有消费观念。即社会公众的策略空间为｛绿色消费，非绿色消费｝。由于社会公众在区域绿色发展中具有消费和监督双重功能，为简化分析，故假设当社会公众选择绿色消费时便会行使对企业和政府的监督功能，当选择非绿色消费时不会进行社会监督。

H3：在初始状态下，企业选择“绿色生产”行为的概率为 x，选择“非绿色生产”行为的概率为 1-x；政府选择“生态监管”行为的概率为 y，选择“不监管”行为的概率为 1-y；社会公众选择“绿色消费”行为的概率为 z，选择“非绿色消费”行为的概率为 1-z。其中，$0\leqslant x\leqslant 1$，$0\leqslant y\leqslant 1$，$0\leqslant z\leqslant 1$。

H4：三方博弈收益矩阵的构建。假设当政府选择生态监管时，需要支付监管成

本 $C_1$（包括环保宣传成本），以及要为企业非绿色行为造成的环境污染付出补救成本 $C_2$；自身可获得社会收益 $R_1$，同时政府生态监管将为社会公众带来公共环境收益 $R_2$；获得企业非绿色生产的罚金 $R_3$ 以及潜在收益 $R_4$（如政府公信力得到提高）。当政府选择不监管时，受企业和社会公众行为决策的影响，政府的收益可能为 $-C_7$（企业绿色生产，社会公众绿色消费携带监督影响）、0（企业绿色生产，社会公众非绿色消费）、$-C_2-C_7$（企业非绿色生产，社会公众绿色消费携带监督影响）和 $-C_2$（企业非绿色生产，社会公众非绿色消费）。

企业生产的营业收入可以用产品单价和数量的函数 PQ 来表示，$P_1$、$P_2$ 分别表示企业非绿色生产和绿色生产的产品单价，$Q_1$、$Q_2$ 分别表示非绿色产品和绿色产品的销量。所以当企业选择非绿色生产时，能够获得营业收入 $P_1Q_1$，但也面临着被政府征收罚金 $R_3$ 和被社会公众绿色监督带来企业公信力降低 $C_7$ 的风险。当企业选择绿色生产时，获得营业收入 $P_2Q_2$、政府给予的奖励补贴 $C_3$，以及绿色生产带来的潜在收益，潜在收益一般与产品数量有关，故设定为（$Q_1-Q_2$）k，其中 k 为企业绿色生产的潜在收益系数。此外，企业进行绿色生产须投入如新设备的置办费用、产品的研发费用、人才的引进培训费用等的额外生产成本 $C_6$。

根据市场供需关系，企业非绿色生产和绿色生产获得的营业收入分别对应社会公众非绿色消费成本（$P_1Q_1$）和绿色消费成本（$P_2Q_2$）。当社会公众选择绿色消费时，其还将获得额外心理效用，其效用大小一般与产品价值有关，故假定为 i（$P_2-P_1$），i 为社会公众绿色消费心理效用系数。当社会公众选择绿色消费时还会履行社会监督功能，其对政府生态监管行为予以肯定可以给政府带来潜在收益 $R_4$，对政府不监管行为或企业非绿色行为进行舆论传播会给政府和企业带来损失 $C_7$、$C_5$。监督就需要支付社会监督成本，当企业选择绿色生产时需要的社会监督成本为 $C_8$、当企业选择非绿色生产时需要的社会监督成本为 $C_9$，一般情况下 $C_9>C_8$。从长远来看，企业进行非绿色生产还将给社会公众带来环境损失 $C_4$；政府生态监管将为社会公众带来公共环境收益 $R_1$。具体参数设定及含义如表 5-1 所示（谢识予，2002；徐建中等，2017；浦徐进等，2013）。根据表 5-1 假设以及企业、政府和社会公众主体间策略选择的依存性，可得到三方博弈的收益支付矩阵，如表 5-2 所示。

**表 5-1　企业、政府和社会公众三方博弈主体参数的设定及含义**

| 参数 | 变量含义 |
|---|---|
| $C_1$ | 政府进行生态监管所付出的成本 |
| $C_2$ | 政府不进行生态监管所付出的环境补救成本 |
| $R_1$ | 政府进行生态监管获得的社会收益 |
| $R_2$ | 政府生态监管为社会公众带来的公共环境收益 |
| $R_3$ | 政府生态监管获得的企业非绿色生产罚金 |
| $R_4$ | 社会公众对政府生态监管行为予以肯定（使政府公信力得到提升） |

续表

| 参数 | 变量含义 |
|---|---|
| $C_3$ | 政府进行生态监管给予企业绿色生产的补贴奖励 |
| P | 企业生产产品的市场价格（其中非绿色产品价格为 $P_1$，绿色产品价格为 $P_2$） |
| Q | 企业生产产品的市场销量（其中非绿色产品销量为 $Q_1$，绿色产品销量为 $Q_2$） |
| K | 企业采用绿色生产方式而产生的潜在收益系数 |
| $C_4$ | 企业非绿色生产方式为给社会公众造成的公共环境损失 |
| $C_5$ | 社会公众对企业非绿色行为不认同（使企业公信力降低的量化指标） |
| $C_6$ | 企业进行绿色生产模式须投入的额外成本 |
| $C_7$ | 社会公众对政府不监管行为不认同（使政府公信力降低的量化指标） |
| $C_8$ | 社会公众对企业绿色生产的监督成本 |
| $C_9$ | 社会公众对企业非绿色生产的监督成本 |
| I | 社会公众购买绿色产品的额外心理效用 $i(P_2-P_1)$ |
| X | 企业选择绿色生产的概率，则选择非绿色生产概率为 $1-x$（$0\leq x\leq 1$） |
| Y | 政府选择生态监管的概率，则选择不监管概率为 $1-y$（$0\leq y\leq 1$） |
| Z | 社会公众选择绿色消费的概率，则选择非绿色消费概率为 $1-z$（$0\leq z\leq 1$） |

**表 5-2　企业、政府和社会公众三方博弈收益支付矩阵**

| | | 政府 | | | |
|---|---|---|---|---|---|
| | | 生态监管 | 不监管 | | |
| 企业 | 绿色生产 | $C_3+P_2Q_2+K(Q_1-Q_2)-C_6$<br>$R_1+R_4-C_1-C_3$<br>$i(P_2-P_1)-P_2Q_2+R_2-C_8$ | $P_2Q_2+K(Q_1-Q_2)-C_5$<br>$-C_7$<br>$i(P_2-P_1)-P_2Q_2-C_8$ | 绿色消费 | 社会公众 |
| | | $C_3+K(Q_1-Q_2)-C_6$<br>$R_1-C_1-C_3$<br>$R_2$ | $K(Q_1-Q_2)-C_6$<br>0<br>0 | 非绿色消费 | |
| | 非绿色生产 | $-R_3-C_5$<br>$R_1+R_3-C_1+R_4-C_2$<br>$R_2-C_4-C_9$ | $-C_5$<br>$-C_2-C_7$<br>$-C_4-C_9$ | 绿色消费 | |
| | | $P_1Q_1-R_3$<br>$R_1+R_3-C_1-C_2$<br>$R_2-P_1Q_1-C_4$ | $P_1Q_1$<br>$-C_2$<br>$-P_1Q_1-C_4$ | 非绿色消费 | |

## （二）模型构建

假设企业采取绿色生产行为的期望收益用 $U_{c1}$ 表示，采取非绿色生产行为的期望收益用 $U_{c2}$ 表示，平均期望用 $\overline{U}_c$ 表示，其计算公式如下：

$$\begin{cases} U_{c1}=C_3y+P_2Q_2z+Q_1k-C_6-Q_2k \\ U_{c2}=P_1Q_1-(C_5+P_1Q_1)z-R_3y \\ \overline{U_c}=xU_{c1}+(1-x)U_{c2} \end{cases} \tag{5-1}$$

复制动态方程实际上是一种描述某一特定策略在一个种群中被采用的频数或频度的动态微分方程（王绍光，1999）。因此可以得到企业策略的复制动态方程：

$$f(x)=\frac{d(x)}{d(t)}=(U_{c1}-\overline{U_c})=x(1-x)[(C_3+R_3)y+(C_5+P_1Q_1+P_2Q_2)z+(Q_1-Q_2)k-P_1Q_1-C_6] \tag{5-2}$$

同理，令政府采取生态监管行为的期望收益用 $U_{g1}$ 表示，选择不监管行为的期望收益用 $U_{g2}$ 表示，平均期望用 $\overline{U_g}$ 表示，其计算公式如下：

$$\begin{cases} U_{g1}=(C_2-C_3-R_3)x+R_4z+R_1-C_2-C_1+R_3 \\ U_{g2}=C_2x-C_7z-C_2 \\ \overline{U_g}=yU_{g1}+(1-y)U_{g2} \end{cases} \tag{5-3}$$

因此，可以得到政府策略的复制动态方程：

$$f(y)=\frac{d(y)}{d(t)}=(U_{g1}-\overline{U_g})=y(1-y)[(C_7+R_4)z-(R_3+C_3)x+R_1-C_1+R_3] \tag{5-4}$$

同理，令社会公众采取绿色消费行为的期望收益用 $U_{p1}$ 表示，选择非绿色消费行为的期望收益用 $U_{p2}$ 表示，平均期望用 $\overline{U_p}$ 表示，其计算公式如下：

$$\begin{cases} U_{p1}=[C_4+C_9-C_8-C_4-P_2Q_2+(P_2-P_1)i]x+R_2y-C_9-C_4 \\ U_{p2}=(C_4+P_1Q_1)x-C_4+R_2y-P_1Q_1 \\ \overline{U_p}=zU_{p1}+(1-z)U_{p2} \end{cases} \tag{5-5}$$

因此，可以得到社会公众策略的复制动态方程：

$$f(z)=\frac{d(z)}{d(t)}=(U_{p1}-\overline{U_p})=z(1-z)\{[(P_2-P_1)i+C_9-C_8-P_1Q_1-P_2Q_2]x+P_1Q_1-C_9\} \tag{5-6}$$

由式（5-2）、式（5-4）、式（5-6）可得企业、政府和社会公众构成的三维动态系统如下：

$$\begin{cases} f(x)=\frac{d(x)}{d(t)}=(U_{c1}-\overline{U_c})=x(1-x)[(C_3+R_3)y+(C_5+P_1Q_1+P_2Q_2)z+ \\ \quad (Q_1-Q_2)k-P_1Q_1-C_6] \\ f(y)=\frac{d(y)}{d(t)}=(U_{g1}-\overline{U_g})=y(1-y)[(C_7+R_4)z-(R_3+C_3)x+R_1-C_1+R_3] \\ f(z)=\frac{d(z)}{d(t)}=(U_{p1}-\overline{U_p})=z(1-z)\{[(P_2-P_1)i+C_9-C_8-P_1Q_1-P_2Q_2]x+P_1Q_1-C_9\} \end{cases} \tag{5-7}$$

## 二、企业、政府和社会公众三方博弈的演化均衡分析

演化稳定策略（ESS）是指具有有限理性的主体，不断调整战略以实现自身既得利益的改善，最终达到的一种动态平衡状态。演化博弈分析的关键是找到平衡点，然后根据平衡点分析系统的进化稳定策略。从上述企业、政府和社会公众的复制动态系统方程可以知道，企业和政府的策略选择和其他两个行为主体的策略概率有关，而社会公众的行为策略仅与企业行为概率有关。因此，可以采用逐步分析法来分析三者的演化稳定策略，即把公众的行为概率 z 当作常量来分析企业和政府的演化稳定策略，再把政府的行为概率 y 当作常数来分析企业和社会公众的演化稳定策略。

### （一）企业与政府的演化稳定策略

令式(5-2)中 $f(x)=0$，式(5-4)中 $f(y)=0$，得出在平面 $\{(x,\ y)\mid 0\leq x\leq 1,\ 0\leq y\leq 1\}$ 上存在博弈系统的 5 个局部均衡点，分别为(0，0)、(1，0)、(0，1)、(1，1)和 $(x,\ y)=\left(\frac{(R_1-C_1+R_3+C_7z+R_4z)}{(C_3+R_3)}-\frac{(Q_1k-P_1Q_1-C_6-Q_2k+C_5z+P_1Q_1z+P_2Q_2z)}{(C_3+R_3)}\right)$。局部均衡点的稳定性可以通过分析系统的雅克比矩阵的局部稳定性得到。如果雅克比矩阵的迹 $Tr(J)<0$；行列式 $Det(J)>0$；则复制动态方程的局部稳定点就是系统的演化稳定策略(ESS)。

故对 f（x）、f（y）分别关于 x、y 求偏导得雅可比矩阵：

$$\begin{bmatrix}\frac{\partial f(x)}{\partial(x)} & \frac{\partial f(x)}{\partial(y)}\\ \frac{\partial f(y)}{\partial(x)} & \frac{\partial f(y)}{\partial(y)}\end{bmatrix}=\begin{bmatrix}a_{11} & a_{12}\\ a_{21} & a_{22}\end{bmatrix}$$

对上述 5 个平衡点雅可比矩阵的迹和行列式进行分析的结果如表 5-3 所示。

**表 5-3　企业与政府演化博弈系统的局部稳定性分析**

| 均衡点 | Det（J） | Tr（J） | 稳定条件 | 结果 |
|---|---|---|---|---|
| （0，0） | + | − | $k(Q_1-Q_2)-C_6+zP_2Q_2<(1-z)P_1Q_1-zC_5$<br>$zC_7<C_1-R_1-R_3-zR_4$ | ESS |
| （1，0） | + | − | $(1-z)P_1Q_1-zC_5<zP_2Q_2-C_6+k(Q_1-Q_2)$<br>$zC_7<C_3+C_1-R_1-zR_4$ | ESS |

续表

| 均衡点 | Det（J） | Tr（J） | 稳定条件 | 结果 |
|---|---|---|---|---|
| （0，1） | + | − | $(1-z)P_1Q_1-zC_5-R_3>zP_2Q_2-C_6+k(Q_1-Q_2)+C_3$<br>$zC_7>C_1-R_1-R_3-zR_4$ | ESS |
| （1，1） | + | − | $(1-z)P_1Q_1-zC_5-R_3<zP_2Q_2-C_6+k(Q_1-Q_2)+C_3$<br>$zC_7>C_3+C_1-R_1-zR_4$ | ESS |
| （$x^*$，$y^*$） | 0 | + | | 鞍点 |

由表 5-3 可以得到企业与政府双方策略选择相位图（见图 5-3）。相位Ⅰ中显示系统收敛于（0，0）均衡点，表明当在无政府影响下，企业选择绿色生产时获得的收益小于企业非绿色生产收益，政府对企业非绿色生产进行生态监管的亏损（成本—收益）大于不监管损失，两者博弈的稳定均衡状态为（0，0），即企业进行非绿色生产，政府不进行监管。相位Ⅱ表明，当在无政府影响下企业选择绿色生产的收益大于非绿色生产收益时，政府对企业绿色生产进行生态监管的亏损（成本—收益）

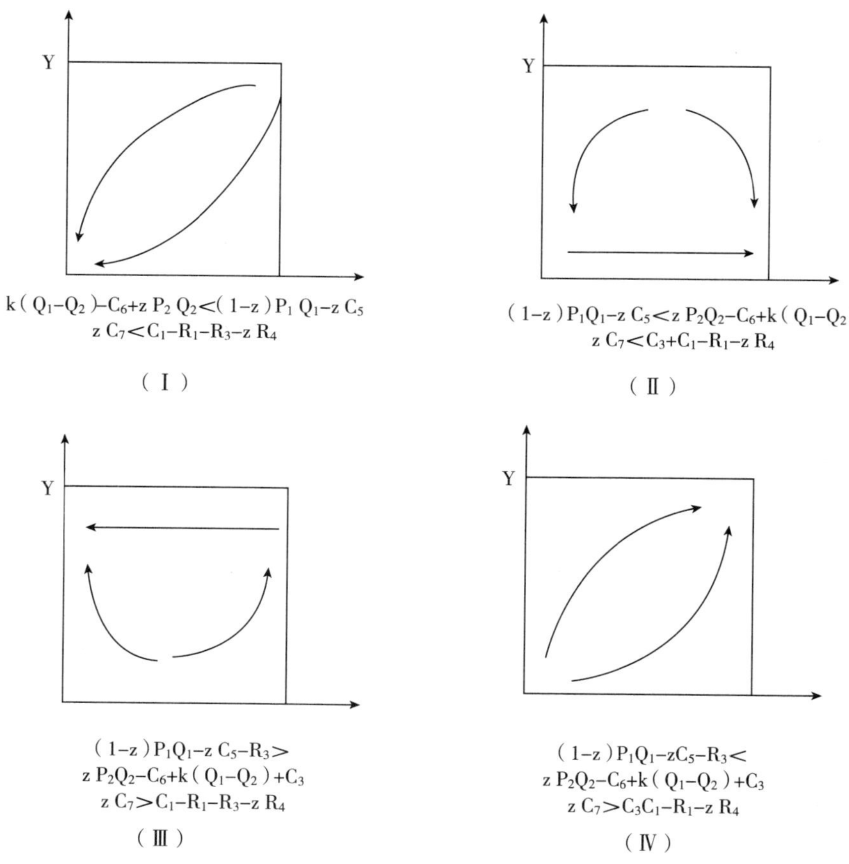


**图 5-3　企业与政府策略选择相位图**

大于不监管损失时，两者博弈的演化稳定状态为（1，0），即企业进行绿色生产，政府不进行生态监管。相位Ⅲ表明，当企业绿色生产时获得的收益小于选择非绿色生产时获得的收益，同时政府对企业非绿色生产进行生态监管的亏损值小于不监管损失，二者博弈的最终稳定均衡状态会收敛于（0，1），即企业进行非绿色生产，政府进行生态监管。相位Ⅳ表明当企业绿色生产获得的收益大于企业非绿色生产获得的收益时，同时政府对企业绿色生产进行生态监管的亏损（成本—收益）小于不监管损失，两者博弈的最终稳定均衡状态为（1，1），即企业进行绿色，政府进行监管。

## （二）企业与社会公众的演化稳定策略

同理，根据式（5-4）和式（5-6）可以得到企业和社会公众两方动态博弈的5个局部稳定点，分别是(0，0)、(1，0)、(0，1)、(1，1)和$(x^*, z^*) = (-(C_9-P_1Q_1)/(C_8-C_9+P_1Q_1+P_2Q_2+P_1i-P_2i), (C_6+P_1Q_1-C_3y-Q_1k+Q_2k-R_3y)/(C_5+P_1Q_1+P_2Q_2))$。通过对上述5个平衡点进行稳定性分析，结果如表5-4所示。

**表5-4　企业与社会公众演化博弈系统的局部稳定性分析**

| 均衡点 | Det（J） | Tr（J） | 稳定条件 | 结果 |
|---|---|---|---|---|
| （0，0） | + | - | $yC_3+k(Q_1-Q_2)-C_6<P_1Q_1-yR_3$<br>$P_1Q_1<C_9$ | ESS |
| （1，0） | + | - | 长期而言，任何条件下该策略都不稳定 | |
| （0，1） | + | - | 长期而言，任何条件下该策略都不稳定 | |
| （1，1） | + | - | $-C_5-yR_3<P_2Q_2+k(Q_1-Q_2)-C_6+yC_3$<br>$C_8+P_2Q_2<i(P_2-P_1)$ | ESS |
| $(x^*, z^*)$ | 0 | + | | 鞍点 |

由表5-4可以得到企业（x）与社会公众（z）双方策略选择相位图（见图5-4）。相位图Ⅰ中系统收敛于（0，0）点，即当社会公众选择非绿色消费、企业选择绿色生产时获得的利润低于企业选择非绿色生产时的利润，同时社会公众非绿色消费的成本低于对企业非绿色生产的监督成本时，两者博弈的稳定均衡状态为$x=0$，$z=0$，即企业进行非绿色生产、社会公众选择非绿色消费。当社会公众选择绿色消费、企业选择绿色生产时获得的利润高于选择非绿色生产时的利润，同时社会公众绿色消费获得的额外心理效用大于其付出的总成本时，两者博弈收敛于（1，1），即企业进行绿色生产，社会公众选择绿色消费，如相位图Ⅱ所示。由于企业和社会公众是供需关系，企业生产的产品只有在社会公众愿意消费时，企业才有动力进行生产，社会公众也只能在市场上买到企业所生产的产品。所以当企业和社会公众决策不一致时，如（0，1）和（1，0）状态，此时达到的均衡状态一定是短时间内的或不稳定

的，长时间博弈下企业和社会公众会区域（0，0）或（1，1）呈均衡状态。

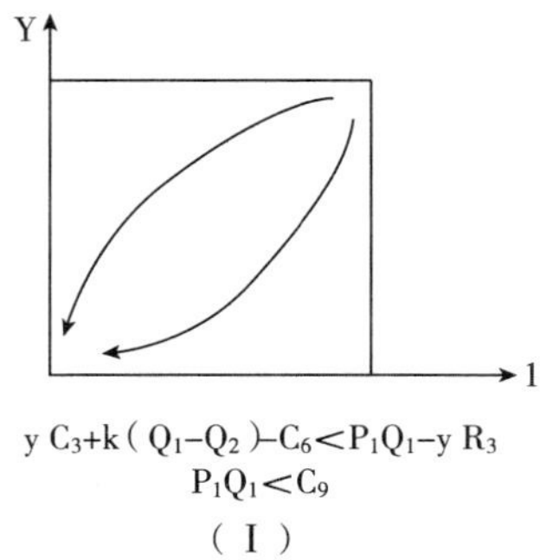


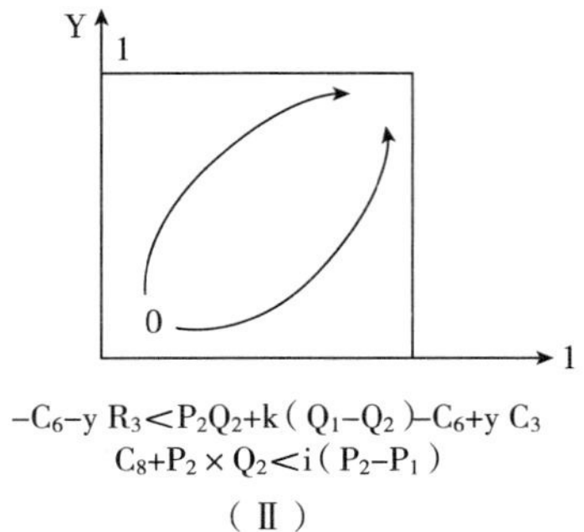


**图 5-4　企业与社会公众策略选择相位**

由以上分步分析的演化稳定条件可知：企业与政府博弈的演化稳定状态不仅受到三者初始策略选择概率的影响，而且相关参数值的变动也会改变演化稳定状态。企业与社会公众博弈的演化稳定状态亦是如此。故要使企业、政府以及社会公众达到理想的稳定状态须从两方面考虑。本书致力于对提升区域绿色竞争力进行研究，建立由政府生态监管、企业绿色生产和社会公众绿色消费的区域绿色竞争力发展的理想模式，即促使三方博弈演化到政府生态监管、企业绿色生产、社会公众绿色消费的理想策略选择状态（$x=1$、$y=1$、$z=1$）。从表 5-3、表 5-4 和图 5-3、图 5-4 可以推断：条件$-C_5-R_3<P_2Q_2+k(Q_1-Q_2)-C_6+C_3$，即当满足社会公众选择绿色消费时企业选择绿色生产的总利润大于选择非绿色生产的净损失，可使 $x\to1$；条件 $C_7>C_3+C_1-R_1-R_4$，政府对企业绿色生产进行生态监管的亏损（成本—收益）小于不监管损失，可使 $y\to1$；条件 $C_8+P_2Q_2<i(P_2-P_1)$，社会公众绿色消费获得的额外心理效用大于其付出的成本和，可以使 $z\to1$。

## 三、企业、政府和社会公众三方演化博弈模型的数值仿真分析

根据复制动态方程及约束条件，运用 Matlab 模拟仿真“企业—政府—社会公众”趋向于（1，1，1）最优均衡时重要参数变化对三方演化结果的影响。通过参考前人对此的相关研究，设定演化初始时间为 0，演化结束时间为 3 年（最长 3 年），各参数的取值：$C_1=18$，$C_2=25$，$C_3=20$，$C_4=C_5=10$，$C_6=30$，$C_7=12$，$C_8=8$，$C_9=10$，$R_1=20$，$R_2=10$，$R_3=30$，$R_4=10$，$P_1=1.5$，$P_2=2$，$Q_1=35$，

$Q_2=20$，$K=0.2$，$i=100$；$x_0=y_0=z_0=0.5$ 是三方的初始概率值（徐建中和吕希琛，2014；罗兴鹏和张向前，2016；曹霞和张路蓬，2017）。各参数初值的相对大小只是反映博弈主体策略与相关因素的敏感性关系，它是一种关系反映，并不是现实中的真实数据。

## （一）不同初始概率对系统均衡的影响

仿真图 5-5 验证了初始概率状态为 $x=0.5$，$y=0.5$，$z=0.5$ 时系统的演化趋势。从图可以发现：随着企业绿色生产概率上升，社会公众绿色消费的概率上升，政府进行生态监管的概率也上升。即只要满足当社会公众选择绿色消费时，企业选择绿色生产净利润大于选择非绿色生产的损失，政府对企业绿色生产进行生态监管的亏损值小于不监管损失，社会公众购买绿色产品获得的额外心理效用大于其绿色消费成本和，此时由企业、政府和社会公众组成的系统就演化至（绿色生产，生态监管，绿色消费）的良性状态。为了进一步验证上述设想，随机改变各行为主体初始的策略概率为 $x=0.3$，$y=0.6$，$z=0.7$ 或 $x=0.7$，$y=0.4$，$z=0.4$，其余参数条件不变，从图中对比可以看到，初始比例的变化对各主体趋于良好均衡状态的速度有轻微影响，但不影响系统演化的结果。这说明当满足条件 $-C_5-R_3<P_2Q_2+k(Q_1-Q_2)-C_6+C_3$、$C_7>C_3+C_1-R_1-R_4$ 和 $C_8+P_2Q_2<i(P_2-P_1)$ 时，三方博弈演化到企业绿色生产、政府生态监管、社会公众绿色消费（$x=1$、$y=1$、$z=1$）是系统最理想的稳定状态。

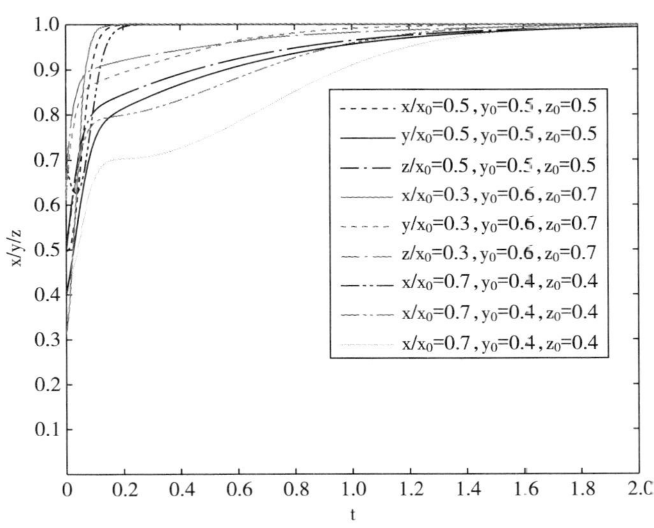


图 5-5　不同初始状态下系统的演化过程

## （二）政府奖惩对企业和政府策略的影响

1. 政府奖惩对企业策略的影响

仿真图5-6表示政府奖惩对企业行为的影响。实线部分表示政府、企业和社会公众保持初始概率状态（$x_0=y_0=z_0=0.5$），其他参数保持不变时，企业进行绿色生产行为，政府给予的补贴值 $C_3$ 的相对变化对系统中企业选择策略的影响。设定 $C_3$ 初始值为15，然后开始逐步递增，$C_3$ 每变化5模拟1次。从图中4条均衡线可以看出，随着补贴值 $C_3$ 的增大，企业趋向绿色生产策略均衡的速度会越来越快，且实现均衡状态时间越来越短。这说明提高补助额度可以激发企业绿色转型的积极性。这与曹霞和张路蓬（2016）、徐建中和吕希琛（2017）的研究一致，政府的激励政策可以推动企业行为转向绿色创新生产。图5-6的虚线部分表示在其他条件不变的前提下，政府生态监管对企业非绿色生产行为收取的罚金 $R_3$ 依次赋值为25、30、35、40时企业策略选择的均衡。$R_3$ 每变化5模拟1次，从图5-6中4条均衡线可以看出，随着惩罚值 $R_3$ 的增大，企业趋向绿色生产策略均衡的速度也会越来越快，实现均衡状态时间越来越短。且通过与增大对企业绿色创新生产奖励值对比发现：相比于增大对企业绿色创新生产奖励值，增大企业非绿色生产的惩罚值对企业绿色创新生产行为的促进效果更佳，说明政府严加监管可以对企业决策带来较好的引导和约束作用。

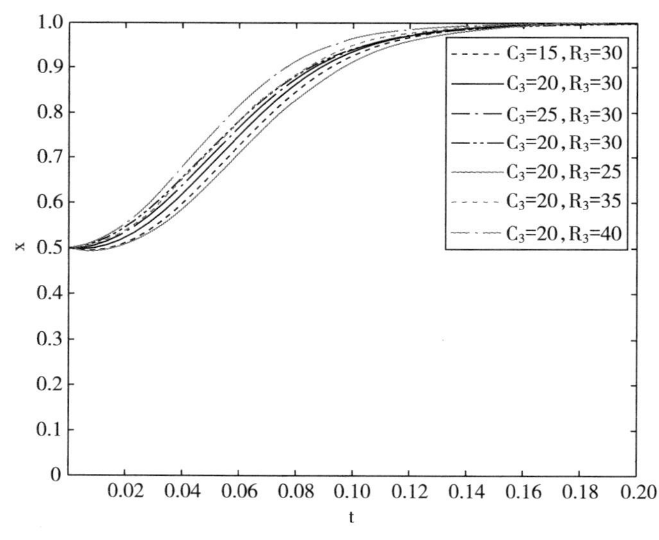


图5-6　政府奖惩对企业策略的影响

2. 政府奖惩对政府策略的影响

政府对企业行为的奖励与惩罚分别属于政府监管行为的付出和收益。仿真图

5-7 的实线部分表示三方保持最初初始概率状态、其他参数保持不变时，政府生态监管对企业绿色生产行为的补贴值 $C_3$ 的相对变化对系统中政府选择策略的影响。假设 $C_3$ 初始变化值为 15，从图 5-7 中 4 条均衡线可以看出，$C_3$ 从 15 开始逐步递增，此时政府的行为策略倾向于生态监管。随着 $C_3$ 的上升（$C_3=25$），政府选择生态监管的概率有趋于零的趋势。这源于政府实行监管的收益是 $R_1+R_4-C_1-C_3$，若其他参数保持不变，提高奖励额度，实质上降低了政府的利润，如果没有其他方面的收益提高来弥补监管的高成本，政府一般不愿自掏腰包，采取激励行为的积极性就不高，经过长期变化，政府监管的成本太高超出政府的承受能力（系统边界）终演变成不监管。图 5-7 的虚线部分表示在其他条件保持不变的前提下，政府生态监管对企业非绿色生产行为收取的罚金 $R_3$ 的相对变化对系统中政府选择策略的影响。政府向企业非绿色生产收取的罚金作为政府的一种收益，可以抵消政府生态监管的成本，所以当 $R_3$（$R_3=25$、$R_3=30$、$R_3=35$、$R_3=40$）逐渐增大时，政府趋向生态监管策略的速度会加快。

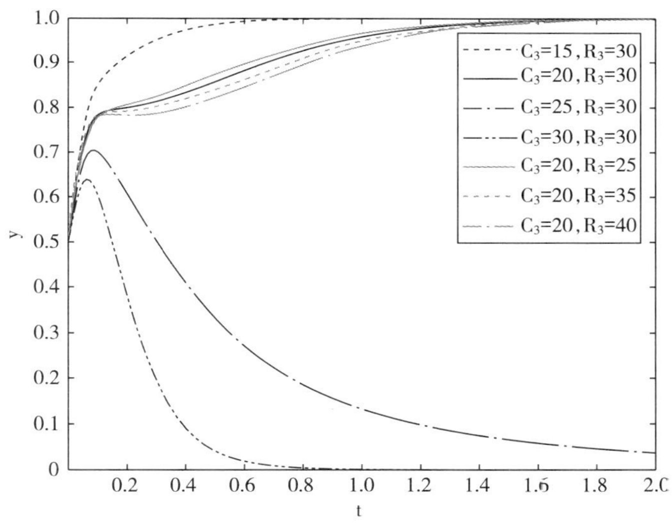


图 5-7　政府奖惩对政府策略的影响

## （三）社会公众监督对企业和政府策略的影响

1. 社会公众监督对政府策略的影响

仿真图 5-8 表示其他条件保持不变时，社会公众对政府行为决策监督带来的影响 $R_4$ 和 $C_7$ 相对变化对系统中政府策略的影响。图 5-8 中线 $R_4=10$，$C_7=12$ 是最初的状态，也最接近真实情况。社会公众由于带有较强的舆论导向性，且对政府生态监管行为具有很高的期盼性，所以当社会公众行使社会监督职权发现政府不监管时，经舆论传播给政府部门声誉带来不良影响大于社会公众对政府监管行为监督给其带来的潜在收益。此时政府大概需要 2 年达到生态监管的均衡状态。假设社会公众对政府不监管行为监督使政府受到的名誉损失值 $C_7=12$ 保持不变，令其对政府监管行为监督给政府带来的潜在收益 $R_4$ 从 8 逐渐递增，每隔 2 演化 1 次（图中实线部分）；或者假设社会公众对政府监管行为监督给政府带来的潜在收益值保持 $R_4=10$ 不变，使得对政府不监管行为监督使政府受到的名誉损失值 $C_7$ 从 10 逐渐递增，每隔 2 演化 1 次（图中虚线部分）。从图 5-8 中可以发现，增大等量的 $R_4$ 或 $C_7$ 对应的均衡线重合了，且是随着 $R_4$ 或 $C_7$ 增加越大，政府收敛于 1 的速度越快。这说明社会公众监督是政府行为策略的重要影响因素之一，加大社会公众监督力度可以加快促使政府趋于生态监管良好均衡状态。

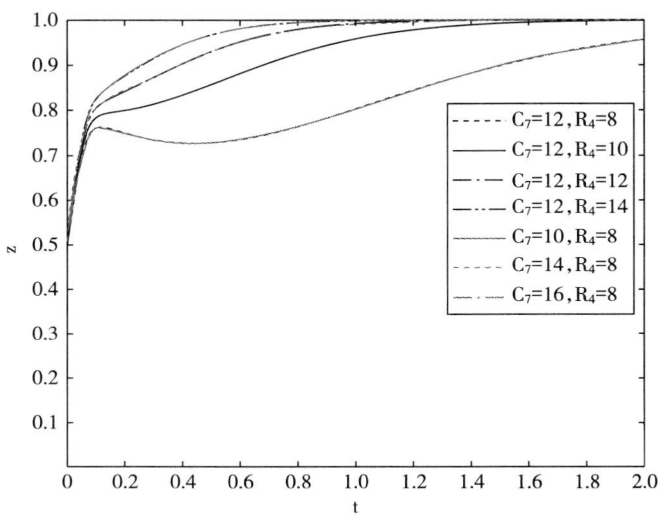


**图 5-8　社会公众监督对政府策略的影响**

2. 社会公众监督对企业策略的影响

仿真图 5-9 表示其他条件保持不变时，社会公众对企业非绿色生产行为监督给企业带来的损失值 $C_5$ 相对变化对系统中企业决策的影响。从图 5-9 中可以发现，随着 $C_5$ 从 6 逐渐递增，每隔 4 演化 1 次，企业收敛于 1 的速度加快，达到绿色生产均衡状态的时间缩短。这可以解释为由于社会公众对企业非绿色行为具有强制监督作用，可以使企业社会公信力降低进而导致营业收入降低，所以企业在做出生产行为决策时也会对社会公众的监督力加以考虑。

## （四）相关系数对企业策略的影响

1. 绿色生产额外成本的影响

在其他条件不变的前提下，当企业绿色生产的额外成本依次赋值为 25、30、35、40 时，企业策略仿真结果如图 5-10 所示。由图 5-10 各条均衡线的总体走势可知，

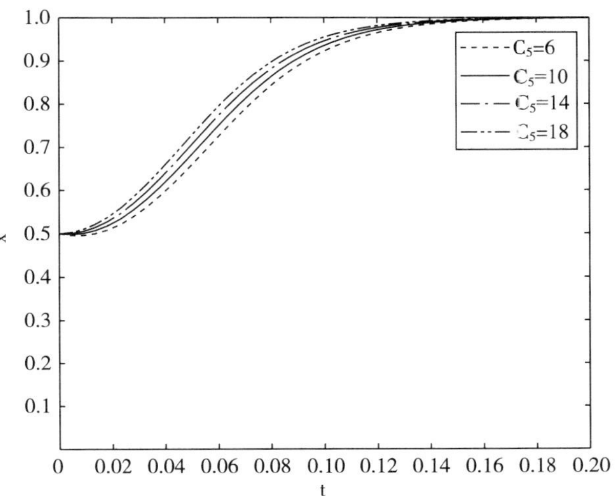


图 5-9　社会公众监督对企业策略的影响

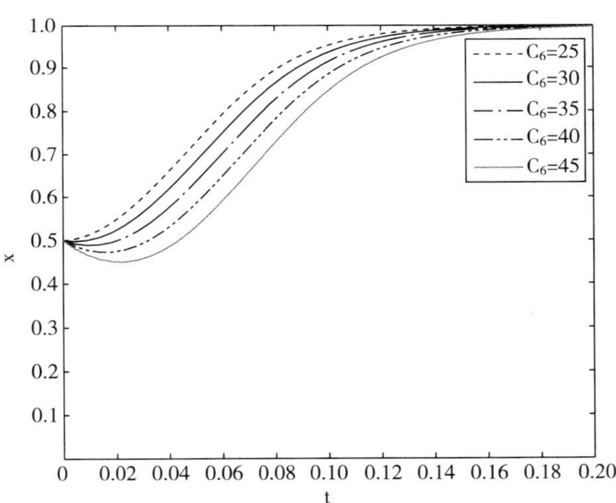


图 5-10　绿色生产额外成本对企业策略的影响

随着企业绿色生产的额外成本增加，企业趋于绿色生产均衡状态的速度有所减缓，同时收敛于 1 的时间也会加长。这主要是由于绿色生产的额外成本增加降低企业绿色生产的总利润，企业作为以利润为主的营利性组织，当收益不变而成本增加时肯定会以更低的意愿继续趋于绿色生产。当把每一条均衡线抽离来分析可以发现，以 $C_6=35$ 为界，绿色生产的额外成本增加对企业均衡状态的影响有所区别。当 $C_6$ 不超过 35 时，企业的绿色生产意愿持续提高，即从初始概率状态 0.5 逐渐递增趋于 1；但当 $C_6$ 大于 35 时，企业的概率趋势是先由 0.5 开始小幅降低，经过一段时间之后再逐步上升直至收敛于 1。这主要是企业绿色生产技术的溢出效应所致。当绿色生产的额外成本过高时，刚开始企业从短期利益出发考虑会更不愿意选择绿色生产；但当绿色创新技术投入研发一段时间后，明显的技术溢出效应会提高企业资源的利用率以及给企业带来更多的潜在收益，企业预测到绿色生产将带来可观的收益前景后便开始转换思维自主加入绿色生产当中。

2. 潜在收益系数的影响

在其他条件保持不变的前提下，企业绿色生产潜在收益系数依次赋值为 0、0.2、0.4、0.6、0.8 时，系统中企业策略仿真结果如图 5-11 所示。从图中可知，随着潜在收益系数 K 的增大，企业趋向绿色生产策略均衡的时间越来越短。这说明在现实生活中，若国家财税、土地支持政策、银行贷款政策等向绿色生产企业倾斜，企业看到绿色生产的发展前景大好便会更加积极趋向绿色生产。

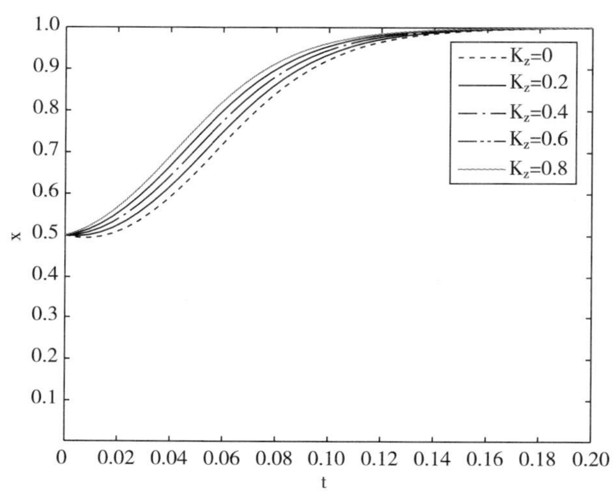


**图 5-11 潜在收益系数对企业策略的影响**

## （五）绿色消费心理效用系数对社会公众策略的影响

仿真图 5-12 表示三方保持最初的初始概率，其他参数不变时，绿色消费心理效用系数 i 相对变化对系统中社会公众策略的影响。由图 5-12 中 i=100、i=150、i=200 三条均衡线可知，社会公众选择绿色消费的概率趋于 1，且随着 i 的不断增加，社会公众趋于绿色消费均衡状态的时间越来越短。当 i 减小到 50 时，社会公众的策略选择将不再趋于绿色消费，而是在接近 0 的位置处于波动状态。结合各参数的初始条件可以得出社会公众收敛于 1 时 i 的临界值为 96，也就是说，若其他条件不变，当 i 小于 96，社会公众进行绿色消费获得的额外心理效用小于绿色消费成本与监督成本之和，其策略选择最终收敛于 0。所以，要想使社会公众有更高的意愿选择绿色消费，提高其绿色消费心理效用系数是关键。

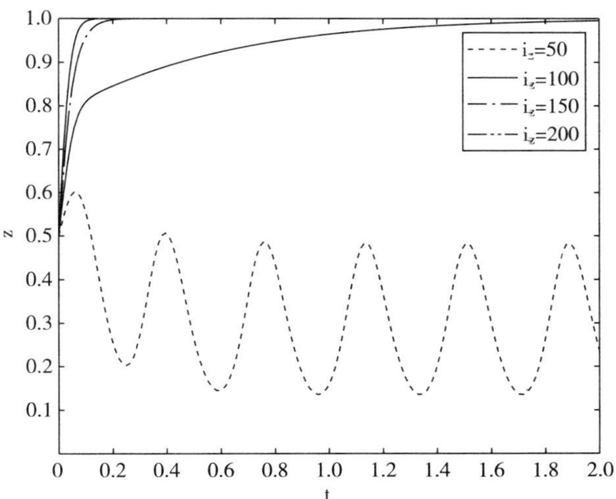


图 5-12　额外心理效用系数对社会公众策略的影响

# 第四章

# 企业、政府和绿色组织三方演化博弈及仿真分析

## 一、基本假设与模型构建

### （一）基本假设

本章基于演化博弈的方法来分析企业、政府和绿色组织的利益冲突和最优选择，提出以下假设：

H1：区域绿色竞争力的行为主体——企业、政府和绿色组织三方在博弈过程中都是有限理性的。

H2：在区域绿色竞争力发展过程中，企业可能会承担自己的社会责任，进而采取对环境无破坏和无污染的绿色生产行为；也可能会局限于短期利益而沿袭非绿色的技术生产，放任生态环境被污染和破坏。即企业的策略空间为｛绿色生产，非绿色生产｝。政府部门可能会对企业的生产行为进行严格监管，也可能由于监管实施难度大或监管成本高等原因从而选择不监管。即政府的策略空间为｛生态监管，不监管｝。绿色组织作为以环境保护为目的的非营利组织，一般会选择主动参与社会绿色治理，对企业和政府行为进行监督；但也可能由于得不到社会的支持和重视而选择对社会污染现象选择视而不见。即绿色组织的策略空间为｛绿色监督，无作为｝。

H3：在初始状态下，企业选择绿色生产行为的概率为 $x$，选择非绿色生产行为的概率为 $1-x$；政府选择生态监管行为的概率为 $y$，选择不监管行为的概率为 $1-y$；绿色组织选择绿色监督的概率为 $z$，选择无作为的概率为 $1-z$。其中，$0\leqslant x\leqslant 1$，$0\leqslant y\leqslant 1$，$0\leqslant z\leqslant 1$。

H4：影响政府收益支付的变量：当政府选择生态监管时，需要承担监管成本 $C_1$（包括环保宣传成本等），付出对企业绿色生产行为和绿色组织监督行为的奖励补贴

$C_2$ 和 $C_3$，而且要为企业非绿色生产行为造成的环境污染进行补救治理 $C_4$；同时可能获得对企业非绿色生产收取的罚金 $R_1$ 以及进行监管所获得的社会收益 S，其中 $S>C_1$。当地方政府选择不监管时，绿色组织进行绿色监督会给政府带来负面影响 $C_5$（如使政府公信力降低等），所以根据企业和绿色组织不同的行为选择，政府不监管的收益可能为 $-C_5$、0、$-C_4-C_5$ 和 $-C_4$。

影响企业收益支付的变量：当企业选择非绿色生产时，能够获得的营业利润为 $R_2$，同时需要支付政府进行生态监管对其征收的罚金 $R_1$ 以及承担被绿色组织监督带来企业公信力降低的风险 $C_6$。当企业选择绿色生产时，能够得到营业利润 $R_3$ 和随之带来的潜在收益 $R_3k$，其中 k 为企业绿色生产的潜在收益系数；同时还能获得政府进行生态监管时给予的奖励补贴 $C_2$ 和绿色组织进行绿色监督时提供的绿色技术支持 $R_4$。但是，企业进行绿色生产须投入如新设备的置办费用、产品的研发费用、人才的引进培训费用等的额外生产成本 $C_7$。根据企业的组织性质判断，其生产行为发生改变必定要有经济利益或自身效用的驱使，所以假设当政府选择生态监管、绿色组织选择绿色监督行为时，企业选择绿色生产的总利润大于非绿色生产的总利润，即 $R_3k+R_3-C_7+R_4+C_2>R_2-C_6-R_1$（谢识予，2002；徐建中和吕希琛，2017；浦徐进等，2013；吴强玲，2007）。

影响绿色组织收益支付的变量：如果绿色组织选择进行绿色监督，可以获得良好的社会效用 $R_5$（包括企业投资、社会公众支持等）和政府对绿色组织监督行为的补贴 $C_3$，需要付出对企业非绿色生产行为进行绿色引导的成本 $C_8$，其中 $R_5>C_8$。当绿色组织选择无作为不监督时，其收益为零。由此可得到企业、政府和绿色组织三方博弈的收益支付矩阵，如表 5-5 所示。

**表 5-5　企业、政府和绿色组织三方博弈收益支付矩阵**

| | | 政府 | | | |
|---|---|---|---|---|---|
| | | 监管 | 不监管 | | |
| 企业 | 绿色生产 | $C_2+R_3+kR_3+R_4-C_7$<br>$S-C_1-C_2-C_3$<br>$C_3+R_5-R_4$ | $R_3+kR_3-C_7+R_4$<br>$-C_5$<br>$R_5-R_4$ | 绿色监督 | 绿色组织 |
| | | $C_2+R_3+kR_3-C_7$<br>$S-C_1-C_2$<br>0 | $R_3+kR_3-C_7$<br>0<br>0 | 无作为 | |
| | 非绿色生产 | $R_2-R_1-C_6$<br>$S+R_1-C_1-C_3-C_4$<br>$C_3+R_5-C_8$ | $R_2-C_6$<br>$-C_4-C_5$<br>$R_5-C_8$ | 绿色监督 | 绿色组织 |
| | | $R_2-R_1$<br>$S+R_1-C_1-C_4$<br>0 | $R_2$<br>$-C_4$<br>0 | 无作为 | |

### （二）模型构建与复制动态方程分析

假设企业采取绿色生产行为的期望收益用 $U_{c1}$ 表示，采取非绿色生产行为的期望收益用 $U_{c2}$ 表示，平均期望用 $\overline{U}_c$ 表示，其计算公式如下：

$$\begin{cases} U_{c1}=C_2y+R_4z+R_3k+R_3-C_7 \\ U_{c2}=R_2-C_6z-R_1y \\ \overline{U}_c=xU_{c1}+(1-x)U_{c2} \end{cases} \tag{5-8}$$

因此，可以得到企业策略的复制动态方程：

$$f(x)=\frac{d(x)}{d(t)}=x(U_{c1}-\overline{U}_c)=x(1-x)[y(R_1+C_2)+z(R_4+C_6)+kR_3+R_3-R_2-C_7] \tag{5-9}$$

同理，令政府采取生态监管行为的期望收益用 $U_{g1}$ 表示，选择不监管行为的期望收益用 $U_{g2}$ 表示，平均期望用 $\overline{U}_g$ 表示，其计算公式如下：

$$\begin{cases} U_{g1}=(C_4-R_1-C_2)x-C_3z+R_1-C_4-C_1+S \\ U_{g2}=C_4x-C_5z-C_4 \\ \overline{U}_g=yU_{g1}+(1-y)U_{g2} \end{cases} \tag{5-10}$$

因此，可以得到政府策略的复制动态方程：

$$f(y)=\frac{d(y)}{d(t)}=(U_{g1}-\overline{U}_g)=y(1-y)[(C_5-C_3)z-(R_1+C_2)x+R_1-C_1+S] \tag{5-11}$$

同理，令社会公众采取绿色消费行为的期望收益用 $U_{r1}$ 表示，选择非绿色消费行为的期望收益用 $U_{r2}$ 表示，平均期望用 $\overline{U}_r$ 表示，其计算公式如下：

$$\begin{cases} U_{r1}=R_5-C_8+C_8x-R_4x+C_3y \\ U_{r2}=0 \\ \overline{U}_r=zU_{r1}+(1-z)U_{r2} \end{cases} \tag{5-12}$$

因此，可以得到绿色组织策略的复制动态方程：

$$f(z)=\frac{d(z)}{d(t)}=(U_{r1}-\overline{U}_r)=z(1-z)[x(C_8-R_4)+yC_3+R_5-C_8] \tag{5-13}$$

联合式（5-2）、式（5-4）和式（5-6）设立区域绿色竞争力行为主体动态复制系统：

$$\begin{cases} f(x)=\frac{d(x)}{d(t)}=x(U_{c1}-\overline{U}_c)=x(1-x)[y(R_1+C_2)+z(R_4+C_6)+kR_3+R_3-R_2-C_7] \\ f(y)=\frac{d(y)}{d(t)}=(U_{g1}-\overline{U}_g)=y(1-y)[(C_5-C_3)z-(R_1+C_2)x+R_1-C_1+S] \\ f(z)=\frac{d(z)}{d(t)}=(U_{r1}-\overline{U}_r)=z(1-z)[x(C_8-R_4)+yC_3+R_5-C_8] \end{cases} \tag{5-14}$$

接下来进行复制动态方程分析，研究企业、政府和绿色组织各自行为策略在整个系统中的适应程度。

根据式（5-9）企业策略的复制动态方程，对 f（x）进行求导：

$$\frac{df(x)}{d(x)}=(1-2x)[y(R_1+C_2)+z(R_4+C_6)+kR_3+R_3-R_2-C_7]$$

X 若作为稳定策略，应该满足 f（x）=0，且 df（x）/dx<0。

（Ⅰ）若 $y=\frac{R_2+C_7-z(R_4+C_6)-(1+k)R_3}{R_1+R_2}$，则有 f（x）=0，df（x）/dx=0。此时企业的策略选择概率处于稳定状态，不会随着时间的变化而变化。

（Ⅱ）若 $y\neq\frac{R_2+C_7-z(R_4+C_6)-(1+k)R_3}{R_1+R_2}$，令 f(x)=0，可以得到 x=0 和 x=1 两个平衡点。这时要分情况对平衡点进行讨论：

（1）当 $(1+k)R_3-C_7-R_2>0$ 时，$\frac{df(x)}{d(x)}|_{x=0}>0$，$\frac{df(x)}{d(x)}|_{x=1}<0$，x=1 是演化稳定点。说明只要满足在无其他主体影响下企业的绿色生产收益大于非绿色生产收益时，企业会毫不犹豫选择绿色生产。

（2）当 $(1+k)R_3-C_7-R_2<0$ 时，分两种情况：①当 $y(R_1+C_2)+z(R_4+C_6)+kR_3+R_3-R_2-C_7>0$，即 $1>y>\frac{R_2-[(1+k)R_3-C_7]-z(R_4+C_6)}{R_1+C_2}$，$\frac{df(x)}{d(x)}|_{x=0}>0$，$\frac{df(x)}{d(x)}|_{x=1}<0$，此时 x=1 是演化稳定点；②当 $y(R_1+C_2)+z(R_4+C_6)+kR_3+R_3-R_2-C_7<0$，即 $0<y<\frac{R_2-[(1+k)R_3-C_7]-z(R_4+C_6)}{R_1+C_2}$，$\frac{df(x)}{d(x)}|_{x=0}>0$，$\frac{df(x)}{d(x)}|_{x=1}>0$，此时 x=0 是演化稳定点。当无其他主体影响下企业的非绿色生产收益大于绿色生产收益，且政府采取生态监管的比例大于其非绿色生产和绿色生产的总收益之差与政府监管对其的影响比值时，企业出于自身利益考虑还是会选择采取绿色生产策略；当无其他主体影响下企业的非绿色生产收益大于绿色生产收益，且政府采取绿色生产的比例小于其非绿色生产和绿色生产的收益之差与政府监管对其的影响比值时，企业会选择采取非绿色生产策略。

对式（5-11）f（y）进行求导：

$$\frac{df(y)}{d(y)}=(1-2y)[(C_5-C_3)z-(R_1+C_2)x+R_1-C_1+S]$$

y 作为稳定策略应该满足 f(y)=0，且 df(y)/d(y)<0。

（Ⅰ）若 $z=\frac{(R_1+C_2)x+C_1-S-R_1}{C_5+C_3}$，则有 f(y)=0，df(y)/d(y)=0。此时政府的策略选择处于稳定状态，不会随着时间的变化而变化。

（Ⅱ）若 $z\neq\frac{(R_1+C_2)x+C_1-S-R_1}{C_5+C_3}$，此时令 f(y)=0，可以得到 y=0 和 y=1 两个

平衡点。这时要分情况对平衡点进行讨论：

（1）当 $x(R_1+C_2)+C_1-R_1-S<0$，即 $xC_2+C_1-(1-x)R_1<S$，$\frac{df(y)}{d(y)}|_{y=0}>0$，$\frac{df(y)}{d(y)}|_{y=1}<0$。说明当满足政府对企业行为的监管成本小于监管所获得的社会收益时，政府从监管能获益的角度考虑会选择生态监管。

（2）$x(R_1+C_2)+C_1-R_1-S>0$ 时，分两种情况讨论：①若 $1>z>\frac{(R_1+C_2)x+C_1-S-R_1}{C_5-C_3}$，$\frac{df(y)}{d(y)}|_{y=0}>0$，$\frac{df(y)}{d(y)}|_{y=1}<0$，此时 $z=1$ 是演化稳定点；②若 $0<z<\frac{(R_1+C_2)x+C_1-S-R_1}{C_5-C_3}$，$\frac{df(y)}{d(y)}|_{y=0}<0$ $\frac{df(y)}{d(y)}|_{y=1}>0$，此时 $y=0$ 是演化稳定点。即当企业选择绿色生产的概率 $1>x>\frac{R_1+C_4-C_1}{R_1+C_2}$时，若绿色组织进行绿色监督的概率为 $1>z>\frac{(R_1+C_2)x+C_1-S-R_1}{C_5-C_3}$，政府会选择生态监管策略；若绿色组织进行绿色监督的概率为 $0<z<\frac{(R_1+C_2)x+C_1-S-R_1}{C_5-C_3}$，政府会选择不进行监管。

对式（5-13）f（z）进行求导：

$$\frac{df(z)}{d(z)}=(1-2z)[x(C_8-R_4)+yC_3+R_5-C_8]$$

z 作为稳定策略应该满足 $f(z)=0$，且 $df(z)/d(z)<0$。

（Ⅰ）若 $x=\frac{C_8-R_5-yR_3}{C_8-R_4}$，则有 f（z）＝0，因此可知，此时绿色组织的策略保持稳定。

（Ⅱ）若 $x\neq\frac{C_8-R_5-yR_3}{C_8-R_4}$，此时令 f（z）＝0，可以得到 $z=0$ 和 $z=1$ 两个平衡点。这时要分情况对平衡点进行讨论：

（1）$R_5+yC_3-C_8>0$ 时，$\frac{df(z)}{d(z)}|_{z=0}>0$，$\frac{df(z)}{d(z)}|_{z=1}<0$，说明当满足绿色组织进行绿色监督行为获得的社会效用与政府补贴之和大于绿色组织对非绿色企业绿色生产引导的成本时，绿色组织会果断选择参与绿色监督行为。

（2）$R_5+yC_3-C_8<0$，分两种情况讨论：①若 $x(C_8-R_4)+yC_3+R_5-C_8>0$，变形为 $R_5+yC_3+xR_4-(1-x)C_8>0$ 时，$\frac{df(z)}{d(z)}|_{z=0}>0$，$\frac{df(z)}{d(z)}|_{z=1}<0$，此时 $z=1$ 是演化稳定点；②若 $x(C_8-R_4)+yC_3+R_5-C_8<0$，变形为 $R_5+yC_3+xR_4-(1-x)C_8<0$，$\frac{df(z)}{d(z)}|_{z=0}<0$，$\frac{df(z)}{d(z)}|_{z=1}>0$，此时 $z=0$ 是演化稳定点。即当绿色组织进行绿色监督行为获得的社会

效用与政府补贴之和小于绿色组织对非绿色企业绿色生产引导的成本，且满足绿色组织进行绿色监督行为的总收益为正值时，绿色组织仍会采取绿色监督行为；当绿色组织进行绿色监督行为获得的总收益为负值时，绿色组织在以后的合作博弈过程中都会选择无作为策略。

以上通过分析企业、政府和绿色组织行为策略在整个系统中的适应程度可以发现，无论是企业的行为策略、政府的行为策略还是绿色组织的行为策略都不是独立一方直接做出的决策，其策略选择依赖于其他两方的策略选择。这也反映出研究企业、政府和绿色组织之间的合作机制对区域绿色竞争力提升的必要性。

## 二、企业、政府和绿色组织三方博弈的演化均衡分析

### （一）三方演化博弈均衡求解

令式(5-14)中 $f(x)=d(x)/d(t)=0$、$f(y)=d(y)/d(t)=0$、$f(z)=d(z)/d(t)=0$，可以得到企业、政府和绿色组织的动态博弈过程中共有 15 个局部均衡点，但由 Berger 的研究可知，当且仅当 X 是严格的纳什均衡时，策略组合 X 在多群体演化博弈的复制动态系统中亦为渐近稳定。故对于企业、政府和绿色组织三者的复制动态系统只需分析 $E_1=(0, 0, 0)$、$E_2=(1, 0, 0)$、$E_3=(0, 1, 0)$、$E_4=(0, 0, 1)$、$E_5=(1, 1, 0)$、$E_6=(1, 0, 1)$、$E_7=(0, 1, 1)$、$E_8=(1, 1, 1)$8 个局部均衡点的渐近稳定性，其余均为非渐近稳定状态。借鉴 Friedman 的方法，系统均衡点的稳定性可由其雅可比矩阵的稳定性分析得到。所以对 f(x)、f(y) 和 f(z) 分别关于 x、y、z 求偏导，有：

$$J=\begin{bmatrix}\frac{\partial f(x)}{\partial(x)} & \frac{\partial f(x)}{\partial(y)} & \frac{\partial f(x)}{\partial(z)}\\ \frac{\partial f(y)}{\partial(x)} & \frac{\partial f(y)}{\partial(y)} & \frac{\partial f(y)}{\partial(z)}\\ \frac{\partial f(z)}{\partial(x)} & \frac{\partial f(z)}{\partial(y)} & \frac{\partial f(z)}{\partial(z)}\end{bmatrix}=\begin{bmatrix}a_{11} & a_{12} & a_{13}\\ a_{21} & a_{22} & a_{23}\\ a_{31} & a_{32} & a_{33}\end{bmatrix}$$

其中，$a_{11}=-(x-1)[R_3-R_2-C_7+R_3k+z(C_6+R_4)+y(R_1+C_2)]-x[R_3-R_2-C_7+R_3k+z(C_6+R_4)+y(R_1+C_2)]$

$a_{12}=-x(R_1+C_2)(x-1)$

$a_{13}=-x(x-1)(C_6+R_4)$

$a_{21}=y(R_1+C_2)(y-1)$

$a_{22}=-y[R_1-C_1+S+z(C_5-C_3)-x(R_1+C_2)]-(y-1)[R_1-C_1+S+z(C_5-C_3)-x(R_1+C_2)]$

$a_{23}=-y(C_5-C_3)(y-1)$

$a_{31}=-z(C_8-R_4)(z-1)$

$a_{32}=-z(z-1)C_3$

$a_{33}=-z[R_5-C_8+C_3y+x(C_8-R_4)]-(z-1)[R_5-C_8+C_3y+x(C_8-R_4)]$

由李雅谱诺夫第一法可知，企业、政府和绿色组织三方演化博弈系统要达到渐进稳定状态，就要满足其对应的雅可比（Jacobian）矩阵的三个特征根都小于 0。表 5-6 是对演化稳定点 $E_1 \sim E_8$ 的特征根判定。

**表 5-6 各均衡点稳定性判定**

| 均衡点 | 特征根 1 | 特征根 2 | 特征根 3 | 状态 |
|---|---|---|---|---|
| $E_1(0,0,0)$ | $R_3-R_2-C_7+R_3k$ | $R_1-C_1+S>0$ | $R_5-C_8>0$ | 不稳定 |
| $E_2(1,0,0)$ | $C_7+R_2-R_3-R_3k$ | $S-C_2-C_1$ | $R_5-R_4>0$ | 不稳定 |
| $E_3(0,1,0)$ | $R_1-C_7+C_2-R_2+R_3+R_3k$ | $C_1-R_1-S$ | $C_3-C_8+R_5>0$ | 不稳定 |
| $E_4(0,0,1)$ | $C_6-C_7-R_2+R_3+R_4+R_3k<0$ | $C_5-C_1+R_1-C_3+S<0$ | $C_8-R_5<0$ | ESS |
| $E_5(1,1,0)$ | $C_7-R_1-C_2+R_2-R_3-R_3k$ | $C_1+C_2-S$ | $C_3-R_4+R_5>0$ | 不稳定 |
| $E_6(1,0,1)$ | $C_7-C_6+R_2-R_3-R_4-R_3k<0$ | $C_5-C_1-C_2-C_3+S<0$ | $R_4-R_5<0$ | ESS |
| $E_7(0,1,1)$ | $C_6-C_7+R_1+C_2-R_2+R_3+R_4+R_3k>0$ | $C_1-C_5-R_1+C_3-S$ | $C_8-C_3-R_5$ | 不稳定 |
| $E_8(1,1,1)$ | $C_7-C_6-R_1-C_2+R_2-R_3-R_4-R_3k<0$ | $C_1-C_5+C_2+C_3-S<0$ | $R_4-C_3-R_5<0$ | ESS |

## （二）演化稳定性分析

通过对 $E_1 \sim E_8$ 局部均衡点的特征根进行分析可以得出：局部均衡点（0，0，0）、（1，0，0）、（0，1，0）、（1，1，0）和（0，1，1）都不是系统的渐近稳定点，不会趋于稳定状态。均衡点（0，0，1）、（1，0，1）和（1，1，1）要是渐近稳定点，则需要满足以下条件：

（1）当满足 $C_6-C_7-R_2+R_3+R_4+R_3k<0$，$C_5-C_1+R_1-C_3+S<0$ 和 $R_4-R_5<0$ 时，系统的均衡点为（0，0，1），即企业、政府和区域绿色组织通过行为合作收敛于（非绿色生产，不监管，绿色监督），演化过程如图 5-13 所示。即在无政府影响下，若企业选择非绿色生产的收益大于选择绿色生产的收益，企业依据利润最大化原则会选择保持非绿色生产行为；当政府对企业非绿色生产进行监管的损失值（成本与收益差）大于不监管时的损失值，政府从监管成本过高角度考虑会选择不监管；绿色组织作为以环境保护为目的的非营利性组织，只要其进行绿色监督行为时获得的社

会效用大于其对企业非绿色生产绿色引导的成本，绿色组织就会选择参与绿色监督。

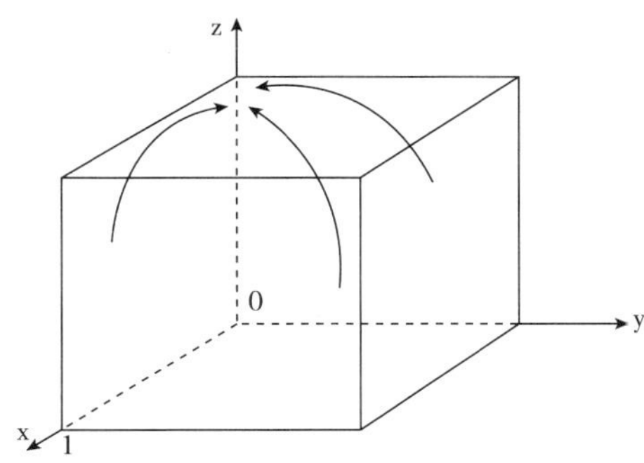


图 5-13　z（0，0，1）的演化相位图

（2）当满足 $C_7-C_6+R_2-R_3-R_4-R_3k<0$，$C_1-C_5+C_2+C_3-S<0$ 和 $C_8-R_5<0$ 时，系统的均衡点为（1，0，1），演化过程如图 5-14 所示。即在无政府影响时，企业选择绿色生产的利润额大于选择非绿色生产的利润额；政府对企业绿色生产进行监管的亏损值大于不监管时的损失值；绿色组织进行绿色监督行为获得的社会效用大于绿色组织对生产企业的技术支持，三方博弈的最终稳定均衡状态为 $x=1$，$y=0$，$z=1$，即企业进行绿色生产，政府不进行监管，绿色组织参与绿色监督。

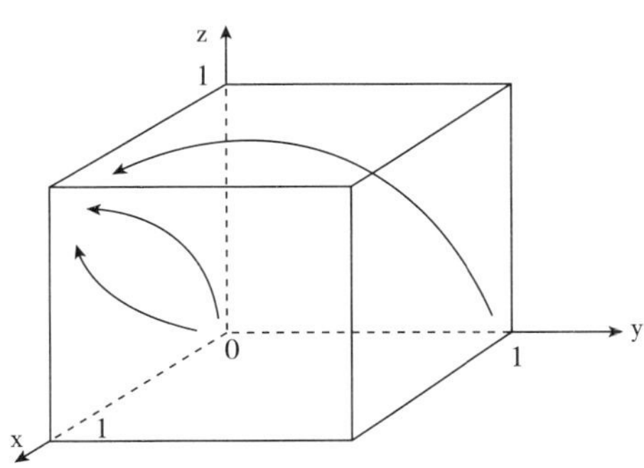


图 5-14　（1，0，1）的演化相位图

（3）当满足 $C_7-C_6-R_1-C_2+R_2-R_3-R_4-R_3k<0$，$C_5-C_1-C_2-C_3+S<0$ 和 $R_4-C_3-R_5<0$ 时，系统的均衡点为（1，1，1），演化过程如图 5-15 所示。即当满足企业选择绿色生产的总利润额大于选择非绿色生产的总利润额；政府对企业绿色生产进行监管的亏损值大于不监管时的损失值；同时绿色组织进行绿色监督获得的总效用大于绿色组织对企业绿色生产的技术支持；企业选择绿色生产，政府选择生态监管，绿色组织参与绿色监督是系统的均衡状态，这也是区域绿色竞争力提升需要达到的良好均衡状态。

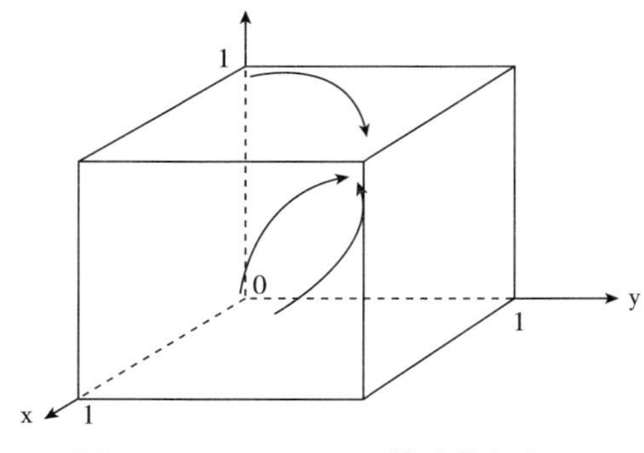


图 5-15 （1，1，1）的演化相位图

综上所述，在一定条件下，（非绿色生产，不监管，绿色监督行为）、（绿色生产，不监管，绿色监督行为）和（绿色生产，生态监管，绿色监督行为）都可能是系统的演化稳定策略（见图 5-16）。其中状态（绿色生产，生态监管，绿色监督）是本书期望的最优均衡状态。为了有效规避其他情形，使系统演化向最优状态发展，下文将运用 Matlab 对企业、政府和绿色组织行为决策的演化过程进行模拟仿真。

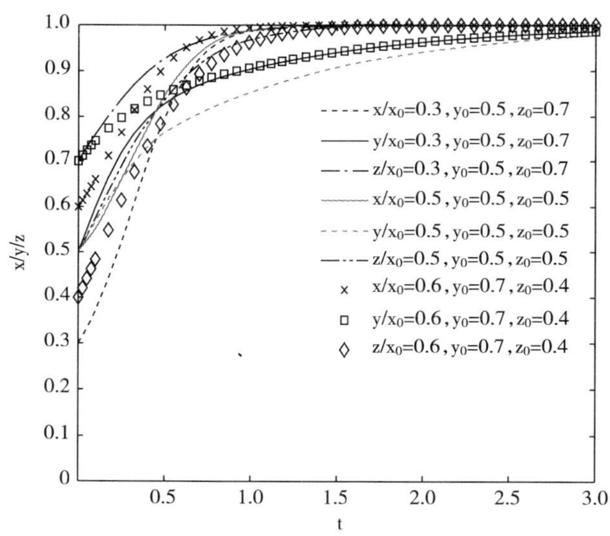


图 5-16 不同初始状态下系统的均衡过程

# 三、企业、政府和绿色组织三方演化博弈模型的数值仿真分析

根据复制动态方程及参数约束条件，采用 Matlab 软件模拟仿真“企业—政府—

绿色组织”收敛于（1，1，1）均衡状态时主要参数变化对三方演化结果的影响。通过参考前人对此的相关研究，设定演化初始时间为0，演化时间 t 为 0~3 年（最长 3 年），各参数的取值：$C_1=4$，$C_2=2$，$C_3=2$，$C_4=6$，$C_5=3$，$C_6=2$，$C_7=3$，$C_8=3$，$R_1=3$，$R_2=10$，$R_3=8$，$R_4=2$，$R_5=5$，$k=0.1$，$S=6$；$x_0=0.3$，$y_0=0.5$，$z_0=0.7$ 是三方的初始概率值。各参数初值的相对大小只是反映博弈主体策略与相关因素的敏感性关系，它是一种关系反映，并不是现实中的真实数据。

## （一）不同初始概率对系统均衡的影响

仿真图 5-16 是为了验证在 $C_7-C_6-R_1-C_2+R_2-R_3-R_4-R_3k<0$，$C_5-C_1-C_2-C_3+S<0$ 和 $R_4-C_3-R_5<0$ 条件下系统的演化趋势。通过图中的实线部分（$x_0=0.3$，$y_0=0.5$，$z_0=0.7$）可以看出：随着绿色组织绿色监督的比例上升，企业绿色生产的比例逐渐上升，政府进行生态监管的比例也上升。这说明只要满足绿色组织进行绿色监督的总收益大于对企业绿色生产的技术支持，企业选择绿色生产时获得的总利润大于选择非绿色生产时获得的总利润，政府不进行监管的成本大于政府监管成本，由企业、政府和绿色组织组成的系统就会演化至良性状态，即达到由绿色组织进行绿色监督、企业进行绿色生产和政府进行生态监管的理想模式。为了进一步验证上述设想，调整各行为主体的初始概率为 $x_0=0.5$，$y_0=0.5$，$z_0=0.5$ 或 $x_0=0.6$，$y_0=0.7$，$z_0=0.4$，其余参数值保持不变。从图 5-16 中对比可以看到，初始概率值的变化会影响各行为主体趋于良好均衡状态的速度，但不影响系统演化的结果。这说明只要满足 $C_7-C_6-R_1-C_2+R_2-R_3-R_4-R_3k<0$，$C_5-C_1-C_2-C_3+S<0$ 和 $R_4-C_3-R_5<0$ 参数值条件下，三方博弈演化到企业绿色生产、政府监管、绿色组织绿色监督行为（$x=1$、$y=1$、$z=1$）是最理想策略选择状态。

## （二）相关参数对博弈多方主体行为的影响

1. 政府奖惩对企业和政府策略的影响

仿真图 5-17 模拟的是政府奖惩对企业策略的影响。$C_2=2$，$R_1=3$ 是最初的奖励和惩罚值，也最接近真实情况，当政府进行生态监管对企业非绿色生产进行的惩罚力度比对企业绿色生产进行的奖励力度更大才能对企业行为有强制约束力。图 5-17 中的实线部分表示当政府、企业和绿色组织保持最初初始概率状态（$x_0=0.3$，$y_0=0.5$，$z_0=0.7$），其他参数保持不变时，政府给予企业绿色生产的补贴奖励 $C_2$ 相对变化对系统中企业选择策略的影响。$C_2$ 从 0 开始逐步递增，每变化 2 模拟 1 次。从图 5-17 中 3 条均衡线可以看出，随着奖励值 $C_2$ 的增大，企业趋向绿色生产策略均衡的速度会越来越快，且时间越来越短。这说明加大政府对企业的补助奖励，可以增进企业进行绿色创新的积极性，引导企业向绿色生产方向收敛。这与曹霞等（2017）的研究一致，政府的补贴激励手段可以有效促进企业绿色创新行为的形成。图 5-17 的虚线部分表示在其他条件不变的前提下，政府生态监管对企业非绿色生产行为

收取的罚金 $R_1$ 依次赋值为 1、3、5 时企业的策略选择趋势。随着惩罚值 $R_1$ 的增大，企业收敛于 1 的速度也会越来越快，达到绿色生产均衡状态的时间越来越短。但通过与增大等量的政府对企业绿色生产奖励值对比发现，增大政府对企业非绿色生产的惩罚力度对企业绿色生产行为的促进效果更佳。

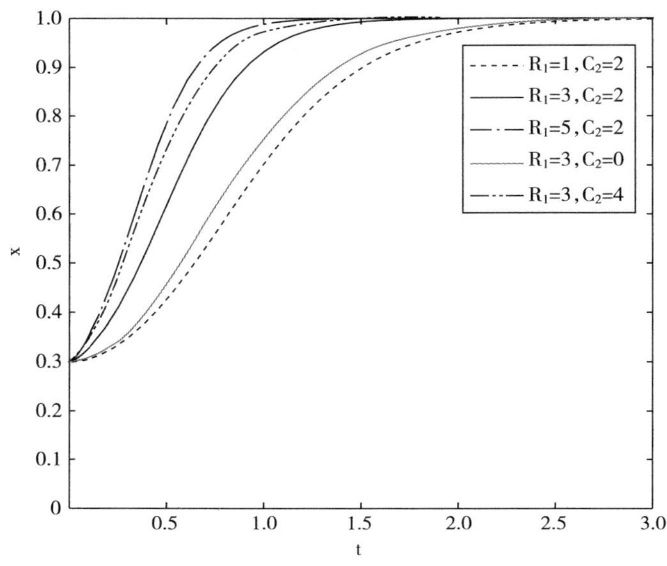


**图 5-17　政府奖惩对企业策略的影响**

仿真图 5-18 模拟的是政府奖惩对政府策略的影响。图中实线部分表示在其他条件保持不变的情况下，政府生态监管对企业绿色生产行为补贴奖励 $C_2$ 相对变化对系统中政府选择策略的影响。从图 5-18 中可以看出，$C_2$ 从 0 开始逐步递增，此时政府的行为决策倾向于生态监管。随着 $C_2$ 的上升（$C_2=4$），政府选择生态监管的概率有趋于 0 的趋势。这源于政府实行生态监管的收益是 $S-C_1-C_2-C_3$，若其他参数保持不变，提高对企业行为的奖励额度，实质上降低了政府的利润，如果没有其他方面的收益提高来弥补监管的高成本，政府一般不会愿意自掏腰包，对企业行为进行补贴激励。当 $C_2$ 继续增加超出政府对于成本承受能力时，政府策略将演化成不监管。图 5-18 中的虚线部分表示在其他条件保持不变的情况下，政府生态监管对企业非绿色生产行为收取的罚金 $R_1$ 的相对变化对系统中政府选择策略的影响。政府向企业非绿色生产收取的罚金是作为政府的一种收益，可以抵消政府生态监管的成本，所以当 $R_1$（$R_1=1$、$R_1=3$、$R_1=5$）逐渐增大时，政府会选择生态监管策略，且趋向生态监管策略速度会加快。

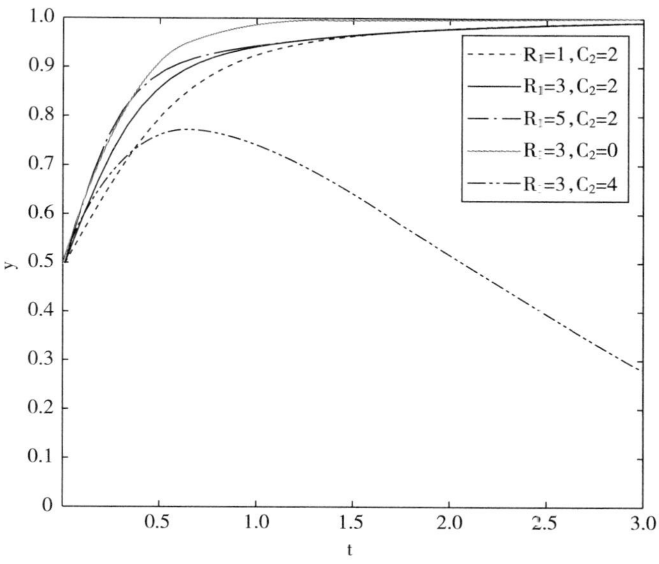


图 5-18　政府奖惩对政府策略的影响

2. 政府对绿色组织监督行为的补贴奖励对政府和绿色组织策略的影响

仿真图 5-19 模拟的是政府补贴奖励对绿色组织和政府决策的影响，从图像上与图 5-17、图 5-18 基本一致。因为政府奖励对于企业和绿色组织都属于一种收益，对于政府则属于监管成本。所以当政府给予绿色组织监督行为的补贴奖励增加时无疑会促进绿色组织以更快速度趋向绿色行为策略，但同时由于监管成本的增加会导致

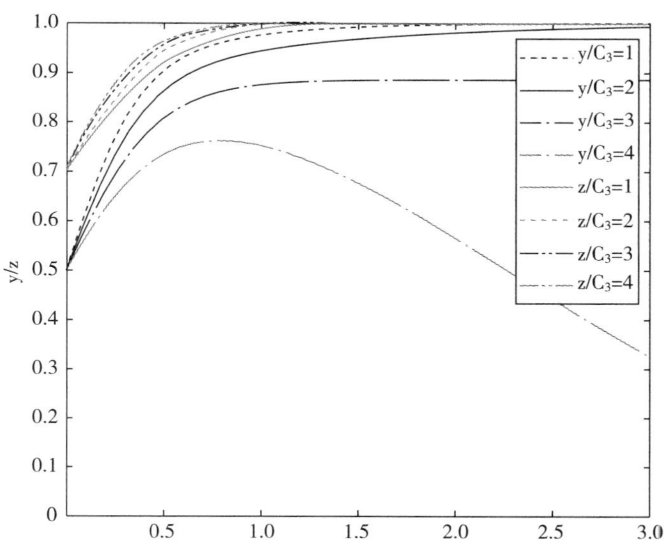


图 5-19　政府补贴奖励对政府/绿色组织策略的影响

政府的行为向不监管（趋于0）收敛。这也从侧面反映出，政府在进行生态监管时，相比于一味地增加对企业和绿色组织奖励值，适度奖励对促进系统趋于良好均衡状态效果更佳；或是增加政府监管的总体收益，如把治理企业的工作纳入地方政府官员的政绩考核体系中，也有助于提高政府监管的积极性。

3. 绿色组织提供的技术支持对企业和绿色组织策略的影响

绿色组织对企业绿色生产提供的技术支持对企业是一种收益（绿色生产成本降低），对绿色组织是一种成本，所以 $R_4$ 的存在可能会对企业和绿色组织双方的行为决策有影响。仿真图 5-20 模拟的是当其他条件保持不变时，$R_4$ 相对变化对企业和绿色组织决策的影响。实线部分是企业的策略均衡线，虚线部分是绿色组织的策略均衡线。随着绿色组织提供给企业绿色生产的技术支持 $R_4$ 的增大，企业趋向绿色生产策略均衡的速度加快，趋于均衡状态的时间变短；然而 $R_4$ 的增大却会阻碍绿色组织趋于绿色监督的均衡状态。但通过对比分析可以发现，$R_4$ 的增大对企业绿色生产行为的促进作用大于对绿色组织监督行为的阻碍作用。这说明在现实生活中，绿色组织只有对企业绿色生产采取适当的技术支持才会达到同时促进企业和绿色组织双方趋向良好均衡状态的效果，一味地增加或降低都可能会对区域绿色竞争力复制动态系统带来不良后果。

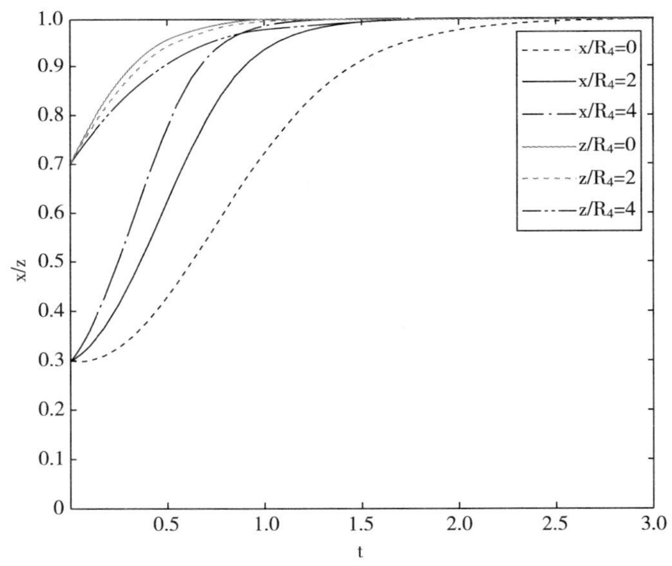


**图 5-20　技术支持对企业/绿色组织策略的影响**

## （三）相关参数对企业策略的影响

1. 绿色生产投入的额外成本对企业策略的影响

仿真图 5-21 表示在其他条件保持不变的前提下，企业绿色生产的额外成本依次赋值为 1.5、3、4.5、6、7.5 时对系统中企业选择策略的影响。由图 5-21 可知，当绿色生产的额外成本较小时（$C_7=1.5$、$C_7=3$、$C_7=4.5$），企业绿色生产的概率将收敛于1，且$C_7$值越小，企业收敛的速度越快。随着$C_7$的增加（$C_7=7.5$），企业选择绿色生产的概率会徘徊在初始概率0.3的位置，既不收敛于0，也不收敛于1。结合各参数的初始值，$C_7$收敛于0的临界值为7.8。也就是说，若其他条件不变，当$C_7$超过7.8时，企业会趋向选择非绿色生产，这可能是由于过高的绿色生产额外成本阻碍了企业绿色生产的积极性。因此，降低企业绿色生产的额外成本对这种“阻碍效应”有弱化作用。

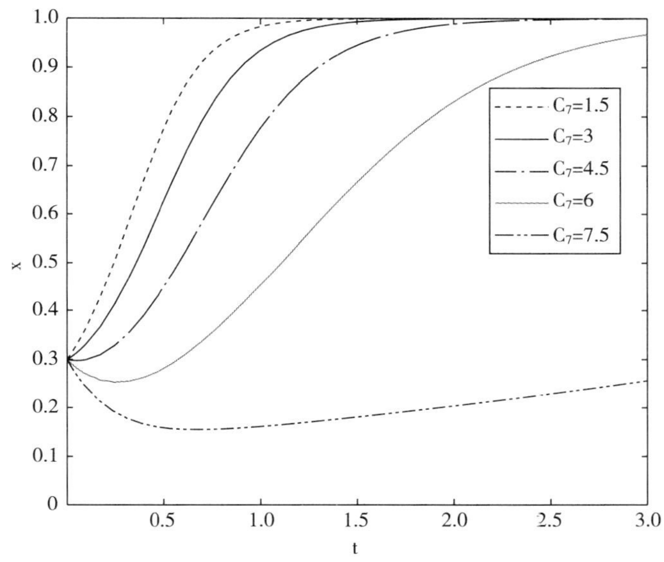


**图5-21　绿色生产的额外成本对企业策略的影响**

2. 潜在收益系数对企业策略的影响

仿真图5-22表示在其他条件不变的前提下，企业绿色生产的潜在收益系数k相对变化对系统中企业选择策略的影响。从图5-22中3条均衡线可以看出，随着潜在收益系数的增大，企业趋向绿色生产策略均衡的时间越来越短。这说明在现实生活中，若国家财税、土地支持政策，银行贷款政策等向绿色生产企业倾斜，企业看到绿色生产发展的大好前景便会更加积极趋向绿色生产。

3. 绿色组织监督对企业策略的影响

仿真图5-23表示在其他条件保持不变的前提下，绿色组织对企业非绿色生产行为监督打击给企业带来的损失$C_6$相对变化对系统中企业选择策略的影响。图5-23中线$C_6=2$是最初的状态，此时企业大概需要1.2年达到绿色生产的均衡状态。当$C_6$减小到0时，从图5-23中线$C_6=0$可以看到，此时企业大概需要1.8年达到绿色生产均衡状态，说明绿色组织对企业非绿色生产监督力度减小会使企业绿色生产的动力减弱而需要更长的时间达到良好均衡状态；而当 $C_6$ 增大到 5 时，企业 1 年就可以达到绿色生产均衡状态，说明绿色组织对企业非绿色生产监督给企业带来的不良影响增大会对企业的生产行为起到约束作用从而促使其在更短的时间内达到绿色生产均衡状态。

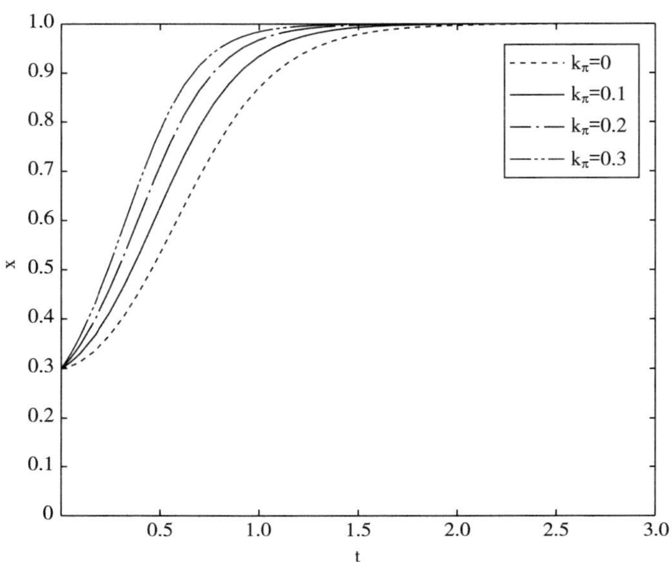


图 5-22　潜在收益系数对企业策略的影响

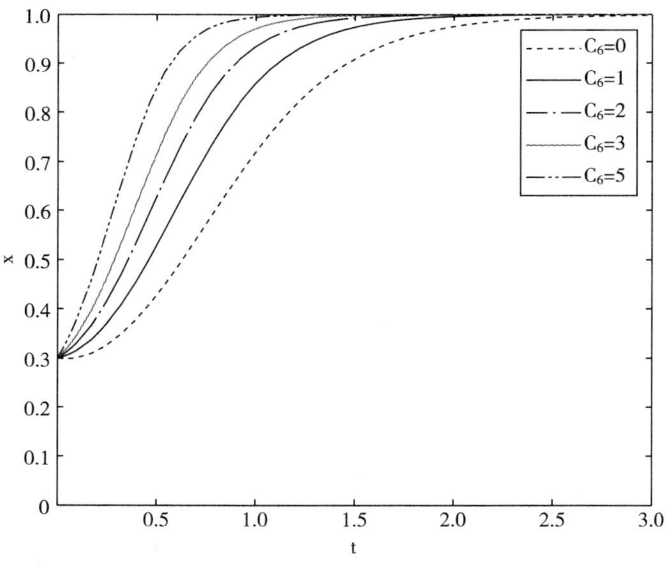


图 5-23　绿色组织监督对企业策略的影响

## （四）绿色组织监督对政府策略的影响

仿真图 5-24 表示三方保持初始概率状态，其他参数不变时，绿色组织对政府不监管行为进行监督对政府造成的不良影响 $C_5$ 相对变化对系统中政府策略选择的影响。图 5-24 中线 $C_5=3$ 是最初的状态，此时政府需要将近 3 年才能运到生态监管的均衡状态。当 $C_5$ 逐渐增大时，政府达到生态监管均衡状态的时间在缩短；而当 $C_5$ 减小到 2 时，从图 5-24 中线 $C_5=2$ 可以看到，此时政府用 3 年的时间才达到 0.8 的概率选择生态监管，距离概率 1 还需要较长时间，当 $C_5$ 继续减小，政府的策略选择将收敛于 0。这说明绿色组织对政府不监管行为进行监督给政府带来的不良影响增大可以给政府生态监管行为产生正向促进作用。

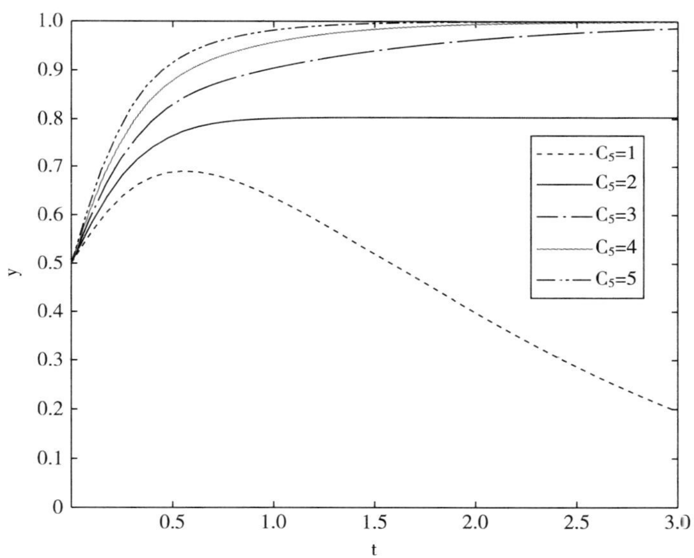


图 5-24　绿色组织监督对政府策略的影响

# 第五章

# 企业、政府和新闻媒体三方演化博弈及仿真分析

## 一、基本假设与模型构建

### （一）基本假设

本章基于演化博弈的方法来分析企业、政府和新闻媒体的利益冲突和最优选择，提出以下假设：

H1：在区域绿色竞争力发展中，企业可能会承担应有的社会责任，进行对环境无破坏和无污染的绿色生产，也可能局限于短期利益而选择放任环境被破坏的非绿色生产，即企业的策略空间为｛绿色生产，非绿色生产｝；政府部门可能会提高对企业生产行为的监管力度，也可能会由于调控实施难度及成本等因素，选择不监管，即政府的策略空间为｛生态监管，不监管｝；新闻媒体可能受到国家绿色政策的影响，以及预期跟踪报道行为可为其带来巨大收益会选择积极参与报道，也可能预期报道区域绿色治理事件不能为其带来丰厚收益，故选择对区域绿色治理事件选择不报道，而将报道力量重点放在公众更为关注的娱乐热点和突发事件上，即新闻媒体的策略空间为｛报道，不报道｝。由于区域绿色竞争力的各行为主体都是有限理性的，所以在信息不充分的情形下，企业、政府和新闻媒体都会不断调整自身的行为策略，以求得利益最大化。

H2：根据政府、企业和新闻媒体在不同策略组合下的实际成本、收益和损失，设定相关参数及其含义如表 5-7 所示（谢识予，2002；徐建中等，2017；浦徐进等，2013；王绍光，1999）。

表 5-7　企业、政府和新闻媒体三方博弈主体参数的设定及含义

| 参数 | 变量含义 |
|---|---|
| $C_1$ | 政府进行生态监管所付出的成本 |
| $C_2$ | 企业非绿色生产时政府需要付出的环境补救成本 |
| $C_3$ | 媒体报道使得政府监管成本的降低值 |
| $C_4$ | 政府疏忽职守，企业非绿色生产被媒体曝光后政府收到的声誉谴责 |
| S | 政府监管行为获得的社会收益（$S>C_1$） |
| $R_1$ | 政府进行生态监管获得的企业非绿色生产罚金 |
| $C_5$ | 企业绿色生产获得的政府补贴奖励 |
| $R_2$ | 企业非绿色生产的营业收入 |
| $R_3$ | 企业绿色生产的营业收入 |
| K | 企业选择绿色生产获得的潜在收益系数 |
| $C_6$ | 企业选择绿色生产产生的额外成本 |
| $R_4$ | 企业非绿色生产利用媒体虚假宣传获得的收益 |
| $R_5$ | 新闻媒体对企业绿色生产进行报道给企业带来的社会名誉提高值 |
| $C_7$ | 新闻媒体披露企业非绿色生产行为给企业带来的名誉损失值 |
| $C_8$ | 新闻媒体未进行报道所造成的用户流失 |
| $R_6$ | 新闻媒体进行报道的点击量利润 |
| $C_9$ | 新闻媒体进行报道的成本（$R_6+R_7>C_9$） |
| $R_7$ | 政府监管对新闻媒体报道行为的影响（群众阅读量增加） |
| a | 当政府不监管时，新闻媒体发现企业非绿色生产行为的概率 |

H3：在初始状态下，企业选择绿色生产行为的概率为 x，选择非绿色生产行为的概率为 1-x；政府选择生态监管行为的概率为 y，选择不监管行为的概率为 1-y；新闻媒体选择参与报道行为的概率为 z，选择不报道行为的概率为 1-z。其中，$0\leqslant x\leqslant 1$，$0\leqslant y\leqslant 1$，$0\leqslant z\leqslant 1$。

根据表 5-7 假设以及企业、政府和新闻媒体主体间策略选择的依存性，可得到三方博弈的收益矩阵，如表 5-8 所示。

表 5-8　企业、政府和新闻媒体三方博弈收益矩阵

| | | 政府 | | | |
|---|---|---|---|---|---|
| | | 生态监管 | 不监管 | | |
| 企业 | 绿色生产 | $R_3+C_5+kR_3-C_6+R_5$<br>$S-C_1+C_3-C_5$<br>$R_6+R_7-C_9$ | $R_3+kR_3-C_6+R_5$<br>0<br>$R_6-C_9$ | 参与报道 | 新闻媒体 |

续表

| | | 政府 | | | |
|---|---|---|---|---|---|
| | | 生态监管 | 不监管 | | |
| 企业 | 非绿色生产 | $R_3+C_5+kR_3-C_6$<br>$S-C_1-C_5$<br>0 | $R_3+kR_3-C_6$<br>0<br>0 | 不报道 | 新闻媒体 |
| | 绿色生产 | $R_2-R_1-C_7$<br>$S-C_1+C_3+R_1-C_2$<br>$R_6+R_7-C_9$ | $R_2+(1-a)R_4-aC_7$<br>$-C_2-aC_4$<br>$R_6-C_9$ | 参与报道 | 新闻媒体 |
| | 非绿色生产 | $R_2-R_1$<br>$S-C_1+R_1-C_2$<br>$-C_8$ | $R_2$<br>$-C_2$<br>$-C_8$ | 不报道 | |

## （二）模型构建与复制动态方程分析

根据博弈三方的支付矩阵，假设企业采取绿色生产行为的期望收益用 $U_{c1}$ 表示，采取非绿色生产行为的期望收益用 $U_{c2}$ 表示，平均期望用 $\overline{U_c}$ 表示，其计算公式如下：

$$\begin{cases} U_{c1}=C_5y+R_5z+R_3-C_6+kR_3 \\ U_{c2}=y(R_1-R_2)(z-1)-yz(C_7+R_1-R_2)+R_2(y-1)(z-1)+z(y-1) \\ \qquad [aC_7-R_2+R_4(a-1)] \\ \overline{U_c}=xU_{c1}+(1-x)U_{c2} \end{cases} \tag{5-15}$$

因此，可以得到企业策略的复制动态方程：

$$f(x)=\frac{d(x)}{d(t)}=x(U_{C1}-\overline{U_c})=x(1-x)[(1-a)C_7yz+(1-a)R_4yz+(R_1+C_5)y+(R_5+aC_7+ aR_4-R_4)z+kR_3+R_3-R_2-C_6] \tag{5-16}$$

同理，令政府采取生态监管行为的期望收益用 $U_{g1}$ 表示，选择不监管行为的期望收益用 $U_{g2}$ 表示，平均期望用 $\overline{U_g}$ 表示，其计算公式如下：

$$\begin{cases} U_{g1}=R_1-C_2-C_1+S+C_2x-C_5x+C_3z-R_1x \\ U_{g2}=(C_2+\alpha C_4z)(x-1) \\ \overline{U_g}=yU_{g1}+(1-y)U_{g2} \end{cases} \tag{5-17}$$

因此，可得到政府策略的复制动态方程：

$$\left\{f(y)=\frac{d(y)}{d(t)}=y(U_{g1}-\overline{U_g})=y(1-y)\{-(C_5+R_1)x+[C_3+\alpha(1-x)C_4]z+R_1-C_1+S\}\right. \tag{5-18}$$

同理，令新闻媒体选择报道行为的期望收益用 $U_{m1}$ 表示，选择不报道行为的期望

收益用 $U_{m2}$ 表示，平均期望用 $\overline{U}_m$ 表示，其计算公式如下：

$$\begin{cases} U_{m1}=R_6-C_9+R_7y \\ U_{m2}=C_8(x-1) \\ \overline{U}_m=zU_{m1}+(1-x)U_{m2} \end{cases} \tag{5-19}$$

因此，可得到新闻媒体的复制动态方程：

$$f(z)=\frac{d(z)}{d(t)}=z(U_{m1}-\overline{U}_m)=z(1-z)(-C_8x+R_7y+C_8-C_9+R_6) \tag{5-20}$$

联合式（5-16）、式（5-19）、式（5-20）设立区域绿色竞争力行为主体动态复制系统：

$$\begin{cases} f(x)=\frac{d(x)}{d(t)}=x(U_{c1}-\overline{U}_c)=x(1-x)[(1-a)C_7yz+(1-a)R_4yz+(R_1+C_5)y+ \\ \qquad (R_5+aC_7+aR_4-R_4)z+kR_3+R_3-R_2-C_6] \\ f(y)=\frac{d(y)}{d(t)}=y(U_{g1}-\overline{U}_g)=y(1-y)\{-(C_5+R_1)x+[C_3+\alpha(1-x)C_4]z+R_1-C_1+S\} \\ f(z)=\frac{d(z)}{d(t)}=z(U_{m1}-\overline{U}_m)=z(1-z)(-C_8x+R_7y+C_8-C_9+R_6) \end{cases} \tag{5-21}$$

接下来进行复制动态方程分析，研究企业、政府和绿色组织各自行为策略在整个系统中的适应程度。

根据式（5-16）企业策略的复制动态方程，对 f（x）进行求导：

$$\frac{df(x)}{d(x)}=(1-2x)[(1-a)C_7yz+(1-a)R_4yz+(R_1+C_5)y+(R_5+aC_7+aR_4-R_4)z+kR_3+R_3-R_2-C_6]$$

x 作为稳定策略应该满足 $f(x)=0$，且 $df(x)/d(x)<0$。

（Ⅰ）若 $y=\frac{(1-a)R_4(1-y)z-aC_7(1-y)z-R_5z-kR_3-R_3+R_2+C_6}{R_1+C_5+C_7z}$，则有 $f(x)=0$。在此条件下，企业的策略选择不因时间的改变而变化，企业选择任意概率绿色生产行为都处于稳定状态。

（Ⅱ）若 $y\neq\frac{(1-a)R_4(1-y)z-aC_7(1-y)z-R_5z-kR_3-R_3+R_2+C_6}{R_1+C_5+C_7z}$，此时令 $f(x)=0$，可以得到 $x=0$，$x=1$ 两个平衡点。这时要分情况对平衡点进行讨论：

（1）当 $kR_3+R_3-R_2-C_6-(1-a)R_4z>0$ 时，即 $(1+k)R_3-C_6>R_2+(1-a)R_4z$，此时 $\left.\frac{df(x)}{d(x)}\right|_{x=0}>0$，$\left.\frac{df(x)}{d(x)}\right|_{x=0}<0$，$x=1$ 是演化稳定点。说明只要满足企业选择绿色生产的营业收入与额外成本差大于选择非绿色生产时营业收入与媒体报道带来的虚假收益和时，企业会选择绿色生产。

（2）当 $kR_3+R_3-R_2-C_6-(1-a)R_4z<0$ 时，分两种情况：①若 $(1-a)C_7yz+(1-a)R_4yz+(R_1+C_5)y+(R_5+aC_7+aR_4-R_4)z+kR_3+R_3-R_2-C_6>0$，即，$\left.\frac{df(x)}{d(x)}\right|_{x=0}>0$，$\left.\frac{df(x)}{d(x)}\right|_{x=1}<0$。此时 $x=1$ 是演化稳定点。②若 $(1-a)C_7yz+(1-a)R_4yz+(R_1+C_5)y+(R_5+aC_7+aR_4-R_4)z+kR_3+R_3-R_2-C_6<0$，即，$\left.\frac{df(x)}{d(x)}\right|_{x=0}<0$，$\left.\frac{df(x)}{d(x)}\right|_{x=1}>0$，此时 $x=0$ 是演化稳定点。说明当企业选择绿色生产的营业收入与额外成本差小于选择非绿色生产时营业收入与媒体报道带来的虚假收益和，但企业选择绿色生产总利润会大于非绿色生产总收益，企业出于自身利益最大化考虑会选择采取绿色生产策略；当企业选择绿色生产的总利润都小于非绿色生产时，企业会选择采取非绿色生产策略。

根据式（5-18）政府策略的复制动态方程，对 f（y）进行求导：

$$\frac{df(y)}{d(y)}=(1-2y)\{-(C_5+R_1)x+[C_3+\alpha(1-x)C_4]z+R_1-C_1+S\}$$

y 作为稳定策略应该满足 $f(y)=0$，且 $df(y)/d(y)<0$。

（Ⅰ）若 $z=\frac{(C_5+R_1)x-R_1+C_1-S}{C_3+\alpha(1-x)C_4}$，则有 $f(y)=0$。在此条件下，政府的策略选择处于稳定状态，不因时间的改变而变化。

（Ⅱ）若 $z\neq\frac{(C_5+R_1)x-R_1+C_1-S}{C_3+\alpha(1-x)C_4}$，此时令 $f(y)=0$，可以得到 $y=0$，$y=1$ 两个平衡点。这时要分情况对平衡点进行讨论：

（1）当 $-(C_5+R_1)x+R_1-C_1+S>0$，即 $S+R_1(1-x)-C_5x-C_1>0$，$\left.\frac{df(y)}{d(y)}\right|_{y=0}>0$，$\left.\frac{df(y)}{d(y)}\right|_{y=1}<0$。说明当满足无新闻媒体影响下政府选择对企业行为进行监管的利润为正值时，政府会选择生态监管。

（2）当 $-(C_5+R_1)x+R_1-C_1+S<0$ 时，即 $x>\frac{C_1-R_1-S}{C_5+R_1}$ 分两种情况讨论：①若 $-(C_5+R_1)x+[C_3+\alpha(1-x)C_4]z+R_1-C_1+S>0$，即 $z>\frac{(C_5+R_1)x-R_1+C_1-S}{C_3+\alpha(1-x)C_4}\left.\frac{df(y)}{d(y)}\right|_{y=0}>0$，$\left.\frac{df(y)}{d(y)}\right|_{y=1}<0$，此时 $y=1$ 是演化稳定点；②若 $-(C_5+R_1)x+[C_3+\alpha(1-x)C_4]z+R_1-C_1+S<0$，即 $z<\frac{(C_5+R_1)x-R_1+C_1-S}{C_3+\alpha(1-x)C_4}\left.\frac{df(y)}{d(y)}\right|_{y=0}<0\left.\frac{df(y)}{d(y)}\right|_{y=1}>0$，此时 $y=0$ 是演化稳定点。当企业采取绿色生产的概率 $x>\frac{C_1-R_1-S}{C_5+R_1}$，新闻媒体采取生态报道的概率 $z>\frac{(C_5+R_1)x-R_1+C_1-S}{C_3+\alpha(1-x)C_4}$

时，政府会选择生态监管策略；当企业采取绿色生产的概率 $x>\frac{C_1-R_1-S}{C_5+R_1}$，但新闻媒体参与报道的概率 $z<\frac{(C_5+R_1)x-R_1+C_1-S}{C_3+\alpha(1-x)C_4}$，政府会趋向不监管策略。以上情况都说明政府是否选择采取生态监管与企业选择绿色生产和新闻媒体采取报道策略的概率有关。

根据式（5-20）新闻媒体策略的复制动态方程，对 f（z）进行求导：

$$\frac{df(z)}{d(z)}=(1-2z)(-C_8x+R_7y+C_8-C_9+R_6)$$

z 作为稳定策略应该满足 $f(z)=0$，且 $df(z)/d(z)<0$。

（Ⅰ）若 $y=\frac{C_8x-C_8+C_9-R_6}{R_7}$，则有 $f(z)=0$。此时新闻媒体的策略处于稳定状态。

（Ⅱ）若 $y\neq\frac{C_8x-C_8+C_9-R_6}{R_7}$，此时令 $f(z)=0$，可以得到 $z=0$，$z=1$ 两个平衡点。这时要分情况对平衡点进行讨论：

（1）当 $-C_8x+R_7y+C_8-C_9+R_6>0$ 时，即 $(1-x)C_8>C_9-R_7y-R_6$，$\left.\frac{df(z)}{d(z)}\right|_{z=0}>0$，$\left.\frac{df(z)}{d(z)}\right|_{z=1}<0$，说明当满足新闻媒体不报道的损失值大于不报道的亏损值时，新闻媒体从收益的角度考虑自然会选择参与报道。

（2）当 $-C_8x+R_7y+C_8-C_9+R_6<0$，即 $(1-x)C_8<C_9-R_7y-R_6$，$\left.\frac{df(z)}{d(z)}\right|_{z=0}<0$，$\left.\frac{df(z)}{d(z)}\right|_{z=1}>0$，$\left.\frac{df(v)}{d(v)}\right|_{v=1}>0$，此时 $z=0$ 是演化稳定点，说明当新闻媒体进行报道亏损值小于不报道的损失值时，新闻媒体出于自身利益考虑会选择采取不报道策略。

## 二、企业、政府和新闻媒体三方博弈主体策略选择的演化稳定性分析

### （一）三方演化博弈均衡求解

令式(5-21)中 $f(x)=d(x)/d(t)=0$、$f(y)=d(y)/d(t)=0$、$f(z)=d(z)/d(t)=0$，可以得到企业、政府和新闻媒体的动态博弈过程中共有 15 个局部均衡点，但由 Berger 的研究可知，对于企业、政府和新闻媒体三者的复制动态系统只需分析 $E_1=(0,0,0)$、$E_2=(1,0,0)$、$E_3=(0,1,0)$、$E_4=(0,0,1)$、$E_5=(1,1,0)$、

$E_6=(1, 0, 1)$、$E_7=(0, 1, 1)$、$E_8=(1, 1, 1)$ 8 个局部均衡点的渐近稳定性，其余均为非渐近稳定状态。局部均衡点的稳定性可由其雅可比矩阵的稳定性分析得到。故对 f(x)、f(y) 和 f(z) 分别关于 x、y、z 求偏导，有：

$$J=\begin{bmatrix}\frac{\partial f(x)}{\partial(x)} & \frac{\partial f(x)}{\partial(y)} & \frac{\partial f(x)}{\partial(z)}\\ \frac{\partial f(y)}{\partial(x)} & \frac{\partial f(y)}{\partial(y)} & \frac{\partial f(y)}{\partial(z)}\\ \frac{\partial f(z)}{\partial(x)} & \frac{\partial f(z)}{\partial(y)} & \frac{\partial f(z)}{\partial(z)}\end{bmatrix}=\begin{bmatrix}a_{11} & a_{12} & a_{13}\\ a_{21} & a_{22} & a_{23}\\ a_{31} & a_{23} & a_{33}\end{bmatrix}$$

其中：

$a_{11}=(x-1)[C_6+R_2-R_3-y(C_5+R_1)-kR_3-z(R_5-R_4+aC_7+aR_4)+C_7yz(a-1)+R_4yz(a-1)]+x[C_6+R_2-R_3-y(C_5+R_1)-kR_3-z(R_5-R_4+aC_7+aR_4)+C_7yz(a-1)+R_4yz(a-1)]$

$a_{12}=-x(x-1)[C_5+R1-R4z(a-1)-C_7z(a-1)]$

$a_{13}=x(x-1)[R_4-R_5-aC_7-aR_4+R_4y(a-1)+C_7y(a-1)]$

$a_{21}=y(y-1)(C_5+R1+aC_4z)$

$a_{22}=y[C_1-R_1-S+x(C_5+R_1)-z(C_3+aC_4)+aC_4xz]+(y-1)[C_1-R_1-S+x(C_5+R_1)-z(C_3+aC_4)+aC_4xz]$

$a_{23}=-y(y-1)(C_3+aC_4-aC_4x)$

$a_{31}=C_8z(z-1)$

$a_{32}=-R_7z(z-1)$

$a_{33}=-z(C_8-C_9+R_6-C_8x+R_7y)-(z-1)(C_8-C_9+R_6-C_8x+R_7y)$

由李雅谱诺夫第一法可知，企业、政府和新闻媒体三方演化博弈系统要达到渐进稳定状态，就要满足其对应的雅可比矩阵的三个特征根都小于 0。表 5-9 是对演化稳定点 $E_1 \sim E_8$ 的特征根判定。

**表 5-9 各均衡点稳定性判定**

| 均衡点 | 特征根 1 | 特征根 2 | 特征根 3 |
|---|---|---|---|
| $E_1(0, 0, 0)$ | $R_3-R_2-C_6+kR_3$ | $R_1-C_1+S$ | $C_8-C_9+R_6$ |
| $E_2(1, 0, 0)$ | $C_6+R_2-R_3-kR_3$ | $S-C_5-C_1$ | $R_6-C_9$ |
| $E_3(0, 1, 0)$ | $C_5-C_6+R_1-R_2+R_3+kR_3$ | $C_1-R_1-S$ | $C_8-C_9+R_6+R_7$ |
| $E_4(0, 0, 1)$ | $(1+k)R_3-R_2-C_6-(1-a)R_4+R_5+aC_7$ | $C_3-C_1+R_1+S+aC_4$ | $C_9-C_8-R_6$ |
| $E_5(1, 1, 0)$ | $C_6-C_5-R_1+R_2-R_3-kR_3$ | $C_1+C_5-S$ | $R_6-C_9+R_7$ |
| $E_6(1, 0, 1)$ | $C_6+R_2-(1+k)R_3+(1-a)R_4-R_5-aC_7$ | $C_3-C_1-C_5+S$ | $C_9-R_6$ |
| $E_7(0, 1, 1)$ | $C_5-C_6+R_1-R_2+(1+k)R_3+R_5+C_7$ | $C_1-C_3-R_1-S-aC_4$ | $C_9-C_8-R_6-R_7$ |
| $E_8(1, 1, 1)$ | $C_6-C_5-R_1+R_2-R_3-R_5-kR_3-C_7$ | $C_1-C_3+C_5-S$ | $C_9-R_6-R_7$ |

## （二）演化稳定性分析

通过对 $E_1 \sim E_8$ 局部均衡点的特征根进行分析可以得出：局部均衡点（0，0，0）、（1，0，0）、（0，1，0）、（0，0，1）和（0，1，0）都不是系统的渐近稳定点，长期条件下不会趋于稳定状态。均衡点（1，0，1）、（0，1，1）和（1，1，1）要是渐近稳定点，则需满足以下条件：

（1）当满足 $C_6+R_2-(1+k)R_3+(1-a)R_4-R_5-aC_7<0$，$C_3-C_1-C_5+S<0$ 和 $C_9-R_6<0$ 时，系统的均衡点为（1，0，1），演化过程如图 5-25 所示。当满足在无政府影响下企业选择非绿色生产的收益小于企业选择绿色生产的收益，企业依据利润最大化原则会选择绿色生产行为；当企业选择绿色生产时政府进行生态监管的利润为负值，政府从监管成本过高角度考虑会选择不监管；当新闻媒体选择参与报道获取收益大于报道成本时，新闻媒体会选择参与报道，即企业、政府和新闻媒体的策略选择收敛于（绿色生产，不监管，生态报道）。

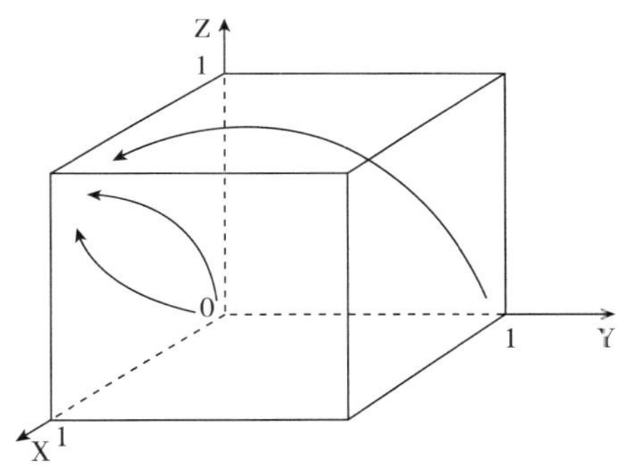


**图 5-25　（1，0，1）的演化相位图**

（2）当满足 $C_5-C_6+R_1-R_2+(1+k)R_3+R_5+C_7<0$，$C_1-C_3-R_1-S-aC_4<0$ 和 $C_9-C_8-R_6-R_7<0$ 时，系统的均衡点为（0，1，1），演化过程如图 5-26 所示。即当政府选择生态监管、新闻媒体参与报道时企业选择绿色生产的利润小于非绿色生产的利润；当企业选择非绿色生产、新闻媒体参与报道时政府选择生态监管的利润（或亏损）大于不监管的损失值的负值；新闻媒体参与对企业非绿色生产的曝光报道的利润（或亏损）大于不报道的用户流失值的负值时；三方博弈的稳定均衡状态为 $x=0$，$y=1$，$z=1$，即企业进行非绿色生产，政府选择生态监管，新闻媒体参与报道。

（3）当满足 $C_6-C_5-R_1+R_2-R_3-R_5-kR_3-C_7<0$，$C_1-C_3+C_5-S<0$ 和 $C_9-R_6-R_7<0$ 时，系统的均衡点为（1，1，1），演化过程如图 5-27 所示。即当满足企业绿色生产的总利润额大于非绿色生产的总利润额；政府对企业绿色生产进行监管利润为正值；同时新闻媒体进行报道获得的总利润为正值时；企业选择绿色生产，政府选择生态

监管，新闻媒体参与生态报道是系统的均衡状态，这也是区域绿色竞争力提升需要达到的良好均衡状态（见图 5-28）。

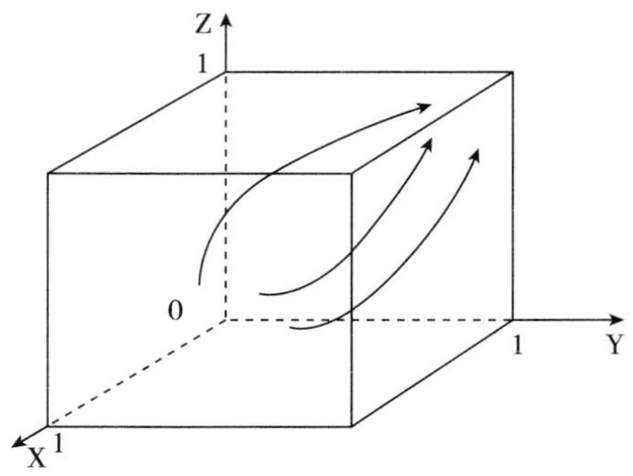


**图 5-26 （0，1，1）的演化相位图**

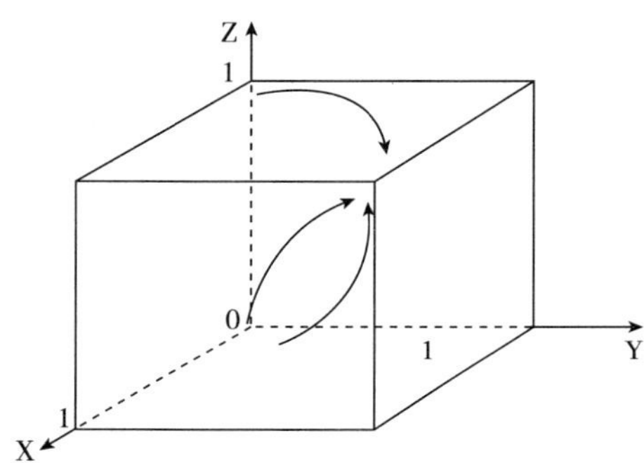


**图 5-27 （1，1，1）的演化相位图**

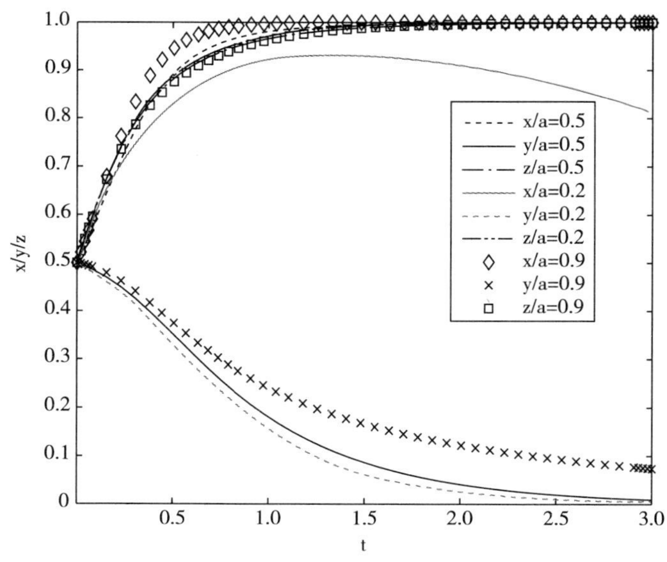


**图 5-28 媒体监督力度对系统（1，0，1）均衡点的影响**

综上所述，在一定条件下，（绿色生产，不监管，参与报道）、（非绿色生产，监管，参与报道）和（绿色生产，生态监管，参与报道）都可能是系统的演化稳定策略。其中（绿色生产，生态监管，参与报道）是本书期望的最优均衡状态。

# 三、企业、政府和新闻媒体三方演化博弈模型的数值仿真分析

通过上述三个均衡点分析发现，政府、企业和新闻媒体的行为决策既受到自身内部收益与成本的影响，新媒体环境对企业行为的监督力外部因素也会对企业、政府和社会公众间的博弈产生较大影响。为进一步分析内外部参数取值变化下企业、政府和新闻媒体的策略选择，通过对大量文献的参考借鉴、德尔菲法和实地访谈等方法，下面运用 Matlab 软件对各行为主体的均衡策略进行模拟仿真，首先模拟新媒体监督力发生变化时各局部均衡点的演化路径；其次探究企业、政府和新闻媒体内部参数的取值对区域绿色竞争力系统实现（绿色生产，生态监管，参与报道）理想均衡状态的影响。

## （一）系统的演化均衡路径

1. 当满足 $C_6+R_2-(1+k)R_3+(1-a)R_4-R_5-aC_7<0$，$C_3-C_1-C_5+S<0$ 和 $C_9-R_6<0$ 时，系统的均衡点为(1，0，1)

假定企业、政府和新闻媒体的初始概率为 $x_0=y_0=z_0=0.5$；参数 $C_1=6$，$C_2=5$，$C_3=2$，$C_4=3$，$C_5=3$，$C_6=3$，$C_7=4$，$C_8=4$，$C_9=6$，$R_1=3$，$R_2=10$，$R_3=8$，$R_4=4$，$R_5=4$，$R_6=8$，$R_7=2$，$k=0.3$，$a=0.5$，$S=6$。仿真图 5-28 模拟的是新媒体的监督力度 a 的变化对均衡点（1，0，1）的影响，共假设了 $a=0.2$、$a=0.5$ 和 $a=0.9$ 三种情况。$a=0.5$ 是新闻媒体监督力的初始值，此时企业、政府和新闻媒体三者的策略选择最终趋于（1，0，1）均衡状态。随着 a 的增大（$a=0.9$），企业趋于绿色生产策略的速度加快。政府趋于不监管策略的速度减缓；随着 a 的减小（$a=0.2$），政府趋于不监管的速度明显加快，而企业的策略选择有向非绿色生产转变的趋势。以上可以说明，新闻媒体高监督力度有益于（1，0，1）均衡状态的稳定；新闻媒体低监管力度则可能导致（1，0，1）转变为（0，0，1）均衡状态而更不利于区域绿色竞争力的提升。该现象的发生从（1，0，1）均衡点的满足条件也可以看出。当 a 增大时，$C_6+R_2-(1+k)R_3+(1-a)R_4-R_5-aC_7<0$ 将更可能成立，当 a 减小时，该不等式将可能不再成立，故均衡点（1，0，1）发生转变。

那如何可以促使（1，0，1）均衡点向（1，1，1）均衡点转变呢？即要使企业和新闻媒体的策略选择保持不变，政府由不监管策略转向生态监管策略。可以通过

增大政府监管的社会收益、提高新闻媒体报道对政府监管行为带来的成本降低值，或政府降低监管成本及减小对企业绿色生产行为的补贴。图 5-29 模拟的就是政府的监管成本 $C_1$ 变化对均衡点（1，0，1）的影响。通过实验可以发现，政府监管成本 $C_1$ 降低可以使企业、政府、新闻媒体的策略选择趋向于（绿色生产，生态监管，参与报道）。这可以促使企业、政府和新闻媒体组成的系统均衡点转变，给区域绿色竞争力提升提供思考方向。

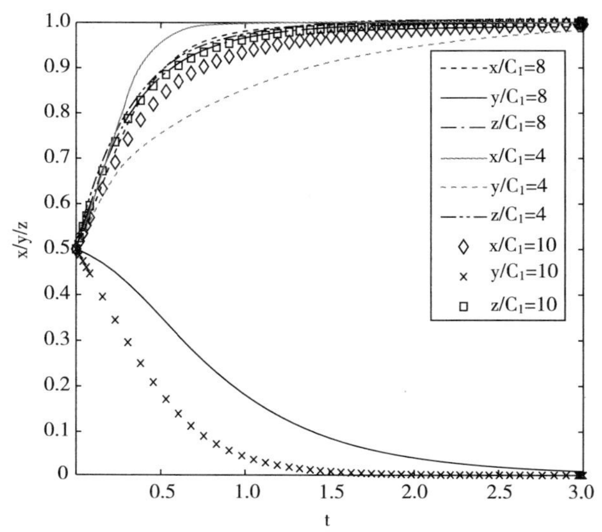


**图 5-29　政府监管成本对系统（1，0，1）均衡点的影响**

2. 当满足 $C_5-C_6+R_1-R_2+(1+k)R_3+R_5+C_7<0$，$C_1-C_3-R_1-S-aC_4<0$ 和 $C_9-C_8-R_6-R_7<0$ 时，系统的均衡点为(0，1，1)

假定企业、政府和新闻媒体的初始概率为 $x_0=y_0=z_0=0.5$；参数 $C_1=4$，$C_2=5$，$C_3=2$，$C_4=3$，$C_5=2$，$C_6=7$，$C_7=2$，$C_8=4$，$C_9=6$，$R_1=2$，$R_2=12$，$R_3=8$，$R_4=4$，$R_5=2$，$R_6=8$，$R_7=2$，$k=0.2$，$a=0.5$，$S=6$。仿真图 5-30 模拟当其他条件不变时，新媒体的监督力度 a 的变化对均衡点（0，1，1）的影响，共假设了 $a=0.2$、$a=0.5$ 和 $a=0.9$ 三种情况。$a=0.5$ 是新闻媒体监督力的初始值，此时企业、政府和新闻媒体三者的策略选择最终趋于（0，1，1）均衡状态。随着 a 的增大，企业、政府和新闻媒体的策略选择基本没有发生变化，三者组成的系统仍处于（0，1，1）均衡状态。从三者实现（0，1，1）均衡状态的满足条件可以看到，a 的变化只会对政府的策略选择产生影响，故要实现（0，1，1）向（1，1，1）均衡点转变需要改变企业内部参数。

仿真图 5-31 模拟当其他条件不变时，企业绿色生产的额外成本发生变化对系统均衡点（0，1，1）的影响，共模拟了 $C_6=3$、$C_6=7$ 和 $C_6=9$ 三种情况对系统均衡点的变化。当 $C_6$ 由 7 降低到 3 时，企业的策略选择由非绿色生产转为了绿色生产，系统均衡点由（0，1，1）向（1，1，1）转变，说明绿色生产的额外成本是企业策略选择的重要考量因素。

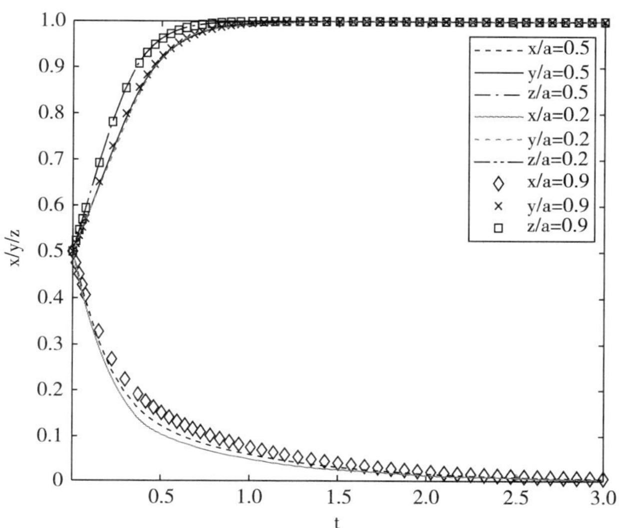


**图 5-30　媒体监督力度对系统（0，1，1）均衡点的影响**

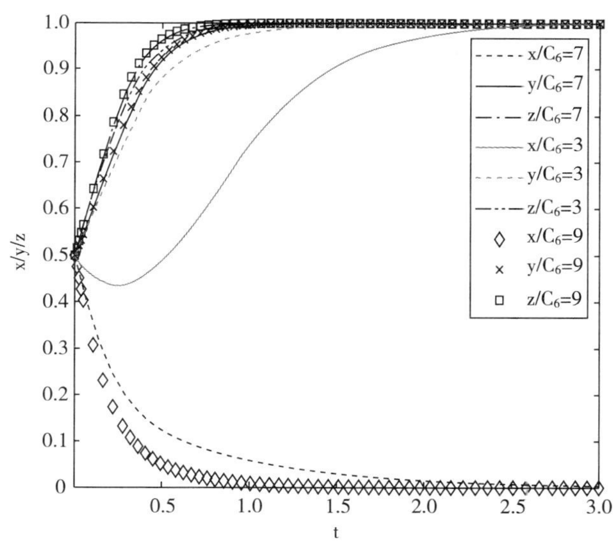


**图 5-31　企业额外成本对系统（0，1，1）均衡点的影响**

3. 当满足 $C_6-C_5-R_1+R_2-R_3-R_5-kR_3-C_7<0$，$C_1-C_3+C_5-S<0$ 和 $C_9-R_6-R_7<0$ 时，系统的均衡点为（1，1，1）

在本条件下，政府是倾向于生态监管的，企业趋于绿色生产，所以在此条件下区域绿色竞争力系统的演化过程不受 a 的影响，故只需要考虑各行为主体内部参数对区域绿色竞争力行为主体决策的影响。由于企业、政府和新闻媒体三方博弈实现（1，1，1）是促使区域绿色竞争力提升的最优途径，故接下来重点分析行为主体内部重要参数对政府、企业和新闻媒体实现理想均衡状态（绿色生产，生态监管，参与报道）的影响。通过参考前人研究，假定企业、政府和新闻媒体的初始概率为 $x_0=y_0=z_0=0.5$；参数 $C_1=4$，$C_2=5$，$C_3=2$，$C_4=3$，$C_5=2$，$C_6=5$，$C_7=3$，$C_8=4$，$C_9=6$，$R_1=3$，$R_2=10$，$R_3=8$，$R_4=4$，$R_5=2$，$R_6=8$，$R_7=2$，$k=0.2$，$a=0.5$，$S=6$。

## （二）不同初始概率对系统（1，1，1）均衡的影响

仿真图 5-32 是为了验证在 $C_6-C_5-R_1+R_2-R_3-R5-kR_3-C_7<0$，$C_1-C_3+C_5-S<0$ 和 $C_9-R_6-R_7<0$ 条件下，系统的演化趋势。通过图中实线部分（$x_0=0.5$，$y_0=0.5$，$z_0=0.5$）可以看出：随着新闻媒体参与报道的比例上升，政府生态监管的比例逐渐上升，企业进行绿色生产的比例也上升。这说明只要满足新闻媒体进行报道获得的总利润为正值，政府对企业绿色生产进行监管利润为正值，企业选择绿色生产的总利润额大于选择非绿色生产的总利润额时，由企业、政府和新闻媒体组成的区域绿色竞争力系统就会演化至良性均衡状态，即实现新闻媒体参与报道、政府进行生态监管和企业进行绿色生产。为了进一步验证上述设想，随机调整各行为主体的初始概率为 $x_0=0.3$，$y_0=0.5$，$z_0=0.7$ 或 $x_0=0.6$，$y_0=0.7$，$z_0=0.4$，其余参数值保持不变。从图中对比可以看到，初始概率值的变化会影响各行为主体趋于良好均衡状态的速度，但不影响系统演化的结果。说明只要满足 $C_6-C_5-R_1+R_2-R_3-R_5-kR_3-C_7$，$C_1-C_3+C_5-S<0$ 和 $C_9-R_6-R_7<0$ 参数值条件下，三方博弈实现企业绿色生产、政府监管、新闻媒体参与报道行为（$x=1$、$y=1$、$z=1$）是最理想的策略均衡状态。

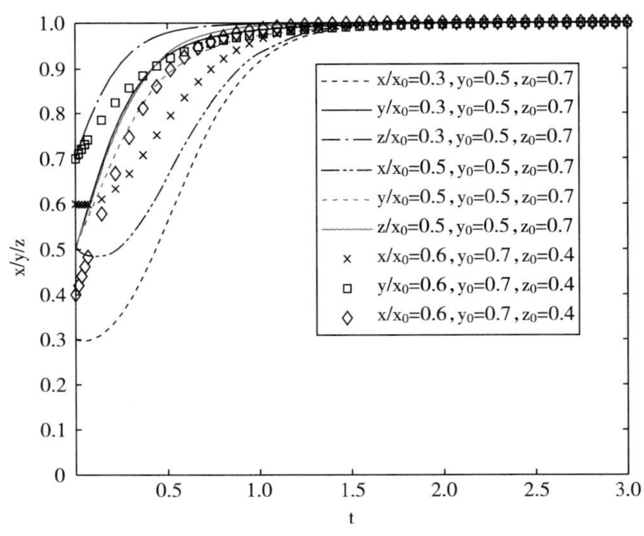


图 5-32　不同初始状态下系统的均衡过程

### （三）相关参数对博弈多方主体策略的影响

1. 政府奖惩对企业和政府策略的影响

仿真图 5-33 模拟的是政府奖惩对企业行为的影响。$C_5=2$，$R_1=3$ 是最初的奖励和惩罚值，也是最接近真实情况，只有当政府进行生态监管对企业非绿色生产实施的惩罚比对企业绿色生产实施的奖励力度更大才能对企业行为有强制约束力。图 5-33 的实线部分表示当政府、企业和新闻媒体保持最初初始概率状态（$x_0=0.5$，$y_0=0.5$，$z_0=0.5$），其他参数保持不变时，政府给予企业绿色生产的补贴奖励 $C_5$ 相对变化对系统中企业选择策略的影响。$C_5$ 从 0 开始逐步递增，每变化 2 模拟 1 次。从图中 3 条均衡线可以看出，随着奖励值 $C_5$ 的增大，企业趋向绿色生产策略均衡的速度会越来越快，且时间越来越短。说明加大政府的补助奖励，可以增进企业绿色创新的积极性，引导企业行为趋向绿色生产方向收敛。这与曹霞等（2017）的研究一致，政府的补贴激励手段可以有效促进企业绿色创新行为的形成。仿真图 5-33 的虚线部分表示政府生态监管对企业非绿色生产行为收取的罚金 $R_1$ 依次赋值为 1、3、5 时企业的策略选择趋势。从中可知，随着惩罚值 $R_1$ 的增大，企业收敛于 1 速度会越来越快，达到绿色生产均衡状态的时间也越来越短。但通过与增大等量的政府对企业绿色生产奖励值对比发现，增大政府对企业非绿色生产的惩罚力度对企业绿色生产行为的促进效果更佳。

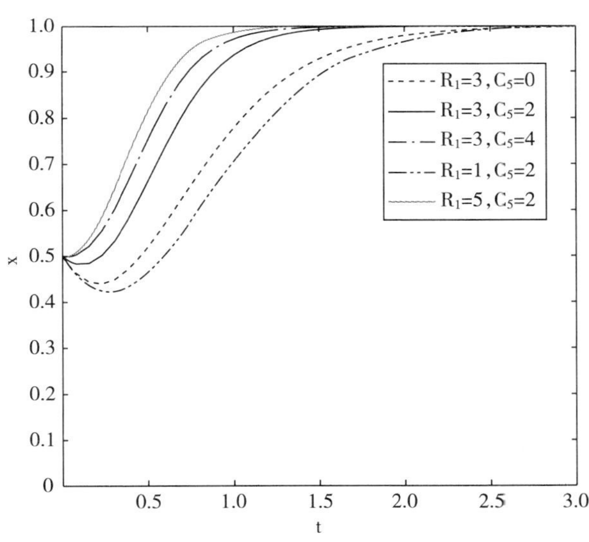


**图 5-33　政府奖惩对企业策略的影响**

仿真图 5-34 模拟的是政府奖惩对政府策略的影响。从图中实线部分可以看出，政府奖励 $C_5$ 从 0 开始逐步递增，此时政府的行为决策倾向于生态监管。随着 $C_5$ 的增加（$C_5=6$），政府选择生态监管的概率有趋于零的趋势。这源于政府实行生态监管的收益是 $S-C_1+C_3-C_5$，若其他参数保持不变，提高对企业行为的奖励额度，实质上降低了政府的利润，如果没有其他方面的收益提高来弥补监管的高成本，政府一般不会愿意自掏腰包去主动对企业行为进行补贴激励。当 $C_5$ 继续增加超出政府对于成本承受能力时，政府策略将演化成不监管。图中的虚线部分表示政府生态监管时对企业非绿色生产行为收取的罚金 $R_1$ 的相对变化后对系统中政府选择策略的影响。政府向企业非绿色生产收取的罚金是作为政府的一种收益，可以抵消政府生态监管的成本，所以当 $R_1$（$R_1=1$、$R_1=3$、$R_1=5$）逐渐增大时，政府会以更快的速度趋向生态监管策略。

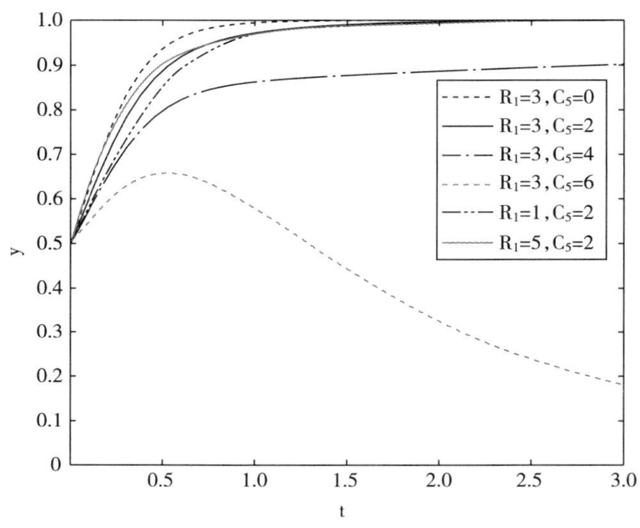


**图 5-34　政府奖惩对政府策略的影响**

2. 新闻媒体监督对企业和政府策略的影响

$R_5$ 表示的是新闻媒体报道企业绿色生产行为给企业带来的社会名誉，$C_7$ 表示的是新闻媒体披露企业非绿色行为给企业带来的损失。仿真图 5-35 表示新闻媒体监督 $R_5$ 和 $C_7$ 相对变化对系统中企业行为的影响，$R_5=2$，$C_7=3$ 是系统中新闻媒体监督的初始值。从图的实线部分可以看出，随着 $R_5$ 从 0 开始递增（每增大 2 模拟 1 次），企业趋于绿色生产均衡状态的时间缩短；从图的虚线部分可以看出，随着 $C_7$ 逐渐增大（每增大 2 模拟 1 次），企业趋于绿色生产均衡状态的时间也明显缩短，但时间缩短幅度较小。这说明新闻媒体积极参与对企业生产行为的报道可以加快企业趋向绿色生产均衡状态，且新闻媒体报道企业绿色生产行为给企业带来的社会名誉加大对促进效果更为明显。这主要是新闻媒体报道的舆论导向作用所致。由于新闻媒体报道会给社会公众传递信息并对其消费行为带来导向作用，所以当新闻媒体对企业绿色行为报道会使得企业的社会公信力大幅提高，进而增加收益。企业预期绿色生产将会比非绿色生产带来更高的收益，便会更加坚定地选择绿色生产行为。而新闻媒体对企业非绿色生产行为进行曝光同样会增加社会公众对企业产品的信息对称性进而抵制非绿色产品，这也将促使企业生产社会公众所偏好的绿色产品。

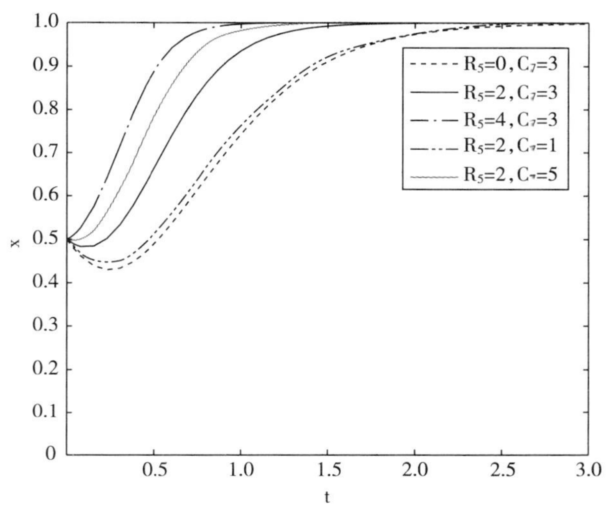


**图 5-35　新闻媒体监督对企业策略的影响**

$C_3$ 表示的是媒体报道使得政府对企业监管的成本降低值，$C_4$ 表示政府疏忽职守时，企业非绿色生产被媒体曝光后政府受到的声誉谴责。仿真图 5-36 表示新闻媒体监督 $C_3$ 和 $C_4$ 相对变化对系统中政府行为的影响，$C_3=2$，$C_4=3$ 是系统中新闻媒体监督的初始值。从图的实线部分可以看出，随着 $C_3$ 从 0 开始递增（每增大 2 模拟 1 次），政府趋于生态监管均衡状态的时间缩短；从图的虚线部分可以看出，随着 $C_4$ 逐渐增大（每增大 2 模拟 1 次），政府趋向生态监管均衡状态的速度和时间并没有发生较大变化。这可以从系统实现（1，1，1）均衡状态时政府满足条件 $C_1-C_3+C_5-S<0$ 得出原因。政府是否选择生态监管策略与其收益、监管成本、对企业绿色生产的补贴、新闻媒体参与报道带来的监管成本降低值等因素有关，所以当 $C_3$ 值发生变动时，政府的策略选择会明显变化，而 $C_4$ 值变化并不会对政府的策略选择产生直接影响。通过 $C_4$ 参数的分析可以得出一个和我们观念不一致的结论：就是当要实现企业绿色生产、政府生态监管、新闻媒体参与报道的均衡状态时，新闻媒体对政府疏忽职守行为曝光使得政府受到的声誉谴责并不是政府决策的重要考虑因素。

## （四）相关参数对企业、政府和新闻媒体单个体策略的影响

1. 绿色生产投入的额外成本对企业策略的影响

仿真图 5-37 模拟的是在其他条件保持不变的前提下，企业绿色生产的额外成本

依次赋值为 3、5、7、9、11 时对系统中企业选择策略的影响。由图可知，当绿色生产的额外成本较小时（$C_6=3$、5、7），企业绿色生产概率将收敛于 1，且随着 $C_6$ 值的减小收敛速度加快。随着 $C_6$ 的增加（$C_6=9$、$C_6=11$），企业的策略选择在逐渐发生转变，由绿色生产转向为非绿色生产。通过实验计算可得，$C_6$ 收敛于 0 的临界值为 10。也就是说，若其他条件保持不变，当 $C_6$ 超过 10 时，企业就会趋向非绿色生产，这可能是由于过高的额外生产成本阻碍了企业绿色生产的积极性，因此，降低企业绿色生产的额外成本对这种“阻碍效应”有弱化作用。

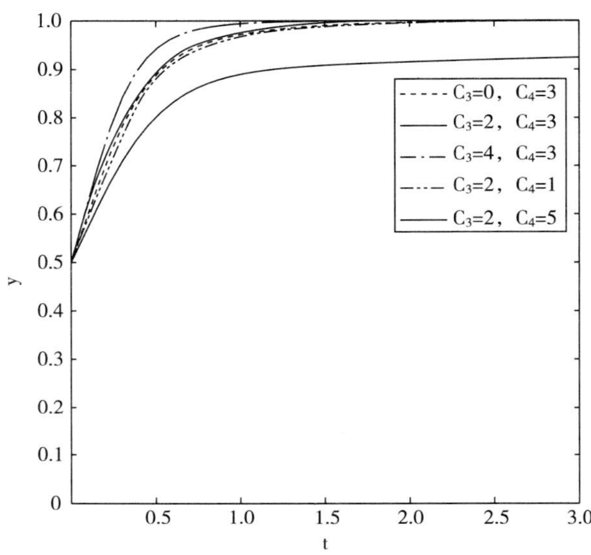


**图 5-36　新闻媒体监督对政府策略的影响**

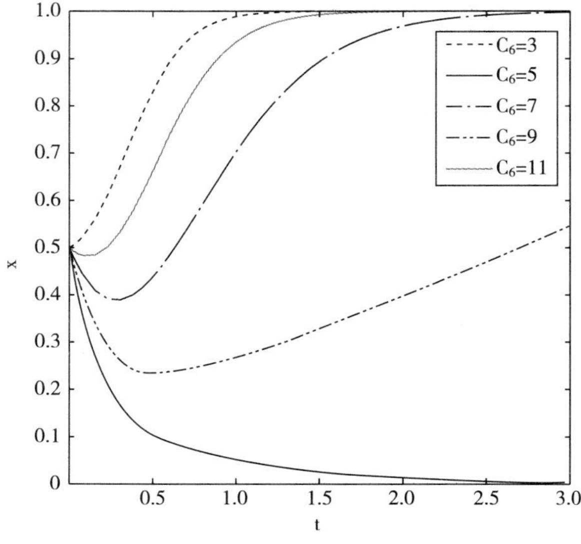


**图 5-37　绿色生产的额外成本对企业策略的影响**

2. 政府监管对新闻媒体报道策略的影响

仿真图 5-38 模拟的是三方保持初始概率状态，其他参数不变时，政府监管对新闻媒体报道行为的影响（群众阅读量增加）$R_7$ 相对变化对系统中新闻媒体选择策略的影响。从图中 4 条均衡线可以看出，随着政府监管对新闻媒体报道行为带来的潜在收益 $R_7$ 数值的增大，新闻媒体趋向报道策略均衡的时间越来越短。这也就说明政府进行生态监管行为对新闻媒体报道的良好影响越大，新闻媒体越愿意选择参与报道，若新闻媒体参与报道时政府的生态监管行为对社会环境无影响，新闻媒体则需更长时间才能采取选择报道策略。

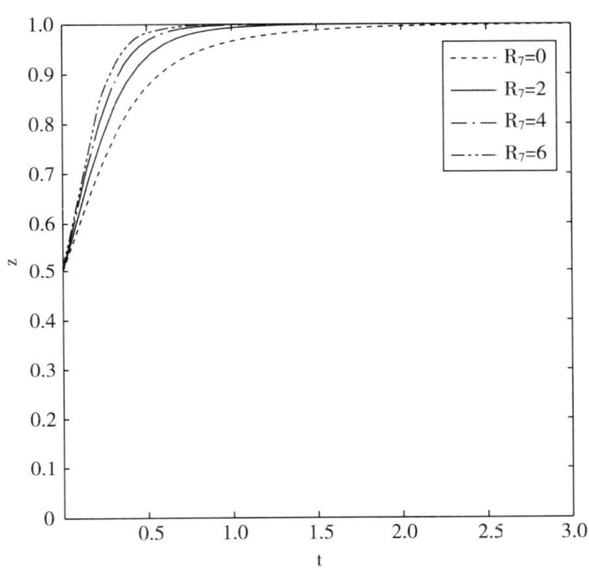


**图 5-38　政府监管对新闻媒体策略的影响**

3. 政府监管成本对政府策略的影响

仿真图 5-39 模拟的是政府生态监管成本依次赋值为 2、4、6、8、10 时对系统中政府选择策略的影响。由图可知，当监管成本较小时（$C_1=2$、$C_1=4$），政府的策略选择将收敛于 1，且 $C_1$ 值越小，政府收敛的速度越快。随着 $C_1$ 值的增加（$C_1=6$、$C_1=8$），政府的策略选择趋势变得不明朗，当 $C_1$ 继续增加到 10 时，政府的策略选择收敛于 0。结合各参数的初始值，$C_1$ 收敛于 0 的临界值为 9。也就是说，若其他条件不变，当 $C_1$ 超过 10 时，政府会趋向采取不监管策略，当 $C_1$ 小于 10 时，政府将倾向于采取生态监管策略。这主要是由于当监管成本过高时，政府从区域经济发展出发考虑会选择不监管策略，宁愿“先污染，后治理”。

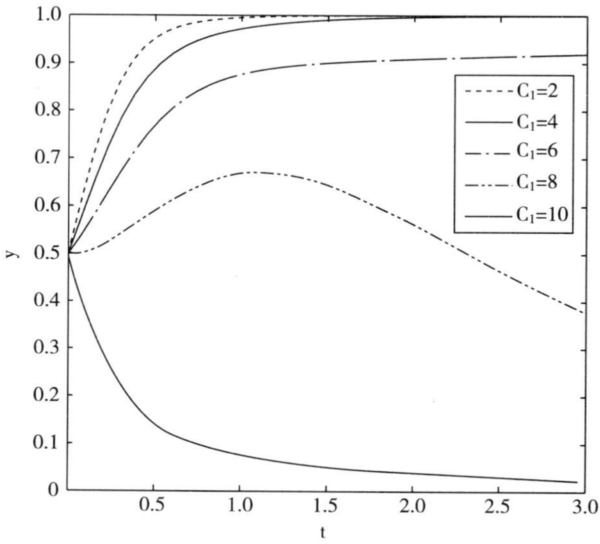


图 5-39　监管成本对政府策略的影响

第六章

# 促进区域绿色竞争力提升的对策建议

由前文分析可知，政府的监管成本及奖惩措施、企业的定价和营销策略、消费群体对政府行为的认可度以及对企业绿色产品的心理效应、绿色组织的生态引导和绿色生产技术支持、新闻媒体对企业和政府行为监督给它们带来的名誉影响等因素对区域绿色竞争力提升具有决定性作用。为有效提升区域绿色竞争力，结合研究成果本章提出如下对策建议。

## 一、完善政府的奖励和惩罚机制

政府对企业行为的监管包括奖励补贴和惩罚两个方面，监督的力度和强度在企业选择绿色生产的决策中起到关键性作用，政府的监督程度决定了合作博弈的稳定性。因此，政府要发挥好市场调控作用，制定合理的激励政策和相应的惩罚措施。具体为，政府应该确保监管的常态化、制度化和创新化，建立企业违规生产的举报监督机制，配套建立社会公众举报保护机制和及时处理机制，确保企业进行绿色创新生产。同时绿色创新对整个经济社会的发展具有正效应，因此政府有责任采取如引导财税、土地等政策支持，银行贷款政策对绿色生产企业倾斜等激励和引导措施，以提高企业绿色生产的便利性和经济性。

## 二、引入上级政府部门考核和保障机制

区域政府是否对区域内企业生产行为进行监管受其收益和成本的影响，因此中央及上级政府的有效调控政策能快速促使区域政府与企业间合作联盟的达成，但要

保持合作博弈的长期稳定需要提高政府的收益，降低其监管成本。因此，要加大上级政府对区域政府的调控力度，增加区域政府生态监管的社会收益。上级政府以环境治理为导向的考核机制有助于促进政府采取积极的规制行为，通过对政府的环境绩效进行考核和奖励，包括事故问责、政府公信度考察、惩罚奖励和补偿等，促使政府持续稳定的履行监督职责，从而实现区域政府与企业合作的演化稳定策略（王荆，2017）。

## 三、激发企业绿色创新生产动力

企业是否选择绿色生产行为与自身获得收益和付出的成本有极大的关系。提高企业绿色生产收益、降低其采用绿色技术创新成本能激发企业绿色创新生产动力。首先，通过宣传、教育、参观学习等让企业提高自身的社会生态责任感，并认识到在当今时代背景下绿色创新生产会呈现出规模效应和聚集效应，能够带来巨大的潜在收益。其次，作为绿色创新的主体，企业要推进内部机构创新投入和研发，通过技术转让，与科研院所及高校合作等方式获得绿色技术专利，从而降低自身的绿色生产成本和提高效率。

## 四、加强宣传教育，提高社会公众绿色消费意识

社会公众绿色消费行为不仅可以对市场供需关系具有导向作用，而且其社会监督职能也会对政府和企业行为起到正向督促作用。因此，政府部门要加强对社会公众绿色消费行为实施的宣传和引导，社会公众自身也要主动加强对绿色生态和环境保护知识的学习，以形成良好的绿色消费意识。同时，由于在21世纪的时代背景下，政府“一元化”监管模式存在诸多不足，因此，社会公众作为社会第三方监督力量的一部分，应发挥好监督作用，积极参与对政府和企业行为的监督，对政府生态监管行为表示支持，对政府不监管行为和企业非绿色生产行为做出批评或提出建议。同时也要发挥其他社会力量的监督作用，构建政府部门、社会公众、新闻媒体、绿色组织的协同治理机制，为提升区域绿色竞争力找寻新的突破点。

## 五、加大绿色宣传力度，培养绿色组织监督力量

在一定范围内，政府对企业生产行为的奖惩约束可以使系统往良性方向演化。因此，政府可以加大对企业非绿色生产行为的惩罚力度，以迫使企业积极进行绿色生产转型；在合理控制成本的前提下，制定有效的奖励机制，引导财税、土地等政策支持，银行贷款的政策对绿色生产企业倾斜；以及加大对绿色企业的关注和政策支持，增加企业绿色生产的潜在收益，从而实现政府和企业的良性演化。同时，政府部门要做到加大对绿色行为的宣传和引导，促使企业和绿色组织的社会责任的提高，从而促进各行为主体向良好均衡状态发展，最终实现区域绿色竞争力的提升。新闻媒体要积极参与对政府监管行为和企业绿色生产行为积极报道，并对政府不监管行为和企业非绿色生产行为大肆披露。新闻媒体和社会公众都是社会的第三方监督力量，可以对政府和企业行为起到很强的约束作用。

## 六、完善信息公开制度，发挥新闻媒体舆论作用

市场信息不对称，社会公众很难获得第一手企业资料，难以判断企业产品是否真的环保节能，而市场上还有一些商家打着“绿色产品”的噱头做虚假宣传，引起社会公众心理排斥，这既引起社会公众对企业绿色生产的误解，又造成不良竞争。政府完善信息公开制度和新闻媒体实时报道是保障公众知情权的重要手段，可在很大程度上降低信息不对称的状态，对此，政府应该完善信息公开制度，规范企业的行为，建立良好的市场氛围。新媒体要充分展现社会监督作用，积极参与对政府和企业行为的生态监督，自主增加对社会公众绿色消费意识培养，提高自身对生态环境的灵敏度，培养正确的聚焦性，将新闻关注点更多地放在社会生态环境营造上；加强新媒体的影响力，积极发挥新媒体作为政府社会监督的替代作用。

## 七、健全监督机制，实现主体合作治理

社会公众、绿色组织和新闻媒体的监督力度的加大可以促使政府积极参与生态监管和企业进行绿色生产行为。政府作为稳定社会大局的领导者，必定会在社会施压下更加积极进行生态兼管；企业作为利益的追求者考虑到受到批评后声誉受损带来的弊端也会转变生产方式。同时，区域绿色竞争力受企业、政府、社会公众、绿色组织和新闻媒体行为的共同影响，这5个方面的良性互动才能有效提升区域绿色竞争力。因此，应从企业、政府、社会公众、绿色组织和新闻媒体5个方面构建区域绿色竞争力的合作治理机制，并完善相关法律法规，实现五者的良性互动，最终达到共赢的局面。

# 附　录

## 附录1　区域绿色竞争力指标体系及权重

| 影响因子 | 权重 | 二级指标 | 权重 | 三级指标 | 权重 |
|---|---|---|---|---|---|
| 环保因子 | 0. 1256 | 环保投资 | 0. 0624 | 环保治理投资总额 | 0. 0093 |
| | | | | 环保污染治理投资占 GDP 比重 | 0. 0101 |
| | | | | 本年竣工项目数量（污染治理） | 0. 0098 |
| | | | | 农村人均改水、改厕的政府投资 | 0. 0074 |
| | | | | 环境保护支出占财政支出比重 | 0. 0067 |
| | | | | 单位耕地面积退耕还林投资完成额 | 0. 0107 |
| | | | | 造林面积 | 0. 0084 |
| | | 环保治理 | 0. 0632 | 建成区绿化覆盖率 | 0. 0053 |
| | | | | 人均公园绿地面积 | 0. 0048 |
| | | | | 工业废水排放总量 | 0. 0038 |
| | | | | 工业废水排放达标率 | 0. 0050 |
| | | | | 工业 $SO_2$ 排放达标率 | 0. 0050 |
| | | | | 工业粉尘排放达标率 | 0. 0049 |
| | | | | 工业烟尘排放达标率 | 0. 0047 |
| | | | | 生活垃圾无害化处理率 | 0. 0054 |
| | | | | 生活垃圾清运量 | 0. 0045 |
| | | | | 城市污水排放量 | 0. 0043 |
| | | | | 城市污水处理率 | 0. 0041 |
| | | | | 交通噪声等效声级 | 0. 0033 |
| | | | | 工业噪声等效声级 | 0. 0032 |
| | | | | 矿区生态环境恢复治理面积 | 0. 0049 |
| 生态因子 | 0. 1613 | 自然生态 | 0. 1098 | 人均水资源量 | 0. 0109 |
| | | | | 万元 GDP 用水量 | 0. 0112 |
| | | | | 工业废气总量 | 0. 0100 |
| | | | | 空气质量达到二级以上天数及占全年比重 | 0. 0133 |

续表

| 影响因子 | 权重 | 二级指标 | 权重 | 三级指标 | 权重 |
|---|---|---|---|---|---|
| 生态因子 | 0.1613 | 自然生态 | 0.1098 | 自然保护区面积 | 0.0163 |
| | | | | 湿地面积 | 0.0137 |
| | | | | 减少耕地面积 | 0.0137 |
| | | | | 森林覆盖率、森林面积 | 0.0207 |
| | | 生态产业 | 0.0515 | 高技术产业企业数 | 0.0245 |
| | | | | 高技术产业总产值 | 0.0270 |
| 循环因子 | 0.1204 | 综合利用 | 0.0536 | 工业固体废物综合利用率 | 0.0172 |
| | | | | 土地资源利用率 | 0.0130 |
| | | | | “三废”综合利用产品产值 | 0.0234 |
| | | 回收利用 | 0.0344 | 工业用水重复利用率 | 0.0211 |
| | | | | 农村沼气池产气总量 | 0.0133 |
| | | 循环产业 | 0.0324 | 高技术产业增加值占工业增加值比重 | 0.0091 |
| | | | | 废弃资源和废旧材料回收加工业增加值占工业增加值的比重 | 0.0090 |
| | | | | 能源生产弹性系数 | 0.0068 |
| | | | | 万元 GDP 能耗 | 0.0075 |
| 低碳因子 | 0.1366 | 低碳生产 | 0.0758 | 非煤炭能源消费比重 | 0.0096 |
| | | | | 可再生能源消费比重 | 0.0124 |
| | | | | 平均碳排放系数 | 0.0149 |
| | | | | 单位地区二氧化碳排放的产出 | 0.0092 |
| | | | | 单位地区二氧化硫排放的产出 | 0.0084 |
| | | | | 单位地区氨氮排放的产出 | 0.0109 |
| | | | | 单位化学需氧量排放的产出 | 0.0104 |
| | | 低碳消费 | 0.0365 | 人均二氧化碳排放量 | 0.0059 |
| | | | | 人均二氧化硫排放量 | 0.0050 |
| | | | | 人均化学需氧量排放量 | 0.0048 |
| | | | | 人均氨氮排放量 | 0.0045 |
| | | | | 人均生活能源消费量 | 0.0083 |
| | | | | 单位能源消费的碳排放因子 | 0.0080 |
| | | 低碳生活 | 0.0243 | 公共交通客运量（不含出租车） | 0.0066 |
| | | | | 轨道交通客运量比重 | 0.0081 |
| | | | | 每万人拥有公共汽车 | 0.0096 |
| 健康因子 | 0.1361 | 人群健康 | 0.0332 | 人均预期寿命 | 0.0102 |
| | | | | 人口自然增长率 | 0.0067 |
| | | | | 甲乙类法定报告传染病病死率 | 0.0069 |
| | | | | 劳动争议案件受理数 | 0.0094 |

续表

| 影响因子 | 权重 | 二级指标 | 权重 | 三级指标 | 权重 |
|---|---|---|---|---|---|
| 健康因子 | 0.1361 | 生活质量 | 0.0487 | 城镇居民人均可支配收入 | 0.0066 |
| | | | | 农村家庭住房面积 | 0.0063 |
| | | | | 人均生活用电量 | 0.0040 |
| | | | | 人均生活用水量 | 0.0038 |
| | | | | 住宅占商品房销售面积的比例 | 0.0051 |
| | | | | 城镇居民家庭恩格尔系数 | 0.0058 |
| | | | | 农村居民人均纯收入 | 0.0055 |
| | | | | 城乡居民收入比 | 0.0055 |
| | | | | 居民消费价格指数 | 0.0061 |
| | | 民生保障 | 0.0542 | 居民储蓄存款 | 0.0085 |
| | | | | 城镇基本医疗保险覆盖率 | 0.0170 |
| | | | | 万人拥有病床数 | 0.0073 |
| | | | | 城镇新增就业人数 | 0.0099 |
| | | | | 就业率 | 0.0115 |
| 持续因子 | 0.3198 | 发展后劲 | 0.1523 | 第一产业劳动生产率 | 0.0166 |
| | | | | 土地产出率 | 0.0149 |
| | | | | 第二产业劳动生产率 | 0.0135 |
| | | | | 第三产业劳动生产率 | 0.0152 |
| | | | | 第三产业增加值比重 | 0.0151 |
| | | | | 进出口总额增长率 | 0.0126 |
| | | | | 固定资产投资增长率 | 0.0231 |
| | | | | 社会消费品零售总额增长率 | 0.0212 |
| | | | | 城镇化率 | 0.0201 |
| | | 科教发展 | 0.0799 | 每万人拥有研究与实验发展（R&D）人员数 | 0.0085 |
| | | | | R&D 活动人员全时当量 | 0.0092 |
| | | | | R&D 内部经费支出占 GDP 比重 | 0.0123 |
| | | | | 高新技术产业利润总额 | 0.0092 |
| | | | | 每十万人拥有的大专及以上受教育程度人口数 | 0.0141 |
| | | | | 每万人接受中等职业教育在校学生数 | 0.0129 |
| | | | | 公共财政预算教育经费占公共财政支出比例 | 0.0137 |
| | | 资源承载 | 0.0876 | 劳动力数量占总人口比重 | 0.0196 |
| | | | | 人均耕地面积 | 0.0155 |
| | | | | 人均矿产占有量 | 0.0143 |
| | | | | 人均能源占有量 | 0.0200 |
| | | | | 年末实有道路长度 | 0.0182 |
| 合计 | 0.9998 | | 0.9998 | | 0.9998 |

# 附录2 我国各省份2001~2015年区域绿色竞争力指数

| 地区 \ 年份 | 2001 | 2002 | 2003 | 2004 | 2005 | 2006 | 2007 | 2008 | 2009 | 2010 | 2011 | 2012 | 2013 | 2014 | 2015 |
|---|---|---|---|---|---|---|---|---|---|---|---|---|---|---|---|
| 北京 | 0.71 | 0.76 | 0.73 | 0.66 | 0.65 | 0.67 | 0.56 | 0.53 | 0.52 | 0.34 | 0.31 | 0.32 | 0.31 | 0.33 | 0.26 |
| 天津 | 0.25 | 0.33 | 0.19 | 0.21 | 0.26 | 0.23 | 0.11 | 0.17 | 0.12 | 0.14 | 0.17 | 0.10 | 0.11 | 0.09 | 0.12 |
| 河北 | -0.14 | -0.05 | 0.00 | 0.01 | 0.02 | 0.07 | 0.03 | 0.01 | 0.01 | -0.07 | -0.06 | -0.10 | -0.15 | -0.10 | -0.10 |
| 山西 | -0.17 | -0.11 | -0.06 | -0.08 | -0.13 | -0.06 | -0.07 | -0.02 | 0.00 | -0.05 | -0.15 | 0.02 | 0.00 | -0.08 | -0.14 |
| 内蒙古 | 0.04 | 0.08 | 0.02 | 0.10 | 0.10 | 0.20 | 0.11 | 0.19 | 0.19 | 0.33 | 0.27 | 0.15 | 0.17 | 0.29 | 0.17 |
| 辽宁 | 0.18 | 0.23 | 0.18 | 0.34 | 0.21 | 0.27 | 0.20 | 0.11 | 0.11 | 0.06 | 0.09 | 0.14 | 0.03 | -0.04 | -0.09 |
| 吉林 | -0.10 | -0.10 | -0.17 | -0.16 | -0.14 | -0.08 | -0.13 | -0.11 | -0.11 | -0.08 | -0.23 | -0.12 | -0.24 | -0.19 | -0.18 |
| 黑龙江 | 0.08 | 0.07 | -0.06 | 0.00 | -0.03 | -0.01 | -0.02 | 0.01 | 0.04 | -0.03 | -0.04 | -0.09 | -0.09 | -0.18 | -0.05 |
| 上海 | 0.62 | 0.76 | 0.65 | 0.74 | 0.71 | 0.65 | 0.53 | 0.53 | 0.50 | 0.34 | 0.28 | 0.22 | 0.18 | 0.25 | 0.23 |
| 江苏 | 0.45 | 0.42 | 0.49 | 0.49 | 0.57 | 0.47 | 0.49 | 0.57 | 0.53 | 0.49 | 0.50 | 0.50 | 0.53 | 0.60 | 0.58 |
| 浙江 | 0.32 | 0.41 | 0.36 | 0.36 | 0.31 | 0.31 | 0.33 | 0.31 | 0.25 | 0.30 | 0.24 | 0.24 | 0.26 | 0.31 | 0.41 |
| 安徽 | -0.25 | -0.25 | -0.15 | -0.22 | -0.21 | -0.31 | -0.19 | -0.19 | -0.14 | -0.17 | -0.19 | -0.14 | -0.10 | -0.08 | -0.09 |
| 福建 | -0.05 | 0.03 | -0.03 | 0.05 | -0.01 | 0.08 | 0.07 | -0.03 | 0.01 | 0.07 | 0.07 | 0.08 | 0.08 | 0.08 | 0.16 |
| 江西 | -0.28 | -0.27 | -0.15 | -0.24 | -0.30 | -0.22 | -0.21 | -0.19 | -0.21 | -0.17 | -0.17 | -0.19 | -0.23 | -0.22 | -0.15 |
| 山东 | 0.26 | 0.33 | 0.39 | 0.32 | 0.35 | 0.34 | 0.39 | 0.33 | 0.33 | 0.29 | 0.30 | 0.30 | 0.35 | 0.28 | 0.32 |
| 河南 | -0.16 | -0.20 | -0.10 | -0.13 | -0.08 | -0.12 | -0.08 | -0.11 | -0.12 | -0.20 | -0.09 | -0.14 | -0.09 | -0.12 | -0.09 |
| 湖北 | -0.07 | -0.15 | -0.09 | -0.13 | -0.06 | -0.07 | -0.05 | -0.03 | 0.04 | 0.00 | -0.01 | 0.00 | 0.02 | 0.04 | 0.07 |
| 湖南 | -0.20 | -0.20 | -0.20 | -0.14 | -0.16 | -0.15 | -0.13 | -0.14 | -0.07 | -0.14 | -0.16 | -0.17 | -0.13 | -0.14 | -0.01 |
| 广东 | 0.62 | 0.66 | 0.62 | 0.62 | 0.61 | 0.66 | 0.64 | 0.61 | 0.64 | 0.69 | 0.71 | 0.60 | 0.61 | 0.55 | 0.58 |
| 广西 | -0.16 | -0.13 | -0.19 | -0.09 | -0.12 | -0.12 | -0.09 | -0.13 | -0.08 | -0.07 | -0.12 | -0.10 | -0.17 | -0.10 | -0.04 |
| 海南 | -0.35 | -0.38 | -0.35 | -0.32 | -0.38 | -0.39 | -0.37 | -0.39 | -0.35 | -0.25 | -0.30 | -0.35 | -0.31 | -0.35 | -0.34 |
| 重庆 | -0.22 | -0.34 | -0.36 | -0.37 | -0.33 | -0.26 | -0.20 | -0.22 | -0.23 | -0.21 | -0.09 | -0.03 | -0.08 | -0.08 | -0.07 |
| 四川 | -0.02 | 0.00 | 0.00 | -0.02 | 0.07 | -0.01 | 0.02 | 0.04 | 0.05 | -0.07 | -0.07 | -0.09 | 0.02 | -0.05 | -0.04 |
| 贵州 | -0.26 | -0.39 | -0.37 | -0.45 | -0.38 | -0.43 | -0.38 | -0.40 | -0.42 | -0.38 | -0.32 | -0.40 | -0.33 | -0.26 | -0.20 |
| 云南 | -0.25 | -0.22 | -0.26 | -0.18 | -0.22 | -0.22 | -0.22 | -0.24 | -0.22 | -0.17 | -0.12 | -0.19 | -0.17 | -0.19 | -0.15 |
| 陕西 | -0.08 | -0.11 | -0.08 | -0.11 | -0.11 | -0.17 | -0.10 | -0.02 | -0.06 | 0.05 | -0.03 | 0.02 | 0.14 | 0.07 | -0.05 |
| 甘肃 | -0.32 | -0.42 | -0.34 | -0.47 | -0.41 | -0.44 | -0.38 | -0.43 | -0.39 | -0.37 | -0.37 | -0.36 | -0.31 | -0.30 | -0.35 |
| 青海 | -0.19 | -0.27 | -0.32 | -0.45 | -0.44 | -0.40 | -0.43 | -0.37 | -0.42 | -0.30 | -0.36 | -0.31 | -0.32 | -0.31 | -0.38 |
| 宁夏 | -0.33 | -0.44 | -0.23 | -0.27 | -0.25 | -0.24 | -0.23 | -0.20 | -0.25 | -0.20 | -0.20 | -0.12 | -0.04 | -0.13 | -0.23 |
| 新疆 | 0.05 | -0.03 | -0.11 | -0.09 | -0.10 | -0.27 | -0.22 | -0.20 | -0.27 | -0.20 | -0.08 | -0.02 | -0.06 | 0.02 | -0.12 |

# 附录3 我国各省份2001～2015年对外开放水平数据

| 年份<br>地区 | 2001 | 2002 | 2003 | 2004 | 2005 | 2006 | 2007 | 2008 | 2009 | 2010 | 2011 | 2012 | 2013 | 2014 | 2015 |
|---|---|---|---|---|---|---|---|---|---|---|---|---|---|---|---|
| 北京 | 1. 3950 | 1. 1467 | 1. 7057 | 1. 3864 | 1. 6044 | 1. 7226 | 1. 7077 | 1. 9788 | 1. 4297 | 1. 7670 | 1. 9386 | 1. 8121 | 1. 6936 | 1. 5021 | 1. 0820 |
| 天津 | 0. 7458 | 0. 7456 | 1. 1444 | 1. 2011 | 1. 2065 | 1. 2633 | 1. 1767 | 0. 9582 | 0. 6889 | 0. 7341 | 0. 7366 | 0. 7177 | 0. 7080 | 0. 6752 | 0. 5672 |
| 河北 | 0. 0751 | 0. 0751 | 0. 1173 | 0. 1419 | 0. 1413 | 0. 1403 | 0. 1617 | 0. 1915 | 0. 1397 | 0. 1700 | 0. 1759 | 0. 1530 | 0 1557 | 0. 1552 | 0. 1468 |
| 山西 | 0. 0793 | 0. 0753 | 0. 1225 | 0. 1341 | 0. 1156 | 0. 1183 | 0. 1661 | 0. 1569 | 0. 0944 | 0. 1128 | 0. 1058 | 0. 0995 | 0. 1001 | 0. 1027 | 0. 0966 |
| 内蒙古 | 0. 1357 | 0. 0906 | 0. 1305 | 0. 1088 | 0. 1109 | 0. 1061 | 0. 1046 | 0. 0844 | 0. 0564 | 0. 0617 | 0. 0670 | 0. 0566 | 0. 0562 | 0. 0653 | 0. 0586 |
| 辽宁 | 0. 3025 | 0. 2897 | 0. 3885 | 0. 4586 | 0. 4501 | 0. 4536 | 0. 4601 | 0. 4235 | 0. 3361 | 0. 3605 | 0. 3477 | 0. 3366 | 0. 3393 | 0. 3203 | 0. 2787 |
| 吉林 | 0. 1012 | 0. 1174 | 0. 2190 | 0. 1932 | 0. 1601 | 0. 1629 | 0. 1693 | 0. 1671 | 0. 1306 | 0. 1605 | 0. 1686 | 0. 1638 | 0. 1561 | 0. 1486 | 0. 1061 |
| 黑龙江 | 0. 0671 | 0. 0785 | 0. 1098 | 0. 1271 | 0. 1529 | 0. 1800 | 0. 2097 | 0. 2212 | 0. 1537 | 0. 2027 | 0. 2466 | 0. 2195 | 0. 2146 | 0. 2064 | 0. 1130 |
| 上海 | 0. 8840 | 0. 9295 | 1. 6616 | 1. 7620 | 1. 7835 | 1. 8838 | 1. 9596 | 1. 8329 | 1. 4992 | 1. 7723 | 1. 8354 | 1. 7341 | 1. 6190 | 1. 5800 | 1. 4647 |
| 江苏 | 0. 3838 | 0. 4513 | 0. 8549 | 1. 0124 | 1. 0832 | 1. 1401 | 1. 1604 | 1. 0110 | 0. 7994 | 0. 9265 | 0. 8835 | 0. 8155 | 0. 7453 | 0. 7035 | 0. 6588 |
| 浙江 | 0. 3300 | 0. 3573 | 0. 6302 | 0. 6506 | 0. 7040 | 0. 7675 | 0. 8117 | 0. 7820 | 0. 6650 | 0. 7528 | 0. 7685 | 0. 7276 | 0. 7267 | 0. 7312 | 0. 7059 |
| 安徽 | 0. 0814 | 0. 0842 | 0. 1333 | 0. 1347 | 0. 1505 | 0. 1749 | 0. 1871 | 0. 1823 | 0. 1266 | 0. 1619 | 0. 1646 | 0. 1841 | 0. 1917 | 0. 1924 | 0. 1858 |
| 福建 | 0. 3991 | 0. 4342 | 0. 6036 | 0. 7334 | 0. 7317 | 0. 7184 | 0. 6939 | 0. 6243 | 0. 5299 | 0. 6079 | 0. 6566 | 0. 6373 | 0. 6275 | 0. 6015 | 0. 5548 |
| 江西 | 0. 0597 | 0. 0479 | 0. 0825 | 0. 0908 | 0. 0884 | 0. 1120 | 0. 1408 | 0. 1562 | 0. 1357 | 0. 1884 | 0. 2159 | 0. 2085 | 0. 2087 | 0. 2245 | 0. 2207 |
| 山东 | 0. 2118 | 0. 2183 | 0. 3384 | 0. 3591 | 0. 3687 | 0. 3787 | 0. 4102 | 0. 4092 | 0. 3335 | 0. 3980 | 0. 4184 | 0. 3941 | 0. 3875 | 0. 3751 | 0. 3221 |
| 河南 | 0. 0324 | 0. 0364 | 0. 0611 | 0. 0688 | 0. 0643 | 0. 0688 | 0. 0734 | 0. 0774 | 0. 0562 | 0. 0636 | 0. 0974 | 0. 1405 | 0. 1506 | 0. 1511 | 0. 1677 |
| 湖北 | 0. 0553 | 0. 0585 | 0. 0821 | 0. 1068 | 0. 1216 | 0. 1350 | 0. 1378 | 0. 1461 | 0. 1082 | 0. 1338 | 0. 1376 | 0. 1156 | 0. 1189 | 0. 1279 | 0. 1310 |
| 湖南 | 0. 0505 | 0. 0496 | 0. 0688 | 0. 0858 | 0. 0802 | 0. 0830 | 0. 0884 | 0. 0865 | 0. 0632 | 0. 0753 | 0. 0775 | 0. 0797 | 0. 0826 | 0. 0931 | 0. 0863 |
| 广东 | 1. 2780 | 1. 2981 | 1. 9271 | 1. 6833 | 1. 6761 | 1. 7303 | 1. 7243 | 1. 4871 | 1. 2585 | 1. 4056 | 1. 3804 | 1. 3866 | 1. 4112 | 1. 2892 | 1. 1907 |
| 广西 | 0. 0729 | 0. 0711 | 0. 1038 | 0. 1108 | 0. 1149 | 0. 1228 | 0. 1375 | 0. 1508 | 0. 1494 | 0. 1528 | 0. 1603 | 0. 1816 | 0. 1333 | 0. 2101 | 0. 2541 |
| 海南 | 0. 1887 | 0. 2226 | 0. 3012 | 0. 3784 | 0. 2512 | 0. 2386 | 0. 2433 | 0. 2427 | 0. 2389 | 0. 3460 | 0. 4087 | 0. 3990 | 0. 3715 | 0. 3547 | 0. 2995 |
| 重庆 | 0. 0817 | 0. 0637 | 0. 1053 | 0. 1274 | 0. 1093 | 0. 1220 | 0. 1373 | 0. 1312 | 0. 0960 | 0. 1292 | 0. 2343 | 0. 3765 | 0. 4372 | 0. 5472 | 0. 4096 |
| 四川 | 0. 0460 | 0. 0655 | 0. 0925 | 0. 0957 | 0. 0944 | 0. 1105 | 0. 1176 | 0. 1402 | 0. 1389 | 0. 1568 | 0. 1824 | 0. 1996 | 0. 1986 | 0. 2006 | 0. 1449 |
| 贵州 | 0. 0487 | 0. 0408 | 0. 0665 | 0. 0802 | 0. 0617 | 0. 0602 | 0. 0679 | 0. 0756 | 0. 0479 | 0. 0563 | 0. 0639 | 0. 0782 | 0. 0843 | 0. 0973 | 0. 1019 |
| 云南 | 0. 0699 | 0. 0723 | 0. 0957 | 0. 1080 | 0. 1211 | 0. 1364 | 0. 1594 | 0. 1350 | 0. 1060 | 0. 1532 | 0. 1449 | 0. 1634 | 0. 1732 | 0. 1883 | 0. 1538 |
| 陕西 | 0. 0928 | 0. 0742 | 0. 1093 | 0. 1020 | 0. 1025 | 0. 0982 | 0. 1031 | 0. 0908 | 0. 0835 | 0. 0986 | 0. 0943 | 0. 0823 | 0. 0998 | 0. 1243 | 0. 1399 |
| 甘肃 | 0. 0425 | 0. 0538 | 0. 0914 | 0. 0929 | 0. 1206 | 0. 1477 | 0. 1779 | 0. 1555 | 0. 0923 | 0. 1484 | 0. 1404 | 0. 1260 | 0. 1294 | 0. 1028 | 0. 1011 |
| 青海 | 0. 0425 | 0. 0403 | 0. 0795 | 0. 1099 | 0. 0668 | 0. 0868 | 0. 0662 | 0. 0540 | 0. 0440 | 0. 0481 | 0. 0444 | 0. 0492 | 0. 0535 | 0. 0609 | 0. 0705 |
| 宁夏 | 0. 1188 | 0. 0920 | 0. 1587 | 0. 1504 | 0. 1388 | 0. 1722 | 0. 1483 | 0. 1244 | 0. 0723 | 0. 0956 | 0. 0873 | 0. 0765 | 0. 1024 | 0. 1638 | 0. 1120 |
| 新疆 | 0. 1219 | 0. 1147 | 0. 2387 | 0. 2268 | 0. 2688 | 0. 2585 | 0. 3341 | 0. 4202 | 0. 2659 | 0. 2592 | 0. 2770 | 0. 2712 | 0. 2680 | 0. 2490 | 0. 1870 |

# 附录4　我国各省份2001~2015年市场化程度数据

| 地区＼年份 | 2001 | 2002 | 2003 | 2004 | 2005 | 2006 | 2007 | 2008 | 2009 | 2010 | 2011 | 2012 | 2013 | 2014 | 2015 |
|---|---|---|---|---|---|---|---|---|---|---|---|---|---|---|---|
| 北京 | 0.099 | 0.090 | 0.095 | 0.108 | 0.080 | 0.094 | 0.098 | 0.108 | 0.099 | 0.097 | 0.081 | 0.078 | 0.076 | 0.085 | 0.088 |
| 天津 | 0.244 | 0.226 | 0.235 | 0.230 | 0.206 | 0.200 | 0.210 | 0.266 | 0.248 | 0.254 | 0.250 | 0.296 | 0.321 | 0.370 | 0.439 |
| 河北 | 0.280 | 0.281 | 0.301 | 0.354 | 0.403 | 0.456 | 0.476 | 0.530 | 0.531 | 0.540 | 0.565 | 0.600 | 0.636 | 0.662 | 0.693 |
| 山西 | 0.289 | 0.262 | 0.265 | 0.258 | 0.230 | 0.223 | 0.226 | 0.235 | 0.208 | 0.236 | 0.274 | 0.297 | 0.324 | 0.310 | 0.295 |
| 内蒙古 | 0.008 | 0.067 | 0.104 | 0.181 | 0.213 | 0.290 | 0.328 | 0.355 | 0.413 | 0.437 | 0.406 | 0.412 | 0.434 | 0.465 | 0.480 |
| 辽宁 | 0.041 | 0.036 | 0.085 | 0.166 | 0.210 | 0.292 | 0.340 | 0.426 | 0.504 | 0.540 | 0.565 | 0.626 | 0.657 | 0.630 | 0.545 |
| 吉林 | 0.030 | 0.020 | 0.036 | 0.079 | 0.112 | 0.155 | 0.211 | 0.297 | 0.347 | 0.369 | 0.360 | 0.387 | 0.402 | 0.395 | 0.455 |
| 黑龙江 | 0.003 | 0.048 | 0.074 | 0.073 | 0.079 | 0.079 | 0.104 | 0.140 | 0.185 | 0.221 | 0.230 | 0.268 | 0.315 | 0.322 | 0.377 |
| 上海 | 0.173 | 0.159 | 0.170 | 0.186 | 0.177 | 0.193 | 0.204 | 0.232 | 0.218 | 0.216 | 0.202 | 0.201 | 0.201 | 0.220 | 0.221 |
| 江苏 | 0.474 | 0.496 | 0.536 | 0.575 | 0.607 | 0.645 | 0.686 | 0.730 | 0.753 | 0.764 | 0.756 | 0.763 | 0.772 | 0.786 | 0.800 |
| 浙江 | 0.691 | 0.699 | 0.719 | 0.758 | 0.676 | 0.715 | 0.735 | 0.751 | 0.758 | 0.764 | 0.731 | 0.736 | 0.744 | 0.738 | 0.749 |
| 安徽 | 0.039 | 0.104 | 0.147 | 0.196 | 0.216 | 0.266 | 0.309 | 0.350 | 0.414 | 0.450 | 0.481 | 0.518 | 0.534 | 0.618 | 0.637 |
| 福建 | 0.261 | 0.293 | 0.357 | 0.418 | 0.457 | 0.518 | 0.582 | 0.638 | 0.670 | 0.666 | 0.702 | 0.697 | 0.722 | 0.716 | 0.755 |
| 江西 | 0.031 | 0.086 | 0.156 | 0.212 | 0.320 | 0.376 | 0.446 | 0.518 | 0.573 | 0.586 | 0.576 | 0.614 | 0.630 | 0.660 | 0.683 |
| 山东 | 0.187 | 0.256 | 0.298 | 0.357 | 0.455 | 0.514 | 0.556 | 0.596 | 0.665 | 0.630 | 0.629 | 0.659 | 0.690 | 0.737 | 0.771 |
| 河南 | 0.180 | 0.200 | 0.243 | 0.307 | 0.368 | 0.433 | 0.476 | 0.570 | 0.589 | 0.603 | 0.623 | 0.632 | 0.659 | 0.690 | 0.718 |
| 湖北 | 0.079 | 0.118 | 0.133 | 0.153 | 0.211 | 0.231 | 0.246 | 0.295 | 0.335 | 0.383 | 0.382 | 0.450 | 0.485 | 0.534 | 0.564 |
| 湖南 | 0.115 | 0.186 | 0.223 | 0.267 | 0.364 | 0.408 | 0.445 | 0.517 | 0.588 | 0.599 | 0.643 | 0.655 | 0.679 | 0.708 | 0.747 |
| 广东 | 0.249 | 0.295 | 0.328 | 0.377 | 0.408 | 0.458 | 0.490 | 0.483 | 0.529 | 0.538 | 0.547 | 0.521 | 0.536 | 0.571 | 0.611 |
| 广西 | 0.106 | 0.108 | 0.160 | 0.202 | 0.230 | 0.272 | 0.323 | 0.383 | 0.386 | 0.432 | 0.448 | 0.488 | 0.519 | 0.530 | 0.563 |
| 海南 | 0.195 | 0.170 | 0.158 | 0.173 | 0.143 | 0.158 | 0.146 | 0.210 | 0.185 | 0.124 | 0.131 | 0.130 | 0.146 | 0.156 | 0.115 |
| 重庆 | 0.262 | 0.264 | 0.298 | 0.307 | 0.329 | 0.337 | 0.371 | 0.491 | 0.493 | 0.512 | 0.528 | 0.547 | 0.560 | 0.584 | 0.610 |
| 四川 | 0.192 | 0.231 | 0.278 | 0.300 | 0.355 | 0.377 | 0.425 | 0.497 | 0.537 | 0.576 | 0.593 | 0.551 | 0.548 | 0.572 | 0.594 |
| 贵州 | 0.165 | 0.144 | 0.156 | 0.171 | 0.152 | 0.166 | 0.179 | 0.217 | 0.196 | 0.248 | 0.268 | 0.273 | 0.302 | 0.364 | 0.416 |
| 云南 | 0.126 | 0.125 | 0.140 | 0.168 | 0.196 | 0.223 | 0.239 | 0.275 | 0.274 | 0.289 | 0.261 | 0.284 | 0.276 | 0.267 | 0.264 |
| 陕西 | 0.031 | 0.066 | 0.069 | 0.075 | 0.078 | 0.084 | 0.087 | 0.123 | 0.158 | 0.171 | 0.149 | 0.147 | 0.161 | 0.191 | 0.225 |
| 甘肃 | 0.063 | 0.062 | 0.068 | 0.068 | 0.058 | 0.058 | 0.065 | 0.076 | 0.075 | 0.074 | 0.058 | 0.066 | 0.078 | 0.092 | 0.091 |
| 青海 | 0.037 | 0.033 | 0.092 | 0.085 | 0.076 | 0.068 | 0.128 | 0.113 | 0.108 | 0.149 | 0.177 | 0.306 | 0.317 | 0.323 | 0.303 |
| 宁夏 | 0.230 | 0.239 | 0.254 | 0.281 | 0.296 | 0.323 | 0.338 | 0.347 | 0.356 | 0.358 | 0.375 | 0.331 | 0.380 | 0.403 | 0.463 |
| 新疆 | 0.059 | 0.047 | 0.068 | 0.069 | 0.059 | 0.060 | 0.081 | 0.097 | 0.138 | 0.162 | 0.126 | 0.156 | 0.168 | 0.203 | 0.268 |

# 附录5　我国各省份2001～2015年人力资本溢出效应数据

| 地区＼年份 | 2001 | 2002 | 2003 | 2004 | 2005 | 2006 | 2007 | 2008 | 2009 | 2010 | 2011 | 2012 | 2013 | 2014 | 2015 |
|---|---|---|---|---|---|---|---|---|---|---|---|---|---|---|---|
| 北京 | 10.26 | 10.26 | 10.35 | 10.69 | 10.82 | 10.95 | 11.09 | 10.97 | 11.17 | 11.36 | 11.55 | 12.11 | 12.03 | 11.85 | 12.11 |
| 天津 | 8.86 | 9.15 | 9.25 | 9.55 | 9.64 | 9.73 | 9.81 | 9.88 | 10.05 | 10.23 | 10.40 | 10.76 | 10.54 | 10.50 | 10.76 |
| 河北 | 7.75 | 8.03 | 8.38 | 8.30 | 8.21 | 8.13 | 8.17 | 8.36 | 8.42 | 8.55 | 8.67 | 9.06 | 8.90 | 8.87 | 9.06 |
| 山西 | 8.17 | 8.25 | 8.40 | 8.40 | 8.55 | 8.70 | 8.78 | 8.81 | 8.88 | 9.01 | 9.15 | 9.43 | 9.36 | 9.30 | 9.43 |
| 内蒙古 | 7.71 | 7.88 | 7.77 | 8.10 | 8.15 | 8.19 | 8.36 | 8.37 | 8.49 | 8.86 | 9.23 | 9.04 | 9.01 | 9.00 | 9.04 |
| 辽宁 | 8.27 | 8.44 | 8.92 | 8.76 | 8.84 | 8.92 | 8.99 | 9.08 | 9.24 | 9.35 | 9.47 | 9.67 | 10.10 | 9.91 | 9.67 |
| 吉林 | 8.50 | 8.61 | 8.70 | 8.73 | 8.70 | 8.66 | 8.78 | 8.89 | 8.90 | 9.00 | 9.10 | 9.71 | 9.40 | 9.37 | 9.71 |
| 黑龙江 | 8.25 | 8.30 | 8.41 | 8.42 | 8.47 | 8.53 | 8.70 | 8.70 | 8.75 | 8.93 | 9.11 | 9.55 | 9.48 | 9.35 | 9.55 |
| 上海 | 9.44 | 9.59 | 10.13 | 10.45 | 10.45 | 10.44 | 10.45 | 10.55 | 10.65 | 10.57 | 10.48 | 11.30 | 10.56 | 10.82 | 11.30 |
| 江苏 | 7.71 | 7.59 | 7.69 | 7.73 | 7.99 | 8.25 | 8.43 | 8.44 | 8.55 | 8.85 | 9.16 | 9.37 | 9.42 | 9.35 | 9.37 |
| 浙江 | 7.34 | 7.68 | 7.76 | 7.90 | 7.98 | 8.06 | 8.11 | 8.24 | 8.40 | 8.61 | 8.82 | 9.22 | 9.37 | 9.06 | 9.22 |
| 安徽 | 7.13 | 6.99 | 7.66 | 7.47 | 7.41 | 7.34 | 7.24 | 7.44 | 7.62 | 7.93 | 8.25 | 8.57 | 8.52 | 8.73 | 8.57 |
| 福建 | 7.57 | 7.46 | 7.59 | 7.44 | 7.58 | 7.73 | 7.75 | 7.80 | 8.35 | 8.59 | 8.83 | 9.17 | 8.65 | 8.79 | 9.17 |
| 江西 | 7.72 | 7.48 | 8.29 | 7.97 | 7.84 | 7.71 | 8.25 | 8.26 | 8.52 | 8.63 | 8.74 | 8.85 | 9.24 | 8.88 | 8.85 |
| 山东 | 7.83 | 8.08 | 7.85 | 7.90 | 7.99 | 8.09 | 8.23 | 8.28 | 8.31 | 8.49 | 8.67 | 8.79 | 8.92 | 8.98 | 8.79 |
| 河南 | 7.98 | 8.08 | 7.97 | 8.16 | 8.11 | 8.05 | 8.18 | 8.34 | 8.39 | 8.55 | 8.70 | 9.24 | 8.78 | 9.00 | 9.24 |
| 湖北 | 7.92 | 7.34 | 7.92 | 8.02 | 8.14 | 8.26 | 8.42 | 8.49 | 8.49 | 8.77 | 9.05 | 9.06 | 9.34 | 9.11 | 9.06 |
| 湖南 | 7.88 | 7.91 | 8.05 | 8.11 | 8.14 | 8.17 | 8.42 | 8.43 | 8.47 | 8.64 | 8.81 | 9.03 | 8.96 | 9.02 | 9.03 |
| 广东 | 7.75 | 8.09 | 8.01 | 8.20 | 8.32 | 8.44 | 8.68 | 8.77 | 8.87 | 9.10 | 9.33 | 9.28 | 7.43 | 9.28 | 9.28 |
| 广西 | 7.62 | 7.62 | 7.77 | 8.00 | 8.02 | 8.03 | 8.03 | 7.98 | 8.10 | 8.35 | 8.61 | 8.68 | 7.51 | 8.75 | 8.68 |
| 海南 | 7.57 | 7.94 | 8.19 | 8.38 | 8.27 | 8.17 | 8.32 | 8.35 | 8.44 | 8.66 | 8.88 | 8.82 | 13.29 | 9.10 | 8.82 |
| 重庆 | 7.34 | 7.44 | 7.67 | 7.16 | 7.36 | 7.57 | 7.72 | 7.79 | 7.93 | 21.57 | 35.20 | 11.65 | 11.09 | 11.31 | 11.65 |
| 四川 | 7.20 | 7.29 | 7.42 | 7.42 | 7.33 | 7.24 | 7.43 | 7.51 | 7.69 | 7.58 | 7.47 | 7.28 | 7.40 | 7.22 | 7.28 |
| 贵州 | 6.54 | 6.73 | 6.89 | 6.98 | 6.79 | 6.59 | 6.84 | 7.05 | 7.08 | 8.58 | 10.09 | 9.00 | 8.35 | 8.45 | 9.00 |
| 云南 | 6.19 | 6.12 | 6.04 | 6.86 | 6.76 | 6.66 | 6.79 | 6.90 | 6.91 | 7.09 | 7.27 | 6.43 | 6.70 | 6.63 | 6.43 |
| 陕西 | 7.59 | 7.43 | 8.11 | 8.20 | 8.25 | 8.30 | 8.40 | 8.51 | 8.58 | 8.43 | 8.27 | 9.17 | 9.28 | 9.14 | 9.17 |
| 甘肃 | 6.72 | 6.78 | 7.04 | 7.20 | 6.99 | 6.78 | 7.06 | 7.17 | 7.29 | 6.88 | 6.48 | 8.49 | 8.35 | 8.32 | 8.49 |
| 青海 | 5.97 | 6.35 | 6.72 | 6.82 | 6.91 | 6.99 | 7.18 | 7.26 | 7.45 | 13.56 | 19.67 | 8.13 | 7.96 | 8.04 | 8.13 |
| 宁夏 | 7.28 | 7.39 | 7.35 | 7.75 | 7.69 | 7.63 | 7.82 | 8.13 | 8.22 | 11.05 | 13.89 | 8.65 | 8.71 | 8.55 | 8.65 |
| 新疆 | 8.01 | 8.37 | 8.38 | 8.61 | 8.45 | 8.30 | 8.51 | 8.56 | 8.66 | 8.23 | 7.80 | 9.04 | 8.99 | 9.18 | 9.04 |

# 附录6　我国各省份2001～2015年人力资本投入数据

| 年份<br>地区 | 2001 | 2002 | 2003 | 2004 | 2005 | 2006 | 2007 | 2008 | 2009 | 2010 | 2011 | 2012 | 2013 | 2014 | 2015 |
|---|---|---|---|---|---|---|---|---|---|---|---|---|---|---|---|
| 北京 | 629 | 679 | 703 | 854 | 878 | 920 | 943 | 981 | 998 | 1032 | 1070 | 1107 | 1141 | 1157 | 1179 |
| 天津 | 488 | 493 | 511 | 528 | 543 | 563 | 614 | 647 | 677 | 729 | 763 | 803 | 847 | 877 | 897 |
| 河北 | 3409 | 3435 | 3470 | 3517 | 3569 | 3610 | 3665 | 3726 | 3792 | 3865 | 3962 | 4086 | 4184 | 4203 | 4213 |
| 山西 | 1400 | 1403 | 1470 | 1475 | 1500 | 1561 | 1596 | 1614 | 1631 | 1686 | 1739 | 1790 | 1844 | 1862 | 1873 |
| 内蒙古 | 1067 | 1086 | 1005 | 1026 | 1041 | 1051 | 1082 | 1103 | 1143 | 1185 | 1249 | 1305 | 1408 | 1485 | 1464 |
| 辽宁 | 2069 | 2025 | 2019 | 2097 | 2120 | 2128 | 2181 | 2198 | 2277 | 2318 | 2365 | 2424 | 2519 | 2562 | 2410 |
| 吉林 | 1167 | 1187 | 1203 | 1222 | 1239 | 1251 | 1266 | 1281 | 1297 | 1312 | 1338 | 1356 | 1415 | 1447 | 1481 |
| 黑龙江 | 1593 | 1603 | 1614 | 1681 | 1749 | 1784 | 1828 | 1852 | 1877 | 1932 | 1987 | 2005 | 2049 | 2080 | 2035 |
| 上海 | 752 | 792 | 813 | 837 | 863 | 886 | 909 | 1053 | 1064 | 1091 | 1104 | 1116 | 1137 | 1366 | 1362 |
| 江苏 | 4436 | 4473 | 4500 | 4537 | 4579 | 4629 | 4678 | 4701 | 4727 | 4755 | 4758 | 4760 | 4760 | 4761 | 4759 |
| 浙江 | 2797 | 2859 | 2919 | 2992 | 3101 | 3172 | 3405 | 3487 | 3592 | 3636 | 3674 | 3691 | 3709 | 3714 | 3734 |
| 安徽 | 3463 | 3501 | 3545 | 3605 | 3670 | 3741 | 3818 | 3916 | 3988 | 4050 | 4121 | 4207 | 4276 | 4311 | 4342 |
| 福建 | 1678 | 1711 | 1757 | 1814 | 1869 | 1950 | 2015 | 2080 | 2169 | 2242 | 2460 | 2569 | 2556 | 2649 | 2768 |
| 江西 | 2055 | 2131 | 2168 | 2214 | 2277 | 2321 | 2370 | 2405 | 2445 | 2499 | 2533 | 2556 | 2589 | 2603 | 2616 |
| 山东 | 5475 | 5527 | 5621 | 5728 | 5841 | 5960 | 6081 | 6188 | 6294 | 6402 | 6486 | 6554 | 6580 | 6607 | 6633 |
| 河南 | 5517 | 5522 | 5536 | 5587 | 5662 | 5719 | 5773 | 5835 | 5949 | 6042 | 6198 | 6288 | 6387 | 6520 | 6636 |
| 湖北 | 3415 | 3443 | 3476 | 3507 | 3537 | 3564 | 3584 | 3607 | 3622 | 3645 | 3672 | 3687 | 3692 | 3688 | 3658 |
| 湖南 | 3608 | 3645 | 3695 | 3747 | 3801 | 3842 | 3883 | 3910 | 3935 | 3983 | 4005 | 4019 | 4036 | 4044 | 3980 |
| 广东 | 4059 | 4134 | 4396 | 4682 | 5023 | 5250 | 5403 | 5554 | 5652 | 5752 | 5961 | 5966 | 6118 | 6183 | 6219 |
| 广西 | 2578 | 2589 | 2601 | 2632 | 2703 | 2760 | 2769 | 2799 | 2848 | 2903 | 2936 | 2768 | 2782 | 2795 | 2820 |
| 海南 | 338 | 350 | 360 | 368 | 380 | 389 | 397 | 408 | 425 | 440 | 459 | 484 | 515 | 543 | 556 |
| 重庆 | 1616 | 1552 | 1500 | 1471 | 456 | 1455 | 1469 | 1492 | 1513 | 1540 | 1585 | 1633 | 1684 | 1697 | 1707 |
| 四川 | 4665 | 4668 | 4684 | 4691 | 4702 | 4715 | 4731 | 4740 | 4757 | 4773 | 4785 | 4798 | 4817 | 4833 | 4847 |
| 贵州 | 2068 | 2106 | 2145 | 2186 | 1944 | 1953 | 1873 | 1867 | 1842 | 1771 | 1793 | 1826 | 1864 | 1910 | 1947 |
| 云南 | 2323 | 2341 | 2353 | 2401 | 2461 | 2518 | 2574 | 2638 | 2685 | 2766 | 2857 | 2882 | 2912 | 2962 | 2943 |
| 陕西 | 1785 | 1874 | 1912 | 1941 | 1976 | 1986 | 2013 | 2039 | 2060 | 2074 | 2059 | 2061 | 2058 | 2067 | 2071 |
| 甘肃 | 1489 | 1501 | 1511 | 1520 | 1391 | 1401 | 1415 | 1446 | 1489 | 1500 | 1500 | 1492 | 1505 | 1520 | 1536 |
| 青海 | 752 | 288 | 290 | 290 | 291 | 294 | 299 | 301 | 303 | 308 | 309 | 311 | 314 | 317 | 321 |
| 宁夏 | 279 | 282 | 291 | 299 | 300 | 308 | 310 | 304 | 329 | 326 | 340 | 345 | 351 | 357 | 362 |
| 新疆 | 685 | 701 | 721 | 744 | 792 | 812 | 830 | 848 | 866 | 895 | 953 | 1010 | 1097 | 1135 | 1195 |

# 附录7　我国各省份2001～2015年城镇化水平数据

| 地区＼年份 | 2001 | 2002 | 2003 | 2004 | 2005 | 2006 | 2007 | 2008 | 2009 | 2010 | 2011 | 2012 | 2013 | 2014 | 2015 |
|---|---|---|---|---|---|---|---|---|---|---|---|---|---|---|---|
| 北京 | 56.58 | 56.94 | 57.25 | 57.48 | 83.49 | 84.33 | 84.51 | 84.90 | 85.01 | 85.96 | 86.20 | 86.20 | 86.30 | 86.35 | 86.50 |
| 天津 | 53.97 | 54.28 | 54.74 | 54.71 | 75.08 | 75.73 | 76.32 | 77.23 | 78.00 | 79.55 | 80.50 | 81.55 | 82.01 | 82.27 | 82.64 |
| 河北 | 20.35 | 21.36 | 26.73 | 26.61 | 37.66 | 38.44 | 40.26 | 41.90 | 43.00 | 43.84 | 45.60 | 46.80 | 48.12 | 49.33 | 51.33 |
| 山西 | 27.19 | 28.04 | 28.71 | 29.35 | 42.07 | 43.01 | 44.03 | 45.10 | 45.98 | 46.00 | 49.68 | 51.26 | 52.56 | 53.79 | 55.03 |
| 内蒙古 | 34.95 | 35.66 | 36.47 | 37.85 | 47.20 | 48.64 | 50.15 | 51.70 | 53.38 | 55.53 | 56.62 | 57.74 | 58.71 | 59.51 | 60.30 |
| 辽宁 | 45.73 | 46.25 | 46.66 | 47.34 | 58.68 | 58.99 | 59.19 | 60.05 | 60.36 | 62.15 | 64.05 | 65.65 | 66.45 | 67.05 | 67.35 |
| 吉林 | 42.91 | 43.64 | 44.21 | 44.39 | 52.50 | 52.97 | 53.15 | 53.21 | 53.33 | 53.37 | 53.40 | 53.70 | 54.20 | 54.81 | 55.31 |
| 黑龙江 | 44.87 | 45.30 | 45.91 | 47.42 | 53.07 | 53.50 | 53.90 | 55.41 | 55.49 | 55.69 | 56.50 | 56.90 | 57.40 | 58.01 | 58.80 |
| 上海 | 61.90 | 62.70 | 60.86 | 63.01 | 89.09 | 88.70 | 88.70 | 88.62 | 88.60 | 89.30 | 89.30 | 89.30 | 89.60 | 89.60 | 87.60 |
| 江苏 | 32.47 | 33.66 | 38.11 | 40.68 | 50.06 | 51.90 | 53.21 | 54.30 | 55.60 | 60.61 | 61.90 | 63.00 | 64.11 | 65.21 | 66.52 |
| 浙江 | 22.68 | 23.61 | 24.73 | 25.93 | 55.98 | 56.50 | 57.19 | 57.60 | 57.90 | 58.30 | 62.30 | 63.20 | 64.00 | 64.87 | 65.80 |
| 安徽 | 19.87 | 20.34 | 20.57 | 20.77 | 35.46 | 37.10 | 38.71 | 40.50 | 42.10 | 43.25 | 44.80 | 46.50 | 47.86 | 49.15 | 50.50 |
| 福建 | 20.37 | 32.17 | 28.52 | 29.67 | 47.27 | 48.00 | 48.70 | 49.90 | 51.39 | 57.14 | 58.10 | 59.60 | 60.77 | 61.80 | 62.60 |
| 江西 | 23.47 | 24.30 | 25.23 | 26.61 | 36.96 | 38.68 | 39.79 | 41.36 | 43.18 | 44.11 | 45.70 | 47.51 | 48.87 | 50.22 | 51.62 |
| 山东 | 27.84 | 29.00 | 31.05 | 32.15 | 44.96 | 46.10 | 46.75 | 47.60 | 48.32 | 40.08 | 50.95 | 52.43 | 53.75 | 55.01 | 57.01 |
| 河南 | 19.01 | 19.43 | 20.17 | 21.64 | 30.62 | 32.47 | 34.34 | 36.03 | 37.70 | 39.97 | 40.57 | 42.43 | 43.80 | 45.20 | 46.85 |
| 湖北 | 28.19 | 28.59 | 29.39 | 34.31 | 43.17 | 43.80 | 44.31 | 45.20 | 46.00 | 49.72 | 51.83 | 53.50 | 54.51 | 55.67 | 56.85 |
| 湖南 | 20.35 | 20.82 | 21.14 | 21.21 | 36.96 | 38.71 | 40.46 | 42.15 | 43.19 | 46.74 | 45.10 | 46.65 | 47.96 | 49.28 | 50.89 |
| 广东 | 30.72 | 35.21 | 46.29 | 45.74 | 60.62 | 63.00 | 63.14 | 63.37 | 63.39 | 66.27 | 66.50 | 67.40 | 67.76 | 68.00 | 68.71 |
| 广西 | 17.66 | 17.92 | 18.21 | 18.44 | 33.58 | 34.64 | 36.24 | 38.16 | 39.21 | 40.17 | 41.80 | 43.53 | 44.81 | 46.01 | 47.06 |
| 海南 | 25.42 | 25.96 | 26.55 | 37.23 | 45.11 | 46.10 | 47.22 | 48.00 | 49.07 | 50.30 | 50.50 | 51.60 | 52.74 | 53.76 | 55.12 |
| 重庆 | 22.26 | 23.22 | 24.09 | 25.17 | 45.18 | 46.70 | 48.33 | 49.99 | 51.59 | 53.02 | 55.02 | 56.98 | 58.34 | 59.60 | 60.94 |
| 四川 | 18.77 | 19.34 | 20.58 | 21.94 | 32.99 | 34.30 | 35.60 | 37.40 | 38.70 | 40.18 | 41.83 | 43.53 | 44.90 | 46.30 | 47.69 |
| 贵州 | 14.58 | 14.92 | 15.25 | 15.54 | 26.84 | 27.46 | 28.23 | 29.11 | 29.88 | 33.85 | 34.96 | 36.41 | 37.83 | 40.01 | 42.01 |
| 云南 | 15.14 | 15.36 | 15.58 | 15.72 | 29.45 | 30.50 | 31.59 | 33.00 | 34.00 | 34.85 | 36.80 | 39.31 | 40.48 | 41.73 | 43.33 |
| 陕西 | 22.84 | 23.48 | 24.18 | 24.69 | 37.20 | 39.12 | 40.61 | 42.10 | 43.50 | 45.73 | 47.30 | 50.02 | 51.31 | 52.57 | 53.92 |
| 甘肃 | 19.49 | 20.82 | 21.99 | 22.51 | 29.99 | 31.09 | 31.60 | 32.15 | 32.63 | 36.15 | 37.15 | 38.75 | 40.13 | 41.68 | 43.19 |
| 青海 | 26.36 | 26.58 | 26.92 | 27.24 | 39.21 | 39.26 | 40.04 | 40.97 | 41.81 | 447.20 | 46.22 | 47.44 | 48.51 | 49.78 | 50.30 |
| 宁夏 | 29.12 | 29.52 | 34.22 | 35.33 | 42.28 | 43.00 | 44.10 | 44.98 | 46.07 | 48.18 | 49.82 | 50.67 | 52.01 | 53.61 | 55.23 |
| 新疆 | 34.53 | 35.07 | 35.79 | 35.97 | 37.12 | 37.94 | 39.14 | 39.64 | 32.63 | 41.00 | 43.54 | 43.98 | 44.47 | 46.07 | 47.23 |

# 附录8　我国各省份2001～2015年实际收入增长率数据

| 地区＼年份 | 2001 | 2002 | 2003 | 2004 | 2005 | 2006 | 2007 | 2008 | 2009 | 2010 | 2011 | 2012 | 2013 | 2014 | 2015 |
|---|---|---|---|---|---|---|---|---|---|---|---|---|---|---|---|
| 北京 | 1.340 | 1.046 | 1.045 | 1.057 | 1.016 | 1.043 | 1.059 | 1.035 | 0.992 | 1.053 | 1.065 | 1.021 | 1.028 | 1.004 | 1.009 |
| 天津 | 1.045 | 0.995 | 1.044 | 1.042 | 1.036 | 1.052 | 1.019 | 1.098 | 0.961 | 1.045 | 1.053 | 1.002 | 0.996 | 0.990 | 0.962 |
| 河北 | 0.997 | 0.995 | 1.031 | 1.085 | 1.050 | 1.002 | 1.052 | 1.069 | 0.979 | 1.055 | 1.080 | 0.989 | 0.989 | 0.971 | 0.949 |
| 山西 | 1.121 | 1.015 | 1.069 | 1.086 | 1.039 | 1.035 | 1.065 | 1.119 | 0.954 | 1.098 | 1.081 | 0.979 | 0.960 | 0.961 | 0.970 |
| 内蒙古 | 1.106 | 1.001 | 1.046 | 1.053 | 1.034 | 1.066 | 1.090 | 1.123 | 0.981 | 1.042 | 1.076 | 0.992 | 0.977 | 0.974 | 0.932 |
| 辽宁 | 0.989 | 0.984 | 0.986 | 0.985 | 1.069 | 1.017 | 1.043 | 1.080 | 0.984 | 1.062 | 1.073 | 1.021 | 1.008 | 0.994 | 0.972 |
| 吉林 | 1.065 | 1.012 | 1.029 | 1.045 | 1.034 | 1.027 | 1.065 | 1.048 | 0.997 | 1.046 | 1.071 | 1.009 | 1.009 | 0.993 | 0.958 |
| 黑龙江 | 0.953 | 0.973 | 1.012 | 1.048 | 1.040 | 1.005 | 1.021 | 1.047 | 0.927 | 1.071 | 1.081 | 0.989 | 0.978 | 0.985 | 0.949 |
| 上海 | 1.036 | 0.990 | 1.039 | 1.056 | 1.021 | 1.025 | 1.026 | 1.027 | 0.988 | 1.034 | 1.033 | 0.978 | 1.004 | 1.010 | 0.997 |
| 江苏 | 1.000 | 1.004 | 1.032 | 1.051 | 1.066 | 1.034 | 1.042 | 1.057 | 0.989 | 1.067 | 1.068 | 1.000 | 1.009 | 1.002 | 0.993 |
| 浙江 | 1.033 | 1.030 | 1.057 | 1.048 | 1.023 | 1.027 | 1.040 | 1.039 | 0.984 | 1.078 | 1.070 | 0.993 | 1.007 | 0.989 | 0.988 |
| 安徽 | 0.981 | 0.989 | 1.019 | 1.071 | 1.012 | 1.011 | 1.055 | 1.067 | 1.007 | 1.072 | 1.091 | 1.003 | 1.012 | 0.993 | 0.971 |
| 福建 | 0.956 | 0.996 | 1.000 | 1.034 | 1.021 | 1.006 | 1.059 | 1.036 | 1.007 | 1.057 | 1.061 | 1.007 | 1.000 | 1.001 | 0.991 |
| 江西 | 0.999 | 1.019 | 1.014 | 1.088 | 1.040 | 1.058 | 1.063 | 1.062 | 0.971 | 1.083 | 1.101 | 0.997 | 1.011 | 0.994 | 0.975 |
| 山东 | 0.978 | 1.000 | 1.036 | 1.078 | 1.070 | 1.031 | 1.031 | 1.071 | 0.977 | 1.029 | 1.044 | 1.004 | 1.008 | 0.990 | 0.982 |
| 河南 | 0.988 | 0.996 | 1.028 | 1.095 | 1.084 | 1.021 | 1.060 | 1.071 | 0.975 | 1.054 | 1.042 | 0.998 | 0.998 | 0.997 | 0.978 |
| 湖北 | 0.834 | 0.994 | 1.029 | 1.065 | 1.033 | 1.032 | 1.069 | 1.070 | 1.008 | 1.073 | 1.080 | 1.018 | 1.012 | 1.007 | 0.991 |
| 湖南 | 0.952 | 0.994 | 1.024 | 1.080 | 1.034 | 1.047 | 1.068 | 1.075 | 0.994 | 1.072 | 1.087 | 1.012 | 1.009 | 1.003 | 0.985 |
| 广东 | 1.128 | 0.998 | 1.022 | 1.037 | 1.042 | 1.035 | 1.040 | 1.049 | 0.978 | 1.037 | 1.051 | 0.991 | 1.009 | 1.007 | 0.994 |
| 广西 | 1.027 | 1.002 | 1.015 | 1.088 | 1.049 | 1.025 | 1.066 | 1.069 | 0.970 | 1.080 | 1.091 | 0.999 | 1.006 | 1.000 | 0.992 |
| 海南 | 0.987 | 1.017 | 1.008 | 1.041 | 1.016 | 1.032 | 1.036 | 1.087 | 0.985 | 1.076 | 1.091 | 1.038 | 1.013 | 1.015 | 0.981 |
| 重庆 | 1.019 | 1.022 | 1.025 | 1.056 | 1.023 | 1.132 | 1.033 | 1.082 | 0.981 | 1.036 | 1.085 | 1.003 | 0.998 | 1.006 | 0.993 |
| 四川 | 0.982 | 0.998 | 1.014 | 1.061 | 1.028 | 1.037 | 1.062 | 1.075 | 0.981 | 1.055 | 1.064 | 1.008 | 1.005 | 0.997 | 0.976 |
| 贵州 | 1.049 | 1.006 | 1.042 | 1.056 | 1.057 | 1.048 | 1.074 | 1.110 | 0.986 | 1.043 | 1.077 | 1.058 | 1.049 | 1.034 | 1.024 |
| 云南 | 1.024 | 0.992 | 1.016 | 1.083 | 1.034 | 1.029 | 1.067 | 1.078 | 0.967 | 1.043 | 1.083 | 1.026 | 1.024 | 1.002 | 0.978 |
| 陕西 | 1.103 | 1.009 | 1.027 | 1.087 | 1.028 | 1.133 | 1.048 | 1.091 | 0.983 | 1.081 | 1.085 | 1.023 | 1.010 | 0.995 | 0.944 |
| 甘肃 | 1.043 | 0.996 | 1.026 | 1.082 | 1.024 | 1.056 | 1.057 | 1.064 | 0.970 | 1.088 | 1.083 | 1.000 | 1.011 | 0.992 | 0.919 |
| 青海 | 1.019 | 1.013 | 1.024 | 1.064 | 1.039 | 1.053 | 1.083 | 1.126 | 0.964 | 1.083 | 1.090 | 1.009 | 1.011 | 0.994 | 0.970 |
| 宁夏 | 1.154 | 1.014 | 1.048 | 1.085 | 1.017 | 1.063 | 1.123 | 1.163 | 1.005 | 1.100 | 1.110 | 0.999 | 1.003 | 0.989 | 0.980 |
| 新疆 | 1.007 | 1.000 | 1.052 | 1.051 | 1.063 | 1.053 | 1.031 | 1.070 | 0.946 | 1.149 | 1.085 | 1.014 | 1.014 | 0.998 | 0.924 |

# 附录9　我国各省份2001~2015年固定资本投入数据

| 地区＼年份 | 2001 | 2002 | 2003 | 2004 | 2005 | 2006 | 2007 | 2008 | 2009 | 2010 | 2011 | 2012 | 2013 | 2014 | 2015 |
|---|---|---|---|---|---|---|---|---|---|---|---|---|---|---|---|
| 北京 | 7443 | 8762 | 10082 | 11402 | 12824 | 14485 | 16395 | 17764 | 19718 | 21961 | 23847 | 25886 | 28239 | 30386 | 32829 |
| 天津 | 2683 | 3415 | 4148 | 4880 | 5747 | 6798 | 8140 | 10000 | 12828 | 16443 | 19970 | 23716 | 27933 | 32692 | 38075 |
| 河北 | 7814 | 9632 | 11451 | 13269 | 15695 | 19010 | 23026 | 27716 | 34858 | 43138 | 50817 | 59966 | 70707 | 82787 | 96042 |
| 山西 | 2049 | 2986 | 3923 | 4860 | 6030 | 7441 | 9156 | 11026 | 13917 | 17255 | 20705 | 25050 | 30506 | 36326 | 42985 |
| 内蒙古 | 719 | 2031 | 3343 | 4655 | 6585 | 8930 | 11795 | 14934 | 19369 | 24395 | 29540 | 35181 | 41923 | 50362 | 55345 |
| 辽宁 | 6441 | 8190 | 9940 | 11689 | 14328 | 17976 | 22568 | 28213 | 35324 | 44306 | 52847 | 63366 | 75149 | 85391 | 89954 |
| 吉林 | 2700 | 3372 | 4044 | 4716 | 5822 | 7557 | 9939 | 12919 | 16808 | 21266 | 24585 | 29011 | 33311 | 38122 | 43600 |
| 黑龙江 | 4129 | 4883 | 5637 | 6390 | 7326 | 8590 | 10166 | 12033 | 14893 | 18718 | 22316 | 27101 | 32656 | 36448 | 40249 |
| 上海 | 12283 | 13599 | 14916 | 16233 | 17791 | 19495 | 21344 | 23014 | 24787 | 26294 | 27296 | 28270 | 29519 | 30887 | 32443 |
| 江苏 | 9934 | 14137 | 18340 | 22543 | 27690 | 33913 | 41065 | 49026 | 59434 | 71576 | 83951 | 97887 | 114347 | 133025 | 153539 |
| 浙江 | 10794 | 14331 | 17867 | 21403 | 25173 | 29434 | 33726 | 37707 | 42616 | 48008 | 53588 | 61003 | 69900 | 80331 | 92277 |
| 安徽 | 2780 | 4033 | 5286 | 6539 | 8174 | 10512 | 13833 | 17771 | 23258 | 29937 | 36057 | 43616 | 52693 | 63131 | 74649 |
| 福建 | 4774 | 5829 | 6883 | 7938 | 9244 | 10982 | 13569 | 16319 | 19722 | 24146 | 28983 | 35089 | 42641 | 51429 | 61862 |
| 江西 | 1609 | 2789 | 3970 | 5150 | 6608 | 8344 | 10347 | 13055 | 17117 | 22248 | 26673 | 31804 | 37897 | 44934 | 53155 |
| 山东 | 8969 | 13570 | 18171 | 22772 | 28931 | 35960 | 43139 | 50999 | 61279 | 73311 | 85554 | 99621 | 116208 | 135099 | 156916 |
| 河南 | 4968 | 6932 | 8896 | 10860 | 13682 | 17587 | 22712 | 28715 | 36916 | 46162 | 54549 | 64618 | 76983 | 91386 | 108323 |
| 湖北 | 5893 | 7140 | 8387 | 9633 | 11096 | 12972 | 15396 | 18311 | 22836 | 28558 | 34891 | 42677 | 52342 | 63561 | 76629 |
| 湖南 | 4095 | 5344 | 6593 | 7842 | 9441 | 11333 | 13770 | 16758 | 21306 | 26713 | 32736 | 39974 | 48852 | 59219 | 71611 |
| 广东 | 15521 | 18731 | 21942 | 25152 | 28962 | 33186 | 37855 | 42642 | 49166 | 56437 | 63284 | 70527 | 79573 | 90495 | 103633 |
| 广西 | 2200 | 2966 | 3731 | 4496 | 5552 | 6961 | 8791 | 10874 | 14019 | 18122 | 22157 | 27040 | 32930 | 39576 | 47485 |
| 海南 | 922 | 1088 | 1255 | 1421 | 1612 | 1829 | 2078 | 2427 | 2983 | 3712 | 4553 | 5651 | 7033 | 8564 | 10231 |
| 重庆 | 2129 | 3131 | 4133 | 5135 | 6374 | 7886 | 9785 | 11946 | 14964 | 18685 | 22285 | 26380 | 31272 | 36966 | 43765 |
| 四川 | 6315 | 7951 | 9588 | 11224 | 13351 | 15957 | 19208 | 22909 | 29806 | 37057 | 43759 | 51716 | 61213 | 71834 | 83316 |
| 贵州 | 1799 | 2313 | 2827 | 3341 | 3911 | 4590 | 5410 | 6340 | 7654 | 9311 | 11480 | 14470 | 18344 | 22990 | 28695 |
| 云南 | 2801 | 3559 | 4316 | 5074 | 6178 | 7532 | 9150 | 10945 | 13508 | 16470 | 19353 | 23085 | 27971 | 33430 | 39959 |
| 陕西 | 2545 | 3491 | 4436 | 5382 | 6550 | 8110 | 10234 | 12850 | 16612 | 21163 | 25948 | 32071 | 39605 | 47988 | 56777 |
| 甘肃 | 1773 | 2189 | 2604 | 3019 | 3506 | 4069 | 4783 | 5655 | 6999 | 8763 | 10789 | 13434 | 16801 | 20782 | 25105 |
| 青海 | 742 | 902 | 1062 | 1222 | 1399 | 1624 | 1876 | 2149 | 2579 | 3114 | 3853 | 4831 | 6052 | 7501 | 9099 |
| 宁夏 | 663 | 896 | 1130 | 1363 | 1628 | 1911 | 2235 | 2666 | 3268 | 4068 | 4865 | 5896 | 7220 | 8776 | 10462 |
| 新疆 | 2877 | 3518 | 4158 | 4799 | 5533 | 6379 | 7331 | 8381 | 9745 | 11441 | 13686 | 16775 | 20678 | 25393 | 30761 |

# 附录10 我国各省份2001~2015年科技资本投入数据

| 地区＼年份 | 2001 | 2002 | 2003 | 2004 | 2005 | 2006 | 2007 | 2008 | 2009 | 2010 | 2011 | 2012 | 2013 | 2014 | 2015 |
|---|---|---|---|---|---|---|---|---|---|---|---|---|---|---|---|
| 北京 | 544.8 | 731.5 | 918.2 | 1104.8 | 1291.5 | 1491.2 | 1644.4 | 1844.4 | 1634.7 | 1449.9 | 1299.4 | 1888.7 | 2465.8 | 3005.1 | 3546.7 |
| 天津 | 42.0 | 83.8 | 125.6 | 167.4 | 209.2 | 264.4 | 307.6 | 387.9 | 419.6 | 454.6 | 483.2 | 676.6 | 885.9 | 1086.0 | 1288.9 |
| 河北 | 75.4 | 105.1 | 134.8 | 164.5 | 194.1 | 234.7 | 266.2 | 314.8 | 616.3 | 907.4 | 1220.6 | 1218.8 | 1240.6 | 1278.9 | 1338.6 |
| 山西 | 31.5 | 44.9 | 58.4 | 71.9 | 85.3 | 105.5 | 121.3 | 153.9 | 708.9 | 1285.7 | 1893.9 | 1707.4 | 1563.8 | 1438.3 | 1317.6 |
| 内蒙古 | 2.5 | 9.7 | 16.9 | 24.0 | 31.2 | 41.5 | 49.6 | 69.7 | 387.7 | 723.1 | 1064.2 | 979.4 | 917.6 | 867.5 | 834.9 |
| 辽宁 | 153.3 | 216.7 | 280.2 | 343.7 | 407.1 | 469.5 | 517.2 | 593.9 | 616.8 | 654.6 | 717.8 | 898.4 | 1087.4 | 1236.1 | 1311.3 |
| 吉林 | 55.9 | 75.1 | 94.3 | 113.6 | 132.8 | 150.0 | 163.2 | 181.6 | 265.8 | 362.0 | 474.2 | 484.1 | 498.4 | 517.3 | 541.1 |
| 黑龙江 | 39.9 | 66.9 | 93.9 | 120.8 | 147.8 | 177.5 | 200.5 | 240.8 | 267.2 | 296.5 | 324.7 | 383.7 | 445.8 | 494.5 | 533.4 |
| 上海 | 216.7 | 326.8 | 436.9 | 547.0 | 657.1 | 793.8 | 900.0 | 1053.4 | 1323.3 | 1659.9 | 2045.7 | 2239.9 | 2467.9 | 2715.3 | 2979.3 |
| 江苏 | 118.3 | 277.7 | 437.1 | 596.5 | 755.9 | 957.0 | 1114.6 | 1418.9 | 1350.0 | 1315.6 | 1317.1 | 2069.3 | 2838.9 | 3597.4 | 4349.3 |
| 浙江 | 80.0 | 97.7 | 186.3 | 293.0 | 399.7 | 543.3 | 656.8 | 837.9 | 888.0 | 965.1 | 1063.2 | 1436.6 | 1814.5 | 2192.8 | 2589.0 |
| 安徽 | 62.0 | 84.8 | 107.6 | 130.4 | 153.1 | 184.1 | 208.1 | 256.7 | 344.6 | 441.5 | 550.6 | 675.8 | 830.1 | 987.6 | 1149.0 |
| 福建 | 81.6 | 98.4 | 117.1 | 144.8 | 172.6 | 207.9 | 235.4 | 282.8 | 778.2 | 1305.4 | 1895.6 | 1811.1 | 1767.4 | 1756.7 | 1775.0 |
| 江西 | 11.3 | 28.3 | 45.3 | 62.3 | 79.2 | 101.7 | 119.3 | 152.6 | 168.6 | 193.4 | 225.3 | 275.3 | 332.4 | 392.2 | 457.6 |
| 山东 | 57.0 | 175.2 | 293.5 | 411.7 | 529.9 | 663.2 | 767.5 | 1004.3 | 4190.7 | 7533.0 | 11051 | 10146 | 9477.6 | 8990.4 | 8665.2 |
| 河南 | 68.0 | 96.3 | 124.6 | 153.0 | 181.3 | 226.6 | 262.1 | 322.0 | 278.5 | 242.3 | 213.8 | 410.9 | 607.2 | 802.8 | 994.3 |
| 湖北 | 115.1 | 150.9 | 186.6 | 222.4 | 258.2 | 305.3 | 341.7 | 411.3 | 415.1 | 432.6 | 464.2 | 678.2 | 900.4 | 1131.4 | 1364.5 |
| 湖南 | 62.7 | 84.5 | 106.3 | 128.2 | 150.0 | 176.2 | 196.5 | 258.5 | 396.3 | 547.3 | 686.3 | 795.5 | 913.6 | 1040.2 | 1180.1 |
| 广东 | 407.7 | 520.5 | 633.4 | 746.3 | 859.2 | 1014.8 | 1135.0 | 1372.6 | 1188.5 | 1034.1 | 906.2 | 1681.9 | 2477.7 | 3256.4 | 4057.3 |
| 广西 | 29.9 | 36.1 | 42.3 | 48.4 | 54.6 | 63.0 | 69.4 | 85.7 | 103.5 | 123.1 | 146.8 | 196.4 | 245.2 | 288.6 | 321.2 |
| 海南 | 4.1 | 4.7 | 5.3 | 5.8 | 6.4 | 7.4 | 8.1 | 9.6 | 9.4 | 9.1 | 8.6 | 17.4 | 25.6 | 33.9 | 41.0 |
| 重庆 | 12.6 | 31.7 | 50.7 | 69.7 | 88.7 | 109.0 | 124.7 | 154.8 | 287.7 | 417.7 | 542.5 | 579.0 | 620.3 | 671.9 | 748.2 |
| 四川 | 182.0 | 224.6 | 267.2 | 309.8 | 352.4 | 397.6 | 431.8 | 497.1 | 453.2 | 418.6 | 392.3 | 592.2 | 793.8 | 996.7 | 1207.8 |
| 贵州 | 13.4 | 19.1 | 24.7 | 30.3 | 35.9 | 43.7 | 49.8 | 57.7 | 893.1 | 1715.8 | 2558.6 | 2205.6 | 1909.0 | 1662.4 | 1457.7 |
| 云南 | 6.8 | 19.7 | 32.5 | 45.4 | 58.3 | 68.5 | 76.5 | 90.1 | 82.9 | 78.4 | 76.1 | 115.4 | 156.0 | 194.2 | 243.5 |
| 陕西 | 205.0 | 242.6 | 280.2 | 317.8 | 355.4 | 394.2 | 423.3 | 476.1 | 422.6 | 380.4 | 348.2 | 507.8 | 680.4 | 841.2 | 996.9 |
| 甘肃 | 21.0 | 31.3 | 41.6 | 51.9 | 62.2 | 74.7 | 84.3 | 97.5 | 679.8 | 1274.0 | 1865.5 | 1630.2 | 1434.3 | 1274.2 | 1142.4 |
| 青海 | 6.0 | 7.2 | 8.5 | 9.8 | 11.0 | 12.4 | 13.5 | 14.6 | 563.0 | 1133.0 | 1667.2 | 1426.8 | 1222.7 | 1049.6 | 900.5 |
| 宁夏 | 4.8 | 6.2 | 7.6 | 9.1 | 10.5 | 11.8 | 14.4 | 16.3 | 20.1 | 159.2 | 307.9 | 481.3 | 422.3 | 373.9 | 335.0 |
| 新疆 | 7.9 | 11.0 | 14.0 | 17.0 | 20.0 | 22.8 | 26.7 | 29.6 | 38.4 | 140.0 | 235.8 | 348.9 | 325.4 | 309.2 | 298.1 |

# 附录11　2001~2015年我国环保因子指数

| 地区\年份 | 2001 | 2002 | 2003 | 2004 | 2005 | 2006 | 2007 | 2008 | 2009 | 2010 | 2011 | 2012 | 2013 | 2014 | 2015 |
|---|---|---|---|---|---|---|---|---|---|---|---|---|---|---|---|
| 北京 | 0.009 | 0.018 | 0.020 | 0.014 | 0.020 | 0.057 | 0.021 | -0.010 | 0.023 | -0.055 | -0.015 | -0.001 | 0.017 | 0.036 | -0.017 |
| 天津 | 0.015 | 0.013 | 0.015 | 0.018 | 0.015 | -0.007 | -0.041 | -0.050 | -0.038 | -0.034 | -0.022 | -0.042 | -0.025 | -0.030 | -0.053 |
| 河北 | 0.032 | 0.040 | 0.036 | 0.041 | 0.036 | 0.036 | 0.012 | 0.008 | 0.006 | 0.032 | 0.068 | 0.045 | 0.023 | 0.043 | 0.027 |
| 山西 | -0.018 | -0.013 | -0.016 | -0.013 | -0.016 | 0.002 | 0.005 | 0.017 | 0.030 | 0.031 | 0.016 | 0.034 | -0.001 | 0.001 | 0.001 |
| 内蒙古 | -0.027 | -0.032 | -0.031 | -0.025 | -0.031 | 0.033 | 0.007 | 0.030 | 0.023 | 0.056 | 0.050 | 0.047 | 0.065 | 0.101 | 0.088 |
| 辽宁 | 0.028 | 0.029 | 0.024 | 0.029 | 0.024 | 0.030 | 0.000 | -0.015 | 0.006 | -0.021 | 0.041 | 0.078 | -0.008 | -0.018 | -0.013 |
| 吉林 | -0.064 | -0.058 | -0.060 | -0.066 | -0.060 | -0.072 | -0.058 | -0.057 | -0.072 | -0.042 | -0.042 | -0.044 | -0.035 | -0.046 | -0.028 |
| 黑龙江 | 0.005 | 0.003 | 0.005 | -0.010 | 0.005 | -0.049 | -0.020 | -0.021 | -0.006 | -0.049 | -0.016 | -0.024 | -0.020 | -0.016 | -0.030 |
| 上海 | 0.012 | 0.016 | 0.009 | 0.008 | 0.009 | 0.011 | -0.005 | -0.011 | -0.005 | -0.036 | -0.063 | -0.067 | -0.051 | -0.040 | -0.064 |
| 江苏 | 0.131 | 0.124 | 0.128 | 0.128 | 0.128 | 0.101 | 0.121 | 0.130 | 0.095 | 0.084 | 0.080 | 0.091 | 0.081 | 0.072 | 0.086 |
| 浙江 | 0.119 | 0.111 | 0.104 | 0.097 | 0.104 | 0.048 | 0.102 | 0.151 | 0.082 | 0.079 | 0.011 | 0.017 | 0.024 | 0.029 | 0.031 |
| 安徽 | -0.021 | -0.026 | -0.029 | -0.038 | -0.029 | -0.032 | -0.012 | 0.005 | -0.004 | -0.009 | 0.026 | 0.022 | 0.035 | 0.026 | 0.030 |
| 福建 | -0.008 | 0.000 | 0.003 | 0.014 | 0.003 | 0.004 | 0.007 | 0.010 | 0.011 | 0.023 | -0.007 | -0.005 | 0.011 | -0.008 | 0.002 |
| 江西 | -0.042 | -0.043 | -0.038 | -0.036 | -0.038 | -0.029 | -0.021 | -0.015 | 0.002 | 0.014 | 0.003 | 0.009 | 0.007 | -0.016 | 0.002 |
| 山东 | 0.116 | 0.120 | 0.105 | 0.118 | 0.105 | 0.144 | 0.120 | 0.093 | 0.105 | 0.078 | 0.071 | 0.083 | 0.091 | 0.061 | 0.059 |
| 河南 | -0.007 | -0.002 | 0.010 | 0.002 | 0.010 | 0.022 | -0.002 | -0.008 | -0.020 | -0.011 | 0.012 | -0.004 | -0.004 | -0.001 | 0.023 |
| 湖北 | 0.010 | 0.007 | 0.007 | -0.001 | 0.007 | 0.004 | 0.009 | 0.002 | 0.018 | 0.003 | 0.025 | 0.007 | 0.016 | 0.011 | 0.018 |
| 湖南 | -0.007 | -0.013 | -0.013 | 0.002 | -0.013 | 0.007 | -0.009 | -0.022 | 0.005 | -0.020 | -0.015 | -0.019 | -0.004 | 0.003 | 0.073 |
| 广东 | 0.134 | 0.125 | 0.120 | 0.121 | 0.120 | 0.109 | 0.115 | 0.086 | 0.088 | 0.191 | 0.039 | 0.031 | 0.053 | 0.027 | 0.019 |
| 广西 | -0.016 | -0.022 | -0.013 | -0.020 | -0.013 | -0.015 | 0.001 | 0.003 | 0.010 | 0.013 | -0.005 | 0.007 | -0.011 | -0.010 | 0.021 |
| 海南 | -0.040 | -0.042 | -0.046 | -0.044 | -0.046 | -0.053 | -0.054 | -0.061 | -0.057 | -0.067 | -0.088 | -0.078 | -0.072 | -0.077 | -0.068 |
| 重庆 | -0.022 | -0.029 | -0.027 | -0.020 | -0.027 | -0.011 | -0.009 | 0.004 | 0.003 | 0.026 | 0.043 | 0.005 | 0.012 | -0.011 | -0.014 |
| 四川 | 0.030 | 0.042 | 0.055 | 0.058 | 0.055 | 0.049 | 0.061 | 0.067 | 0.079 | 0.035 | 0.003 | 0.003 | 0.068 | 0.059 | 0.056 |
| 贵州 | -0.056 | -0.066 | -0.064 | -0.065 | -0.064 | -0.067 | -0.078 | -0.099 | -0.100 | -0.076 | -0.088 | -0.083 | -0.081 | -0.044 | -0.008 |
| 云南 | -0.028 | -0.032 | -0.028 | -0.051 | -0.028 | -0.026 | -0.018 | -0.004 | 0.015 | 0.020 | 0.044 | 0.037 | 0.014 | 0.010 | 0.011 |
| 陕西 | -0.021 | -0.017 | -0.023 | -0.026 | -0.023 | -0.008 | -0.018 | 0.013 | 0.019 | 0.023 | 0.011 | 0.008 | 0.031 | 0.032 | 0.019 |
| 甘肃 | -0.041 | -0.045 | -0.042 | -0.040 | -0.042 | -0.033 | -0.033 | -0.043 | -0.065 | -0.056 | -0.078 | -0.050 | -0.042 | -0.027 | -0.040 |
| 青海 | -0.126 | -0.121 | -0.120 | -0.117 | -0.120 | -0.139 | -0.109 | -0.107 | -0.149 | -0.148 | -0.103 | -0.133 | -0.130 | -0.124 | -0.141 |
| 宁夏 | -0.053 | -0.049 | -0.046 | -0.030 | -0.046 | -0.039 | -0.013 | -0.009 | -0.041 | -0.029 | -0.042 | -0.039 | -0.025 | -0.032 | -0.045 |
| 新疆 | -0.044 | -0.039 | -0.045 | -0.047 | -0.045 | -0.077 | -0.081 | -0.087 | -0.064 | -0.102 | -0.060 | -0.032 | -0.037 | -0.012 | -0.044 |

# 附录12 2001~2015年我国生态因子指数

| 地区\年份 | 2001 | 2002 | 2003 | 2004 | 2005 | 2006 | 2007 | 2008 | 2009 | 2010 | 2011 | 2012 | 2013 | 2014 | 2015 |
|---|---|---|---|---|---|---|---|---|---|---|---|---|---|---|---|
| 北京 | -0.032 | -0.047 | -0.064 | -0.056 | -0.064 | -0.065 | -0.070 | -0.076 | -0.067 | -0.074 | -0.074 | -0.085 | -0.066 | -0.067 | -0.074 |
| 天津 | -0.066 | -0.068 | -0.062 | -0.076 | -0.062 | -0.071 | -0.068 | -0.074 | -0.085 | -0.090 | -0.088 | -0.096 | -0.094 | -0.094 | -0.095 |
| 河北 | -0.056 | -0.032 | -0.026 | -0.024 | -0.026 | 0.018 | 0.020 | -0.028 | -0.008 | -0.011 | -0.026 | -0.028 | -0.059 | -0.055 | -0.043 |
| 山西 | -0.090 | -0.083 | -0.063 | -0.090 | -0.063 | -0.080 | -0.088 | -0.080 | -0.089 | -0.081 | -0.078 | -0.072 | -0.077 | -0.079 | -0.081 |
| 内蒙古 | 0.044 | 0.040 | 0.074 | 0.076 | 0.074 | 0.058 | 0.032 | 0.030 | 0.033 | 0.031 | 0.090 | 0.032 | 0.030 | 0.022 | 0.035 |
| 辽宁 | -0.004 | 0.002 | -0.013 | 0.010 | -0.012 | 0.004 | -0.001 | 0.004 | -0.007 | -0.008 | -0.002 | -0.002 | -0.003 | -0.018 | -0.033 |
| 吉林 | -0.011 | -0.003 | -0.038 | -0.008 | -0.038 | -0.023 | -0.021 | -0.019 | -0.026 | -0.022 | -0.022 | -0.013 | -0.029 | -0.035 | -0.036 |
| 黑龙江 | 0.036 | 0.036 | 0.008 | 0.043 | 0.008 | 0.020 | 0.020 | 0.034 | 0.046 | 0.046 | 0.055 | 0.023 | 0.030 | 0.031 | 0.089 |
| 上海 | -0.002 | -0.008 | 0.014 | -0.012 | 0.013 | -0.021 | -0.020 | 0.001 | 0.000 | -0.003 | -0.039 | -0.043 | -0.008 | -0.047 | -0.061 |
| 江苏 | 0.084 | 0.083 | 0.105 | 0.127 | 0.104 | 0.102 | 0.116 | 0.145 | 0.147 | 0.135 | 0.131 | 0.148 | 0.138 | 0.167 | 0.142 |
| 浙江 | 0.066 | 0.058 | 0.025 | 0.073 | 0.025 | 0.094 | 0.090 | 0.075 | 0.087 | 0.084 | 0.038 | 0.042 | 0.034 | 0.036 | 0.036 |
| 安徽 | -0.053 | -0.049 | -0.030 | -0.037 | -0.030 | -0.042 | -0.047 | -0.060 | -0.033 | -0.036 | -0.045 | -0.030 | -0.040 | -0.043 | -0.022 |
| 福建 | 0.026 | 0.027 | -0.022 | 0.027 | -0.021 | 0.041 | 0.039 | 0.033 | 0.022 | 0.031 | 0.022 | 0.030 | 0.036 | 0.031 | 0.043 |
| 江西 | 0.001 | 0.007 | 0.081 | 0.021 | -0.031 | 0.024 | 0.017 | 0.019 | 0.013 | 0.023 | 0.018 | 0.016 | 0.012 | 0.026 | 0.034 |
| 山东 | -0.007 | 0.029 | -0.003 | 0.019 | -0.003 | 0.031 | 0.027 | 0.022 | 0.026 | 0.028 | 0.011 | 0.022 | -0.015 | -0.008 | -0.009 |
| 河南 | -0.040 | -0.038 | -0.025 | -0.046 | -0.025 | -0.055 | -0.043 | -0.040 | -0.040 | -0.045 | -0.041 | -0.042 | -0.028 | -0.047 | -0.054 |
| 湖北 | -0.019 | -0.019 | -0.030 | -0.039 | -0.030 | -0.044 | -0.044 | -0.035 | -0.034 | -0.040 | -0.036 | -0.027 | -0.030 | -0.022 | -0.020 |
| 湖南 | -0.024 | -0.026 | -0.042 | -0.034 | -0.042 | -0.015 | -0.020 | -0.005 | -0.007 | 0.000 | 0.000 | -0.002 | -0.003 | -0.006 | -0.002 |
| 广东 | 0.246 | 0.252 | 0.207 | 0.245 | 0.208 | 0.259 | 0.268 | 0.263 | 0.259 | 0.259 | 0.227 | 0.222 | 0.210 | 0.212 | 0.219 |
| 广西 | 0.014 | 0.002 | -0.014 | 0.024 | -0.014 | 0.025 | 0.005 | 0.010 | 0.011 | 0.008 | 0.017 | 0.019 | 0.020 | 0.017 | 0.019 |
| 海南 | -0.015 | -0.018 | -0.041 | -0.009 | -0.041 | -0.011 | -0.007 | -0.010 | -0.009 | -0.011 | 0.020 | 0.005 | 0.008 | 0.004 | 0.006 |
| 重庆 | -0.045 | -0.063 | -0.075 | -0.080 | -0.075 | -0.073 | -0.073 | -0.066 | -0.052 | -0.053 | -0.057 | -0.009 | -0.050 | -0.039 | -0.032 |
| 四川 | 0.035 | 0.045 | 0.019 | 0.016 | 0.132 | 0.018 | 0.026 | 0.043 | 0.037 | 0.041 | 0.011 | -0.005 | 0.003 | 0.014 | 0.002 |
| 贵州 | -0.011 | -0.027 | -0.024 | -0.048 | -0.025 | -0.042 | -0.034 | -0.038 | -0.040 | -0.041 | -0.045 | -0.043 | -0.035 | -0.026 | -0.026 |
| 云南 | -0.015 | -0.013 | -0.012 | 0.011 | -0.012 | 0.003 | 0.014 | 0.017 | 0.007 | 0.009 | 0.002 | -0.005 | 0.001 | 0.004 | 0.004 |
| 陕西 | -0.015 | -0.036 | -0.023 | -0.039 | -0.023 | -0.050 | -0.051 | -0.053 | -0.050 | -0.050 | -0.057 | -0.062 | -0.057 | -0.057 | -0.047 |
| 甘肃 | -0.068 | -0.075 | -0.020 | -0.083 | -0.021 | -0.088 | -0.066 | -0.077 | -0.093 | -0.102 | -0.064 | -0.047 | -0.058 | -0.037 | -0.039 |
| 青海 | 0.053 | 0.048 | 0.071 | 0.047 | 0.070 | 0.047 | 0.051 | 0.059 | 0.034 | 0.041 | 0.055 | 0.049 | 0.071 | 0.077 | 0.070 |
| 宁夏 | -0.072 | -0.079 | -0.048 | -0.072 | -0.049 | -0.078 | -0.081 | -0.080 | -0.086 | -0.078 | -0.069 | -0.074 | -0.033 | -0.076 | -0.084 |
| 新疆 | 0.040 | 0.054 | 0.072 | 0.017 | 0.071 | 0.016 | 0.010 | -0.016 | 0.002 | 0.009 | 0.046 | 0.075 | 0.092 | 0.114 | 0.062 |

# 附录13 2001~2015年我国低碳因子指数

| 地区＼年份 | 2001 | 2002 | 2003 | 2004 | 2005 | 2006 | 2007 | 2008 | 2009 | 2010 | 2011 | 2012 | 2013 | 2014 | 2015 |
|---|---|---|---|---|---|---|---|---|---|---|---|---|---|---|---|
| 北京 | 0.187 | 0.218 | 0.246 | 0.263 | 0.235 | 0.263 | 0.259 | 0.264 | 0.276 | 0.244 | 0.177 | 0.171 | 0.184 | 0.180 | 0.176 |
| 天津 | 0.041 | 0.046 | 0.045 | 0.046 | 0.057 | 0.060 | 0.054 | 0.048 | 0.044 | 0.053 | 0.057 | 0.063 | 0.072 | 0.067 | 0.053 |
| 河北 | -0.025 | -0.017 | -0.025 | -0.038 | -0.028 | -0.030 | -0.035 | -0.032 | -0.035 | -0.024 | -0.028 | -0.028 | -0.023 | -0.031 | -0.030 |
| 山西 | 0.035 | 0.052 | 0.054 | 0.047 | 0.046 | 0.044 | 0.045 | 0.047 | 0.006 | 0.035 | -0.018 | -0.020 | -0.013 | -0.020 | -0.023 |
| 内蒙古 | -0.018 | -0.013 | -0.029 | 0.004 | -0.003 | 0.021 | 0.030 | 0.050 | 0.058 | 0.057 | 0.033 | 0.032 | 0.032 | 0.031 | 0.028 |
| 辽宁 | 0.014 | 0.017 | 0.009 | 0.004 | 0.008 | 0.012 | 0.014 | 0.007 | -0.002 | 0.003 | 0.007 | 0.005 | 0.006 | 0.006 | 0.005 |
| 吉林 | -0.014 | -0.013 | -0.016 | -0.012 | -0.001 | 0.005 | 0.009 | 0.013 | -0.003 | 0.009 | -0.001 | 0.003 | 0.005 | 0.003 | 0.003 |
| 黑龙江 | 0.000 | 0.001 | -0.004 | -0.008 | -0.011 | -0.003 | -0.006 | -0.003 | 0.003 | 0.005 | -0.002 | -0.004 | -0.001 | -0.001 | -0.001 |
| 上海 | 0.163 | 0.133 | 0.161 | 0.190 | 0.169 | 0.151 | 0.157 | 0.135 | 0.140 | 0.097 | 0.083 | 0.074 | 0.076 | 0.080 | 0.082 |
| 江苏 | 0.006 | 0.004 | 0.000 | 0.002 | 0.002 | 0.004 | 0.010 | 0.010 | 0.019 | 0.012 | 0.034 | 0.032 | 0.035 | 0.039 | 0.043 |
| 浙江 | 0.018 | 0.050 | 0.011 | 0.009 | 0.006 | 0.003 | 0.002 | 0.003 | 0.006 | 0.004 | 0.016 | 0.013 | 0.015 | 0.017 | 0.020 |
| 安徽 | -0.038 | -0.033 | -0.037 | -0.039 | -0.042 | -0.036 | -0.032 | -0.034 | -0.019 | -0.024 | -0.028 | -0.029 | -0.026 | -0.026 | -0.028 |
| 福建 | 0.023 | 0.013 | 0.001 | 0.007 | -0.002 | -0.010 | -0.017 | -0.024 | -0.023 | -0.011 | 0.001 | 0.001 | 0.001 | -0.004 | 0.001 |
| 江西 | -0.023 | -0.008 | -0.016 | -0.024 | -0.019 | -0.020 | -0.018 | -0.017 | -0.023 | -0.017 | -0.023 | -0.024 | -0.027 | -0.030 | -0.032 |
| 山东 | -0.014 | -0.020 | -0.026 | -0.029 | -0.015 | -0.001 | -0.002 | -0.006 | -0.013 | -0.014 | 0.008 | 0.006 | 0.008 | 0.005 | 0.003 |
| 河南 | -0.053 | -0.058 | -0.054 | -0.053 | -0.043 | -0.044 | -0.044 | -0.054 | -0.057 | -0.060 | -0.035 | -0.038 | -0.036 | -0.031 | -0.029 |
| 湖北 | -0.009 | -0.021 | -0.017 | -0.023 | -0.024 | -0.014 | -0.007 | -0.010 | -0.012 | -0.017 | -0.004 | -0.003 | 0.000 | 0.003 | 0.007 |
| 湖南 | -0.034 | -0.023 | -0.028 | -0.031 | -0.022 | -0.025 | -0.020 | -0.023 | -0.019 | -0.033 | -0.006 | -0.007 | -0.003 | 0.005 | 0.009 |
| 广东 | 0.034 | 0.029 | 0.035 | 0.037 | 0.038 | 0.040 | 0.053 | 0.050 | 0.035 | 0.015 | 0.040 | 0.040 | 0.042 | 0.042 | 0.043 |
| 广西 | -0.045 | -0.037 | -0.032 | -0.019 | -0.025 | -0.024 | -0.029 | -0.038 | -0.049 | -0.038 | -0.045 | -0.048 | -0.044 | -0.047 | -0.047 |
| 海南 | 0.049 | -0.004 | 0.015 | 0.020 | 0.019 | -0.005 | -0.014 | -0.012 | -0.019 | -0.022 | -0.057 | -0.056 | -0.054 | -0.051 | -0.051 |
| 重庆 | -0.042 | -0.021 | -0.044 | -0.040 | -0.044 | -0.041 | -0.044 | -0.037 | -0.018 | -0.044 | -0.021 | -0.016 | -0.005 | -0.005 | -0.001 |
| 四川 | -0.035 | -0.041 | -0.036 | -0.036 | -0.046 | -0.044 | -0.045 | -0.027 | -0.034 | -0.035 | -0.031 | -0.026 | -0.017 | -0.022 | -0.024 |
| 贵州 | -0.052 | -0.057 | -0.064 | -0.067 | -0.044 | -0.056 | -0.079 | -0.064 | -0.035 | -0.046 | -0.060 | -0.056 | -0.048 | -0.043 | -0.038 |
| 云南 | -0.034 | -0.041 | -0.046 | -0.038 | -0.051 | -0.049 | -0.047 | -0.051 | -0.061 | -0.058 | -0.052 | -0.050 | -0.042 | -0.038 | -0.035 |
| 陕西 | -0.046 | -0.049 | -0.037 | -0.032 | -0.025 | -0.027 | -0.023 | -0.015 | -0.005 | 0.005 | -0.006 | -0.003 | 0.005 | 0.007 | 0.005 |
| 甘肃 | -0.040 | -0.077 | -0.036 | -0.041 | -0.079 | -0.080 | -0.080 | -0.082 | -0.033 | -0.059 | -0.076 | -0.075 | -0.071 | -0.071 | -0.073 |
| 青海 | 0.034 | 0.029 | 0.009 | -0.045 | -0.034 | -0.045 | -0.046 | -0.048 | -0.050 | -0.016 | -0.062 | -0.061 | -0.062 | -0.064 | -0.070 |
| 宁夏 | -0.069 | -0.059 | -0.037 | -0.052 | -0.006 | -0.029 | -0.034 | -0.025 | -0.021 | -0.006 | 0.009 | 0.010 | 0.016 | 0.016 | 0.019 |
| 新疆 | -0.012 | -0.002 | -0.002 | 0.001 | -0.015 | -0.021 | -0.013 | -0.025 | -0.055 | -0.020 | -0.031 | -0.029 | -0.023 | -0.018 | -0.014 |

# 附录14 2001~2015年我国循环因子指数

| 地区\年份 | 2001 | 2002 | 2003 | 2004 | 2005 | 2006 | 2007 | 2008 | 2009 | 2010 | 2011 | 2012 | 2013 | 2014 | 2015 |
|---|---|---|---|---|---|---|---|---|---|---|---|---|---|---|---|
| 北京 | 0.027 | -0.012 | -0.026 | -0.040 | -0.038 | -0.047 | -0.047 | -0.059 | -0.076 | -0.084 | 0.177 | -0.091 | -0.077 | -0.080 | -0.085 |
| 天津 | 0.047 | 0.078 | 0.062 | 0.057 | 0.039 | 0.059 | 0.057 | 0.056 | 0.072 | 0.083 | 0.057 | 0.032 | 0.028 | 0.026 | 0.041 |
| 河北 | 0.005 | 0.029 | 0.026 | 0.019 | 0.032 | 0.034 | 0.028 | 0.039 | 0.034 | 0.008 | -0.028 | -0.003 | 0.001 | 0.035 | 0.033 |
| 山西 | 0.017 | 0.041 | 0.023 | 0.027 | 0.021 | 0.048 | 0.051 | 0.047 | 0.046 | 0.038 | -0.018 | 0.033 | 0.048 | -0.030 | 0.013 |
| 内蒙古 | 0.033 | -0.004 | -0.023 | -0.023 | -0.025 | 0.002 | 0.011 | -0.017 | -0.015 | 0.003 | 0.033 | -0.021 | 0.021 | 0.079 | -0.001 |
| 辽宁 | 0.007 | 0.032 | 0.019 | 0.025 | 0.007 | 0.041 | 0.035 | -0.033 | -0.020 | -0.027 | 0.007 | -0.045 | -0.042 | -0.038 | -0.049 |
| 吉林 | -0.012 | -0.033 | -0.029 | -0.029 | -0.022 | -0.041 | -0.044 | -0.053 | -0.034 | -0.039 | -0.001 | -0.001 | -0.042 | -0.023 | -0.049 |
| 黑龙江 | 0.026 | 0.008 | -0.007 | 0.014 | -0.004 | 0.004 | 0.002 | 0.029 | -0.036 | -0.036 | -0.002 | -0.031 | -0.022 | -0.036 | -0.014 |
| 上海 | 0.047 | 0.031 | 0.040 | 0.044 | 0.048 | 0.023 | 0.017 | 0.027 | 0.032 | 0.054 | 0.083 | -0.001 | -0.049 | -0.004 | 0.013 |
| 江苏 | 0.068 | 0.026 | 0.044 | 0.028 | 0.072 | 0.022 | 0.022 | 0.070 | 0.069 | 0.036 | 0.034 | 0.052 | 0.056 | 0.042 | 0.065 |
| 浙江 | 0.017 | 0.024 | -0.002 | -0.010 | 0.036 | -0.017 | -0.009 | -0.006 | 0.004 | 0.017 | 0.016 | 0.027 | 0.034 | 0.038 | 0.051 |
| 安徽 | 0.009 | 0.016 | -0.004 | 0.027 | -0.004 | -0.005 | 0.001 | 0.026 | 0.026 | 0.005 | -0.028 | 0.013 | 0.036 | 0.012 | 0.026 |
| 福建 | -0.019 | -0.015 | 0.004 | 0.008 | -0.023 | -0.002 | -0.005 | -0.006 | 0.007 | 0.009 | 0.001 | 0.030 | 0.028 | 0.030 | 0.042 |
| 江西 | -0.019 | -0.074 | -0.041 | -0.059 | -0.034 | -0.051 | -0.062 | -0.048 | -0.058 | -0.035 | -0.023 | -0.037 | -0.059 | -0.059 | -0.050 |
| 山东 | 0.095 | 0.117 | 0.127 | 0.094 | 0.113 | 0.102 | 0.109 | 0.156 | 0.156 | 0.138 | 0.008 | 0.129 | 0.102 | 0.135 | 0.127 |
| 河南 | 0.026 | 0.018 | 0.047 | 0.041 | 0.050 | 0.043 | 0.059 | 0.068 | 0.076 | 0.060 | -0.035 | 0.031 | 0.066 | 0.055 | 0.053 |
| 湖北 | 0.036 | 0.008 | 0.027 | 0.021 | 0.045 | 0.015 | 0.019 | 0.012 | 0.038 | 0.064 | -0.004 | 0.019 | 0.012 | 0.024 | 0.003 |
| 湖南 | 0.009 | -0.025 | -0.009 | 0.000 | 0.004 | -0.016 | -0.033 | -0.019 | 0.004 | -0.005 | -0.006 | -0.023 | -0.029 | -0.044 | -0.029 |
| 广东 | -0.006 | 0.050 | 0.052 | 0.047 | 0.014 | 0.026 | 0.007 | 0.051 | 0.037 | 0.079 | 0.040 | 0.079 | 0.033 | 0.028 | 0.056 |
| 广西 | 0.025 | 0.041 | 0.006 | 0.033 | 0.022 | 0.023 | 0.030 | 0.010 | 0.032 | 0.024 | -0.045 | 0.019 | 0.038 | 0.028 | 0.036 |
| 海南 | -0.036 | -0.019 | -0.002 | -0.023 | -0.001 | -0.004 | 0.001 | 0.009 | 0.011 | -0.011 | -0.057 | 0.046 | 0.050 | 0.014 | 0.009 |
| 重庆 | -0.018 | -0.075 | -0.070 | -0.079 | -0.065 | -0.030 | -0.010 | -0.067 | -0.072 | -0.079 | -0.021 | -0.039 | -0.038 | -0.042 | -0.047 |
| 四川 | -0.026 | 0.021 | 0.021 | 0.060 | 0.023 | 0.026 | 0.029 | 0.016 | -0.024 | -0.008 | -0.031 | 0.009 | 0.015 | -0.002 | -0.011 |
| 贵州 | -0.039 | -0.027 | -0.014 | -0.017 | -0.016 | -0.026 | -0.027 | -0.032 | -0.029 | -0.055 | -0.060 | -0.011 | -0.023 | -0.019 | -0.026 |
| 云南 | -0.039 | -0.013 | -0.019 | -0.020 | -0.011 | -0.007 | -0.045 | -0.040 | -0.017 | -0.016 | -0.052 | -0.040 | -0.027 | -0.011 | 0.011 |
| 陕西 | -0.029 | -0.011 | -0.023 | -0.026 | -0.038 | -0.027 | -0.015 | -0.012 | 0.017 | 0.048 | -0.006 | 0.015 | 0.019 | 0.005 | 0.034 |
| 甘肃 | -0.063 | -0.042 | -0.075 | -0.062 | -0.080 | -0.055 | -0.042 | -0.062 | -0.046 | -0.046 | -0.076 | -0.012 | -0.022 | -0.025 | -0.037 |
| 青海 | -0.076 | -0.075 | -0.093 | -0.079 | -0.098 | -0.077 | -0.072 | -0.087 | -0.106 | -0.100 | -0.062 | -0.072 | -0.071 | -0.079 | -0.097 |
| 宁夏 | -0.026 | -0.028 | -0.001 | 0.004 | -0.006 | 0.001 | 0.008 | -0.019 | -0.053 | -0.046 | 0.009 | -0.020 | -0.011 | 0.008 | -0.050 |
| 新疆 | -0.084 | -0.088 | -0.059 | -0.082 | -0.062 | -0.062 | -0.075 | -0.057 | -0.073 | -0.080 | -0.031 | -0.086 | -0.074 | -0.066 | -0.068 |

# 附录15　2001~2015年我国健康因子指数

| 地区\年份 | 2001 | 2002 | 2003 | 2004 | 2005 | 2006 | 2007 | 2008 | 2009 | 2010 | 2011 | 2012 | 2013 | 2014 | 2015 |
|---|---|---|---|---|---|---|---|---|---|---|---|---|---|---|---|
| 北京 | 0.117 | 0.139 | 0.138 | 0.108 | 0.100 | 0.122 | 0.083 | 0.114 | 0.093 | 0.065 | 0.082 | 0.061 | 0.065 | 0.053 | 0.073 |
| 天津 | 0.032 | 0.033 | 0.022 | -0.001 | 0.004 | 0.025 | -0.015 | 0.008 | -0.029 | 0.004 | 0.014 | -0.011 | -0.019 | -0.035 | -0.020 |
| 河北 | -0.035 | -0.036 | -0.035 | -0.031 | -0.023 | -0.017 | -0.026 | -0.024 | -0.008 | -0.069 | -0.037 | -0.020 | -0.040 | -0.043 | -0.053 |
| 山西 | -0.042 | -0.062 | -0.039 | -0.052 | -0.047 | -0.023 | -0.052 | -0.043 | -0.055 | -0.047 | -0.038 | -0.030 | -0.035 | -0.047 | -0.055 |
| 内蒙古 | -0.076 | -0.086 | -0.080 | -0.097 | -0.065 | -0.065 | -0.079 | -0.070 | -0.075 | -0.070 | -0.068 | -0.064 | -0.055 | -0.067 | -0.055 |
| 辽宁 | -0.004 | -0.017 | -0.002 | 0.008 | 0.008 | 0.020 | 0.012 | -0.002 | 0.005 | -0.010 | -0.012 | -0.017 | -0.019 | -0.031 | -0.040 |
| 吉林 | -0.034 | -0.071 | -0.091 | -0.052 | -0.071 | -0.048 | -0.064 | -0.061 | -0.024 | -0.015 | -0.035 | -0.065 | -0.050 | -0.051 | -0.051 |
| 黑龙江 | -0.030 | -0.056 | -0.063 | -0.063 | -0.052 | -0.022 | -0.037 | -0.055 | -0.048 | -0.030 | -0.047 | -0.063 | -0.074 | -0.082 | -0.078 |
| 上海 | 0.135 | 0.202 | 0.166 | 0.160 | 0.134 | 0.173 | 0.147 | 0.147 | 0.128 | 0.073 | 0.093 | 0.082 | 0.057 | 0.080 | 0.070 |
| 江苏 | 0.064 | 0.043 | 0.064 | 0.074 | 0.085 | 0.092 | 0.070 | 0.083 | 0.078 | 0.081 | 0.029 | 0.023 | 0.070 | 0.086 | 0.019 |
| 浙江 | 0.030 | 0.095 | 0.120 | 0.121 | 0.064 | 0.094 | 0.098 | 0.083 | 0.069 | 0.080 | 0.063 | 0.063 | 0.058 | 0.091 | 0.081 |
| 安徽 | -0.027 | -0.028 | -0.022 | -0.031 | -0.029 | -0.045 | -0.021 | -0.038 | -0.025 | -0.001 | -0.025 | -0.041 | -0.040 | -0.035 | -0.030 |
| 福建 | -0.008 | 0.010 | 0.013 | 0.018 | 0.018 | 0.010 | 0.006 | -0.008 | 0.016 | -0.002 | 0.016 | 0.007 | -0.005 | 0.008 | 0.022 |
| 江西 | -0.047 | -0.049 | -0.060 | -0.040 | -0.033 | -0.038 | -0.032 | -0.036 | -0.026 | -0.027 | -0.025 | -0.023 | -0.040 | -0.020 | -0.011 |
| 山东 | 0.033 | 0.015 | 0.016 | 0.015 | 0.032 | 0.016 | 0.009 | 0.000 | 0.016 | 0.047 | 0.015 | 0.019 | 0.017 | 0.011 | 0.048 |
| 河南 | -0.025 | -0.003 | -0.011 | -0.007 | -0.010 | -0.039 | -0.014 | -0.018 | -0.008 | -0.009 | 0.001 | -0.014 | -0.008 | 0.001 | 0.003 |
| 湖北 | -0.021 | -0.032 | -0.012 | -0.026 | -0.006 | -0.010 | -0.030 | -0.007 | 0.013 | -0.002 | 0.039 | 0.030 | 0.044 | 0.050 | 0.061 |
| 湖南 | -0.018 | 0.007 | 0.016 | 0.032 | 0.013 | -0.006 | 0.004 | 0.002 | 0.023 | 0.012 | -0.013 | -0.028 | -0.021 | -0.013 | -0.002 |
| 广东 | 0.094 | 0.113 | 0.124 | 0.115 | 0.131 | 0.131 | 0.108 | 0.112 | 0.102 | 0.084 | 0.126 | 0.097 | 0.116 | 0.096 | 0.077 |
| 广西 | 0.002 | 0.004 | 0.009 | 0.027 | 0.026 | -0.009 | 0.018 | 0.013 | -0.008 | 0.019 | 0.009 | 0.007 | -0.001 | 0.011 | 0.017 |
| 海南 | -0.039 | -0.013 | -0.025 | -0.020 | -0.012 | -0.018 | -0.006 | -0.008 | -0.005 | 0.026 | 0.020 | -0.002 | 0.000 | -0.003 | -0.014 |
| 重庆 | -0.018 | -0.038 | -0.045 | -0.024 | -0.025 | -0.019 | -0.002 | 0.002 | -0.010 | 0.002 | 0.028 | 0.066 | 0.069 | 0.073 | 0.059 |
| 四川 | 0.021 | 0.005 | 0.006 | -0.003 | 0.004 | -0.001 | 0.022 | 0.013 | 0.014 | 0.017 | -0.001 | -0.005 | 0.015 | -0.025 | 0.001 |
| 贵州 | -0.026 | -0.047 | -0.037 | -0.029 | -0.028 | -0.041 | -0.020 | -0.035 | -0.048 | -0.030 | -0.057 | -0.036 | -0.047 | -0.024 | -0.022 |
| 云南 | -0.036 | 0.015 | 0.003 | 0.024 | -0.009 | -0.033 | 0.006 | -0.007 | -0.007 | -0.009 | -0.014 | -0.019 | -0.019 | -0.022 | -0.014 |
| 陕西 | -0.034 | -0.006 | -0.017 | -0.047 | -0.034 | -0.030 | -0.040 | -0.037 | -0.049 | -0.028 | -0.017 | -0.023 | -0.010 | -0.018 | -0.022 |
| 甘肃 | -0.016 | -0.054 | -0.060 | -0.071 | -0.063 | -0.073 | -0.061 | -0.055 | -0.050 | -0.053 | -0.042 | -0.055 | -0.033 | -0.035 | -0.031 |
| 青海 | -0.007 | 0.003 | -0.016 | -0.030 | -0.046 | -0.041 | -0.031 | -0.024 | -0.048 | -0.078 | -0.060 | -0.012 | -0.032 | -0.027 | -0.029 |
| 宁夏 | -0.050 | -0.054 | -0.044 | -0.044 | -0.050 | -0.033 | -0.045 | -0.039 | -0.039 | -0.039 | -0.065 | 0.030 | 0.016 | 0.005 | -0.006 |
| 新疆 | 0.065 | -0.034 | -0.036 | -0.037 | -0.016 | -0.071 | -0.010 | -0.009 | 0.004 | 0.009 | 0.021 | 0.043 | 0.021 | 0.014 | 0.002 |

# 附录16　2001~2015年我国持续因子指数

| 地区＼年份 | 2001 | 2002 | 2003 | 2004 | 2005 | 2006 | 2007 | 2008 | 2009 | 2010 | 2011 | 2012 | 2013 | 2014 | 2015 |
|---|---|---|---|---|---|---|---|---|---|---|---|---|---|---|---|
| 北京 | 0.404 | 0.443 | 0.418 | 0.368 | 0.393 | 0.335 | 0.316 | 0.301 | 0.274 | 0.245 | 0.244 | 0.265 | 0.190 | 0.209 | 0.186 |
| 天津 | 0.184 | 0.223 | 0.106 | 0.161 | 0.204 | 0.162 | 0.120 | 0.180 | 0.155 | 0.121 | 0.161 | 0.157 | 0.153 | 0.152 | 0.193 |
| 河北 | -0.058 | -0.032 | 0.024 | 0.041 | 0.033 | 0.029 | 0.031 | 0.047 | 0.020 | -0.003 | -0.048 | -0.068 | -0.051 | -0.045 | -0.038 |
| 山西 | -0.069 | -0.050 | -0.017 | 0.004 | -0.065 | -0.053 | -0.028 | -0.006 | 0.058 | -0.021 | -0.053 | 0.075 | 0.078 | 0.092 | 0.008 |
| 内蒙古 | 0.080 | 0.178 | 0.112 | 0.166 | 0.145 | 0.146 | 0.111 | 0.163 | 0.169 | 0.251 | 0.177 | 0.122 | 0.073 | 0.124 | 0.081 |
| 辽宁 | 0.136 | 0.165 | 0.145 | 0.269 | 0.171 | 0.164 | 0.141 | 0.149 | 0.130 | 0.120 | 0.101 | 0.126 | 0.100 | 0.057 | 0.035 |
| 吉林 | 0.040 | 0.076 | 0.064 | 0.007 | 0.049 | 0.096 | 0.044 | 0.070 | 0.048 | 0.023 | -0.080 | 0.000 | -0.083 | -0.041 | -0.021 |
| 黑龙江 | 0.048 | 0.072 | -0.002 | 0.029 | 0.021 | 0.043 | 0.024 | 0.024 | 0.081 | 0.031 | -0.032 | 0.010 | -0.006 | -0.078 | -0.018 |
| 上海 | 0.266 | 0.380 | 0.261 | 0.346 | 0.336 | 0.317 | 0.231 | 0.234 | 0.202 | 0.154 | 0.221 | 0.173 | 0.153 | 0.177 | 0.185 |
| 江苏 | 0.098 | 0.138 | 0.150 | 0.135 | 0.181 | 0.148 | 0.147 | 0.129 | 0.123 | 0.139 | 0.161 | 0.156 | 0.155 | 0.195 | 0.226 |
| 浙江 | 0.074 | 0.071 | 0.102 | 0.067 | 0.071 | 0.092 | 0.050 | 0.007 | 0.004 | 0.038 | 0.105 | 0.079 | 0.094 | 0.100 | 0.188 |
| 安徽 | -0.120 | -0.126 | -0.027 | -0.102 | -0.080 | -0.147 | -0.074 | -0.083 | -0.088 | -0.104 | -0.131 | -0.072 | -0.068 | -0.014 | -0.067 |
| 福建 | -0.068 | -0.006 | -0.029 | -0.021 | 0.018 | 0.039 | 0.042 | -0.032 | -0.025 | 0.016 | 0.036 | 0.014 | 0.011 | 0.027 | 0.047 |
| 江西 | -0.146 | -0.107 | -0.072 | -0.102 | -0.148 | -0.101 | -0.092 | -0.095 | -0.116 | -0.132 | -0.109 | -0.133 | -0.126 | -0.120 | -0.096 |
| 山东 | 0.037 | 0.070 | 0.169 | 0.109 | 0.115 | 0.051 | 0.124 | 0.062 | 0.038 | 0.012 | 0.058 | 0.039 | 0.147 | 0.079 | 0.097 |
| 河南 | -0.066 | -0.118 | -0.065 | -0.063 | -0.058 | -0.047 | -0.033 | -0.056 | -0.075 | -0.136 | -0.076 | -0.078 | -0.082 | -0.098 | -0.090 |
| 湖北 | -0.068 | -0.098 | -0.070 | -0.061 | -0.049 | -0.017 | 0.001 | 0.012 | 0.012 | -0.013 | -0.047 | -0.025 | -0.020 | -0.025 | 0.001 |
| 湖南 | -0.125 | -0.123 | -0.120 | -0.105 | -0.100 | -0.094 | -0.052 | -0.071 | -0.079 | -0.099 | -0.108 | -0.094 | -0.070 | -0.081 | -0.055 |
| 广东 | 0.115 | 0.088 | 0.083 | 0.053 | 0.095 | 0.100 | 0.090 | 0.052 | 0.123 | 0.064 | 0.239 | 0.130 | 0.153 | 0.149 | 0.163 |
| 广西 | -0.136 | -0.120 | -0.149 | -0.133 | -0.114 | -0.117 | -0.111 | -0.126 | -0.079 | -0.097 | -0.106 | -0.100 | -0.173 | -0.101 | -0.086 |
| 海南 | -0.265 | -0.281 | -0.253 | -0.250 | -0.298 | -0.302 | -0.287 | -0.307 | -0.275 | -0.168 | -0.218 | -0.266 | -0.244 | -0.240 | -0.217 |
| 重庆 | -0.077 | -0.119 | -0.096 | -0.130 | -0.091 | -0.081 | -0.062 | -0.060 | -0.077 | -0.058 | -0.061 | -0.037 | -0.064 | -0.060 | -0.038 |
| 四川 | -0.041 | -0.067 | -0.069 | -0.113 | -0.096 | -0.054 | -0.069 | -0.075 | -0.021 | -0.118 | -0.091 | -0.064 | -0.066 | -0.071 | -0.064 |
| 贵州 | -0.076 | -0.167 | -0.167 | -0.219 | -0.204 | -0.198 | -0.142 | -0.134 | -0.171 | -0.134 | -0.067 | -0.171 | -0.097 | -0.102 | -0.075 |
| 云南 | -0.099 | -0.138 | -0.159 | -0.103 | -0.109 | -0.113 | -0.134 | -0.158 | -0.152 | -0.111 | -0.118 | -0.115 | -0.100 | -0.138 | -0.124 |
| 陕西 | 0.067 | 0.011 | 0.039 | 0.061 | 0.036 | -0.028 | 0.053 | 0.082 | 0.012 | 0.051 | 0.020 | 0.086 | 0.152 | 0.104 | -0.042 |
| 甘肃 | -0.091 | -0.126 | -0.109 | -0.168 | -0.123 | -0.111 | -0.103 | -0.116 | -0.102 | -0.049 | -0.079 | -0.117 | -0.079 | -0.103 | -0.135 |
| 青海 | -0.071 | -0.151 | -0.172 | -0.222 | -0.211 | -0.145 | -0.218 | -0.159 | -0.097 | -0.002 | -0.109 | -0.076 | -0.093 | -0.092 | -0.116 |
| 宁夏 | -0.065 | -0.166 | -0.055 | -0.080 | -0.092 | -0.062 | -0.066 | -0.031 | -0.008 | 0.002 | -0.008 | -0.026 | -0.001 | -0.046 | -0.068 |
| 新疆 | 0.089 | 0.080 | -0.042 | 0.057 | -0.032 | -0.054 | -0.051 | -0.005 | -0.082 | -0.022 | 0.017 | 0.010 | -0.036 | -0.013 | -0.060 |

# 附录17　熵值法的权重以及综合权重的结果

| 序号 | 层次分析权重 | 2011年 | | 2012年 | | 2013年 | | 2014年 | | 2015年 | |
|---|---|---|---|---|---|---|---|---|---|---|---|
| | | 熵权 | 综合权 | 熵权 | 综合权 | 熵权 | 综合权 | 熵权 | 综合权 | 熵权 | 综合权 |
| C1 | 0.009 | 0.010 | 0.008 | 0.010 | 0.009 | 0.015 | 0.012 | 0.020 | 0.016 | 0.021 | 0.017 |
| C2 | 0.010 | 0.015 | 0.013 | 0.011 | 0.010 | 0.008 | 0.007 | 0.017 | 0.015 | 0.012 | 0.010 |
| C3 | 0.010 | 0.012 | 0.010 | 0.014 | 0.012 | 0.013 | 0.011 | 0.011 | 0.010 | 0.025 | 0.021 |
| C4 | 0.007 | 0.005 | 0.003 | 0.011 | 0.007 | 0.010 | 0.007 | 0.007 | 0.004 | 0.007 | 0.004 |
| C5 | 0.007 | 0.006 | 0.004 | 0.006 | 0.004 | 0.005 | 0.003 | 0.007 | 0.004 | 0.004 | 0.002 |
| C6 | 0.011 | 0.023 | 0.022 | 0.027 | 0.026 | 0.013 | 0.012 | 0.009 | 0.009 | 0.009 | 0.008 |
| C7 | 0.008 | 0.011 | 0.008 | 0.012 | 0.009 | 0.012 | 0.009 | 0.013 | 0.010 | 0.013 | 0.009 |
| C8 | 0.005 | 0.005 | 0.002 | 0.005 | 0.002 | 0.004 | 0.002 | 0.005 | 0.002 | 0.004 | 0.002 |
| C9 | 0.005 | 0.009 | 0.004 | 0.007 | 0.003 | 0.006 | 0.003 | 0.006 | 0.002 | 0.006 | 0.002 |
| C10 | 0.004 | 0.004 | 0.001 | 0.004 | 0.001 | 0.004 | 0.001 | 0.005 | 0.002 | 0.004 | 0.001 |
| C11 | 0.005 | 0.005 | 0.002 | 0.004 | 0.002 | 0.003 | 0.001 | 0.004 | 0.002 | 0.003 | 0.001 |
| C12 | 0.005 | 0.008 | 0.003 | 0.010 | 0.005 | 0.003 | 0.001 | 0.004 | 0.002 | 0.007 | 0.003 |
| C13 | 0.005 | 0.003 | 0.001 | 0.003 | 0.001 | 0.003 | 0.001 | 0.004 | 0.002 | 0.004 | 0.002 |
| C14 | 0.005 | 0.003 | 0.001 | 0.003 | 0.001 | 0.003 | 0.001 | 0.004 | 0.002 | 0.004 | 0.002 |
| C15 | 0.005 | 0.007 | 0.003 | 0.004 | 0.002 | 0.006 | 0.003 | 0.007 | 0.003 | 0.006 | 0.003 |
| C16 | 0.005 | 0.011 | 0.005 | 0.012 | 0.005 | 0.012 | 0.005 | 0.015 | 0.006 | 0.014 | 0.005 |
| C17 | 0.004 | 0.004 | 0.002 | 0.004 | 0.002 | 0.004 | 0.002 | 0.005 | 0.002 | 0.004 | 0.002 |
| C18 | 0.004 | 0.005 | 0.002 | 0.009 | 0.003 | 0.008 | 0.003 | 0.006 | 0.002 | 0.007 | 0.002 |
| C19 | 0.003 | 0.004 | 0.001 | 0.009 | 0.003 | 0.005 | 0.001 | 0.009 | 0.002 | 0.007 | 0.002 |
| C20 | 0.003 | 0.005 | 0.001 | 0.009 | 0.002 | 0.009 | 0.003 | 0.008 | 0.002 | 0.006 | 0.002 |
| C21 | 0.005 | 0.018 | 0.008 | 0.006 | 0.003 | 0.013 | 0.006 | 0.009 | 0.004 | 0.007 | 0.003 |
| C22 | 0.011 | 0.006 | 0.006 | 0.008 | 0.008 | 0.008 | 0.008 | 0.008 | 0.008 | 0.006 | 0.006 |
| C23 | 0.011 | 0.009 | 0.009 | 0.008 | 0.008 | 0.006 | 0.006 | 0.005 | 0.006 | 0.007 | 0.007 |
| C24 | 0.010 | 0.004 | 0.003 | 0.004 | 0.003 | 0.004 | 0.003 | 0.004 | 0.003 | 0.004 | 0.003 |
| C25 | 0.013 | 0.008 | 0.009 | 0.005 | 0.005 | 0.008 | 0.009 | 0.009 | 0.010 | 0.008 | 0.010 |
| C26 | 0.016 | 0.023 | 0.034 | 0.024 | 0.035 | 0.025 | 0.036 | 0.027 | 0.038 | 0.026 | 0.036 |
| C27 | 0.014 | 0.010 | 0.012 | 0.010 | 0.013 | 0.013 | 0.016 | 0.014 | 0.017 | 0.013 | 0.016 |
| C28 | 0.014 | 0.004 | 0.004 | 0.003 | 0.004 | 0.003 | 0.004 | 0.003 | 0.004 | 0.004 | 0.004 |

续表

| 序号 | 层次分析权重 | 2011年 | | 2012年 | | 2013年 | | 2014年 | | 2015年 | |
|---|---|---|---|---|---|---|---|---|---|---|---|
| | | 熵权 | 综合权 | 熵权 | 综合权 | 熵权 | 综合权 | 熵权 | 综合权 | 熵权 | 综合权 |
| C29 | 0.021 | 0.008 | 0.014 | 0.008 | 0.015 | 0.007 | 0.012 | 0.007 | 0.013 | 0.007 | 0.012 |
| C30 | 0.025 | 0.020 | 0.043 | 0.020 | 0.044 | 0.020 | 0.043 | 0.019 | 0.041 | 0.017 | 0.036 |
| C31 | 0.027 | 0.025 | 0.059 | 0.025 | 0.059 | 0.023 | 0.055 | 0.022 | 0.052 | 0.020 | 0.047 |
| C32 | 0.017 | 0.010 | 0.015 | 0.009 | 0.013 | 0.008 | 0.012 | 0.009 | 0.013 | 0.009 | 0.013 |
| C33 | 0.013 | 0.015 | 0.017 | 0.016 | 0.018 | 0.041 | 0.047 | 0.044 | 0.050 | 0.042 | 0.048 |
| C34 | 0.023 | 0.012 | 0.025 | 0.011 | 0.024 | 0.011 | 0.023 | 0.011 | 0.023 | 0.014 | 0.029 |
| C35 | 0.021 | 0.005 | 0.009 | 0.008 | 0.016 | 0.008 | 0.015 | 0.006 | 0.010 | 0.005 | 0.010 |
| C36 | 0.013 | 0.011 | 0.012 | 0.011 | 0.013 | 0.012 | 0.014 | 0.013 | 0.015 | 0.015 | 0.017 |
| C37 | 0.009 | 0.015 | 0.012 | 0.018 | 0.015 | 0.011 | 0.009 | 0.006 | 0.005 | 0.006 | 0.005 |
| C38 | 0.009 | 0.003 | 0.003 | 0.004 | 0.003 | 0.004 | 0.003 | 0.004 | 0.003 | 0.004 | 0.003 |
| C39 | 0.007 | 0.009 | 0.005 | 0.018 | 0.011 | 0.009 | 0.005 | 0.008 | 0.005 | 0.007 | 0.004 |
| C40 | 0.008 | 0.004 | 0.003 | 0.004 | 0.003 | 0.007 | 0.004 | 0.005 | 0.004 | 0.004 | 0.003 |
| C41 | 0.010 | 0.011 | 0.009 | 0.011 | 0.009 | 0.011 | 0.009 | 0.011 | 0.009 | 0.011 | 0.009 |
| C42 | 0.012 | 0.005 | 0.006 | 0.006 | 0.006 | 0.007 | 0.007 | 0.008 | 0.009 | 0.008 | 0.009 |
| C43 | 0.015 | 0.011 | 0.014 | 0.011 | 0.014 | 0.010 | 0.013 | 0.011 | 0.014 | 0.011 | 0.014 |
| C44 | 0.009 | 0.008 | 0.006 | 0.009 | 0.007 | 0.017 | 0.014 | 0.008 | 0.007 | 0.009 | 0.007 |
| C45 | 0.008 | 0.004 | 0.003 | 0.004 | 0.003 | 0.004 | 0.003 | 0.004 | 0.003 | 0.004 | 0.003 |
| C46 | 0.011 | 0.005 | 0.005 | 0.005 | 0.005 | 0.005 | 0.005 | 0.006 | 0.005 | 0.005 | 0.005 |
| C47 | 0.010 | 0.003 | 0.003 | 0.004 | 0.003 | 0.004 | 0.003 | 0.004 | 0.004 | 0.004 | 0.003 |
| C48 | 0.006 | 0.008 | 0.004 | 0.009 | 0.005 | 0.009 | 0.005 | 0.008 | 0.004 | 0.007 | 0.004 |
| C49 | 0.005 | 0.003 | 0.001 | 0.004 | 0.002 | 0.004 | 0.002 | 0.004 | 0.002 | 0.004 | 0.002 |
| C50 | 0.005 | 0.008 | 0.003 | 0.009 | 0.004 | 0.008 | 0.004 | 0.009 | 0.004 | 0.008 | 0.003 |
| C51 | 0.005 | 0.007 | 0.003 | 0.007 | 0.003 | 0.007 | 0.003 | 0.007 | 0.003 | 0.006 | 0.003 |
| C52 | 0.008 | 0.006 | 0.005 | 0.008 | 0.006 | 0.007 | 0.005 | 0.009 | 0.007 | 0.008 | 0.006 |
| C53 | 0.008 | 0.011 | 0.008 | 0.011 | 0.008 | 0.010 | 0.007 | 0.011 | 0.008 | 0.011 | 0.007 |
| C54 | 0.007 | 0.013 | 0.008 | 0.013 | 0.008 | 0.011 | 0.007 | 0.012 | 0.007 | 0.012 | 0.007 |
| C55 | 0.008 | 0.047 | 0.034 | 0.043 | 0.031 | 0.037 | 0.026 | 0.033 | 0.023 | 0.027 | 0.019 |
| C56 | 0.010 | 0.010 | 0.009 | 0.010 | 0.009 | 0.008 | 0.007 | 0.006 | 0.005 | 0.006 | 0.005 |
| C57 | 0.010 | 0.005 | 0.005 | 0.006 | 0.005 | 0.006 | 0.005 | 0.006 | 0.005 | 0.006 | 0.005 |
| C58 | 0.007 | 0.008 | 0.005 | 0.007 | 0.004 | 0.009 | 0.005 | 0.009 | 0.005 | 0.008 | 0.005 |
| C59 | 0.007 | 0.003 | 0.002 | 0.004 | 0.002 | 0.004 | 0.002 | 0.004 | 0.002 | 0.004 | 0.002 |
| C60 | 0.009 | 0.003 | 0.002 | 0.003 | 0.003 | 0.003 | 0.003 | 0.003 | 0.003 | 0.003 | 0.003 |
| C61 | 0.007 | 0.016 | 0.009 | 0.016 | 0.009 | 0.016 | 0.009 | 0.017 | 0.010 | 0.022 | 0.012 |
| C62 | 0.006 | 0.009 | 0.005 | 0.009 | 0.005 | 0.011 | 0.006 | 0.010 | 0.006 | 0.010 | 0.005 |

续表

| 序号 | 层次分析权重 | 2011 年 | | 2012 年 | | 2013 年 | | 2014 年 | | 2015 年 | |
|---|---|---|---|---|---|---|---|---|---|---|---|
| | | 熵权 | 综合权 | 熵权 | 综合权 | 熵权 | 综合权 | 熵权 | 综合权 | 熵权 | 综合权 |
| C63 | 0. 004 | 0. 034 | 0. 012 | 0. 018 | 0. 006 | 0. 019 | 0. 007 | 0. 018 | 0. 006 | 0. 017 | 0. 006 |
| C64 | 0. 004 | 0. 007 | 0. 002 | 0. 008 | 0. 003 | 0. 010 | 0. 003 | 0. 011 | 0. 004 | 0. 011 | 0. 004 |
| C65 | 0. 005 | 0. 004 | 0. 002 | 0. 006 | 0. 003 | 0. 006 | 0. 003 | 0. 006 | 0. 003 | 0. 012 | 0. 005 |
| C66 | 0. 006 | 0. 007 | 0. 004 | 0. 009 | 0. 005 | 0. 012 | 0. 006 | 0. 009 | 0. 005 | 0. 006 | 0. 003 |
| C67 | 0. 006 | 0. 012 | 0. 006 | 0. 013 | 0. 006 | 0. 013 | 0. 006 | 0. 013 | 0. 006 | 0. 013 | 0. 006 |
| C68 | 0. 006 | 0. 007 | 0. 003 | 0. 007 | 0. 003 | 0. 007 | 0. 003 | 0. 006 | 0. 003 | 0. 006 | 0. 003 |
| C69 | 0. 006 | 0. 005 | 0. 003 | 0. 009 | 0. 005 | 0. 005 | 0. 003 | 0. 007 | 0. 004 | 0. 006 | 0. 003 |
| C70 | 0. 009 | 0. 010 | 0. 008 | 0. 011 | 0. 008 | 0. 011 | 0. 008 | 0. 011 | 0. 008 | 0. 010 | 0. 008 |
| C71 | 0. 017 | 0. 007 | 0. 011 | 0. 007 | 0. 011 | 0. 011 | 0. 016 | 0. 013 | 0. 019 | 0. 018 | 0. 026 |
| C72 | 0. 007 | 0. 016 | 0. 010 | 0. 008 | 0. 005 | 0. 008 | 0. 005 | 0. 009 | 0. 006 | 0. 009 | 0. 005 |
| C73 | 0. 010 | 0. 009 | 0. 007 | 0. 013 | 0. 011 | 0. 025 | 0. 021 | 0. 007 | 0. 006 | 0. 004 | 0. 004 |
| C74 | 0. 012 | 0. 006 | 0. 006 | 0. 009 | 0. 009 | 0. 006 | 0. 006 | 0. 007 | 0. 007 | 0. 007 | 0. 007 |
| C75 | 0. 017 | 0. 009 | 0. 013 | 0. 009 | 0. 013 | 0. 009 | 0. 013 | 0. 011 | 0. 016 | 0. 012 | 0. 018 |
| C76 | 0. 015 | 0. 042 | 0. 055 | 0. 043 | 0. 057 | 0. 043 | 0. 057 | 0. 046 | 0. 060 | 0. 044 | 0. 057 |
| C77 | 0. 014 | 0. 015 | 0. 018 | 0. 014 | 0. 017 | 0. 011 | 0. 013 | 0. 010 | 0. 012 | 0. 009 | 0. 010 |
| C78 | 0. 015 | 0. 013 | 0. 017 | 0. 013 | 0. 017 | 0. 011 | 0. 015 | 0. 012 | 0. 016 | 0. 012 | 0. 016 |
| C79 | 0. 015 | 0. 009 | 0. 012 | 0. 017 | 0. 023 | 0. 015 | 0. 019 | 0. 005 | 0. 007 | 0. 008 | 0. 011 |
| C80 | 0. 013 | 0. 020 | 0. 022 | 0. 014 | 0. 016 | 0. 009 | 0. 010 | 0. 012 | 0. 014 | 0. 041 | 0. 045 |
| C81 | 0. 023 | 0. 013 | 0. 026 | 0. 004 | 0. 008 | 0. 005 | 0. 011 | 0. 005 | 0. 009 | 0. 005 | 0. 011 |
| C82 | 0. 021 | 0. 007 | 0. 012 | 0. 004 | 0. 007 | 0. 003 | 0. 007 | 0. 008 | 0. 015 | 0. 005 | 0. 009 |
| C83 | 0. 020 | 0. 011 | 0. 020 | 0. 011 | 0. 020 | 0. 011 | 0. 020 | 0. 013 | 0. 023 | 0. 012 | 0. 022 |
| C84 | 0. 009 | 0. 016 | 0. 012 | 0. 017 | 0. 013 | 0. 015 | 0. 011 | 0. 014 | 0. 011 | 0. 014 | 0. 010 |
| C85 | 0. 009 | 0. 023 | 0. 018 | 0. 016 | 0. 013 | 0. 018 | 0. 014 | 0. 019 | 0. 015 | 0. 017 | 0. 014 |
| C86 | 0. 012 | 0. 012 | 0. 013 | 0. 011 | 0. 012 | 0. 011 | 0. 012 | 0. 01[illegible] | 0. 012 | 0. 009 | 0. 010 |
| C87 | 0. 009 | 0. 025 | 0. 020 | 0. 024 | 0. 020 | 0. 024 | 0. 019 | 0. 025 | 0. 020 | 0. 024 | 0. 019 |
| C88 | 0. 014 | 0. 018 | 0. 022 | 0. 015 | 0. 019 | 0. 018 | 0. 023 | 0. 014 | 0. 018 | 0. 014 | 0. 017 |
| C89 | 0. 013 | 0. 004 | 0. 004 | 0. 006 | 0. 006 | 0. 007 | 0. 009 | 0. 008 | 0. 009 | 0. 007 | 0. 008 |
| C90 | 0. 014 | 0. 011 | 0. 014 | 0. 007 | 0. 008 | 0. 008 | 0. 009 | 0. 012 | 0. 014 | 0. 006 | 0. 007 |
| C91 | 0. 020 | 0. 005 | 0. 009 | 0. 005 | 0. 009 | 0. 005 | 0. 009 | 0. 006 | 0. 010 | 0. 006 | 0. 010 |
| C92 | 0. 016 | 0. 006 | 0. 008 | 0. 006 | 0. 008 | 0. 006 | 0. 008 | 0. 006 | 0. 008 | 0. 006 | 0. 008 |
| C93 | 0. 014 | 0. 014 | 0. 018 | 0. 015 | 0. 019 | 0. 015 | 0. 019 | 0. 016 | 0. 021 | 0. 016 | 0. 020 |
| C94 | 0. 020 | 0. 012 | 0. 022 | 0. 012 | 0. 022 | 0. 012 | 0. 022 | 0. 013 | 0. 023 | 0. 013 | 0. 022 |
| C95 | 0. 018 | 0. 013 | 0. 021 | 0. 014 | 0. 022 | 0. 015 | 0. 024 | 0. 015 | 0. 024 | 0. 015 | 0. 024 |

# 附录18　2011年长江经济带绿色竞争力标准化数据

| 序号＼地区 | 云南 | 四川 | 重庆 | 贵州 | 湖北 | 湖南 | 江西 | 安徽 | 浙江 | 江苏 | 上海 |
|---|---|---|---|---|---|---|---|---|---|---|---|
| C1 | 0.11 | 0.15 | 0.38 | 0.00 | 0.38 | 0.12 | 0.35 | 0.40 | 0.34 | 1.00 | 0.16 |
| C2 | 0.36 | 0.01 | 1.00 | 0.25 | 0.35 | 0.00 | 0.73 | 0.57 | 0.05 | 0.27 | 0.05 |
| C3 | 0.19 | 0.15 | 0.14 | 0.00 | 0.22 | 0.08 | 0.18 | 0.19 | 0.41 | 1.00 | 0.31 |
| C4 | 0.39 | 1.00 | 0.39 | 0.37 | 0.55 | 0.37 | 0.26 | 0.52 | 0.52 | 0.56 | 0.00 |
| C5 | 0.75 | 0.44 | 1.00 | 0.44 | 0.70 | 0.42 | 0.16 | 0.45 | 0.27 | 0.55 | 0.00 |
| C6 | 0.43 | 0.07 | 0.07 | 0.05 | 0.12 | 0.10 | 0.06 | 0.03 | 0.95 | 1.00 | 0.00 |
| C7 | 1.00 | 0.89 | 0.15 | 0.36 | 0.36 | 0.54 | 0.47 | 0.16 | 0.25 | 0.01 | 0.00 |
| C8 | 0.86 | 0.74 | 0.86 | 0.26 | 0.77 | 0.90 | 1.00 | 0.56 | 0.63 | 0.38 | 0.00 |
| C9 | 0.30 | 0.34 | 1.00 | 0.03 | 0.28 | 0.17 | 0.60 | 0.45 | 0.44 | 0.58 | 0.00 |
| C10 | 0.88 | 0.74 | 0.94 | 1.00 | 0.63 | 0.66 | 0.78 | 0.78 | 0.28 | 0.00 | 0.89 |
| C11 | 0.67 | 0.49 | 0.85 | 0.00 | 0.74 | 0.77 | 0.22 | 0.98 | 0.56 | 1.00 | 1.00 |
| C12 | 0.17 | 0.00 | 0.60 | 0.02 | 0.82 | 0.64 | 0.56 | 0.82 | 0.90 | 1.00 | 0.93 |
| C13 | 0.77 | 0.59 | 0.84 | 0.00 | 0.70 | 0.62 | 0.85 | 0.91 | 0.97 | 0.97 | 1.00 |
| C14 | 0.62 | 0.74 | 0.80 | 0.00 | 0.72 | 0.74 | 0.89 | 0.98 | 0.89 | 1.00 | 0.95 |
| C15 | 0.34 | 0.71 | 1.00 | 0.72 | 0.00 | 0.66 | 0.71 | 0.67 | 0.92 | 0.85 | 0.00 |
| C16 | 0.09 | 0.50 | 0.07 | 0.00 | 0.57 | 0.35 | 0.10 | 0.24 | 0.89 | 1.00 | 0.54 |
| C17 | 0.91 | 0.68 | 0.91 | 1.00 | 0.61 | 0.65 | 0.89 | 0.74 | 0.48 | 0.00 | 0.43 |
| C18 | 1.00 | 0.00 | 1.00 | 0.76 | 0.50 | 0.28 | 0.42 | 0.79 | 0.42 | 0.71 | 0.37 |
| C19 | 0.00 | 0.74 | 0.72 | 0.83 | 0.49 | 0.76 | 1.00 | 0.45 | 0.78 | 0.78 | 0.83 |
| C20 | 1.00 | 0.58 | 0.78 | 0.88 | 0.23 | 0.67 | 0.88 | 0.00 | 0.68 | 0.41 | 0.75 |
| C21 | 0.32 | 0.27 | 0.10 | 0.05 | 0.09 | 0.11 | 1.00 | 0.14 | 0.09 | 0.09 | 0.00 |
| C22 | 1.00 | 0.86 | 0.54 | 0.55 | 0.39 | 0.52 | 0.72 | 0.30 | 0.41 | 0.17 | 0.00 |
| C23 | 0.27 | 0.67 | 0.83 | 0.19 | 0.41 | 0.28 | 0.00 | 0.09 | 1.00 | 0.65 | 0.98 |
| C24 | 0.78 | 0.64 | 1.00 | 0.96 | 0.65 | 0.80 | 0.82 | 0.45 | 0.60 | 0.00 | 0.88 |
| C25 | 1.00 | 0.31 | 0.34 | 0.74 | 0.05 | 0.61 | 0.71 | 0.00 | 0.48 | 0.23 | 0.55 |
| C26 | 0.32 | 1.00 | 0.09 | 0.10 | 0.10 | 0.13 | 0.12 | 0.05 | 0.01 | 0.05 | 0.00 |
| C27 | 0.12 | 0.56 | 0.00 | 0.02 | 0.54 | 0.73 | 0.59 | 0.37 | 0.47 | 1.00 | 0.17 |
| C28 | 0.00 | 1.00 | 1.00 | 0.76 | 0.43 | 0.98 | 0.89 | 0.69 | 0.87 | 0.78 | 1.00 |

续表

| 地区<br>序号 | 云南 | 四川 | 重庆 | 贵州 | 湖北 | 湖南 | 江西 | 安徽 | 浙江 | 江苏 | 上海 |
|---|---|---|---|---|---|---|---|---|---|---|---|
| C29 | 0.78 | 0.51 | 0.52 | 0.45 | 0.44 | 0.72 | 1.00 | 0.34 | 0.98 | 0.02 | 0.00 |
| C30 | 0.00 | 0.16 | 0.04 | 0.00 | 0.11 | 0.15 | 0.10 | 0.12 | 0.46 | 1.00 | 0.22 |
| C31 | 0.00 | 0.16 | 0.05 | 0.01 | 0.07 | 0.07 | 0.06 | 0.05 | 0.18 | 1.00 | 0.36 |
| C32 | 0.06 | 0.00 | 0.63 | 0.11 | 0.65 | 0.40 | 0.16 | 0.70 | 0.91 | 0.98 | 1.00 |
| C33 | 0.00 | 0.04 | 0.18 | 0.04 | 0.19 | 0.15 | 0.13 | 0.34 | 0.27 | 0.56 | 1.00 |
| C34 | 0.34 | 0.45 | 0.00 | 0.32 | 0.17 | 0.18 | 0.06 | 0.17 | 0.49 | 1.00 | 0.05 |
| C35 | 0.79 | 0.76 | 0.00 | 0.84 | 0.85 | 0.18 | 0.57 | 1.00 | 0.71 | 0.85 | 0.80 |
| C36 | 0.60 | 1.00 | 0.21 | 0.33 | 0.47 | 0.43 | 0.28 | 0.11 | 0.08 | 0.13 | 0.00 |
| C37 | 0.01 | 0.58 | 1.00 | 0.07 | 0.13 | 0.25 | 0.30 | 0.16 | 0.16 | 0.77 | 0.00 |
| C38 | 0.00 | 0.53 | 0.77 | 0.71 | 0.88 | 0.77 | 0.71 | 0.71 | 0.92 | 1.00 | 1.00 |
| C39 | 0.59 | 0.53 | 0.24 | 0.32 | 0.14 | 0.63 | 1.00 | 0.50 | 0.09 | 0.24 | 0.00 |
| C40 | 0.41 | 0.63 | 0.69 | 0.00 | 0.72 | 0.74 | 0.96 | 0.87 | 1.00 | 0.99 | 0.97 |
| C41 | 0.00 | 0.51 | 0.29 | 0.00 | 0.29 | 0.25 | 0.25 | 0.17 | 0.67 | 0.47 | 1.00 |
| C42 | 0.15 | 0.65 | 0.86 | 0.00 | 0.82 | 1.00 | 0.87 | 0.71 | 0.47 | 0.59 | 0.90 |
| C43 | 0.00 | 0.75 | 0.47 | 0.00 | 0.28 | 0.24 | 0.23 | 0.17 | 0.63 | 0.47 | 1.00 |
| C44 | 0.65 | 0.18 | 0.38 | 1.00 | 0.51 | 0.31 | 0.22 | 0.62 | 0.17 | 0.25 | 0.00 |
| C45 | 0.90 | 0.76 | 0.84 | 1.00 | 0.67 | 0.69 | 0.80 | 0.68 | 0.42 | 0.45 | 0.00 |
| C46 | 0.88 | 0.90 | 0.76 | 0.91 | 0.88 | 1.00 | 0.98 | 0.92 | 0.39 | 0.26 | 0.00 |
| C47 | 0.98 | 0.98 | 0.86 | 0.97 | 0.96 | 1.00 | 1.00 | 0.98 | 0.61 | 0.61 | 0.00 |
| C48 | 0.85 | 1.00 | 0.62 | 0.31 | 0.47 | 0.82 | 1.00 | 0.65 | 0.25 | 0.03 | 0.00 |
| C49 | 0.74 | 0.90 | 0.51 | 0.00 | 0.88 | 0.93 | 0.82 | 1.00 | 0.86 | 0.81 | 0.94 |
| C50 | 0.79 | 0.36 | 0.56 | 1.00 | 0.06 | 0.00 | 0.27 | 0.38 | 0.48 | 0.40 | 0.92 |
| C51 | 0.90 | 0.53 | 0.46 | 1.00 | 0.16 | 0.00 | 0.31 | 0.49 | 0.29 | 0.38 | 0.26 |
| C52 | 0.89 | 0.97 | 0.65 | 0.43 | 0.54 | 0.85 | 1.00 | 0.71 | 0.29 | 0.13 | 0.00 |
| C53 | 0.00 | 0.55 | 0.31 | 0.00 | 0.28 | 0.25 | 0.25 | 0.17 | 0.66 | 0.47 | 1.00 |
| C54 | 0.04 | 0.53 | 0.17 | 0.00 | 0.53 | 0.39 | 0.00 | 0.21 | 0.49 | 0.87 | 1.00 |
| C55 | 0.00 | 0.04 | 0.09 | 0.00 | 0.05 | 0.00 | 0.00 | 0.00 | 0.00 | 0.17 | 1.00 |
| C56 | 0.28 | 0.80 | 0.02 | 0.00 | 0.51 | 0.34 | 0.22 | 0.21 | 1.00 | 0.93 | 0.64 |
| C57 | 0.00 | 0.49 | 0.57 | 0.15 | 0.50 | 0.48 | 0.45 | 0.52 | 0.76 | 0.66 | 1.00 |
| C58 | 0.80 | 0.20 | 0.23 | 0.80 | 0.45 | 0.83 | 1.00 | 0.79 | 0.39 | 0.13 | 0.00 |
| C59 | 0.00 | 0.66 | 0.70 | 0.64 | 0.95 | 0.79 | 0.93 | 0.94 | 1.00 | 0.91 | 0.90 |
| C60 | 1.00 | 0.93 | 1.00 | 1.00 | 0.00 | 1.00 | 0.99 | 1.02 | 0.94 | 0.95 | 0.93 |
| C61 | 0.02 | 0.07 | 0.15 | 0.00 | 0.14 | 0.13 | 0.10 | 0.36 | 0.61 | 0.41 | 1.00 |
| C62 | 0.05 | 0.26 | 0.32 | 0.00 | 0.46 | 0.53 | 0.52 | 0.16 | 1.00 | 0.62 | 0.92 |

续表

| 序号＼地区 | 云南 | 四川 | 重庆 | 贵州 | 湖北 | 湖南 | 江西 | 安徽 | 浙江 | 江苏 | 上海 |
|---|---|---|---|---|---|---|---|---|---|---|---|
| C63 | 1.00 | 0.11 | 0.00 | 0.03 | 0.03 | 0.01 | 0.00 | 0.06 | 0.11 | 0.18 | 0.02 |
| C64 | 0.26 | 0.62 | 0.11 | 0.00 | 0.50 | 0.81 | 0.36 | 0.45 | 0.67 | 1.00 | 0.27 |
| C65 | 0.76 | 0.85 | 0.90 | 0.95 | 0.96 | 1.00 | 0.87 | 0.67 | 0.00 | 0.53 | 0.44 |
| C66 | 0.74 | 0.80 | 0.71 | 0.89 | 0.87 | 0.42 | 0.92 | 1.00 | 0.11 | 0.12 | 0.00 |
| C67 | 0.05 | 0.17 | 0.20 | 0.00 | 0.23 | 0.20 | 0.23 | 0.18 | 0.75 | 0.56 | 1.00 |
| C68 | 0.00 | 0.61 | 0.52 | 0.02 | 0.77 | 0.70 | 0.90 | 0.54 | 0.95 | 0.91 | 1.00 |
| C69 | 1.00 | 0.56 | 0.56 | 0.78 | 0.00 | 0.33 | 0.67 | 0.22 | 0.44 | 0.56 | 0.67 |
| C70 | 0.12 | 0.56 | 0.14 | 0.00 | 0.33 | 0.30 | 0.15 | 0.24 | 0.89 | 1.00 | 0.61 |
| C71 | 0.00 | 0.50 | 1.00 | 0.03 | 0.44 | 0.46 | 0.44 | 0.30 | 0.48 | 0.66 | 0.79 |
| C72 | 0.22 | 0.19 | 0.15 | 0.00 | 0.18 | 0.18 | 0.02 | 0.04 | 0.27 | 0.25 | 1.00 |
| C73 | 0.11 | 0.28 | 0.57 | 0.00 | 0.62 | 0.30 | 0.32 | 0.23 | 1.00 | 0.32 | 0.92 |
| C74 | 0.77 | 0.53 | 0.89 | 0.66 | 0.00 | 0.24 | 0.35 | 0.21 | 1.00 | 0.68 | 0.63 |
| C75 | 0.08 | 0.30 | 0.29 | 0.00 | 0.34 | 0.38 | 0.36 | 0.24 | 0.86 | 0.87 | 1.00 |
| C76 | 0.00 | 0.01 | 0.03 | 0.00 | 0.03 | 0.02 | 0.02 | 0.03 | 0.10 | 0.15 | 1.00 |
| C77 | 0.20 | 0.03 | 0.33 | 0.22 | 0.46 | 0.20 | 0.04 | 0.00 | 0.07 | 0.44 | 1.00 |
| C78 | 0.09 | 0.13 | 0.31 | 0.27 | 0.17 | 0.14 | 0.07 | 0.00 | 0.54 | 0.59 | 1.00 |
| C79 | 0.59 | 0.13 | 0.57 | 0.75 | 0.16 | 0.15 | 0.24 | 0.00 | 0.60 | 0.58 | 1.00 |
| C80 | 0.04 | 0.25 | 1.00 | 0.33 | 0.11 | 0.11 | 0.25 | 0.11 | 0.05 | 0.00 | 0.02 |
| C81 | 0.16 | 0.15 | 0.14 | 1.00 | 0.30 | 0.24 | 0.34 | 0.00 | 0.19 | 0.19 | 0.04 |
| C82 | 0.68 | 0.54 | 0.99 | 1.00 | 0.23 | 0.63 | 0.54 | 0.24 | 0.57 | 0.24 | 0.00 |
| C83 | 0.03 | 0.13 | 0.37 | 0.00 | 0.31 | 0.19 | 0.20 | 0.18 | 0.50 | 0.50 | 1.00 |
| C84 | 0.00 | 0.14 | 0.13 | 0.07 | 0.29 | 0.07 | 0.13 | 0.16 | 0.73 | 1.00 | 0.84 |
| C85 | 0.00 | 0.06 | 0.03 | 0.03 | 0.21 | 0.05 | 0.07 | 0.08 | 0.51 | 1.00 | 0.22 |
| C86 | 0.00 | 0.31 | 0.26 | 0.00 | 0.39 | 0.22 | 0.08 | 0.31 | 0.49 | 0.62 | 1.00 |
| C87 | 0.00 | 0.18 | 0.01 | 0.00 | 0.10 | 0.11 | 0.05 | 0.06 | 0.31 | 1.00 | 0.19 |
| C88 | 0.01 | 0.10 | 0.32 | 0.09 | 0.30 | 0.07 | 0.02 | 0.00 | 0.40 | 0.36 | 1.00 |
| C89 | 0.64 | 0.98 | 0.69 | 0.47 | 0.64 | 0.56 | 0.70 | 1.00 | 0.58 | 0.55 | 0.00 |
| C90 | 0.80 | 0.37 | 0.02 | 0.40 | 0.00 | 0.29 | 0.84 | 0.77 | 1.00 | 0.57 | 0.01 |
| C91 | 0.42 | 0.42 | 0.39 | 0.00 | 0.66 | 0.42 | 0.31 | 0.37 | 0.77 | 0.64 | 1.00 |
| C92 | 1.00 | 0.53 | 0.56 | 0.98 | 0.59 | 0.39 | 0.44 | 0.71 | 0.21 | 0.41 | 0.00 |
| C93 | 0.58 | 1.00 | 0.06 | 0.47 | 0.41 | 0.19 | 0.21 | 0.38 | 0.01 | 0.06 | 0.00 |
| C94 | 0.14 | 0.08 | 0.26 | 0.22 | 0.25 | 0.14 | 0.00 | 0.07 | 0.41 | 0.46 | 1.00 |
| C95 | 0.07 | 0.26 | 0.10 | 0.00 | 0.41 | 0.25 | 0.12 | 0.28 | 0.48 | 1.00 | 0.08 |

# 附录19 2012年长江经济带绿色竞争力标准化数据

| 序号＼地区 | 云南 | 四川 | 重庆 | 贵州 | 湖北 | 湖南 | 江西 | 安徽 | 浙江 | 江苏 | 上海 |
|---|---|---|---|---|---|---|---|---|---|---|---|
| C1 | 0.11 | 0.19 | 0.20 | 0.00 | 0.37 | 0.21 | 0.42 | 0.44 | 0.52 | 1.00 | 0.11 |
| C2 | 0.35 | 0.05 | 0.55 | 0.20 | 0.35 | 0.11 | 1.00 | 0.71 | 0.24 | 0.31 | 0.00 |
| C3 | 0.20 | 0.21 | 0.17 | 0.00 | 0.28 | 0.10 | 0.08 | 0.21 | 0.75 | 1.00 | 0.17 |
| C4 | 0.22 | 0.60 | 0.03 | 0.30 | 0.19 | 0.30 | 0.20 | 0.31 | 0.35 | 1.00 | 0.00 |
| C5 | 0.52 | 0.40 | 1.00 | 0.37 | 0.42 | 0.46 | 0.31 | 0.38 | 0.19 | 0.50 | 0.00 |
| C6 | 0.39 | 0.04 | 0.06 | 0.03 | 0.09 | 0.06 | 0.05 | 0.05 | 0.95 | 1.00 | 0.00 |
| C7 | 1.00 | 0.89 | 0.15 | 0.36 | 0.36 | 0.54 | 0.47 | 0.16 | 0.25 | 0.01 | 0.00 |
| C8 | 0.84 | 0.74 | 0.85 | 0.30 | 0.75 | 0.89 | 1.00 | 0.58 | 0.54 | 0.39 | 0.00 |
| C9 | 0.30 | 0.34 | 1.00 | 0.21 | 0.31 | 0.15 | 0.64 | 0.44 | 0.49 | 0.59 | 0.00 |
| C10 | 0.91 | 0.78 | 0.97 | 1.00 | 0.68 | 0.65 | 0.79 | 0.79 | 0.29 | 0.00 | 0.89 |
| C11 | 0.72 | 0.75 | 0.78 | 0.00 | 0.84 | 0.69 | 0.85 | 0.89 | 0.55 | 0.99 | 1.00 |
| C12 | 0.19 | 0.00 | 0.00 | 0.14 | 0.95 | 0.62 | 0.79 | 0.79 | 1.00 | 0.97 | 0.85 |
| C13 | 0.72 | 0.87 | 0.84 | 0.00 | 0.86 | 0.67 | 0.87 | 0.95 | 0.93 | 0.97 | 1.00 |
| C14 | 0.73 | 0.86 | 0.77 | 0.00 | 0.84 | 0.74 | 0.85 | 0.92 | 0.92 | 0.96 | 1.00 |
| C15 | 0.40 | 0.60 | 1.00 | 0.73 | 0.00 | 0.85 | 0.63 | 0.71 | 0.99 | 0.88 | 0.44 |
| C16 | 0.07 | 0.48 | 0.10 | 0.00 | 0.49 | 0.34 | 0.09 | 0.21 | 0.84 | 1.00 | 0.49 |
| C17 | 0.92 | 0.69 | 0.89 | 1.00 | 0.62 | 0.66 | 0.90 | 0.74 | 0.48 | 0.00 | 0.44 |
| C18 | 1.00 | 0.00 | 0.59 | 0.70 | 0.32 | 0.20 | 0.06 | 0.98 | 0.35 | 0.64 | 0.69 |
| C19 | 0.45 | 0.40 | 0.55 | 0.58 | 0.32 | 1.00 | 0.89 | 0.00 | 0.67 | 0.00 | 0.51 |
| C20 | 0.87 | 0.57 | 0.34 | 0.43 | 0.13 | 0.61 | 1.00 | 0.00 | 0.58 | 0.07 | 0.43 |
| C21 | 0.62 | 0.65 | 0.42 | 0.54 | 0.27 | 0.18 | 1.00 | 0.81 | 0.31 | 0.48 | 0.00 |
| C22 | 0.74 | 0.73 | 0.32 | 0.57 | 0.27 | 0.61 | 1.00 | 0.22 | 0.53 | 0.07 | 0.00 |
| C23 | 0.31 | 0.65 | 0.88 | 0.31 | 0.41 | 0.30 | 0.00 | 0.13 | 1.00 | 0.65 | 1.00 |
| C24 | 0.84 | 0.66 | 1.00 | 0.85 | 0.72 | 0.81 | 0.84 | 0.47 | 0.61 | 0.00 | 0.88 |
| C25 | 1.00 | 0.00 | 0.65 | 0.81 | 0.39 | 0.54 | 0.51 | 0.53 | 0.60 | 0.33 | 0.69 |
| C26 | 0.31 | 1.00 | 0.09 | 0.10 | 0.10 | 0.13 | 0.13 | 0.05 | 0.01 | 0.05 | 0.00 |
| C27 | 0.12 | 0.56 | 0.00 | 0.02 | 0.54 | 0.73 | 0.59 | 0.37 | 0.47 | 1.00 | 0.17 |
| C28 | 0.94 | 1.00 | 0.00 | 0.99 | 0.81 | 0.99 | 0.98 | 0.95 | 0.97 | 0.69 | 1.00 |

续表

| 地区<br>序号 | 云南 | 四川 | 重庆 | 贵州 | 湖北 | 湖南 | 江西 | 安徽 | 浙江 | 江苏 | 上海 |
|---|---|---|---|---|---|---|---|---|---|---|---|
| C29 | 0.78 | 0.51 | 0.52 | 0.45 | 0.44 | 0.72 | 1.00 | 0.34 | 0.98 | 0.02 | 0.00 |
| C30 | 0.00 | 0.15 | 0.04 | 0.00 | 0.13 | 0.15 | 0.11 | 0.14 | 0.45 | 1.00 | 0.20 |
| C31 | 0.00 | 0.16 | 0.07 | 0.00 | 0.08 | 0.07 | 0.07 | 0.05 | 0.17 | 1.00 | 0.30 |
| C32 | 0.07 | 0.00 | 0.71 | 0.31 | 0.57 | 0.35 | 0.17 | 0.77 | 0.89 | 0.88 | 1.00 |
| C33 | 0.00 | 0.04 | 0.18 | 0.04 | 0.19 | 0.15 | 0.13 | 0.34 | 0.27 | 0.56 | 1.00 |
| C34 | 0.45 | 0.21 | 0.00 | 0.25 | 0.31 | 0.40 | 0.00 | 0.25 | 0.70 | 1.00 | 0.22 |
| C35 | 0.00 | 0.78 | 0.04 | 0.79 | 0.87 | 0.10 | 0.93 | 1.00 | 0.73 | 0.85 | 0.80 |
| C36 | 0.58 | 1.00 | 0.20 | 0.30 | 0.47 | 0.43 | 0.28 | 0.14 | 0.08 | 0.14 | 0.00 |
| C37 | 0.00 | 0.98 | 1.00 | 0.00 | 0.11 | 0.33 | 0.14 | 0.13 | 0.25 | 0.51 | 0.04 |
| C38 | 0.00 | 0.53 | 0.77 | 0.71 | 0.88 | 0.77 | 0.71 | 0.71 | 0.92 | 1.00 | 1.00 |
| C39 | 0.18 | 0.04 | 0.11 | 0.05 | 0.48 | 0.30 | 0.00 | 0.15 | 1.00 | 0.13 | 0.11 |
| C40 | 0.30 | 0.63 | 0.68 | 0.00 | 0.70 | 0.75 | 0.96 | 0.85 | 1.00 | 0.99 | 0.95 |
| C41 | 0.00 | 0.46 | 0.32 | 0.00 | 0.26 | 0.30 | 0.29 | 0.15 | 0.61 | 0.44 | 1.00 |
| C42 | 0.13 | 0.66 | 0.93 | 0.00 | 0.83 | 1.00 | 0.85 | 0.62 | 0.43 | 0.53 | 0.84 |
| C43 | 0.00 | 0.66 | 0.51 | 0.00 | 0.25 | 0.28 | 0.27 | 0.16 | 0.57 | 0.45 | 1.00 |
| C44 | 0.63 | 0.21 | 0.32 | 1.00 | 0.50 | 0.25 | 0.21 | 0.61 | 0.15 | 0.27 | 0.00 |
| C45 | 0.89 | 0.74 | 0.83 | 1.00 | 0.64 | 0.66 | 0.80 | 0.68 | 0.40 | 0.41 | 0.00 |
| C46 | 0.87 | 0.89 | 0.74 | 0.86 | 0.88 | 1.00 | 0.98 | 0.91 | 0.41 | 0.25 | 0.00 |
| C47 | 0.98 | 0.98 | 0.83 | 0.95 | 0.95 | 1.00 | 1.00 | 0.98 | 0.59 | 0.58 | 0.00 |
| C48 | 0.84 | 0.98 | 0.67 | 0.17 | 0.48 | 0.86 | 1.00 | 0.65 | 0.29 | 0.00 | 0.05 |
| C49 | 0.73 | 0.90 | 0.50 | 0.00 | 0.90 | 0.95 | 0.81 | 1.00 | 0.87 | 0.82 | 0.96 |
| C50 | 0.77 | 0.35 | 0.57 | 1.00 | 0.02 | 0.00 | 0.26 | 0.38 | 0.49 | 0.41 | 0.93 |
| C51 | 0.89 | 0.52 | 0.47 | 1.00 | 0.15 | 0.00 | 0.31 | 0.50 | 0.29 | 0.38 | 0.33 |
| C52 | 0.88 | 0.95 | 0.68 | 0.29 | 0.53 | 0.88 | 1.00 | 0.70 | 0.31 | 0.06 | 0.00 |
| C53 | 0.00 | 0.49 | 0.35 | 0.00 | 0.26 | 0.30 | 0.29 | 0.15 | 0.61 | 0.44 | 1.00 |
| C54 | 0.05 | 0.60 | 0.19 | 0.01 | 0.56 | 0.38 | 0.00 | 0.22 | 0.48 | 0.90 | 1.00 |
| C55 | 0.00 | 0.06 | 0.24 | 0.00 | 0.05 | 0.00 | 0.00 | 0.00 | 0.00 | 0.19 | 1.00 |
| C56 | 0.28 | 0.88 | 0.04 | 0.00 | 0.47 | 0.31 | 0.23 | 0.26 | 1.00 | 0.88 | 0.60 |
| C57 | 0.00 | 0.49 | 0.57 | 0.15 | 0.50 | 0.48 | 0.45 | 0.52 | 0.76 | 0.66 | 1.00 |
| C58 | 0.77 | 0.11 | 0.32 | 0.79 | 0.50 | 0.85 | 1.00 | 0.91 | 0.44 | 0.00 | 0.36 |
| C59 | 0.00 | 0.59 | 0.67 | 0.64 | 0.95 | 0.82 | 0.95 | 0.93 | 1.00 | 0.90 | 0.93 |
| C60 | 0.99 | 0.97 | 0.98 | 0.98 | 0.00 | 0.98 | 0.99 | 1.00 | 0.95 | 0.96 | 0.95 |
| C61 | 0.05 | 0.10 | 0.18 | 0.00 | 0.17 | 0.16 | 0.13 | 0.13 | 0.60 | 0.44 | 1.00 |
| C62 | 0.06 | 0.26 | 0.35 | 0.00 | 0.47 | 0.52 | 0.53 | 0.18 | 1.00 | 0.65 | 0.95 |

续表

| 地区<br>序号 | 云南 | 四川 | 重庆 | 贵州 | 湖北 | 湖南 | 江西 | 安徽 | 浙江 | 江苏 | 上海 |
|---|---|---|---|---|---|---|---|---|---|---|---|
| C63 | 0.23 | 0.09 | 0.13 | 0.27 | 0.17 | 0.03 | 0.00 | 0.09 | 1.00 | 0.98 | 0.96 |
| C64 | 0.16 | 0.80 | 0.12 | 0.00 | 0.48 | 0.73 | 0.35 | 0.48 | 0.76 | 1.00 | 0.31 |
| C65 | 0.38 | 0.59 | 0.91 | 1.00 | 0.78 | 0.89 | 0.67 | 0.66 | 0.00 | 0.58 | 0.12 |
| C66 | 0.67 | 0.83 | 1.00 | 0.80 | 0.81 | 0.34 | 0.72 | 0.56 | 0.00 | 0.05 | 0.06 |
| C67 | 0.05 | 0.17 | 0.20 | 0.00 | 0.24 | 0.21 | 0.24 | 0.18 | 0.75 | 0.57 | 1.00 |
| C68 | 0.00 | 0.61 | 0.51 | 0.02 | 0.77 | 0.68 | 0.89 | 0.55 | 0.94 | 0.91 | 1.00 |
| C69 | 0.22 | 0.44 | 0.33 | 0.22 | 0.00 | 1.00 | 0.22 | 0.67 | 0.78 | 0.33 | 0.11 |
| C70 | 0.12 | 0.58 | 0.14 | 0.00 | 0.34 | 0.31 | 0.15 | 0.25 | 0.86 | 1.00 | 0.58 |
| C71 | 0.00 | 0.55 | 1.00 | 0.08 | 0.43 | 0.48 | 0.53 | 0.32 | 0.92 | 0.68 | 0.81 |
| C72 | 0.45 | 1.00 | 0.67 | 0.30 | 0.62 | 0.58 | 0.00 | 0.07 | 0.22 | 0.48 | 0.82 |
| C73 | 0.49 | 0.24 | 0.06 | 0.26 | 0.00 | 0.07 | 0.47 | 0.21 | 1.00 | 0.12 | 0.74 |
| C74 | 0.71 | 0.30 | 0.91 | 0.66 | 0.15 | 0.00 | 0.23 | 0.13 | 1.00 | 0.61 | 0.63 |
| C75 | 0.10 | 0.33 | 0.31 | 0.00 | 0.37 | 0.39 | 0.39 | 0.25 | 0.90 | 1.00 | 0.76 |
| C76 | 0.00 | 0.01 | 0.03 | 0.00 | 0.03 | 0.02 | 0.02 | 0.03 | 0.10 | 0.15 | 1.00 |
| C77 | 0.29 | 0.06 | 0.38 | 0.29 | 0.59 | 0.26 | 0.03 | 0.00 | 0.06 | 0.49 | 1.00 |
| C78 | 0.08 | 0.15 | 0.31 | 0.29 | 0.18 | 0.16 | 0.08 | 0.00 | 0.55 | 0.62 | 1.00 |
| C79 | 0.05 | 0.18 | 0.11 | 0.13 | 0.04 | 0.14 | 0.15 | 0.00 | 0.47 | 0.28 | 1.00 |
| C80 | 0.41 | 0.33 | 1.00 | 0.46 | 0.00 | 0.23 | 0.12 | 0.35 | 0.06 | 0.07 | 0.05 |
| C81 | 0.96 | 0.65 | 0.77 | 0.35 | 1.00 | 1.00 | 0.82 | 0.85 | 0.74 | 0.70 | 0.00 |
| C82 | 0.66 | 0.68 | 0.72 | 1.00 | 0.78 | 0.62 | 0.66 | 0.68 | 0.41 | 0.54 | 0.00 |
| C83 | 0.05 | 0.13 | 0.39 | 0.00 | 0.32 | 0.19 | 0.21 | 0.19 | 0.51 | 0.50 | 1.00 |
| C84 | 0.00 | 0.12 | 0.11 | 0.12 | 0.32 | 0.07 | 0.11 | 0.13 | 0.76 | 1.00 | 0.82 |
| C85 | 0.02 | 0.21 | 0.07 | 0.00 | 0.27 | 0.21 | 0.05 | 0.22 | 0.68 | 1.00 | 0.35 |
| C86 | 0.02 | 0.31 | 0.29 | 0.00 | 0.41 | 0.25 | 0.10 | 0.37 | 0.54 | 0.64 | 1.00 |
| C87 | 0.00 | 0.22 | 0.02 | 0.00 | 0.08 | 0.10 | 0.07 | 0.09 | 0.27 | 1.00 | 0.15 |
| C88 | 0.02 | 0.20 | 0.21 | 0.00 | 0.34 | 0.05 | 0.10 | 0.21 | 0.51 | 0.41 | 1.00 |
| C89 | 0.55 | 0.89 | 0.60 | 0.44 | 0.21 | 0.44 | 0.55 | 1.00 | 0.46 | 0.45 | 0.00 |
| C90 | 0.38 | 0.43 | 0.00 | 0.10 | 0.45 | 0.25 | 0.58 | 0.57 | 1.00 | 0.59 | 0.39 |
| C91 | 0.45 | 0.44 | 0.42 | 0.00 | 0.62 | 0.41 | 0.32 | 0.38 | 0.78 | 0.63 | 1.00 |
| C92 | 1.00 | 0.55 | 0.56 | 0.98 | 0.61 | 0.40 | 0.45 | 0.71 | 0.21 | 0.41 | 0.00 |
| C93 | 0.57 | 1.00 | 0.06 | 0.43 | 0.41 | 0.19 | 0.21 | 0.35 | 0.01 | 0.06 | 0.00 |
| C94 | 0.14 | 0.09 | 0.27 | 0.25 | 0.27 | 0.14 | 0.00 | 0.08 | 0.42 | 0.47 | 1.00 |
| C95 | 0.07 | 0.27 | 0.11 | 0.00 | 0.46 | 0.24 | 0.12 | 0.28 | 0.47 | 1.00 | 0.07 |

# 附录20 2013年长江经济带绿色竞争力标准化数据

| 序号\地区 | 云南 | 四川 | 重庆 | 贵州 | 湖北 | 湖南 | 江西 | 安徽 | 浙江 | 江苏 | 上海 |
|---|---|---|---|---|---|---|---|---|---|---|---|
| C1 | 0.11 | 0.16 | 0.08 | 0.00 | 0.19 | 0.16 | 0.17 | 0.51 | 0.36 | 1.00 | 0.10 |
| C2 | 0.31 | 0.17 | 0.31 | 0.83 | 0.29 | 0.00 | 0.54 | 1.00 | 0.31 | 0.44 | 0.21 |
| C3 | 0.40 | 0.25 | 0.11 | 0.00 | 0.17 | 0.07 | 0.06 | 0.42 | 0.53 | 1.00 | 0.28 |
| C4 | 0.29 | 1.00 | 0.11 | 0.68 | 0.50 | 0.21 | 0.07 | 0.42 | 0.37 | 0.75 | 0.00 |
| C5 | 0.53 | 0.53 | 1.00 | 0.36 | 0.51 | 0.60 | 0.36 | 0.50 | 0.33 | 0.68 | 0.00 |
| C6 | 0.30 | 1.00 | 0.46 | 0.02 | 0.29 | 0.48 | 0.13 | 0.16 | 0.89 | 0.94 | 0.00 |
| C7 | 1.00 | 0.89 | 0.15 | 0.36 | 0.36 | 0.54 | 0.47 | 0.16 | 0.25 | 0.01 | 0.00 |
| C8 | 0.90 | 0.75 | 0.86 | 0.45 | 0.76 | 0.91 | 1.00 | 0.60 | 0.56 | 0.40 | 0.00 |
| C9 | 0.32 | 0.38 | 1.00 | 0.39 | 0.34 | 0.17 | 0.64 | 0.50 | 0.49 | 0.63 | 0.00 |
| C10 | 0.87 | 0.57 | 0.90 | 1.00 | 0.60 | 0.57 | 0.77 | 0.65 | 0.35 | 0.00 | 0.74 |
| C11 | 0.77 | 0.86 | 0.80 | 0.00 | 0.81 | 0.75 | 0.79 | 0.90 | 0.71 | 0.96 | 1.00 |
| C12 | 0.87 | 0.88 | 0.66 | 0.00 | 0.91 | 0.79 | 0.93 | 0.93 | 0.92 | 1.00 | 0.90 |
| C13 | 0.77 | 0.91 | 0.90 | 0.00 | 0.90 | 0.68 | 0.90 | 0.92 | 0.96 | 0.95 | 1.00 |
| C14 | 0.82 | 0.91 | 0.82 | 0.00 | 0.90 | 0.74 | 0.88 | 0.96 | 0.95 | 1.00 | 0.99 |
| C15 | 0.16 | 0.69 | 1.00 | 0.49 | 0.00 | 0.76 | 0.56 | 0.96 | 1.00 | 0.86 | 0.37 |
| C16 | 0.08 | 0.53 | 0.11 | 0.00 | 0.52 | 0.39 | 0.09 | 0.22 | 0.92 | 1.00 | 0.51 |
| C17 | 0.92 | 0.65 | 0.88 | 1.00 | 0.61 | 0.69 | 0.90 | 0.73 | 0.45 | 0.00 | 0.45 |
| C18 | 0.69 | 0.01 | 0.83 | 0.83 | 0.65 | 0.40 | 0.00 | 1.00 | 0.47 | 0.69 | 0.31 |
| C19 | 0.68 | 0.44 | 0.46 | 0.68 | 0.00 | 1.00 | 0.65 | 0.66 | 0.37 | 0.81 | 0.40 |
| C20 | 1.00 | 0.45 | 0.30 | 0.30 | 0.30 | 0.38 | 0.32 | 0.35 | 0.02 | 0.37 | 0.00 |
| C21 | 0.22 | 0.17 | 0.11 | 0.17 | 0.18 | 0.18 | 1.00 | 0.32 | 0.20 | 0.12 | 0.00 |
| C22 | 1.00 | 0.83 | 0.42 | 0.58 | 0.35 | 0.64 | 0.86 | 0.24 | 0.45 | 0.07 | 0.00 |
| C23 | 0.44 | 0.70 | 0.90 | 0.53 | 0.50 | 0.37 | 0.00 | 0.23 | 1.00 | 0.66 | 0.97 |
| C24 | 0.84 | 0.75 | 1.00 | 0.63 | 0.74 | 0.81 | 0.85 | 0.53 | 0.63 | 0.00 | 0.91 |
| C25 | 1.00 | 0.00 | 0.36 | 0.73 | 0.12 | 0.30 | 0.48 | 0.22 | 0.38 | 0.31 | 0.56 |
| C26 | 0.31 | 1.00 | 0.08 | 0.09 | 0.10 | 0.13 | 0.13 | 0.05 | 0.01 | 0.05 | 0.00 |
| C27 | 0.14 | 0.59 | 0.00 | 0.00 | 0.47 | 0.31 | 0.27 | 0.32 | 0.35 | 1.00 | 0.10 |
| C28 | 1.00 | 1.00 | 1.00 | 1.00 | 0.97 | 0.82 | 0.98 | 0.99 | 0.96 | 0.98 | 0.00 |

续表

| 地区<br>序号 | 云南 | 四川 | 重庆 | 贵州 | 湖北 | 湖南 | 江西 | 安徽 | 浙江 | 江苏 | 上海 |
|---|---|---|---|---|---|---|---|---|---|---|---|
| C29 | 0.80 | 0.50 | 0.56 | 0.53 | 0.56 | 0.75 | 1.00 | 0.34 | 0.98 | 0.10 | 0.00 |
| C30 | 0.00 | 0.15 | 0.05 | 0.00 | 0.15 | 0.16 | 0.12 | 0.15 | 0.48 | 1.00 | 0.19 |
| C31 | 0.00 | 0.20 | 0.09 | 0.00 | 0.09 | 0.09 | 0.08 | 0.06 | 0.17 | 1.00 | 0.27 |
| C32 | 0.20 | 0.00 | 0.79 | 0.17 | 0.62 | 0.41 | 0.26 | 0.83 | 0.96 | 0.99 | 1.00 |
| C33 | 0.01 | 0.03 | 1.00 | 0.01 | 0.05 | 0.05 | 0.05 | 0.05 | 0.06 | 0.00 | 0.07 |
| C34 | 0.34 | 0.25 | 0.05 | 0.26 | 0.37 | 0.34 | 0.19 | 0.67 | 0.97 | 1.00 | 0.00 |
| C35 | 0.12 | 0.79 | 0.00 | 0.77 | 0.87 | 0.17 | 0.30 | 1.00 | 0.74 | 0.86 | 0.80 |
| C36 | 0.55 | 1.00 | 0.18 | 0.28 | 0.45 | 0.42 | 0.27 | 0.11 | 0.07 | 0.12 | 0.00 |
| C37 | 0.11 | 1.00 | 0.92 | 0.00 | 0.15 | 0.53 | 0.26 | 0.20 | 0.22 | 0.43 | 0.36 |
| C38 | 0.00 | 0.53 | 0.77 | 0.71 | 0.88 | 0.77 | 0.71 | 0.71 | 0.92 | 1.00 | 1.00 |
| C39 | 1.00 | 0.56 | 0.35 | 0.72 | 0.17 | 0.00 | 0.43 | 0.24 | 0.10 | 0.44 | 0.37 |
| C40 | 0.00 | 0.64 | 0.79 | 0.02 | 0.79 | 0.83 | 0.94 | 0.82 | 0.99 | 1.00 | 0.95 |
| C41 | 0.00 | 0.41 | 0.34 | 0.01 | 0.35 | 0.30 | 0.27 | 0.16 | 0.60 | 0.45 | 1.00 |
| C42 | 0.09 | 0.63 | 0.84 | 0.00 | 0.79 | 1.00 | 0.79 | 0.53 | 0.37 | 0.48 | 0.82 |
| C43 | 0.00 | 0.60 | 0.55 | 0.01 | 0.35 | 0.29 | 0.26 | 0.17 | 0.57 | 0.46 | 1.00 |
| C44 | 0.59 | 0.10 | 0.04 | 1.00 | 0.20 | 0.08 | 0.20 | 0.53 | 0.09 | 0.22 | 0.00 |
| C45 | 0.90 | 0.74 | 0.84 | 1.00 | 0.64 | 0.67 | 0.81 | 0.58 | 0.40 | 0.41 | 0.00 |
| C46 | 0.85 | 0.89 | 0.72 | 0.83 | 0.87 | 1.00 | 0.98 | 0.91 | 0.39 | 0.22 | 0.00 |
| C47 | 0.97 | 0.98 | 0.82 | 0.93 | 0.95 | 1.00 | 1.00 | 0.98 | 0.58 | 0.56 | 0.00 |
| C48 | 0.86 | 1.00 | 0.81 | 0.18 | 0.71 | 0.92 | 0.96 | 0.60 | 0.33 | 0.01 | 0.00 |
| C49 | 0.71 | 0.91 | 0.49 | 0.00 | 0.90 | 0.94 | 0.80 | 1.00 | 0.88 | 0.82 | 0.97 |
| C50 | 0.75 | 0.37 | 0.59 | 1.00 | 0.05 | 0.00 | 0.26 | 0.40 | 0.53 | 0.45 | 0.96 |
| C51 | 0.89 | 0.53 | 0.47 | 1.00 | 0.16 | 0.00 | 0.31 | 0.51 | 0.32 | 0.40 | 0.36 |
| C52 | 0.92 | 1.00 | 0.83 | 0.35 | 0.77 | 0.95 | 0.99 | 0.69 | 0.39 | 0.12 | 0.00 |
| C53 | 0.00 | 0.44 | 0.37 | 0.01 | 0.35 | 0.30 | 0.27 | 0.16 | 0.59 | 0.45 | 1.00 |
| C54 | 0.08 | 0.77 | 0.36 | 0.01 | 0.61 | 0.46 | 0.00 | 0.25 | 0.58 | 0.96 | 1.00 |
| C55 | 0.00 | 0.08 | 0.26 | 0.00 | 0.13 | 0.00 | 0.00 | 0.00 | 0.05 | 0.19 | 1.00 |
| C56 | 0.45 | 0.99 | 0.44 | 0.08 | 0.44 | 0.30 | 0.00 | 0.34 | 1.00 | 0.91 | 0.54 |
| C57 | 0.00 | 0.49 | 0.57 | 0.15 | 0.50 | 0.48 | 0.45 | 0.52 | 0.76 | 0.66 | 1.00 |
| C58 | 0.83 | 0.13 | 0.26 | 0.77 | 0.56 | 0.92 | 1.00 | 0.98 | 0.48 | 0.00 | 0.11 |
| C59 | 0.00 | 0.56 | 0.72 | 0.71 | 0.98 | 0.86 | 0.98 | 0.98 | 1.00 | 0.91 | 0.94 |
| C60 | 0.97 | 0.97 | 0.98 | 0.96 | 0.00 | 0.91 | 0.99 | 1.00 | 0.97 | 0.95 | 0.92 |
| C61 | 0.05 | 0.10 | 0.18 | 0.00 | 0.17 | 0.16 | 0.13 | 0.13 | 0.60 | 0.44 | 1.00 |
| C62 | 0.04 | 0.26 | 0.25 | 0.00 | 0.45 | 0.46 | 0.43 | 0.10 | 1.00 | 0.55 | 0.96 |

续表

| 序号＼地区 | 云南 | 四川 | 重庆 | 贵州 | 湖北 | 湖南 | 江西 | 安徽 | 浙江 | 江苏 | 上海 |
|---|---|---|---|---|---|---|---|---|---|---|---|
| C63 | 0.24 | 0.07 | 0.15 | 0.27 | 0.17 | 0.01 | 0.00 | 0.11 | 1.00 | 0.99 | 0.89 |
| C64 | 0.13 | 0.68 | 0.06 | 0.00 | 0.66 | 0.68 | 0.31 | 0.44 | 0.75 | 1.00 | 0.27 |
| C65 | 0.35 | 0.72 | 0.94 | 0.74 | 0.86 | 1.00 | 0.85 | 0.72 | 0.00 | 0.73 | 0.11 |
| C66 | 0.55 | 0.83 | 1.00 | 0.23 | 0.85 | 0.12 | 0.52 | 0.75 | 0.00 | 0.05 | 0.07 |
| C67 | 0.05 | 0.18 | 0.20 | 0.00 | 0.26 | 0.22 | 0.24 | 0.21 | 0.82 | 0.57 | 1.00 |
| C68 | 0.03 | 0.63 | 0.55 | 0.00 | 0.82 | 0.65 | 0.86 | 0.62 | 1.00 | 0.91 | 0.96 |
| C69 | 0.00 | 0.37 | 0.50 | 0.75 | 0.37 | 0.75 | 0.75 | 0.87 | 1.00 | 1.00 | 1.00 |
| C70 | 0.11 | 0.60 | 0.13 | 0.00 | 0.34 | 0.31 | 0.14 | 0.25 | 0.82 | 1.00 | 0.52 |
| C71 | 0.12 | 0.26 | 0.54 | 0.00 | 0.17 | 0.32 | 0.24 | 0.10 | 1.00 | 0.25 | 0.38 |
| C72 | 0.45 | 1.00 | 0.79 | 0.64 | 0.79 | 0.60 | 0.00 | 0.04 | 0.23 | 0.56 | 0.62 |
| C73 | 0.05 | 0.30 | 0.07 | 0.04 | 0.14 | 0.05 | 0.09 | 0.12 | 0.00 | 1.00 | 0.09 |
| C74 | 0.65 | 0.48 | 0.90 | 0.58 | 0.35 | 0.00 | 0.27 | 0.26 | 0.87 | 1.00 | 0.68 |
| C75 | 0.11 | 0.32 | 0.32 | 0.00 | 0.38 | 0.35 | 0.39 | 0.25 | 0.94 | 1.00 | 0.58 |
| C76 | 0.00 | 0.01 | 0.04 | 0.00 | 0.03 | 0.02 | 0.02 | 0.03 | 0.10 | 0.16 | 1.00 |
| C77 | 0.49 | 0.12 | 0.49 | 0.44 | 0.73 | 0.38 | 0.06 | 0.00 | 0.10 | 0.66 | 1.00 |
| C78 | 0.12 | 0.21 | 0.41 | 0.40 | 0.28 | 0.25 | 0.11 | 0.00 | 0.73 | 0.90 | 1.00 |
| C79 | 0.19 | 0.14 | 0.13 | 0.01 | 0.51 | 0.30 | 0.00 | 0.09 | 0.38 | 0.42 | 1.00 |
| C80 | 0.78 | 0.30 | 1.00 | 0.86 | 0.47 | 0.50 | 0.33 | 0.54 | 0.24 | 0.00 | 0.02 |
| C81 | 0.92 | 0.43 | 0.56 | 1.00 | 0.85 | 0.87 | 0.55 | 0.64 | 0.50 | 0.28 | 0.00 |
| C82 | 0.91 | 0.91 | 1.00 | 0.99 | 0.85 | 0.91 | 0.84 | 0.85 | 0.59 | 0.75 | 0.00 |
| C83 | 0.05 | 0.14 | 0.40 | 0.00 | 0.32 | 0.20 | 0.21 | 0.19 | 0.51 | 0.51 | 1.00 |
| C84 | 0.00 | 0.18 | 0.13 | 0.15 | 0.32 | 0.09 | 0.16 | 0.14 | 0.75 | 1.00 | 0.83 |
| C85 | 0.01 | 0.19 | 0.06 | 0.00 | 0.25 | 0.18 | 0.04 | 0.22 | 0.65 | 1.00 | 0.32 |
| C86 | 0.03 | 0.31 | 0.27 | 0.00 | 0.41 | 0.25 | 0.12 | 0.42 | 0.53 | 0.64 | 1.00 |
| C87 | 0.01 | 0.23 | 0.03 | 0.00 | 0.08 | 0.11 | 0.09 | 0.09 | 0.26 | 1.00 | 0.14 |
| C88 | 0.00 | 0.17 | 0.10 | 0.07 | 0.24 | 0.04 | 0.09 | 0.08 | 0.57 | 0.35 | 1.00 |
| C89 | 0.43 | 0.87 | 0.60 | 0.75 | 0.08 | 0.35 | 0.45 | 1.00 | 0.43 | 0.38 | 0.00 |
| C90 | 0.50 | 0.54 | 0.00 | 0.76 | 0.04 | 0.62 | 0.90 | 0.57 | 1.00 | 0.69 | 0.24 |
| C91 | 0.43 | 0.43 | 0.41 | 0.00 | 0.64 | 0.41 | 0.31 | 0.38 | 0.78 | 0.64 | 1.00 |
| C92 | 1.00 | 0.60 | 0.59 | 0.98 | 0.67 | 0.43 | 0.48 | 0.71 | 0.23 | 0.40 | 0.00 |
| C93 | 0.55 | 1.00 | 0.06 | 0.44 | 0.41 | 0.19 | 0.21 | 0.36 | 0.01 | 0.06 | 0.00 |
| C94 | 0.14 | 0.10 | 0.28 | 0.26 | 0.28 | 0.14 | 0.00 | 0.09 | 0.43 | 0.49 | 1.00 |
| C95 | 0.06 | 0.26 | 0.09 | 0.00 | 0.42 | 0.23 | 0.11 | 0.27 | 0.46 | 1.00 | 0.05 |

# 附录21　2014年长江经济带绿色竞争力标准化数据

| 序号＼地区 | 云南 | 四川 | 重庆 | 贵州 | 湖北 | 湖南 | 江西 | 安徽 | 浙江 | 江苏 | 上海 |
|---|---|---|---|---|---|---|---|---|---|---|---|
| C1 | 0.00 | 0.19 | 0.02 | 0.03 | 0.23 | 0.08 | 0.11 | 0.38 | 0.44 | 1.00 | 0.13 |
| C2 | 0.45 | 0.01 | 0.28 | 0.28 | 0.08 | 0.04 | 0.45 | 1.00 | 0.09 | 0.35 | 0.00 |
| C3 | 0.19 | 0.39 | 0.19 | 0.18 | 0.22 | 0.00 | 0.08 | 0.35 | 0.66 | 1.00 | 0.54 |
| C4 | 0.77 | 0.88 | 0.00 | 0.56 | 0.75 | 1.00 | 0.23 | 0.72 | 0.60 | 0.93 | 0.21 |
| C5 | 0.54 | 0.56 | 1.00 | 0.52 | 0.33 | 0.72 | 0.11 | 0.42 | 0.47 | 0.76 | 0.00 |
| C6 | 0.38 | 1.00 | 0.43 | 0.52 | 0.28 | 0.41 | 0.17 | 0.16 | 0.89 | 0.94 | 0.00 |
| C7 | 1.00 | 0.96 | 0.16 | 0.39 | 0.37 | 0.53 | 0.45 | 0.16 | 0.24 | 0.01 | 0.00 |
| C8 | 0.90 | 0.90 | 0.85 | 0.46 | 0.78 | 0.88 | 1.00 | 0.61 | 0.58 | 0.43 | 0.00 |
| C9 | 0.38 | 0.41 | 1.00 | 0.54 | 0.39 | 0.27 | 0.70 | 0.61 | 0.58 | 0.73 | 0.00 |
| C10 | 0.95 | 0.80 | 0.99 | 1.00 | 0.72 | 0.71 | 0.81 | 0.79 | 0.32 | 0.00 | 0.93 |
| C11 | 0.78 | 0.88 | 0.84 | 0.00 | 0.90 | 0.73 | 0.82 | 0.91 | 0.87 | 0.98 | 1.00 |
| C12 | 0.93 | 0.80 | 0.35 | 0.00 | 0.98 | 0.70 | 0.85 | 0.95 | 0.92 | 0.94 | 1.00 |
| C13 | 0.62 | 0.88 | 0.55 | 0.00 | 0.91 | 0.67 | 0.90 | 0.90 | 0.96 | 0.96 | 1.00 |
| C14 | 0.76 | 0.82 | 0.61 | 0.00 | 0.89 | 0.75 | 0.87 | 0.92 | 0.94 | 0.97 | 1.00 |
| C15 | 0.23 | 0.53 | 0.92 | 0.32 | 0.00 | 0.97 | 0.30 | 0.95 | 1.00 | 0.81 | 1.00 |
| C16 | 0.07 | 0.47 | 0.12 | 0.00 | 0.43 | 0.30 | 0.03 | 0.18 | 0.89 | 1.00 | 0.31 |
| C17 | 0.91 | 0.64 | 0.86 | 1.00 | 0.58 | 0.67 | 0.90 | 0.72 | 0.42 | 0.00 | 0.47 |
| C18 | 0.59 | 0.13 | 0.74 | 0.89 | 0.67 | 0.51 | 0.00 | 1.00 | 0.56 | 0.78 | 0.48 |
| C19 | 0.71 | 0.39 | 0.44 | 0.04 | 0.00 | 0.58 | 1.00 | 0.74 | 0.36 | 0.99 | 0.39 |
| C20 | 1.00 | 0.67 | 0.50 | 0.00 | 0.29 | 0.50 | 0.56 | 0.58 | 0.25 | 0.81 | 0.13 |
| C21 | 0.45 | 0.57 | 0.03 | 0.29 | 0.51 | 1.00 | 0.99 | 0.65 | 0.30 | 0.67 | 0.00 |
| C22 | 1.00 | 0.85 | 0.56 | 0.94 | 0.40 | 0.71 | 0.98 | 0.31 | 0.54 | 0.09 | 0.00 |
| C23 | 0.40 | 0.68 | 0.90 | 0.52 | 0.50 | 0.35 | 0.00 | 0.29 | 0.97 | 0.62 | 1.00 |
| C24 | 0.85 | 0.79 | 1.00 | 0.72 | 0.75 | 0.87 | 0.87 | 0.60 | 0.65 | 0.00 | 0.93 |
| C25 | 1.00 | 0.33 | 0.48 | 0.75 | 0.13 | 0.37 | 0.72 | 0.00 | 0.33 | 0.19 | 0.64 |
| C26 | 0.33 | 1.00 | 0.09 | 0.09 | 0.11 | 0.14 | 0.14 | 0.04 | 0.01 | 0.05 | 0.00 |
| C27 | 0.14 | 0.59 | 0.00 | 0.00 | 0.47 | 0.31 | 0.27 | 0.32 | 0.35 | 1.00 | 0.10 |
| C28 | 0.98 | 1.00 | 1.00 | 0.99 | 0.83 | 0.99 | 0.99 | 0.99 | 0.94 | 0.00 | 1.00 |

续表

| 序号\地区 | 云南 | 四川 | 重庆 | 贵州 | 湖北 | 湖南 | 江西 | 安徽 | 浙江 | 江苏 | 上海 |
|---|---|---|---|---|---|---|---|---|---|---|---|
| C29 | 0.80 | 0.50 | 0.56 | 0.53 | 0.56 | 0.75 | 1.00 | 0.34 | 0.98 | 0.10 | 0.00 |
| C30 | 0.00 | 0.16 | 0.07 | 0.01 | 0.16 | 0.16 | 0.14 | 0.19 | 0.49 | 1.00 | 0.18 |
| C31 | 0.00 | 0.20 | 0.12 | 0.01 | 0.10 | 0.10 | 0.09 | 0.09 | 0.17 | 1.00 | 0.26 |
| C32 | 0.12 | 0.00 | 0.79 | 0.28 | 0.61 | 0.37 | 0.24 | 0.81 | 0.95 | 0.99 | 1.00 |
| C33 | 0.01 | 0.03 | 1.00 | 0.01 | 0.05 | 0.05 | 0.05 | 0.05 | 0.06 | 0.00 | 0.07 |
| C34 | 0.31 | 0.29 | 0.00 | 0.21 | 0.34 | 0.20 | 0.12 | 0.20 | 1.00 | 0.69 | 0.20 |
| C35 | 0.86 | 0.67 | 0.00 | 0.72 | 0.88 | 0.21 | 0.39 | 1.00 | 0.77 | 0.89 | 0.81 |
| C36 | 0.55 | 1.00 | 0.18 | 0.28 | 0.40 | 0.42 | 0.26 | 0.11 | 0.06 | 0.14 | 0.00 |
| C37 | 0.00 | 0.38 | 1.00 | 0.35 | 0.50 | 0.51 | 0.18 | 0.71 | 0.61 | 0.45 | 0.74 |
| C38 | 0.00 | 0.53 | 0.77 | 0.71 | 0.88 | 0.77 | 0.71 | 0.71 | 0.92 | 1.00 | 1.00 |
| C39 | 0.00 | 0.55 | 0.64 | 0.75 | 0.96 | 0.05 | 0.54 | 0.48 | 0.67 | 1.00 | 0.31 |
| C40 | 0.00 | 0.66 | 0.80 | 0.16 | 0.80 | 0.85 | 0.92 | 0.83 | 0.99 | 1.00 | 0.98 |
| C41 | 0.00 | 0.55 | 0.36 | 0.01 | 0.39 | 0.28 | 0.25 | 0.21 | 0.61 | 0.47 | 1.00 |
| C42 | 0.04 | 0.57 | 0.78 | 0.00 | 0.78 | 1.00 | 0.68 | 0.48 | 0.32 | 0.46 | 0.85 |
| C43 | 0.00 | 0.72 | 0.57 | 0.01 | 0.38 | 0.27 | 0.24 | 0.21 | 0.59 | 0.47 | 1.00 |
| C44 | 0.60 | 0.32 | 0.25 | 1.00 | 0.34 | 0.20 | 0.37 | 0.75 | 0.24 | 0.33 | 0.00 |
| C45 | 0.91 | 0.78 | 0.85 | 1.00 | 0.68 | 0.71 | 0.83 | 0.72 | 0.48 | 0.46 | 0.00 |
| C46 | 0.85 | 0.90 | 0.71 | 0.81 | 0.85 | 1.00 | 0.98 | 0.91 | 0.39 | 0.20 | 0.00 |
| C47 | 0.97 | 0.98 | 0.82 | 0.92 | 0.94 | 1.00 | 1.00 | 0.98 | 0.60 | 0.55 | 0.00 |
| C48 | 0.96 | 1.00 | 0.77 | 0.20 | 0.71 | 0.96 | 0.96 | 0.57 | 0.32 | 0.00 | 0.16 |
| C49 | 0.69 | 0.89 | 0.47 | 0.00 | 0.88 | 0.92 | 0.78 | 0.98 | 0.86 | 0.81 | 1.00 |
| C50 | 0.77 | 0.37 | 0.59 | 0.99 | 0.05 | 0.00 | 0.27 | 0.41 | 0.56 | 0.49 | 1.00 |
| C51 | 0.90 | 0.53 | 0.48 | 1.00 | 0.18 | 0.00 | 0.33 | 0.53 | 0.35 | 0.42 | 0.38 |
| C52 | 1.00 | 0.97 | 0.75 | 0.29 | 0.72 | 0.98 | 0.98 | 0.60 | 0.30 | 0.00 | 0.04 |
| C53 | 0.00 | 0.57 | 0.39 | 0.01 | 0.39 | 0.28 | 0.24 | 0.21 | 0.60 | 0.47 | 1.00 |
| C54 | 0.08 | 0.80 | 0.43 | 0.03 | 0.60 | 0.46 | 0.00 | 0.24 | 0.61 | 0.94 | 1.00 |
| C55 | 0.04 | 0.08 | 0.28 | 0.00 | 0.15 | 0.02 | 0.00 | 0.00 | 0.07 | 0.21 | 1.00 |
| C56 | 0.55 | 0.82 | 0.38 | 0.30 | 0.49 | 0.57 | 0.00 | 0.44 | 1.00 | 0.94 | 0.49 |
| C57 | 0.00 | 0.49 | 0.57 | 0.15 | 0.50 | 0.48 | 0.45 | 0.52 | 0.76 | 0.66 | 1.00 |
| C58 | 0.83 | 0.17 | 0.26 | 0.74 | 0.54 | 0.92 | 1.00 | 1.00 | 0.56 | 0.00 | 0.16 |
| C59 | 0.00 | 0.46 | 0.70 | 0.73 | 0.99 | 0.81 | 1.00 | 0.98 | 0.97 | 0.92 | 0.96 |
| C60 | 1.00 | 0.99 | 0.98 | 0.99 | 0.00 | 0.92 | 1.00 | 0.98 | 0.93 | 0.97 | 0.93 |
| C61 | 0.04 | 0.10 | 0.18 | 0.00 | 0.18 | 0.16 | 0.13 | 0.13 | 0.60 | 0.44 | 1.00 |
| C62 | 0.05 | 0.26 | 0.32 | 0.00 | 0.46 | 0.53 | 0.52 | 0.16 | 1.00 | 0.62 | 0.92 |

续表

| 地区<br>序号 | 云南 | 四川 | 重庆 | 贵州 | 湖北 | 湖南 | 江西 | 安徽 | 浙江 | 江苏 | 上海 |
|---|---|---|---|---|---|---|---|---|---|---|---|
| C63 | 0.26 | 0.08 | 0.18 | 0.29 | 0.17 | 0.00 | 0.03 | 0.11 | 1.00 | 0.98 | 0.83 |
| C64 | 0.08 | 0.72 | 0.07 | 0.00 | 0.66 | 0.70 | 0.30 | 0.42 | 0.75 | 1.00 | 0.22 |
| C65 | 0.38 | 0.59 | 0.91 | 1.00 | 0.78 | 0.89 | 0.67 | 0.56 | 0.00 | 0.58 | 0.12 |
| C66 | 0.68 | 0.71 | 1.00 | 0.62 | 0.79 | 0.30 | 0.69 | 0.90 | 0.06 | 0.14 | 0.00 |
| C67 | 0.05 | 0.18 | 0.19 | 0.00 | 0.29 | 0.23 | 0.24 | 0.22 | 0.87 | 0.57 | 1.00 |
| C68 | 0.09 | 0.61 | 0.56 | 0.00 | 0.84 | 0.57 | 0.75 | 0.68 | 1.00 | 0.84 | 0.83 |
| C69 | 0.27 | 1.00 | 0.82 | 0.27 | 0.64 | 0.73 | 0.36 | 1.00 | 0.55 | 0.45 | 0.00 |
| C70 | 0.10 | 0.62 | 0.14 | 0.00 | 0.35 | 0.33 | 0.14 | 0.27 | 0.80 | 1.00 | 0.49 |
| C71 | 0.10 | 0.22 | 0.46 | 0.00 | 0.14 | 0.23 | 0.19 | 0.11 | 1.00 | 0.28 | 0.33 |
| C72 | 0.43 | 1.00 | 0.82 | 0.71 | 0.88 | 0.76 | 0.00 | 0.02 | 0.23 | 0.53 | 0.48 |
| C73 | 0.21 | 0.00 | 0.37 | 0.33 | 0.35 | 0.25 | 0.42 | 0.29 | 0.50 | 1.00 | 0.49 |
| C74 | 0.58 | 0.20 | 0.82 | 0.57 | 0.44 | 0.00 | 0.27 | 0.32 | 0.87 | 1.00 | 0.69 |
| C75 | 0.06 | 0.26 | 0.29 | 0.00 | 0.36 | 0.28 | 0.35 | 0.21 | 0.86 | 1.00 | 0.59 |
| C76 | 0.00 | 0.01 | 0.04 | 0.01 | 0.03 | 0.02 | 0.02 | 0.03 | 0.10 | 0.16 | 1.00 |
| C77 | 0.51 | 0.11 | 0.57 | 0.49 | 0.73 | 0.45 | 0.08 | 0.00 | 0.15 | 0.69 | 1.00 |
| C78 | 0.09 | 0.21 | 0.39 | 0.35 | 0.28 | 0.26 | 0.12 | 0.00 | 0.69 | 0.91 | 1.00 |
| C79 | 0.44 | 0.77 | 0.36 | 0.00 | 0.46 | 0.49 | 0.43 | 0.40 | 0.45 | 0.65 | 1.00 |
| C80 | 0.34 | 0.17 | 1.00 | 0.75 | 0.44 | 0.57 | 0.38 | 0.15 | 0.09 | 0.00 | 0.09 |
| C81 | 0.56 | 0.35 | 0.72 | 1.00 | 0.88 | 0.81 | 0.68 | 0.63 | 0.64 | 0.56 | 0.00 |
| C82 | 0.28 | 0.32 | 0.30 | 0.30 | 0.29 | 0.29 | 0.28 | 1.00 | 0.21 | 0.26 | 0.00 |
| C83 | 0.03 | 0.13 | 0.40 | 0.00 | 0.32 | 0.19 | 0.21 | 0.18 | 0.50 | 0.51 | 1.00 |
| C84 | 0.00 | 0.18 | 0.15 | 0.14 | 0.33 | 0.13 | 0.17 | 0.18 | 0.80 | 1.00 | 0.80 |
| C85 | 0.01 | 0.20 | 0.07 | 0.00 | 0.25 | 0.18 | 0.04 | 0.22 | 0.66 | 1.00 | 0.30 |
| C86 | 0.02 | 0.32 | 0.27 | 0.00 | 0.41 | 0.25 | 0.12 | 0.42 | 0.54 | 0.63 | 1.00 |
| C87 | 0.00 | 0.23 | 0.05 | 0.01 | 0.07 | 0.07 | 0.10 | 0.10 | 0.27 | 1.00 | 0.16 |
| C88 | 0.00 | 0.11 | 0.30 | 0.17 | 0.22 | 0.11 | 0.06 | 0.17 | 0.41 | 0.36 | 1.00 |
| C89 | 0.49 | 0.78 | 0.59 | 1.00 | 0.10 | 0.41 | 0.42 | 0.95 | 0.42 | 0.36 | 0.00 |
| C90 | 0.25 | 0.31 | 0.00 | 0.69 | 0.08 | 0.47 | 0.71 | 0.39 | 1.00 | 0.64 | 0.03 |
| C91 | 0.45 | 0.44 | 0.42 | 0.00 | 0.62 | 0.41 | 0.32 | 0.38 | 0.78 | 0.63 | 1.00 |
| C92 | 1.00 | 0.60 | 0.60 | 0.98 | 0.67 | 0.43 | 0.48 | 0.72 | 0.23 | 0.40 | 0.00 |
| C93 | 0.57 | 1.00 | 0.06 | 0.45 | 0.41 | 0.19 | 0.21 | 0.36 | 0.01 | 0.06 | 0.00 |
| C94 | 0.14 | 0.10 | 0.27 | 0.25 | 0.27 | 0.14 | 0.00 | 0.08 | 0.42 | 0.48 | 1.00 |
| C95 | 0.11 | 0.26 | 0.10 | 0.00 | 0.42 | 0.21 | 0.11 | 0.27 | 0.45 | 1.00 | 0.04 |

# 附录22 2015年长江经济带绿色竞争力标准化数据

| 序号＼地区 | 云南 | 四川 | 重庆 | 贵州 | 湖北 | 湖南 | 江西 | 安徽 | 浙江 | 江苏 | 上海 |
|---|---|---|---|---|---|---|---|---|---|---|---|
| C1 | 0.00 | 0.10 | 0.00 | 0.00 | 0.13 | 0.49 | 0.12 | 0.37 | 0.37 | 1.00 | 0.10 |
| C2 | 0.24 | 0.00 | 0.13 | 0.46 | 0.09 | 0.89 | 0.54 | 1.00 | 0.24 | 0.50 | 0.13 |
| C3 | 0.03 | 0.08 | 0.00 | 0.00 | 0.10 | 0.78 | 0.06 | 0.15 | 0.31 | 1.00 | 0.13 |
| C4 | 0.73 | 0.94 | 0.00 | 0.64 | 0.65 | 1.00 | 0.17 | 0.66 | 0.89 | 0.77 | 0.21 |
| C5 | 0.93 | 0.97 | 0.77 | 0.97 | 0.80 | 0.85 | 0.95 | 1.00 | 0.55 | 0.41 | 0.00 |
| C6 | 0.52 | 1.00 | 0.58 | 0.66 | 0.32 | 0.25 | 0.13 | 0.14 | 0.77 | 0.81 | 0.00 |
| C7 | 1.00 | 0.96 | 0.16 | 0.39 | 0.37 | 0.53 | 0.45 | 0.16 | 0.24 | 0.01 | 0.00 |
| C8 | 0.90 | 0.91 | 0.85 | 0.60 | 0.73 | 0.91 | 1.00 | 0.61 | 0.57 | 0.44 | 0.00 |
| C9 | 0.32 | 0.47 | 1.00 | 0.56 | 0.36 | 0.26 | 0.68 | 0.62 | 0.60 | 0.74 | 0.00 |
| C10 | 0.91 | 0.76 | 0.96 | 1.00 | 0.71 | 0.73 | 0.73 | 0.76 | 0.33 | 0.00 | 0.90 |
| C11 | 0.70 | 0.93 | 0.84 | 0.00 | 0.94 | 0.79 | 0.81 | 1.00 | 0.91 | 1.00 | 1.00 |
| C12 | 0.60 | 0.52 | 0.00 | 0.06 | 0.81 | 0.28 | 0.74 | 0.69 | 0.96 | 0.98 | 1.00 |
| C13 | 0.63 | 0.85 | 0.39 | 0.00 | 0.95 | 0.68 | 0.86 | 0.91 | 0.90 | 0.91 | 1.00 |
| C14 | 0.68 | 0.62 | 0.41 | 0.00 | 0.92 | 0.77 | 0.89 | 0.93 | 1.00 | 1.00 | 0.98 |
| C15 | 0.00 | 0.68 | 0.86 | 0.38 | 0.15 | 0.98 | 0.45 | 0.96 | 0.92 | 1.00 | 1.00 |
| C16 | 0.09 | 0.47 | 0.14 | 0.00 | 0.47 | 0.31 | 0.05 | 0.19 | 0.90 | 1.00 | 0.29 |
| C17 | 0.90 | 0.62 | 0.87 | 1.00 | 0.58 | 0.68 | 0.89 | 0.72 | 0.39 | 0.00 | 0.50 |
| C18 | 0.37 | 0.09 | 0.79 | 0.83 | 0.63 | 0.56 | 0.00 | 1.00 | 0.48 | 0.69 | 0.58 |
| C19 | 0.64 | 0.42 | 0.43 | 0.00 | 0.05 | 0.48 | 0.43 | 0.61 | 0.47 | 0.62 | 1.00 |
| C20 | 0.95 | 0.77 | 0.58 | 0.00 | 0.28 | 0.28 | 0.89 | 0.69 | 0.44 | 0.61 | 1.00 |
| C21 | 1.00 | 0.66 | 0.01 | 0.67 | 0.76 | 0.69 | 0.52 | 0.40 | 0.48 | 0.66 | 0.00 |
| C22 | 0.90 | 0.56 | 0.38 | 0.60 | 0.50 | 0.65 | 1.00 | 0.38 | 0.46 | 0.15 | 0.00 |
| C23 | 0.35 | 0.55 | 0.92 | 0.51 | 0.43 | 0.31 | 0.00 | 0.15 | 0.98 | 0.62 | 1.00 |
| C24 | 0.88 | 0.86 | 1.00 | 0.83 | 0.71 | 0.89 | 0.85 | 0.56 | 0.65 | 0.00 | 0.94 |
| C25 | 1.00 | 0.14 | 0.64 | 0.94 | 0.00 | 0.42 | 0.76 | 0.30 | 0.33 | 0.26 | 0.39 |
| C26 | 0.34 | 1.00 | 0.08 | 0.09 | 0.11 | 0.14 | 0.13 | 0.04 | 0.01 | 0.05 | 0.00 |
| C27 | 0.14 | 0.59 | 0.00 | 0.00 | 0.47 | 0.31 | 0.27 | 0.32 | 0.35 | 1.00 | 0.10 |
| C28 | 0.87 | 0.99 | 1.00 | 1.00 | 0.61 | 1.00 | 1.00 | 0.74 | 0.99 | 0.00 | 1.00 |

续表

| 序号\地区 | 云南 | 四川 | 重庆 | 贵州 | 湖北 | 湖南 | 江西 | 安徽 | 浙江 | 江苏 | 上海 |
|---|---|---|---|---|---|---|---|---|---|---|---|
| C29 | 0.80 | 0.50 | 0.56 | 0.53 | 0.56 | 0.75 | 1.00 | 0.34 | 0.98 | 0.10 | 0.00 |
| C30 | 0.00 | 0.17 | 0.08 | 0.01 | 0.18 | 0.16 | 0.16 | 0.22 | 0.51 | 1.00 | 0.18 |
| C31 | 0.00 | 0.17 | 0.13 | 0.02 | 0.12 | 0.10 | 0.11 | 0.10 | 0.18 | 1.00 | 0.24 |
| C32 | 0.12 | 0.00 | 0.80 | 0.31 | 0.45 | 0.41 | 0.24 | 0.38 | 0.98 | 0.99 | 1.00 |
| C33 | 0.01 | 0.03 | 1.00 | 0.01 | 0.05 | 0.05 | 0.05 | 0.05 | 0.06 | 0.00 | 0.07 |
| C34 | 0.28 | 0.10 | 0.00 | 0.08 | 0.17 | 0.36 | 0.16 | 0.21 | 0.94 | 1.00 | 0.27 |
| C35 | 0.84 | 0.71 | 0.00 | 0.73 | 0.87 | 0.19 | 0.41 | 1.00 | 0.76 | 0.88 | 0.80 |
| C36 | 0.47 | 1.00 | 0.15 | 0.22 | 0.35 | 0.36 | 0.18 | 0.10 | 0.04 | 0.11 | 0.00 |
| C37 | 0.46 | 0.00 | 0.80 | 0.73 | 0.93 | 0.76 | 0.91 | 0.77 | 0.11 | 1.00 | 0.44 |
| C38 | 0.00 | 0.53 | 0.77 | 0.71 | 0.88 | 0.77 | 0.71 | 0.71 | 0.92 | 1.00 | 1.00 |
| C39 | 0.57 | 0.41 | 0.38 | 0.35 | 0.24 | 0.00 | 0.30 | 0.45 | 1.00 | 0.25 | 0.75 |
| C40 | 0.36 | 0.55 | 0.73 | 0.00 | 0.76 | 0.80 | 0.86 | 0.75 | 0.95 | 1.00 | 0.96 |
| C41 | 0.00 | 0.61 | 0.35 | 0.01 | 0.37 | 0.27 | 0.25 | 0.13 | 0.58 | 0.47 | 1.00 |
| C42 | 0.05 | 0.56 | 0.82 | 0.00 | 0.80 | 1.00 | 0.58 | 0.41 | 0.28 | 0.43 | 0.81 |
| C43 | 0.00 | 0.79 | 0.57 | 0.01 | 0.36 | 0.26 | 0.24 | 0.18 | 0.57 | 0.49 | 1.00 |
| C44 | 0.51 | 0.18 | 0.20 | 1.00 | 0.32 | 0.23 | 0.41 | 0.75 | 0.24 | 0.36 | 0.00 |
| C45 | 0.92 | 0.78 | 0.86 | 1.00 | 0.69 | 0.73 | 0.86 | 0.75 | 0.50 | 0.47 | 0.00 |
| C46 | 0.86 | 0.91 | 0.69 | 0.76 | 0.83 | 1.00 | 0.98 | 0.91 | 0.39 | 0.20 | 0.00 |
| C47 | 0.97 | 0.98 | 0.83 | 0.91 | 0.94 | 0.99 | 1.00 | 0.98 | 0.62 | 0.58 | 0.00 |
| C48 | 0.97 | 1.00 | 0.73 | 0.26 | 0.69 | 0.88 | 0.87 | 0.57 | 0.33 | 0.00 | 0.15 |
| C49 | 0.69 | 0.90 | 0.45 | 0.00 | 0.86 | 0.90 | 0.74 | 0.96 | 0.85 | 0.80 | 1.00 |
| C50 | 0.74 | 0.35 | 0.54 | 0.92 | 0.10 | 0.00 | 0.22 | 0.38 | 0.57 | 0.48 | 1.00 |
| C51 | 0.89 | 0.52 | 0.47 | 1.00 | 0.23 | 0.00 | 0.31 | 0.55 | 0.38 | 0.42 | 0.39 |
| C52 | 1.00 | 0.97 | 0.72 | 0.34 | 0.70 | 0.90 | 0.89 | 0.61 | 0.32 | 0.00 | 0.03 |
| C53 | 0.00 | 0.63 | 0.38 | 0.01 | 0.36 | 0.27 | 0.25 | 0.18 | 0.58 | 0.48 | 1.00 |
| C54 | 0.09 | 0.76 | 0.44 | 0.01 | 0.61 | 0.47 | 0.00 | 0.21 | 0.63 | 1.00 | 0.99 |
| C55 | 0.06 | 0.09 | 0.31 | 0.00 | 0.22 | 0.03 | 0.00 | 0.00 | 0.10 | 0.27 | 1.00 |
| C56 | 0.54 | 0.66 | 0.32 | 0.35 | 0.43 | 0.68 | 0.00 | 0.37 | 1.00 | 0.98 | 0.50 |
| C57 | 0.00 | 0.49 | 0.57 | 0.15 | 0.50 | 0.48 | 0.45 | 0.52 | 0.76 | 0.66 | 1.00 |
| C58 | 0.88 | 0.27 | 0.37 | 0.76 | 0.58 | 0.95 | 1.00 | 1.00 | 0.60 | 0.00 | 0.09 |
| C59 | 0.00 | 0.46 | 0.70 | 0.73 | 0.99 | 0.81 | 1.00 | 0.98 | 0.97 | 0.92 | 0.96 |
| C60 | 0.85 | 1.00 | 0.99 | 1.00 | 0.00 | 0.92 | 0.95 | 0.94 | 0.91 | 0.91 | 0.89 |
| C61 | 0.06 | 0.06 | 0.09 | 0.00 | 0.09 | 0.15 | 0.07 | 0.08 | 0.67 | 0.44 | 1.00 |
| C62 | 0.05 | 0.26 | 0.32 | 0.00 | 0.46 | 0.53 | 0.52 | 0.16 | 1.00 | 0.62 | 0.92 |

续表

| 序号＼地区 | 云南 | 四川 | 重庆 | 贵州 | 湖北 | 湖南 | 江西 | 安徽 | 浙江 | 江苏 | 上海 |
|---|---|---|---|---|---|---|---|---|---|---|---|
| C63 | 0.21 | 0.07 | 0.18 | 0.28 | 0.17 | 0.00 | 0.06 | 0.12 | 1.00 | 1.00 | 0.86 |
| C64 | 0.09 | 0.84 | 0.07 | 0.00 | 0.86 | 0.67 | 0.29 | 0.42 | 0.73 | 1.00 | 0.19 |
| C65 | 0.00 | 0.32 | 0.15 | 0.09 | 1.00 | 0.85 | 1.00 | 0.57 | 0.45 | 0.95 | 0.08 |
| C66 | 0.45 | 1.00 | 0.82 | 0.56 | 0.65 | 0.55 | 0.68 | 0.83 | 0.22 | 0.20 | 0.00 |
| C67 | 0.05 | 0.18 | 0.20 | 0.00 | 0.28 | 0.23 | 0.24 | 0.22 | 0.87 | 0.56 | 1.00 |
| C68 | 0.10 | 0.61 | 0.58 | 0.00 | 0.83 | 0.56 | 0.75 | 0.67 | 1.00 | 0.83 | 0.83 |
| C69 | 0.45 | 0.82 | 1.00 | 0.55 | 0.82 | 0.91 | 0.82 | 1.00 | 0.91 | 0.18 | 0.00 |
| C70 | 0.10 | 0.62 | 0.19 | 0.00 | 0.35 | 0.33 | 0.14 | 0.27 | 0.80 | 1.00 | 0.56 |
| C71 | 0.00 | 0.15 | 0.42 | 0.11 | 0.05 | 0.27 | 0.12 | 0.01 | 1.00 | 0.25 | 0.32 |
| C72 | 0.42 | 1.00 | 0.94 | 0.76 | 0.94 | 0.93 | 0.00 | 0.01 | 0.36 | 0.52 | 0.46 |
| C73 | 0.69 | 0.57 | 0.79 | 0.81 | 0.85 | 0.48 | 1.00 | 0.65 | 0.47 | 0.00 | 0.59 |
| C74 | 0.55 | 0.16 | 0.79 | 0.55 | 0.55 | 0.00 | 0.27 | 0.31 | 0.85 | 1.00 | 0.70 |
| C75 | 0.00 | 0.20 | 0.27 | 0.03 | 0.32 | 0.23 | 0.29 | 0.14 | 0.74 | 1.00 | 0.33 |
| C76 | 0.00 | 0.01 | 0.04 | 0.01 | 0.03 | 0.03 | 0.02 | 0.03 | 0.10 | 0.16 | 1.00 |
| C77 | 0.58 | 0.15 | 0.67 | 0.48 | 0.80 | 0.53 | 0.11 | 0.00 | 0.22 | 0.75 | 1.00 |
| C78 | 0.08 | 0.18 | 0.37 | 0.33 | 0.26 | 0.26 | 0.11 | 0.00 | 0.65 | 0.89 | 1.00 |
| C79 | 0.43 | 0.25 | 0.15 | 0.00 | 0.26 | 0.39 | 0.41 | 0.90 | 0.48 | 0.34 | 1.00 |
| C80 | 0.02 | 0.00 | 0.01 | 0.08 | 0.06 | 0.04 | 0.05 | 0.05 | 1.00 | 0.04 | 0.04 |
| C81 | 0.75 | 0.29 | 0.73 | 1.00 | 0.71 | 0.81 | 0.62 | 0.46 | 0.49 | 0.31 | 0.00 |
| C82 | 0.35 | 0.88 | 1.00 | 0.80 | 1.00 | 0.90 | 0.85 | 0.85 | 0.57 | 0.39 | 0.00 |
| C83 | 0.03 | 0.12 | 0.42 | 0.00 | 0.33 | 0.19 | 0.21 | 0.19 | 0.52 | 0.54 | 1.00 |
| C84 | 0.00 | 0.17 | 0.22 | 0.09 | 0.31 | 0.21 | 0.18 | 0.18 | 0.88 | 1.00 | 0.87 |
| C85 | 0.03 | 0.19 | 0.08 | 0.00 | 0.23 | 0.18 | 0.05 | 0.22 | 0.69 | 1.00 | 0.30 |
| C86 | 0.07 | 0.34 | 0.31 | 0.00 | 0.42 | 0.27 | 0.14 | 0.44 | 0.56 | 0.63 | 1.00 |
| C87 | 0.00 | 0.08 | 0.08 | 0.01 | 0.10 | 0.08 | 0.11 | 0.11 | 0.27 | 1.00 | 0.14 |
| C88 | 0.05 | 0.13 | 0.21 | 0.00 | 0.32 | 0.17 | 0.10 | 0.16 | 0.31 | 0.39 | 1.00 |
| C89 | 0.43 | 0.58 | 0.49 | 1.00 | 0.11 | 0.38 | 0.37 | 0.72 | 0.37 | 0.29 | 0.00 |
| C90 | 0.55 | 0.62 | 0.24 | 1.00 | 0.28 | 0.53 | 0.77 | 0.59 | 0.86 | 0.81 | 0.00 |
| C91 | 0.42 | 0.42 | 0.39 | 0.00 | 0.66 | 0.42 | 0.31 | 0.37 | 0.77 | 0.64 | 1.00 |
| C92 | 1.00 | 0.60 | 0.59 | 0.98 | 0.67 | 0.43 | 0.48 | 0.71 | 0.23 | 0.40 | 0.00 |
| C93 | 0.56 | 1.00 | 0.06 | 0.44 | 0.41 | 0.19 | 0.21 | 0.36 | 0.01 | 0.06 | 0.00 |
| C94 | 0.14 | 0.10 | 0.27 | 0.25 | 0.28 | 0.14 | 0.00 | 0.08 | 0.42 | 0.48 | 1.00 |
| C95 | 0.07 | 0.26 | 0.11 | 0.00 | 0.39 | 0.21 | 0.12 | 0.26 | 0.46 | 1.00 | 0.04 |

# 附录23 区域绿色竞争力系统动力学模型的方程

(001) FINAL TIME =2030

Units: Year

The final time for the simulation.

(002) INITIAL TIME =2005

Units: Year

The initial time for the simulation.

(003) "R&D 人员"="R&D 人员占就业人口比重"×就业人数

Units: ××undefined××

(004) "R&D 经费"=GDP×"R&D 经费占 GDP 比重"

Units: ××undefined××

(005) $CO_2$ 排放量=GDP/排放单位 $CO_2$ 的产出

Units: 万吨

(006) GDP=INTEG (GDPR,4056.76)

Units: 亿元

(007) GDPR=-19244.4-0.155207×固定资产投资表函数+8.78112×就业人数/10000

Units: 亿元

线性回归

(008) gdzcb([(2005,0)-(2030,20000)],(2005,2168.97),(2006,2684),(2007,3302),(2008,4345),(2009,5693),(2010,7165),(2011,8738),(2012,10774),(2013,12850),(2014,15079),(2015,17388))

Units: ××undefined××

(009) "R&D 人员占就业人口比重"=0.002557

Units: ××undefined××

2010-2015 均值

(010) "R&D 经费占 GDP 比重"=0.0093

Units: Dmnl

2010-2015R&D 内部经费占 GDP 比值均值

(011) SAVEPER =TIME STEP

Units：Year [0,?]

The frequency with which output is stored.

(012)　$SO_2$ 未达标量=$SO_2$ 排放量×(1-工业 $SO_2$ 排放达标率)

Units：万吨

(013)　$SO_2$ 排放量=GDP/排放单位 $SO_2$ 的产出

Units：万吨

(014)　TIME STEP　=1

Units：Year [0,?]

The time step for the simulation.

(015)　zl([(2005,0)-(2015,30000)],(2005,1361),(2006,1536),(2007,2069),(2008,2295),(2009,2915),(2010,4349),(2011,5550),(2012,7985),(2013,9970),(2014,13831),(2015,24161))

Units：××undefined××

(016)　万元工业产值固废产生量=0.26

Units：吨/万元

(017)　三废排放量=(固体废弃物增加量+工业污水排放总量+生活污水处理排放量)

Units：万吨

(018)　人口=INTEG(净增长,4.29741e+07)

Units：人

(019)　人均 GDP=GDP/人口×1e+08

Units:元/人

(020)　人均固废排放量=6.48417e-06

Units：人/万吨

2005-2013 均值,2014 之后无统计

(021)　农村人口=人口×农村人口比例-((城镇化因子-1)×城镇人口)

Units：××undefined××

(022)　农村人口人均居住面积=表函数(Time)

Units：××undefined××

(023)　农村人口人均生活污水排放量=24.521

Units：吨/人

2000 年数据

(024)　农村人口居住用地面积=农村人口×农村人口人均居住面积

Units：××undefined××

(025)　农村人口比例=农村人口比例表函数(Time)

Units：××undefined××

(026) 农村人口比例表函数([(2005,0)-(2030,1)],(2005,0.629),(2006,0.6132),(2007,0.602),(2008,0.5864),(2009,0.5682),(2010,0.5594),(2011,0.543),(2012,0.5249),(2013,0.5113),(2014,0.4978),(2015,0.4838))

Units: ××undefined××

(027) 农村污水排放量=农村人口×农村人口人均生活污水排放量

Units: 吨

(028) 净增长=自然增长-净迁移人口

Units: 人

(029) 净迁移人口=1.04657e+06/20

Units: ××undefined××

(030) 出生率=(16.1142-0.321517×LN(固体废弃物存量))/1000×生育影响因子

Units: Dmnl

(031) 单个项目投资额=2.80666

Units: ××undefined××

2005-2015 均值

(032) 单位 GDP 财政收入=0.137189

Units: Dmnl

2005-2015 均值

(033) 单位三产污水产生量=0.0018

Units: 吨/元

(034) 单位产值氮氧化物排放量=0.00438406

Units: 万吨/亿元

2012 年数据

(035) 单位经济增加值排放量=三废排放量/GDPR/10

Units: ××undefined××

(036) 单位经济增加值能耗量=

能源消费量/GDPR/10

Units: ××undefined××

(037) 单位财政收入造林面积=0.7112

Units: 公顷/万元

2006-2015 均值

(038) 固体废弃物减少量=(工业固废减少量+生活固废减少量)×固废处理水平因子

Units: 万吨

(039) 固体废弃物增加量=工业固废产生量+生活固废排放量

Units：万吨

（040） 固体废弃物存量=INTEG（固体废弃物增加量-固体废弃物减少量-固体废弃物自然降解量,708.1）

Units：万吨

2005 生活垃圾未处理量与工业固体废物贮存量之和

（041） 固体废弃物自然降解量=自然降解系数×固体废弃物存量

Units：××undefined××

（042） 固体污染单位退化成本=7.07×定基比 GDP 指数

Units:元/吨

不同类型环境规制对中国工业绿色发展的政策效应仿真模拟

（043） 固定资产投资表函数=GDZCB(Time)

Units：××undefined××

（044） 固废处理水平因子=1

Units：Dmnl

（045） 城市污水排放量=城镇人口×城镇人口人均生活污水排放量

Units：吨

（046） 城镇人口=人口×城镇化率×城镇化因子

Units：人

（047） 城镇人口人均生活污水排放量=33.6

Units：吨/人

2000 年数据

（048） 城镇化因子=1

Units：××undefined××

（049） 城镇化率=城镇化率表函数(Time)

Units：××undefined××

（050） 城镇化率表函数([(2005,0)-(2030,1)],(2005,0.371),(2006,0.3868),(2007,0.398),(2008,0.4136),(2009,0.4318),(2010,0.4406),(2011,0.457),(2012,0.4751),(2013,0.4887),(2014,0.5022),(2015,0.5162))

Units：××undefined××

（051） 大气环境单位退化成本=4939.3×定基比 GDP 指数

Units:元/吨

不同类型环境规制对中国工业绿色发展的政策效应仿真模拟

（052） 定基比 GDP 指数=定基比表函数(Time)

Units：Dmnl

以 2004 年为基期

（053） 定基比表函数([(2005,0)-(2030,4)],(2005,1.128),(2006,1.266),

(2007,1.434),(2008,1.623),(2009,1.836),(2010,2.093),(2011,2.355),(2012,2.614),(2013,2.878),(2014,3.157),(2015,3.444))

Units：Dmnl

(054)　就业人数=人口×就业率表函数(Time)

Units：人

(055)　就业率表函数([(2005,0)-(2030,1)],(2006,0.534916),(2007,0.5424),(2008,0.5465),(2009,0.5517),(2010,0.56),(2011,0.5643),(2012,0.5675),(2013,0.5725),(2014,0.5731),(2015,0.5729))

Units：Dmnl

社会就业人口数/总人口.2006-2015 平均值 0.5586

(056)　工业 $SO_2$ 排放达标率=0.54185

Units：Dmnl

2005,0.54185 工业二氧化硫去除量/(生活二氧化硫排放量+工业二氧化硫排放量)

(057)　工业产业产值=(0.833×第二产业产值-27.1)

Units：亿元

(058)　工业单产污水产生量=0.0197

Units：吨/元

(059)　工业固废产生量=万元工业产值固废产生量×工业产业产值

Units：万吨

(060)　工业固废减少量=工业固废产生量×工业固废综合利用率

Units：万吨

(061)　工业固废综合利用率=0.454

Units：Dmnl

(062)　工业废水排放达标量=(工业污水处理率×工业污水排放总量)/10000

Units：万吨

(063)　工业污水处理率=0.687

Units：Dmnl

(064)　工业污水排放总量=(工业产业产值×工业单产污水产生量+第三产业产值×单位三产污水产生量)×10000

Units：万吨

(065)　损失系数=0.02943

Units：Dmnl

2005-2015 能源损失量/能源生产量平均值

(066)　排放单位 $CO_2$ 的产出=0.5585

Units：亿元/万吨

2005-2010 均值

(067)　排放单位 $SO_2$ 的产出=123.91

Units：亿元/万吨

2005-2010 均值

(068)　林业投资比例=0.040597

Units：Dmnl

2006-2015 年均值

(069)　林业本年完成投资=财政收入×林业投资比例×10000

Units：万元

(070)　死亡率=[5.37999+0.102648×LN(高技术产业总产值)]/1000

Units：Dmnl

(071)　氮氧化物排放量=GDP×单位产值氮氧化物排放量

Units：万吨

(072)　水环境单位退化成本=4.712×定基比 GDP 指数

Units:元/吨

不同类型环境规制对中国工业绿色发展的政策效应仿真模拟

(073)　污染经济损失=((水环境单位退化成本×(工业污水排放总量-工业废水排放达标量+生活污水排放量-生活污水处理排放量)+固体污染单位退化成本×(固体废弃物增加量-固体废弃物减少量)+($SO_2$未达标量+氮氧化物排放量)×大气环境单位退化成本))/1e+08

Units：亿元

单位退化成本为元/吨,废弃物排放为万吨,除以 10000 为单位换算

(074)　环保污染治理投资=GDP×环保污染治理投资占 GDP 比重

Units：××undefined××

(075)　环保污染治理投资占 GDP 比重=0.0092833

Units：××undefined××

2005-2015 均值

(076)　生活固废减少量=生活固废排放量×生活固废无害化处理率

Units：万吨

(077)　生活固废排放量=人口×人均固废排放量

Units：万吨

(078)　生活固废无害化处理率=0.844

Units：Dmnl

2005,2006 均值为 49.8,2007-2013 均值为 84.4

(079)　生活污水处理排放量=生活污水排放量×生活污水处理率/10000

Units：万吨

（080）　生活污水处理率=0.5

Units：Dmnl

江西污水处理率从 1997 年零处理到 2009 年 70%的处理率

（081）　生活污水排放量=农村污水排放量+城市污水排放量

Units：吨

（082）　生育影响因子=1

Units：××undefined××

（083）　短缺经济损失=0.1906×（能源消费量-能源生产总量）

Units：××undefined××

参数由消耗 1 单位万吨标准煤所产生的经济增加值的 2005-2015 年平均值计算得出

（084）　竣工项目数量=单个项目投资额×环保污染治理投资

Units：××undefined××

（085）　第一产业产值=GDP×第一产业比例

Units：亿元

（086）　第一产业比例=0.1347

Units：Dmnl

取 2005-2015 均值

（087）　第三产业产值=GDP×第三产业比例

Units：××undefined××

（088）　第三产业比例=0.3474

Units：Dmnl

取 2005-2015 年均值

（089）　第二产业产值=GDP×第二产业比例

Units：亿元

（090）　第二产业比例=0.518

Units：××undefined××

取 2005-2015 年均值

（091）　绿色发展指数=1-（0.4×单位经济增加值能耗量+单位经济增加值排放量×0.6）

Units：Dmnl

1-（0.4×单位工业增加值能耗量+0.6×单位工业增加值排放量）；

不同类型环境规制对中国工业绿色发展的政策效应仿真模拟

（092）　绿色经济增加值=GDPR-污染经济损失-短缺经济损失

Units：亿元

（093）　能源消费量=能源消费量表函数（Time）

Units：万吨

(094)　能源消费量表函数([(2005,4000)-(2030,9000)],(2005,4286),(2006,4660.1),(2007,5052.5),(2008,5383),(2009,5812.5),(2010,6280.6),(2011,6847.1),(2012,7148.3),(2013,7583),(2014,8055),(2015,8440))

Units：××undefined××

(095)　能源生产总量=能源生产总量表函数(Time)×(1-损失系数)

Units：万吨

一次能源生产量

(096)　能源生产总量表函数([(2005, 1000)-(2030, 3000)],(2005, 1942.68),(2006,2108),(2007,2242),(2008,2359),(2009,2537),(2010,2192),(2011,2432),(2012,2302),(2013,2310),(2014,2187),(2015,1874))

Units：万吨

按标准煤折算系数,将原煤,电力,天然气折算成标准煤

(097)　自然增长=(出生率-死亡率)×人口

Units：人

(098)　自然降解系数=0.02

Units：××undefined××

基于系统动力学生态城市建设路径研究

(099)　表函数([(2005,0)-(2030,50)],(2005,34.1),(2006,35.91),(2007, 36.78),(2008,37.56),(2009,39.53),(2010,40),(2011,46),(2012,46.9),(2013,42.5),(2014,47.5),(2015,48.7))

Units：××undefined××

(100)　财政收入=GDP×单位 GDP 财政收入

Units：亿元

(101)　造林总面积=INTEG (造林面积增加额,47600)

Units：公顷

2006 中国统计年鉴;2008 年,江西省提出了造林绿化“一大四小”工程建设,并持续至 2014 年。

(102)　造林面积增加额=(单位财政收入造林面积×林业本年完成投资)×IF THEN ELSE(造林总面积≥1.68e+06, 0, 1)

Units：公顷

采用省份造林面积最多的福建 69.95%作为极限值,森林覆盖率一旦超过,则造林面积新增值为 0

(103)　高技术产业产值增加额 = 71.4248 + 0.00279107 × " R&D 人员" + 0.0120012×" R&D 经费" +0.0139117×zl(Time)

Units：亿元

线性回归

（104）　高技术产业总产值=INTEG（高技术产业产值增加额,141.66）

Units：亿元

# 参考文献


[1] Christian L. A Critical Appraisal of Gross National Product: The Measurement of Net National Welfare and Environmental Accounting [J]. Journal of Economic Issues, 1987, 21 (1): 357-373.

[2] Repetto R C, Magrath W, Wells M, et al. Wasting Assets: Natural Resources in the National Income Accounts [R]. Washington, DC: World Resources Institute, 1989.

[3] Hall B. 1991-1992 Green Index: A State-by-state Guide to the Nation's Environmental Health [M]. Island Press, 1991.

[4] Clifford C, Ted H, Jonathon R. If the GDP Is Up, Why Is America Down [Z]. The Atlantic Monthly, 1995: 59-78.

[5] Lawn P A. An Assessment of the Valuation Methods Used to Calculate the Index of Sustainable Economic Welfare (ISEW), Genuine Progress Indicator (GPI), and Sustainable Net Benefit Index (SNBI) [J]. Environ Development & Sustainability, 2005, 7 (2): 185-208.

[6] Dunning J H. Internationalizing Porter's Diamond [J]. Management International Review, 1993 (33): 7-15.

[7] Alan M R, Joseph R D. The Double Diamond Model of International Competitiveness: The Canadian Experience MIR [J]. Management International Review, 1993 (33): 17-39.

[8] Mayes D G, Harris C, Lansbury M. Inefficiency in industry [M]. Harvester Wheatsheaf, 1994.

[9] Prahalad C K, Hamel G. The Core Competence of the Cooperation [J]. 1990 (68): 79-91.

[10] Bansal P. Evolving Sustainability: A Longitudinal study of Corporate Sustain-able Development [J]. Strategic Management Journal, 2005 (26): 197-218.

[11] Liesner H H. The European Common Market and British Industry [J]. Economic Journal, 1958 (68): 302-316.

[12] Balassa B. Trade Liberalisation and "Revealed" Comparative Advantage [J]. Manchester School, 1965, 33 (2): 99-123.

[13] MacDougal F. Correlation of Heights of Observed and Computed Deep-water Wind Waves in North Atlantic Ocean and Mediterranean Sea [J]. Transactions American Geophysical Union, 1951, 32 (6): 878.

[14] Kravis I B. Availability and Other Influences on the Commodity Composition of Trade [J]. Journal of Political Economy, 1956, 64 (2): 143-155.

[15] Charney J G, Stern M E. On the Stability of Internal Baroclinic Jets in a Rotating Atmosphere [J]. Journal of Atmospheric Sciences, 1962, 19 (2): 159-172.

[16] Balassa G. Genetic Transformation of Rhizobium: A Review of the Work of R. Balassa [J]. Bacteriol Rev, 1963, 27 (2): 228-241.

[17] Fankhauser S, Bowen A, Calel R, et al. Who will win the green race? In Search of Environmental Competitiveness and Innovation [J]. Global Environmental Change, 2013 (23): 902-913.

[18] Cruz Barreiro I C. Human Development Assessment Through the Human-scale Development Approach: Integrating Different Perspectives in the Contribution to a Sustainable Human Development theory [J]. American Journal of Obstetrics & Gynecology, 2006, 192 (3): 892-902.

[19] Gasparatos A, Doll C, Esteban M , et al. Renewable Energy and Biodiversity: Implications for Transitioning to a Green Economy [J]. Renewable and Sustainable Energy Reviews, 2017, 70 (APR.): 161-184.

[20] Yang B, Xu T, Shi L. Analysis on Sustainable Urban Development Levels and Trends in China's Cities [J]. Journal of Cleaner Production, 2017, 141 (JAN. 10): 868-880.

[21] Morteza G A, Seyed Gholamreza J N, Reza T M, Armin J. A Fuzzy Pricing Model for a Green Competitive Closed-loop Supply Chain Network Design in the Presence of Disruptions [J]. Journal of Cleaner Production, 2018 (188): 425-442.

[22] Hart S L. Beyond Greening: Strategies for a Sustainable World [J]. Harvard Business Review, 1997 (1): 66-76.

[23] García-Ruiz J M, Lasanta T, Ruiz-Flano P, et al. Land-use Changes and Sustainable Development in Mountain Areas: A Case Study in the Spanish Pyrenees [J]. Landscape Ecology, 1996, 11 (5): 267-277.

[24] Pujari D, Wright G, Peattie K, et al. Green and Competitive: Influences on Environmental New Product Development Performance [J]. Journal of Business Research, 2003, 56 (8): 657-671.

[25] Porter M E. Toward a Dynamic Theory of Strategy [J]. Strategic Management Journal, 1991 (12): 95-117.

[26] Kuznets S S. Modern Economic Growth: Rate, Structure, and Spread [J].

Journal of Political Economy, 1966, 37 (145): 475-476.

[27] Samuelson P A. Evaluating Reaganomics [J]. Challenge, 1987, 30 (6): 58-65.

[28] Daly H E. Beyond Growth: The Economics of Sustainable Development [M]. ZHU Dajian. et al. Translated Shanghai: Shanghai Translation Publishing House, 2001.

[29] Heilman M E, Wallen A S, Fuchs D, et al. Penalties for Success: Reactions to Women Who Succeed at Male Gender-typed Tasks [J]. Journal of Applied Psychology, 2004, 89 (3): 416.

[30] Ranis G, Stewart F. Success and Failure in Human Development, 1970-2007 [J]. Journal of Human Development & Capabilities, 2012, 13 (2): 167-195.

[31] Birol F. The Investment Implications of Global Energy Trends [J]. Oxford Review of Economic Policy, 2005, 21 (1): 145-153.

[32] Lin J Y. New Structural Economics: A Framework for Rethinking Development [J]. Policy Research Working Paper Series, 2011, 51 (3): 323-326.

[33] Silber J, Son H. On the Link between the Bonferroni Index and the Measurement of Inclusive Growth [J]. Economics Bulletin, 2010, 30 (2): 421-428.

[34] Kuhns W J, Solow I A. Agammaglobulinemia in a Young Female; Associated with Structural and Other Defects [J]. PaMed J, 1957, 60 (5): 621-623.

[35] Linnenluecke M K, Griffiths A. Corporate Sustainability and Organizational Culture [J]. Journal of World Business, 2010, 45 (4): 357-366.

[36] Burton W. Toward a Theory of the Voluntary Nonprofit Sector in Three-Sector Economy [M]. Altruism Morality and Economic Theory, 1974.

[37] Boulding K E. Economics of the Coming Spaceship Earth [J]. Environmental Quality in a Growing Economy, 1966 (2): 3-14.

[38] Bonifant B C, Arnold M B, Long F J. Gaining Competitive Advantage through Environmental Investments [J]. Business Horizons, 1995, 38 (4): 37-47.

[39] Lovins A B, Lovins L H, Hawken P. A Road Map for Natural Capitalism. [J]. Harvard Business Review, 1999, 77 (3): 145.

[40] Friedman D, Fung K C. International Trade and the Internal Organization of Firms: An Evolutionary Approach [J]. Journal of International Economics, 1996 (41): 113-137.

[41] Barari S, Agarwal G, Zhang W J, et al. A Decision Framework for the Analysis of Green Supply Chain Contracts: An Evolutionary Game Approach [J]. Expert Systems with Applications, 2012, 39 (3): 2965-2976.

[42] 孙虎，韩良，佟连军，孔凡娥. 中国区域生态经济水平与区域竞争力的关联性与实证研究 [J]. 生态学报，2006 (5): 1597-1604.

［43］诸大建，陈静．城市低碳竞争力评价模型和上海市的实证研究［J］．现代城市研究，2011，26（11）：10-14.

［44］陈国生，陆利军．湖南省城市生态环境与城市竞争力关系的实证研究［J］．经济地理，2011，31（12）：2051-2053.

［45］陈红喜．企业绿色竞争力的理论分析与实证研究［D］．南京：南京农业大学，2008.

［46］康娟，薛丽丽．基于 AHP/DEA 的农业上市公司绿色竞争力评价研究［J］．经济研究导刊，2011（13）：78-80.

［47］余建，陈红喜，王建明．循环经济与企业绿色竞争力：基于江苏板块上市公司的实证研究［J］．科技进步与对策，2010，27（4）：82-85.

［48］赵领娣，徐新．节约型社会建设与我国企业绿色竞争力的提升［J］．中共青岛市委党校（青岛行政学院学报），2005（5）：17-20.

［49］王继红．以绿色化推动铜陵经济发展模式转型研究［J］．中国市场，2016（4）：171-172.

［50］王皓．企业低碳竞争力的研究［J］．商业时代，2010（30）：90-92.

［51］熊焰．企业社会责任与低碳竞争力［J］．中国中小企业，2010（3）：22-26.

［52］陈晓春，陈思果．中国低碳竞争力评析与提升途径［J］．湘潭大学学报（哲学社会科学版），2010，34（5）：50-54.

［53］李晓燕，邓玲．城市低碳经济综合评价探索——以直辖市为例［J］．现代经济探讨，2010（2）：82-85.

［54］付允，刘怡君，汪云林．低碳城市的评价方法与支撑体系研究［J］．中国人口·资源与环境，2010，20（8）：44-47.

［55］胡大立，丁帅．低碳经济评价指标体系研究［J］．科技进步与对策，2010，27（22）：160-164.

［56］郭红卫．基于模糊综合算法的低碳经济发展水平评价［J］．当代经济管理，2010，32（5）：15-18.

［57］肖宏伟，李佐军，王海芹．中国绿色转型发展评价指标体系研究［J］．当代经济管理，2013，35（8）：24-30.

［58］北京师范大学科学发展观与经济可持续发展研究基地．2012 中国绿色指数年度报告——区域比较［M］．北京：北京师范大学出版社，2012.

［59］陈运平，黄小勇．区域绿色竞争力的本质属性［N］．光明日报，2012-05-4（011）.

［60］陈运平，黄小勇．区域绿色竞争力影响因子的探索性分析［J］．宏观经济研究，2012（12）：60-67.

［61］于静，蔡文婷，李晓松．基于 ArcSDE 和 SQL Server 2005 的城乡动态监测

集成数据库的构建——以义乌市城乡动态监测集成数据库为例［J］. 城市发展研究，2010，17（11）：61-65，89.

［62］金碚，李钢. 竞争力研究的理论、方法与应用［J］. 综合竞争力，2009（1）：4-9.

［63］谢蓉. 农业经济运行动态监测系统研究与构建［D］. 上海：华东师范大学，2011.

［64］Adam Smith. 国富论：国民财富的性质和起因的研究［M］. 谢祖钧，孟晋，盛之译. 长沙：中南大学出版社，2004.

［65］David Ricardo. 政治经济学及赋税原理［M］. 郭大力译. 北京：商务印书馆，2009.

［66］Michael E. Porter. 国家竞争优势［M］. 李明轩，邱如美译. 北京：中信出版社，2007.

［67］Richard H. K. Vietor. 国家竞争力［M］. 刘波，徐晴译. 北京：中信出版社，2009.

［68］高洪深. 区域经济学［M］. 北京：中国人民大学出版社，2002：3-4.

［69］张辉. 区域竞争力的有关理论探讨［J］. 中国软科学，2001（8）：92-97.

［70］王秉安，陈振华，徐小佶，姜华，罗海成. 区域竞争力研究——理论探讨［J］. 福建行政学院（福建经济管理干部学院学报），1999（1）：2-4.

［71］陈玉娟. 知识溢出、科技创新与区域竞争力关系的统计研究［D］. 杭州：浙江工商大学，2013.

［72］芦岩，陈柳钦. 国内区域竞争力研究综述——历程、问题与进展［J］. 河南社会科学，2006，14（4）：149-154.

［73］吴小玲. 企业绿色竞争力的理论思考［J］. 理论学刊，2004（2）：57-59.

［74］陈红喜，刘东，袁瑜. 低碳背景下的企业绿色竞争力评价研究：基于价值链视角［J］. 科技进步与对策，2013（4）：116-120.

［75］曾凡银. 技术创新与我国绿色国际竞争力提升机制研究［J］. 安徽大学学报，2004（3）：90-94.

［76］王军，耿建. 企业绿色竞争力评价模型构建及应用［J］. 统计与决策，2012（22）：169-171.

［77］郭海清，郑子强，董建军. 低碳与企业绿色竞争力增进路径分析［J］. 内蒙古科技与经济，2015（12）：11-12，15.

［78］刘秋玲，张春玲，赵伟. 钢铁企业绿色竞争力评价研究［J］. 华北理工大学学报（社会科学版），2018（2）：42-47.

［79］李晓虎. 发展低碳新能源经济提高企业绿色竞争力［J］. 财经界，2018

(24)：9-10.

[80] 赵领娣，胡燕京，袁泉．大力提升我国企业绿色国际竞争力的有效对策［J］．科学学与科学技术管理，2001（10）：57-59.

[81] 华逢梅，周俐，李静芝．长株潭“3+5”城市群绿色竞争力分析［J］．国土与自然资源研究，2008（4）：19-21.

[82] 王晓峰．我国区域绿色竞争力评价及空间分布［D］．长沙：湖南大学，2015.

[83] 孙潇慧，张晓青．“一带一路”沿线18省市区域绿色竞争力时空演变［J］．湖北经济学院学报，2017，15（4）：38-46.

[84] 严于龙．我国地区经济竞争力比较研究［J］．中国软科学，1998（4）：110-112.

[85] 王秉安．区域竞争力研究述评［J］．福建行政学院（福建经济管理干部学院学报），2003（4）：29-34，80.

[86] 康娟，薛丽丽．基于AHP/DEA的农业上市公司绿色竞争力评价研究［J］．经济研究导刊，2011（13）：78-80.

[87] 刘司梦．长沙市绿色竞争力研究［D］．长沙：湖南师范大学，2012.

[88] 李琳，王足．我国区域制造业绿色竞争力评价及动态比较［J］．经济问题探索，2017（1）：64-71，81.

[89] 伍鹏，景思江．绿色发展理念下县域经济绿色竞争力研究——以湖北省为例［J］．特区经济，2018（4）：127-130.

[90] 卡马耶夫．经济增长的速度和质量［M］．陈华山译．武汉：湖北人民出版社，1983.

[91] Vinod Thomas. 增长的质量［M］．北京：中国财政经济出版社，2001.

[92] Donella Meadows 等．增长的极限［M］．北京：机械工业出版社，1972.

[93] 李涌平．人口增长、经济发展、环境调节的综合体现了社会可持续发展［J］．人口与经济，1995（5）：20-25，19.

[94] 袁嘉新．经济增长并非越快越好——“集约型经济增长”的目标是实现可持续的经济增长［J］．数量经济技术经济研究，1996（11）：18-21.

[95] 张为付，吴进红．区域综合竞争力评估体系研究——以长江三角、珠江三角、京津地区为例［J］．南京社会科学，2002（S1）：35-41.

[96] 马建新，申世军．中国经济增长质量问题的初步研究［J］．财经问题研究，2007（3）：18-23.

[97] 牛文元，马宁，刘怡君．可持续发展从行动走向科学——《2015世界可持续发展年度报告》［J］．中国科学院院刊，2015，30（5）：573-585.

[98] 吕永龙，王一超，苑晶晶，贺桂珍．关于中国推进实施可持续发展目标的若干思考［J］．中国人口·资源与环境，2018（1）：1-9.

［99］王如松，欧阳志云．生态整合——人类可持续发展的科学方法［J］．科学通报，1996（S1）：7-67.

［100］吕永龙．持续发展的理论思考［J］．科学对社会的影响，1996（1）：28-32.

［101］杨长友．测评经济增长质量的六大向度［J］．福建论坛，2000（1）：33-35.

［102］梁亚民．经济增长质量评价指标体系研究［J］．西北师范大学学报，2002（2）：115-118.

［103］贾名清，汪阔朋．我国东部地区区域经济增长质量评价［J］．经济问题，2009（1）：22-124.

［104］吕捷，胡鞍钢，鄢一龙．惯性约束下的中国经济增长转型［J］．经济理论与经济管理，2013（6）：31-43.

［105］丁力，杨茹．经济增长加速度与地区竞争力［J］．广西社会科学，2003（3）：13-21.

［106］左继宏，胡树华．区域竞争力的指标体系及评价模型研究［J］．商业研究，2005（16）：23-26.

［107］张斌，梁山．区域竞争力初探［J］．经济师，2005（11）：23-24.

［108］程玉鸿．区域、竞争力与区域发展［J］．人文地理，2008（5）：22-26.

［109］陈诗一．能源消耗、二氧化碳排放与中国工业的可持续发展［J］．经济研究，2009（4）：41-55.

［110］陈诗一．中国的绿色工业革命：基于环境全要素生产率视角的解释（1980-2008）［J］．经济研究，2010（11）：21-34.

［111］郭辉，董晔．碳排放和能源消费约束下的中国绿色全要素生产率和经济增长研究——基于扩展的索洛模型分析［J］．经济经纬，2012（6）：77-81.

［112］王兵，刘光天．节能减排与中国绿色经济增长——基于全要素生产率的视角［J］．中国工业经济，2015（5）：57-69.

［113］谌莹，张捷．碳排放、绿色全要素生产率和经济增长［J］．数量经济技术经济研究，2016（8）：47-63.

［114］尹传斌，蒋奇杰．绿色全要素生产率分析框架下的西部地区绿色发展研究［J］．经济问题探索，2017（3）：155-161.

［115］刘华军，李超，彭莹．中国绿色全要素生产率的地区差距及区域协同提升研究［J］．中国人口科学，2018（4）：30-41.

［116］李俊，徐晋涛．省际绿色全要素生产率增长趋势的分析——一种非参数方法的应用［J］．北京林业大学学报，2009（4）：139-146.

［117］杨万平．能源消费与污染排放双重约束下的中国绿色经济增长［J］．当代经济科学，2011（2）：91-98.

［118］匡远凤，彭代彦．中国环境生产效率与环境全要素生产率分析［J］．经济研究，2012（7）：62-74.

［119］刘国平，朱远．碳排放约束下的中国省域全要素福利绩效研究［J］．软科学，2014，28（8）：88-93.

［120］徐辉，刘继红，张大伟，高毅．中国经济增长中的环保投资贡献的实证分析［J］．统计与决策，2012（13）：126-129.

［121］李志青．环保公共开支、资本化程度与经济增长［J］．复旦大学学报，2014（2）：159-164.

［122］朱建华，徐顺青，逯元堂，吴舜泽．中国环保投资与经济增长实证研究——基于误差修正模型和格兰杰因果检验［J］．中国人口·资源与环境，2014（S3）：100-103.

［123］李新春，张雷．环保性消费与经济增长关系研究［J］．统计与决策，2011（13）：127-130.

［124］王学定，范宪伟，韩金雨，高峰．生态足迹视角下经济增长与环境关系的实证检验［J］．统计与决策，2012（22）：122-125.

［125］魏强，佟连军，吕宪国．生态系统服务对区域经济增长的影响研究——以黑龙江省为例［J］．人文地理，2014（5）：109-112.

［126］陈艳．生态旅游与经济增长的协整关系研究［J］．统计与决策，2013（1）：122-124.

［127］李国平，石涵予．退耕还林生态补偿与县域经济增长的关系分析——基于拉姆塞卡斯-库普曼宏观增长模型［J］．资源科学，2017（9）：1712-1724.

［128］马兆良，田淑英．生态资本与长期经济增长——基于中国省际面板数据的实证研究［J］．经济问题探索，2017（5）：164-171.

［129］吴祥钧．循环经济；经济增长方式的第二次转变［J］．现代经济探讨，2005（7）：3-6.

［130］刘炜，陈景新，张建军．关于循环经济与集约型经济增长方式问题研究［J］．企业经济，2006（2）：158-160.

［131］杨永华，诸大建，胡冬洁．内生增长理论下的循环经济研究［J］．2005（7）：3-6.

［132］黄建中．论发展循环经济与外贸增长方式转型——基于外贸增长方式国际比较的启示［J］．金融与经济，2009（8）：15-18.

［133］刘有章，刘潇潇，向晓祥．基于循环经济理念的经济增长质量研究［J］．统计与决策，2011（4）：105-108.

［134］王传美，程光剑，贺素香，荆水清．循环效应及其在能源消耗与经济增长关系中的实证分析［J］．数学的时间与效率，2017（5）：38-44.

［135］刘智群，金起文．构建适应低碳经济发展的绿色企业文化［J］．华北煤

炭医学院学报，2011（5）：403-405.

［136］闫顺利，赵红伟，尹佳佳．从“增长经济”到“稳态经济”再到“低碳经济”［J］．社会科学论坛，2010（18）：190-194.

［137］刘丹鹤，彭博，黄海思．低碳技术是否能成为新一轮经济增长点？——低碳技术与IT技术对经济增长影响的比较研究［J］．经济理论与经济管理，2010（4）：12-18.

［138］许进杰．低碳消费增长与加快转变经济发展方式分析［J］．消费经济，2011（3）：55-58.

［139］尚勇敏，曾刚，海骏娇．基于低碳经济目标的中国经济增长方式研究［J］．资源科学，2014（5）：937-945.

［140］徐承红，王旭涛，李俞．发展低碳经济与就业增长——基于我国1998~2010年省级面板数据的实证分析［J］．吉林大学社会科学学报，2013（3）：40-48.

［141］李爱华，宿洁，贾传亮．经济增长与碳排放协调发展及一致性模型研究——宏观低碳经济的数理分析［J］．中国管理科学，2017（4）：1-6.

［142］蒋萍，田成诗，尚红云．人口健康与中国长期经济增长关系的实证研究［J］．中国人口科学，2008（5）：44-51.

［143］王弟海，龚六堂，李宏毅．健康人力资本、健康投资和经济增长——以中国跨省数据为例［J］．管理世界，2008（3）：27-39.

［144］王煜，张斓，黄建始．健康投资对社会经济增长的影响［J］．中国卫生事业管理，2009（1）：10-13.

［145］张芬，邹薇．健康、经济增长与收入不平等研究新进展［J］．经济学动态，2010（3）：98-102.

［146］王弟海．健康人力资本、经济增长和贫困陷阱［J］．经济研究，2012（6）：143-155.

［147］付波航，方齐云．健康投资的经济增长效应及地区差异研究［J］．中国卫生经济，2013（9）：30-32.

［148］祁毓，卢洪友，张宁川．环境质量、健康人力资本与经济增长［J］．财贸经济，2015（6）：124-135.

［149］王弟海，崔小勇，龚六堂．健康在经济增长和经济发展中的作用——基于文献研究的视角［J］．经济学动态，2015（8）：107-127.

［150］何凌霄，南永清，张忠根．老龄化、健康支出与经济增长——基于中国省级面板数据的证据［J］．人口研究，2015（4）：87-101.

［151］张辉．健康对经济增长的影响：一个理论分析框架［J］．广东财经大学学报，2017（4）：15-23.

［152］李辉．我国城市可持续发展对策研究［J］．经济纵横，2004（12）：18-21.

［153］李斌，赵新华．科技进步与中国经济可持续发展的实证分析［J］．软科学，2010（9）：1-7.

［154］文丰安．科技创新：经济可持续发展的核心要素［J］．改革，2018（6）：1-1.

［155］林江鹏，莫堃．人力资本积累与西部地区可持续发展［J］．生态经济，2002（12）：28-30.

［156］李瑞娥．资本观与资本逻辑视角下的可持续发展［J］．财经科学，2005（4）：54-60.

［157］刘鹏．基于人力资本与社会资本的中国发展失衡解读［J］．改革与战略，2011（4）：61-64.

［158］洪小瑛．关于绿色竞争力的几点理论思考［J］．广西社会科学，2002（3）：92-95，13.

［159］陈琪，金康伟．新农村建设中发展绿色经济的动力源探究［J］．生态经济，2007（8）：67-70.

［160］王朝全，杨霞．论循环经济的动力机制——德国经验及其对中国的启示［J］．科学管理研究，2008（3）：116-120.

［161］张其春，郗永勤．我国企业发展循环经济的动力机制研究［J］．西北农林科技大学学报（社会科学版），2011，11（2）：68-74，114.

［162］张艳萍．区域循环经济的生态动力主体建设研究［J］．陕西理工学院学报（社会科学版），2014，32（1）：70-74.

［163］王欢芳，胡振华．低碳产业集群的动力机制及实现路径分析［J］．经济体制改革，2011（5）：107-111.

［164］黄小勇，陈运平．低碳转型过程中低碳共生产业的发展设计与动力机制研究［J］．金融教育研究，2015，28（2）：64-70.

［165］钟子倩．生态与经济融合共生的动力机制构建研究［D］．南昌：江西师范大学，2016.

［166］约瑟夫·熊彼特．经济发展理论［M］．北京：商务印书馆，1990.

［167］道格拉斯·诺斯．制度、制度变迁与经济绩效［M］．北京：商务印书馆，1992.

［168］安格斯·迪顿．经济学与消费者行为［M］．龚志民等译．北京：中国人民大学出版社，2005.

［169］王积龙．我国环保非政府组织的舆论监督功能研究［J］．西南民族大学学报（人文社会科学版），2013，34（6）：173-178.

［170］吴延兵．自主研发、技术引进与生产率——基于中国地区工业的实证研究［J］．经济研究，2008（8）：51-64.

［171］潘凤．对外开放、政府规模与经济增长——基于1978~2015年我国省域

面板数据的实证分析［J］. 软科学，2018（4）：31-34.

［172］刘昶. 宏观税负、市场化与经济增长：基于供给侧结构性改革视角的分析［J］. 宏观经济研究，2017（10），41-53.

［173］兀晶，高辉. 基于VAR模型的经济增长、产业结构调整与城镇化的关系研究［J］. 宏观经济研究，2017（9）：47-55.

［174］姚先国，张海峰. 教育、人力资本与地区经济差异［J］. 经济研究，2008（5）：47-57.

［175］陈运平，黄小勇. 区域绿色竞争力研究——以中部地区为例［M］. 北京：经济管理出版社，2015.

［176］袁伟彦. 城乡收入差距和城镇化对城镇居民收入不平等的影响——兼析市场化程度和对外开放水平的调节作用［J］. 西部论坛，2018（3）：1-10.

［177］郭家堂，骆品亮. 互联网对中国全要素生产率有促进作用吗？［J］. 管理世界，2016（10）：34-49.

［178］刘生龙. 人力资本的溢出效应分析［J］. 经济科学，2014（2）：79-90.

［179］胡鞍钢. 从人口大国到人力资本大国：1980~2000年［J］. 中国人口科学，2002（5）：10.

［180］李强，楚明钦. 新能源和常规能源对经济增长贡献的比较分析——兼论战略性新兴产业的发展［J］. 资源科学，2013（4）：704-712.

［181］樊纲，王小鲁，马光荣. 中国市场化进程对经济增长的贡献［J］. 经济研究，2011（9）：4-16.

［182］尚勇敏，曾刚，海骏娇. 基于低碳经济目标的中国经济增长方式研究［J］. 资源科学，2014（5）：937-945.

［183］张芬，李晓妍. 健康投资对经济增长影响的实证分析［J］. 统计与决策，2017（20）：140-143.

［184］邓群钊，贾仁安，梁英培. 循环经济生态系统的系统基模分析［J］. 生态经济，2006（7）：64-68.

［185］刘静华，贾仁安，袁新发，张南生，涂国平. 反馈系统发展对策生成的顶点赋权反馈图法：以鄱阳湖区德邦生态能源经济反馈系统发展为例［J］. 系统工程理论与实践，2011（3）：423-437.

［186］李春发，王彩凤. 生态产业链模式下企业的生态——经济系统的动力学模拟研究［J］. 哈尔滨工业大学学报（社会科学版），2007（6）：89-92.

［187］邵晓梅，刘庆，张衍毓. 土地集约利用的研究进展及展望［J］. 地理科学进展，2006（2）：85-95.

［188］毛德华，陈秋林，汪子一. 关于环境友好型土地利用模式的若干基本问题的探讨［J］. 资源环境与工程，2007（1）：75-78.

［189］刘海涛，吴盛亮，王臣. 区域循环经济发展模式的系统动力学分析［J］.

河北工业科技，2006（5）：274-276，311.

［190］王波．区域循环经济系统分析——基于系统动力学的方法［J］．统计与决策，2007（20）：12-14.

［191］马永欢，周立华．武威市凉州区发展循环经济的路径优化与仿真模拟［J］．经济地理，2008（6）：1015-1019.

［192］李春发，李红薇，徐士琴，杨学．生态城市建设的系统动力学分析——以中新天津生态城为例［J］．大连理工大学学报（社会科学版），2009，30（3）：22-28.

［193］贾伟强，谢奉军．资源型产业集群循环经济模式建模与反馈仿真分析——以永修星火高新技术开发区为例［J］．科技进步与对策，2012（13）：56-60.

［194］王希希．基于系统动力学的高耗能产业（群）循环经济协同效应演变研究［D］．昆明：昆明理工大学，2018.

［195］王灵梅，张金屯，倪维斗．火电厂生态工业园的系统动力学模拟与调控［J］．系统工程理论与实践，2005（7）：117-124.

［196］胡玥昕，江洪，王颖，刘玉莉，张金梦，牛晓栋，唐敏忠．基于系统动力学的工业产业经济与碳排放综合分析：以无锡装备制造业为例［J］．生态经济，2014（8）：18-25.

［197］刘雷雷．基于系统动力学的大连市水资源循环经济研究［J］．水资源研究，2011（3）：1-4.

［198］姚平，孙璐，梁静国，陈培友．煤炭城市可持续发展的系统动力学模拟与调控［J］．数学的实践与认识，2008（21）：83-93.

［199］李杰兰，陈兴鹏，王雨，张子龙．基于系统动力学的青海省可持续发展评价［J］．资源科学，2009（9）：1624-1631.

［200］李玮，杨钢．基于系统动力学的山西省能源消费可持续发展研究［J］．资源科学，2010（10）：1871-1877.

［201］陈春明，左晓玢．循环经济下共生企业组织创新的系统动力学研究［J］．理论学刊，2013（2）：52-55.

［202］姜钰，贺雪涛．基于系统动力学的林下经济可持续发展战略仿真分析［J］．中国软科学，2014（1）：105-114.

［203］王锴．基于系统动力学模型的高等教育投入与经济增长实证分析［J］．湖北文理学院学报，2017（7）：25-31.

［204］李健，孙康宁．基于系统动力学的京津冀工业绿色发展路径研究［J］．软科学，2018（11）：113-119.

［205］李智超．系统动力学在水资源管理中的应用［J］．工程建设与设计，2017（18）：112-113.

［206］穆献中，李国昊．基于系统动力学模型的中国天然气需求情景预测及影响因素研究［J］．工程研究—跨学科视野中的工程，2018（1）：56-67.

［207］王延荣，赵文龙．基于系统动力学的产学研协同创新机制研究［J］．华北水利水电学院学报（社会科学版），2013（5）：63-68.

［208］罗公利，冯海涛．基于政府视角的创新型企业培育系统动力学模型研究［J］．青岛科技大学学报（社会科学版），2013（2）：50-54.

［209］王翠霞，贾仁安，邓群钊．中部农村规模养殖生态系统管理策略的系统动力学仿真分析［J］．系统工程理论与实践，2007（12）：158-169.

［210］涂国平，贾仁安，王翠霞，贾晓菁，邓群钊，彭玉权．基于系统动力学创建养种生物质能产业的理论应用研究［J］．系统工程理论与实践，2009（3）：1-9.

［211］吴威，吴松，陈爽．基于SD模型分析的环鄱阳湖地区发展模式探讨［J］．湖泊科学，2012（2）：252-258.

［212］李莎莎，郭艳清，邓群钊．基于系统动力学的循环农业动态评价研究［J］．安徽农业科学，2010（4）：2088-2092，2117.

［213］周宾，陈兴鹏，王元亮．区域累积碳足迹测度系统动力学模型仿真实验研究：以甘南藏族自治州为例［J］．科技进步与对策，2010（23）：37-42.

［214］李莎，刘思峰．江苏省IT产业集聚对竞争力的影响［J］．统计与决策，2006（10）：96-98.

［215］杨瑾，尤建新．基于SD的集群供应链系统集成效应研究［J］．科技与管理，2006（2）：35-38.

［216］周晓晔，付东明，高婧葳．基于系统动力学的产业集群与城镇化互动发展研究［J］．沈阳工业大学学报（社会科学版），2016（1）：47-52.

［217］李雪，董锁成，张广海，金贤锋．山东半岛城市群旅游竞争力动态仿真与评价［J］．地理研究，2008（6）：1466-1477.

［218］苏屹，李柏洲．大型企业原始创新支持体系的系统动力学研究［J］．科学学研究，2010（1）：141-150.

［219］于兆吉，王文娟．SD模型下装备制造业技术创新发展模式研究［J］．沈阳工业大学学报（社会科学版），2011（4）：310-314.

［220］吴雷．装备制造业原始创新绩效的系统动力学研究［J］．经济管理，2012（2）：22-29.

［221］王国红，邢蕊，唐丽艳．区域产业集成创新系统的协同演化研究［J］．科学学与科学技术管理，2012（2）：74-81.

［222］强瑞，廖倩．企业节能减排的系统动力学研究［J］．武汉理工大学学报，2010（4）：126-132.

［223］陈勇．影响供应链合作伙伴关系的因素研究［J］．工业技术经济，2009（11）：113-116.

[224] 谢江林，何宜庆，何耀光．供应链资金约束成长上限基模分析及对策研究［J］．企业经济，2008（5）：18-20.

[225] 王秀红，韩琼，韩光平．员工隐性知识传播的系统动力学模型研究［J］．情报杂志，2008（3）：57-60.

[226] 李松，董沙沙，周佳．基于信息化的生产企业竞争力成长模型［J］．情报科学，2013（2）：54-57，62.

[227] 沈琪．生态经济背景下的区域生态承载力研究——以广西北部湾经济区为例［J］．桂海论丛，2014（2）：91-96.

[228] 王翠霞．生态农业规模化经营策略的系统动力学仿真分析［J］．系统工程理论与实践，2015（12）：3171-3181.

[229] 杨春苗，郭海湘，刘晓，李亚楠．中国城市群城市低碳竞争力仿真评价［J］．科技管理研究，2016（13）：243-254.

[230] 吴佳凡．基于系统动力学的贫困大学生就业竞争力及培育研究［J］．辽宁科技学院学报，2018（2）：124-126.

[231] 高波，董晓龙．制造型企业市场可持续竞争力的仿真分析［J］．管理现代化，2015（3）：82-83，119.

[232] 贾鸣镝，郑鑫，叶明海，翟庆华．中国汽车营销渠道竞争力动态评价：系统动力学的视角［J］．世界经济文汇，2013（3）：65-75.

[233] 王玉梅，王丽．基于系统动力学的中医人才成长供应链模型研究［J］．青岛科技大学学报（社会科学版），2008（4）：69-72.

[234] 刘银梅，沈月平，梁红，王燕，罗晓明，沈宗姬，陈昕，袁伟．双酚 A 与复发性流产的相关性［J］．中华预防医学杂志，2011（4）：344-349.

[235] 陈晓，陈亚琼，侯海燕，王丹．天津地区空气污染与围生儿死亡和出生缺陷的关系［J］．国际妇产科学杂志，2012（3）：308-310.

[236] 门俐俐．影响中国人口死亡水平的社会经济因素分析［J］．中国人口科学，1992（5）：8-16.

[237] 吴延兵．R&D 与生产率——基于中国制造业的实证研究［J］．经济研究，2006（11）：60-71.

[238] 伏玉林，苏畅．公共 R&D 投资在制造业部门生产率差异：部门技术水平重新划分的视角［J］．科学学研究，2013（9）：1321-1330.

[239] 隋广军，申明浩，宋剑波．基于专利水平地区差异的高科技产业化问题研究［J］．管理世界，2005（8）：87-93，169.

[240] 苏利阳，郑红霞，王毅．中国省际工业绿色发展评估［J］．中国人口·资源与环境，2013（8）：116.

[241] 张旭，王纬文．不同类型环境规制对中国工业绿色发展的政策效应仿真模拟［J］．科技与管理，2018，20（1）：34-44.

［242］刘洪波，杨江叶，王真真，刘云峰，周霞．基于系统动力学生态城市建设路径研究［J］．天津大学学报（社会科学版），2017，19（6）：508-513.

［243］世界环境与发展委员会．我们共同的未来［M］．王之佳，柯金良译．长春：吉林人民出版社．1997.

［244］马歇尔．经济学原理［M］．北京：商务印书馆，1964.

［245］乔根·威布尔．演化博弈论［M］．上海：上海人民出版社，2014.

［246］黄燕琴．我国省域绿色竞争力的动态监测实证研究［J］．现代商业，2016（13）：87-88.

［247］孙利娟，邢小军，周德群．区域竞争力研究综述及基于博弈论视角的分析［J］．工业技术经济，2010，29（7）：84-86.

［248］胡静锋．建设低碳经济的演化博弈分析——地方政府和企业双方互动角度［J］．经济问题，2011（4）：53-56.

［249］王京安，韩立，高翀，徐昕．低碳经济发展中政府与企业之间的博弈分析［J］．科技管理研究，2012，32（22）：234-238.

［250］唐剑，陈颜，梁山．基于竞合博弈的中小企业集群竞争力演化策略［J］．西南民族大学学报（人文社会科学版），2014，35（5）：124-127.

［251］徐建中，吕希琛．低碳经济下政府、制造企业和消费群体决策行为演化研究［J］．运筹与管理，2014，23（6）：81-91.

［252］罗兴鹏，张向前．福建省推进绿色转型建设生态文明的演化博弈分析［J］．华东经济管理，2016，30（9）：19-25.

［253］曹霞，张路蓬．环境规制下企业绿色技术创新的演化博弈分析——基于利益相关者视角［J］．系统工程，2017，35（2）：103-108.

［254］张孟豪，龙如银．新形势下企业绿色生产管理的研究与探索［J］．河南社会科学，2016，24（4）：47-54.

［255］赵东方，武春友，商华．国家级新区绿色增长能力建设影响因素分析［J］．科技进步与对策，2018，35（12）：34-41.

［256］仲云云，汪滋润，张赫．行为主体低碳生产和消费的影响因素：基于江苏省的调查［J］．统计与决策，2018，34（24）：147-150.

［257］王笑丛．绿色生产决策的影响因素与效果分析［J］．社会科学家，2018（2）：76-81.

［258］徐建中，贯君，朱晓亚．政府行为对制造企业绿色创新模式选择影响的演化博弈研究［J］．运筹与管理，2017，26（9）：68-77.

［259］谢识予．经济博弈论［M］．上海：复旦大学出版社，2002.

［260］浦徐进，吴亚，路璐，蒋力．企业生产行为和官员管制行为的演化博弈模型及仿真分析［J］．中国管理科学，2013，21（S1）：390-396.

［261］王绍光．多元与统一——第三部门国际比较研究［M］．杭州：浙江人民

出版社，1999.

［262］吴强玲．经济转轨时期我国维护社会公平的行为主体结构分析［J］．当代财经，2007（3）：21-25.

［263］王荆．绿色建筑发展的影响主体博弈及策略研究［D］．重庆：重庆大学，2017.

# 后 记

本书是在多年研究区域经济、绿色经济的理论与实践的基础上，结合多个课题研究成果所完成，从区域绿色竞争力理论及概念界定出发，探讨区域绿色竞争力与经济增长的关系，并以长江经济带为例进行区域绿色竞争力的测算及时空分异特征分析，更是创新性地基于系统动力学模型设计江西省提升区域绿色竞争力的政策优化路径，并通过演化博弈方法构建区域绿色竞争力提升的动力机制。这些研究成果的主要内容已经陆续在《宏观经济研究》、《管理评论》、《金融教育研究》等杂志上发表，在此，对已经发表本书部分内容的杂志表示由衷的感谢。

同时，本书得以顺利完成，与课题组成员的团队协作和努力是分不开的，在课题论证和研究期间，课题组成员收集和整理了大量的数据，并对数据进行了分析、处理与完善。参加课题研究的研究生在资料整理方面提供了相应的帮助，做出了相应的贡献，在此，对这些课题参与成员表示深深的感谢。

当然，书中研究并不全面和系统，可以在后续的研究中加以完善，若有不妥之处，敬请广大读者批评指正。

陈运平

2022 年 3 月于洪城